U0019358

獻詞

謹以此書記念我摯愛的雙親：我的母親伊楠，在過去和現在都是我最好的朋友、我的靈感泉源，以及我心中學生、老師、女性的形象楷模；我的父親馬利克，他擁抱差異、拒絕教條，以自己的人生哲學過生活並傳播愛。

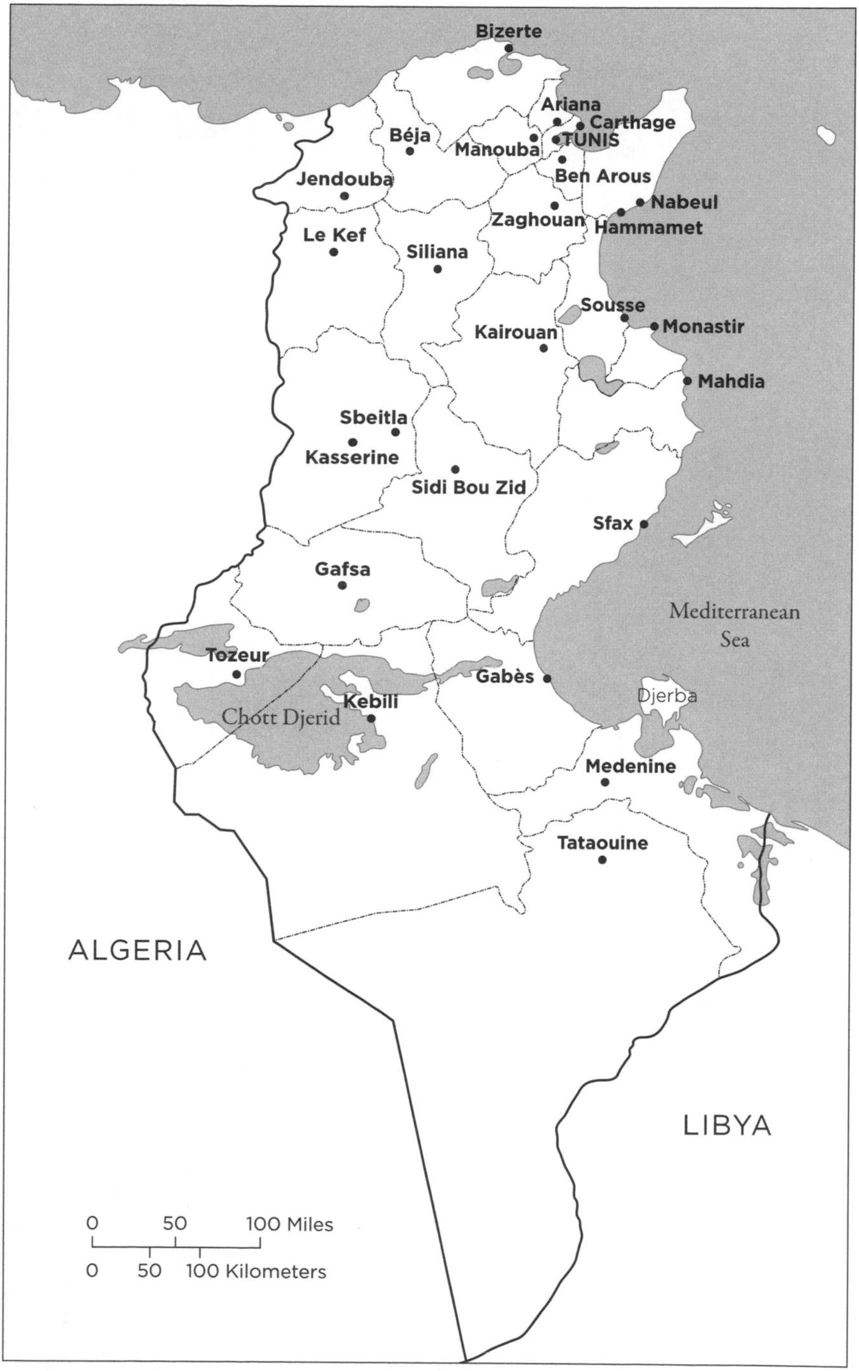

Political Map of Tunisia, 2016

Drawn by Martin Hinze. Map data © 2017 Google, Inst. Geogr. Nacional.

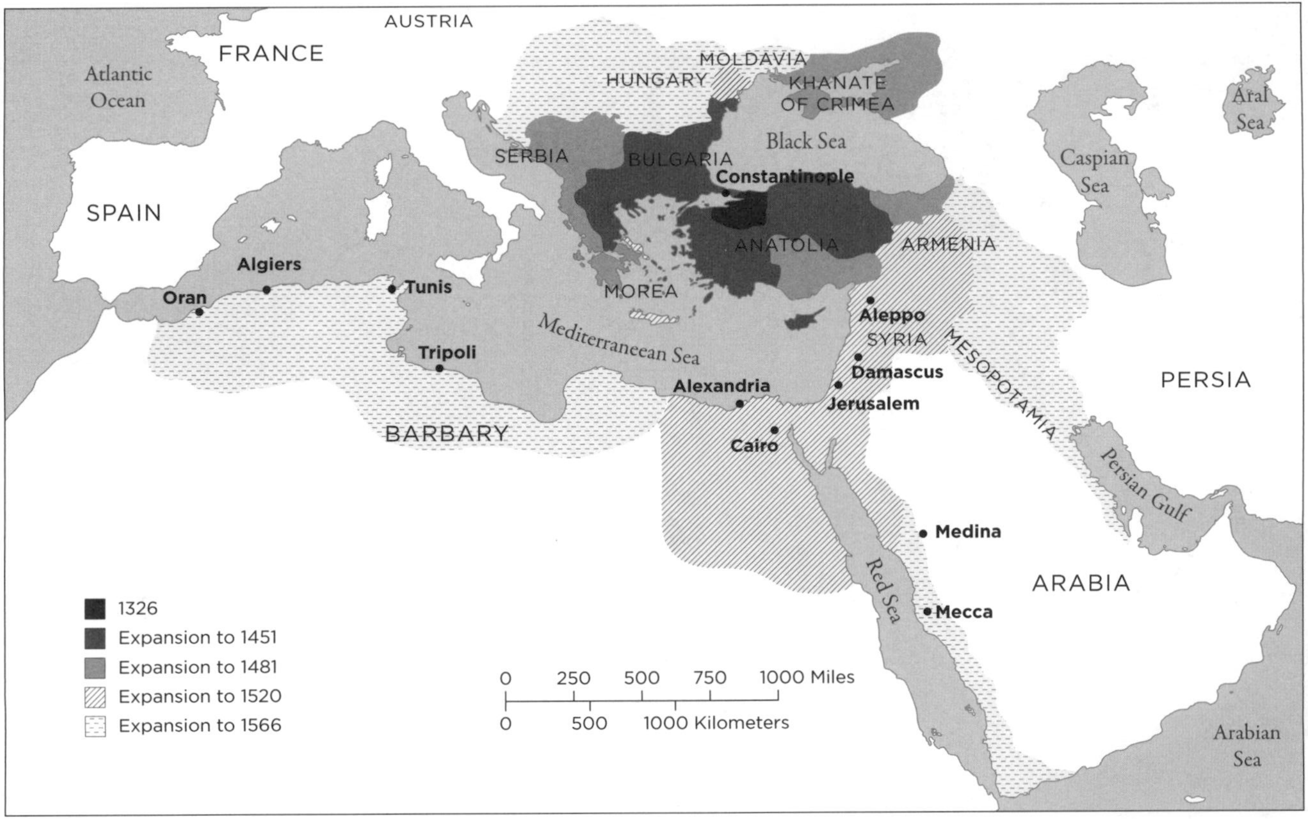

Expansion of the Ottoman Empire, 1326–1566

Drawn by Martin Hinze. Adapted from "Map: The Growth of the Ottoman Empire," from *Western Civilizations: Their History & Their Culture*, sixteenth edition, by Judith G. Coffi n and Robert Stacey. Copyright © 2008, 2005, 2002, 1998, 1993, 1988, 1984, 1980, 1973, 1968, 1963, 1958, 1954, 1949, 1947, 1941 by W. W. Norton & Company, Inc. Used by permission of W. W. Norton & Company, Inc.

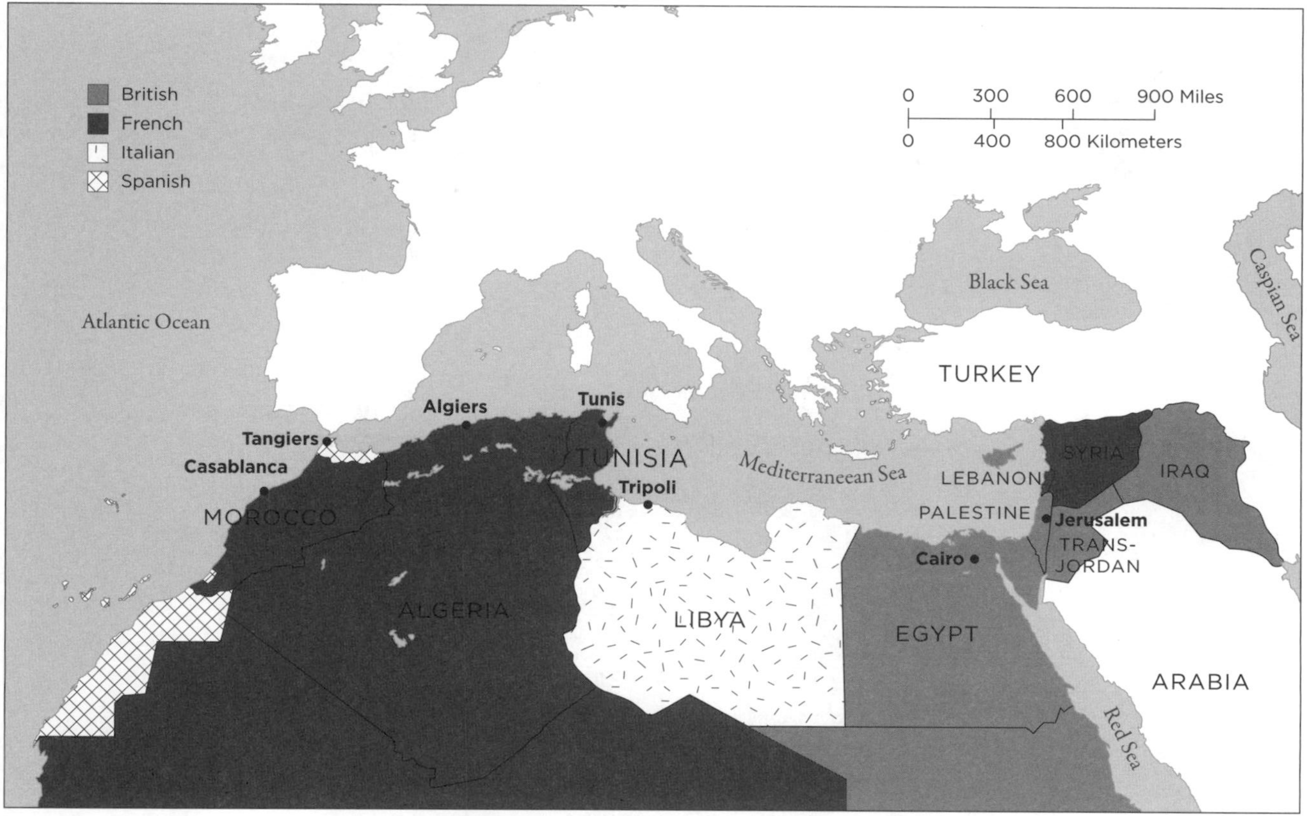

European Colonies and Spheres of Influence in North Africa and the Middle East, 1930

Drawn by Martin Hinze. Adapted from Royal Geographic Society maps, "Political Map of Africa Showing International Boundaries and Railways" (War Office, 1921) and "The Country Between the Balkans and Mesopotamia" (Edward Stanford, 1921).

目錄

CONTENTS

中文版序
PREFACE

二〇一七年十一月十日，距離本書的英文原版出版還不過兩個月，我就有幸在北京香港賽馬會所邂逅林健忠博士（黎剎騎士司令勳賢）。林博士當時興味盎然的反應著實使我愧不敢當，我也很榮幸能為他在我的拙作上簽名、題詞。所以你也可以想像，當幾週後林博士寫信給我，說他非常喜歡這本書，並希望出資將本書翻譯成中文，讓更多的中文讀者能夠閱讀，並藉此更加了解突尼西亞和阿拉伯世界的時候，我感到多麼地受寵若驚。我對於林博士促成本書中譯本的出版，並讓中文讀者能夠因此閱讀本書，表示無限的感謝。

三年前當這本書的英文原版出版時，突尼西亞確實是一個異類。它是唯一一個經歷了所謂「阿拉伯之春」卻擁有正常運作民主體制的國家；它舉行了自由和公正的國會和總統選舉、通過一部進步的憲法，並多次見證了權力的和平轉移。它的幾個鄰國雖嘗試類似的民主化，卻反而導致了內亂和毀滅性的人道主義危機。

時至今日，突尼西亞民主化經驗的獨特性即便沒有顯得更加真確，看來也仍是歷久彌新。儘管面臨嚴峻的政治、經濟和安全挑戰，但以阿拉伯地區的標準來看，突尼西亞依然是一個異類般的存在。

利比亞和敘利亞境內的衝突，受到各種內部因素以及廣泛的外國干涉推波助瀾，仍在持續延燒。沙烏地阿拉伯—阿拉伯聯合大公國對葉門的侵略，導致了現代最嚴重的人道主義危機。就目前的情況來看，埃及很可能繼續處於軍事獨裁的痛苦之中。而埃及現今在很大程度上受到沙烏地阿拉伯和阿拉伯聯合大公國贊助的軍事獨裁政權，比當時在開羅解放廣場被抗議者趕下臺的前政權，以更加高壓的手段對付人民。阿爾及利亞和蘇丹最近的事態發展，進一步證實了突尼西亞異於其他國家的地位。儘管這兩個國家推翻了長期在位、獨裁又不受歡迎的國家元首，但兩國都還沒有成功更迭其政權，或是實現有意義的民主轉型承諾。在這兩個國家中，強大的軍事和國安機構都在阻撓民主願望的實現。而在黎巴嫩，二〇一九年秋季開始進行的抗議活動，要求當局結束自一九九〇年代初期內戰之後，就一直存在於該國的政治和經濟腐敗，並因此導致了黎巴嫩在六個月內有兩個真空政府辭職，可是剝削性的權力分贓卻不曾遠離。

在此同時，儘管突尼西亞的轉型還是很脆弱，尤其經濟形勢更是險象環生，但突尼西亞還是堅持走在更加開明、自由主義和鼓勵政治參與的道路上。

自本書最初出版以來，突尼西亞人已經舉行了好幾次自由公正的市政選舉。首都突尼斯的選民有史以來第一次，在地方選舉中選擇了一位女性擔任市長。當二〇一九年七月二十五日，貝吉・卡伊德・艾塞布西（Beji Caid Essebsi）總統在任內去世，總統權力無縫接軌地從已故總統，順利移交到國會議長這位臨時總統身上的過程，證明了突尼西亞民主體制的強大。而當秋季舉行總統和國會選舉過後，臨時總統的權力又再轉移到新任總統凱斯・薩伊德（Kais Saied）的身上，突尼西亞這樣權力和平轉移的情況，在一個暴力政變和權力世襲才是常態的地區，展現出前所未見的井然有序。

但這並不是說突尼西亞的政治局勢已經穩若泰山。譬如說，突尼西亞仍舊迫切需要建立一個憲法法庭，因為這對一個國家的民主分權與制衡制度是必須的存在。各黨派內部和黨派之間也存在著政治鬥爭。突尼西亞的世俗黨派面臨內部分裂的問題；而且對比實力較強、從前是伊斯蘭主義路線，現在也還是非常伊斯蘭主義傾向的「復興運動黨」來說，世俗黨派處於相對弱勢的地位。要如何實現伊斯蘭主義者和世俗主義者之間的權力平衡，以及復興運動黨在多大程度上會繼續維持所謂「穆斯林民主派」的路線，都還有待觀察。

這也並不是說突尼西亞的民主轉型，必然會受到他們國內伊斯蘭勢力的威脅。儘管突尼西亞獨特的世俗和進步傳統，是使其成為一個異類的部分原因；但世俗派因為對伊斯蘭主義者感到恐懼而採取的應對措施，對民主發展所構成的威脅，與伊斯蘭主義者本身對突尼西亞民主所構成的威脅，其實相差無幾。如果不是復興運動黨願意（雖然他們並不情願）妥協、民主化並達成共識，突尼西亞或許不可能在革命後取得這麼成功的成果。

在經濟方面，儘管突尼西亞面臨嚴峻的挑戰，包括高通貨膨脹、巨額預算赤字、高公共債務、貨幣貶值和失業率上升，但還是取得了一些進展，特別是在增加外國投資、經濟成長上升、控制通貨膨脹和打擊貪腐等方面。然而，突尼西亞主要的經濟考驗，就在於它是否有能力滿足國際貨幣基金組織提供二十九億美元貸款時所提出的相應條件。在面對國際捐助組織所規定的撙節措施和其他改革政策之下，突尼西亞政府能否成功地解決該國的經濟困境，並回應日益絕望的年輕世代的需求，仍有待觀察。

當然與鄰國利比亞之間漏洞百出的邊界，也加劇突尼西亞所面臨的國安威脅。武器和恐怖分子的跨界流動，也使人們擔心目前利比亞國內的衝突，可能會蔓延並破壞突尼西亞新興民主的穩定性。同樣地，曾在敘利亞和伊拉克為伊斯蘭國組織作戰的前聖戰者陸續返回突尼西亞，又進一步增加了人們對暴力極端主義的擔憂。二〇一五年因為重大恐怖襲擊事件而宣布的緊急狀態仍在繼續實施中，並侵犯著國民的個人自由。

雖然突尼西亞的故事未完待續，但事實就是，突尼西亞與任何鄰國相比，已經實踐了更偉大的穩定性、民主和社會進步。這也讓我們想問下面這個問題：是什麼讓突尼西亞成為如此特殊的案例？是事態的發展方式，使突尼西亞變得非比尋常；還是因為突尼西亞一直是個特殊例外，所以事態才會往這個方向發展？

這些問題在過去十年來一直困擾著我。本書就是我多年來廣泛研究的結果，目的是去了解突尼西亞歷史上的特殊條件，以助於我們解釋突尼西亞的現狀並預測突尼西亞的未來。

必須特別澄清的是，本書的意圖並不是要一口斷定突尼西亞的民主轉型具有什麼意義，當然也不是要一竿子打翻阿拉伯世界的其他國家。本書致力於辨析那些賦予突尼西亞民主體制的各種因素，以及圍繞著這些因素所構築的突尼西亞特殊性；同時不厭其煩地展示這些因素在阿拉伯世界其他國家的稀缺。關鍵不是要點出突尼西亞成功的原因在於他們不是「阿拉伯人」，而是在於突尼西亞為阿拉伯世界的其他國家提供了靈感，並展示了教育、公民社會、憲政、婦女權利和宗教自制的寶貴經驗，在幫助一個社會進行民主轉型時具有重要的作用。這本書主要就是認為，阿拉伯世界的其他國家因為嚴重缺乏這些要素，所以突尼西亞才會成為一個非常特殊的案例。

同樣地，當我們討論到突尼西亞獨立後的第一任總統哈比卜・布爾吉巴（西元一九〇三至二〇〇〇年）時，目的既不是要捧他也不是要詆毀他。布爾吉巴作為一個建國之父和改革者的確值得讚揚，但他同時也是一名獨裁者。他對國家事務的牢牢掌握，往往意味著對人權的侵犯和專制軍警國家體制的形成。書中對布爾吉巴的描述並不是要做出一種「非此即彼」的決定性評估，而是試圖對他領導社會三十多年所造成的影響，得到一個更細微的了解。

＊　＊　＊

突尼西亞是一個引人入勝的故事。這是一個需要被講述和理解的故事。不僅僅是為了了解突尼西亞，也是為了更加了解我們所身處的這個世界。突尼西亞在往後要如何保護其脆弱的民主制度猶未可知，因為它未來的發展還充滿許多變數。在政治穩定、國家安全和經濟改革等領域，這個新興的民主國家仍面臨著嚴峻的挑戰，而且在建設民主、憲政機構等方面也還有許多未竟之業。突尼西亞面臨著國內外的諸多威脅，但迄今為止，他們的民主轉型都被證明是韌性十足的。我對於突尼西亞還會繼續沿著這條正面積極的路線前進，抱有很大的希望和信心，因為他們的社會具備讓他們有資格成為一個特殊案例的各種組合因素。這些使突尼西亞能夠實現民主的元素是真實存在的，而且這些元素牢牢地鑲嵌在突尼西亞的社會和公民機構之中。本書試圖解釋突尼西亞的現狀及其獨特的歷史，特別是幾十年和幾個世紀以來在改革領域的歷程，讓讀者了解突尼西亞最近的變化，並強調如果某些條件被成功仿效，或許突尼西亞的經驗就可以在其他地方被重現。雖然我認為有鑒於突尼西亞的特殊性，阿拉伯地區其他國家不可能完全複製突尼西亞的經驗，但它的故事無疑可以提供靈感和寶貴的經驗教訓，給其他地方的人們參考。

感謝林健忠黎剎騎士司令勳賢的慷慨和高瞻遠矚，中文讀者現在可以從突尼西亞的特殊性中獲得寶貴的啟示，並更加了解阿拉伯世界的現狀和過去。

薩夫萬・M・馬斯里

二〇二〇年九月二日

推薦序

RECOMMENDED

突尼西亞非常迷人。這個國家的北海岸，吹著宜人的岸邊海風、下著綿柔的冬雨；內陸的平原和南方的沙漠，則閃耀著溫暖的豔陽，自古以來吸引了無數訪客到此一遊。從創立了迦太基的古老腓尼基殖民者，到摩爾人旅行家利奧·阿非利加努斯（Leo Africanus），再到歐洲的旅行家、藝術家、冒險家，諸如大仲馬（Alexandre Dumas）、莫泊桑（Guy de Maupassant）、伊莎貝爾·艾伯哈德（Isabelle Eberhardt）、王爾德（Oscar Wilde）、赫胥黎（Aldous Huxley）、克利（Paul Klee）、紀德（André Gide）、沙特（Jean-Paul Sartre）和西蒙波娃（Simone de Beauvoir），突尼西亞都對他們盛情款待、展現迷人風情。

這也難怪薩夫萬·馬斯里，會對突尼西亞情有獨鍾。

對薩夫萬來說（我在這裡把他叫得這麼親密，不光只是因為我們在哥倫比亞大學已經同事好多年，所以真的很熟；更是因為這種輕鬆親近的感覺，正是這本書的精髓所在），突尼西亞不只是一段可愛的小插曲，也不只是想要畫進某幅畫裡面的壯麗風景，或是某個故事情節的有趣設定，更不是像我以前也曾經一度認為的，只是一個適合進行某些社會科學研究的場域。以上這些，都不是薩夫萬心中的突尼西亞。對薩夫萬來說，突尼西亞是他心中糾結已久的未解之謎，而這本書正是他下定決心，想解開這個謎團所順帶產出的成果。

如同薩夫萬自己也承認，《突尼西亞：阿拉伯世界的民主曙光》這本書並不是一本正式的社會科學學術作品。這本書在本質上，就是他自己想從突尼西亞這塊他既熟悉又陌生的土地上，看到的願景和謎團裡，以一個主觀、切身的觀點去了解他自己、了解這個社會，才寫出來的作品。而且也因為有著類似想法的人不只他一個，所以這本書也對於在辯論當代阿拉伯世界的傳統與現代，或是文化正統性和文明紛爭的這類討論有所貢獻。

薩夫萬在約旦出生、長大。他的雙親是穆斯林，他的母語是阿拉伯語。他至今都還是跟他住在約旦的親朋好友感情很好。為了增進當地青年的教育機會，他也已經跟約旦的哈希姆王朝（Hashimite Kingdom）政府密切合作了好多年。不過真正讓他人生改觀的，還是他在美國求學、授課，還有擔任大學職員的美式生活。在美國文化的薰陶之下，他有機會而且也被期待，在專業上展現企圖並追求成功。他當然也沒有讓大家失望。可是他同時也發現了自己可以而且也被期許，去追求他作為一個獨立個體的自我實現。後面的這種期許恐怕就是美式生活中，最出其不意卻影響眾人至深的一大特色。他深深受到古典的美式自由主義影響，強調個人自由、社會平等、道德普遍主義和隱含在其中的樂觀主義。他已經成為了甘迺迪總統在一九六〇年所描述的「自由派」：

……他們放眼未來而不留戀過去；他們擁抱新知而不會故步自封；他們關心社會大眾的福祉，包括公共衛生、居住正義、教育環境、就業情況、公民權利和公民自由；他們相信外交政策的僵局和疑慮，是可以被突破的。

這些價值似乎已經展現在薩夫萬自然流露的自信和熱忱當中，但這些特質在今日的阿拉伯世界裡仍屬少見。取而代之的是焦慮和懷疑，以及滿滿的怯懦、守舊和隨之而來的惴惴不安。

大概只有突尼西亞是個例外。

突尼西亞乘著後來我們所知的「阿拉伯之春」而起，而且看起來是至今唯一一個順利擺平革命後暴力和反動餘波的國家。埃及、利比亞、敘利亞和葉門都沒有倖免於難。原因是什麼？為什麼阿拉伯之春會從突尼西亞揭開序幕？為什麼它的影響又是在突尼西亞比較「後繼有力」？而且為什麼當其他國家陸續加入突尼西亞的行列想擺脫暴政，結果卻陷入內戰或是招致另一派的軍人干政時，突尼西亞卻已經開始著手進行國家機構的改革，並為了尋求社會不同意見的最大公約數，在自己的國內展開有時比較激烈，卻鮮少暴力失控的辯論和對話？

突尼西亞的經驗，是不是如同突尼西亞人和全世界所希冀的這般「成功」，現在還無法下定論。就像中國總理周恩來在一九七三年季辛吉訪華時，被問到三百年前法國大革命的影響是什麼的時候，所留下的名言：「現在還言之過早。」的確，突尼西亞對一個公民的、競爭的政治環境，還有一個可問責政府的希望，也不是沒有被高高舉起，然後重重摔下過。就像在二〇一〇年到二〇一一年的革命期間倒臺的突尼西亞前總統班阿里（Zine el-Abidine Ben Ali），二十五年前剛上任的時候，就曾給過突尼西亞這種美好的期待。

不過驅使突尼西亞人民走上街頭、扳倒統治者，然後對於想要一個怎樣的政府和統治者，去進行社會內部辯論的這種風格和精神，真的太特別了。特別到薩夫萬因此在這本書裡，提出這個縈繞在他心頭已久的疑問：突尼西亞到底是怎麼把他青少年時期，很熟悉的阿拉伯習慣和傳統，與他後來成年時，在美國才接觸到的自由主義結合在一起？這種去蕪存菁、兼容並蓄的習慣，其實是突尼西亞一直以來的特色。誠如突尼西亞的第一任總統布爾吉巴（Habib Bourguiba），在他的民族主義論述裡，就一直強調突尼西亞的「地中海型人格」：突尼西亞本身就是一個交叉路口、一個混血兒、一個合成物。

對薩夫萬和其他許多人來說，讓突尼西亞這麼獨特的原因五花八門，恐怕要出版一整套充滿感情和想像力的論文集才有辦法解讀，所以薩夫萬就在這本書裡盡可能地嘗試了各種答案。他考量突尼西亞的地理位置：突尼西亞緊鄰非洲撒哈拉沙漠的北緣，並與義大利的西西里島相距不過九十英里。他也回顧自古以來在突尼西亞這塊土地上，朝代更迭、留下了各自足跡的帝國王朝：迦太基、羅馬、拜占庭、柏柏爾、阿拉伯、鄂圖曼以及法國。他檢視伊斯蘭教在突尼西亞歷史上和信仰上的在地特色，以及突尼西亞在十九世紀跟東鄂圖曼和歐洲接觸之後的互動過程。最後則是二十世紀民族主義運動，對突尼西亞造成的影響。他檢視突尼西亞獨立後，在總統布爾吉巴帶領下堅定不移的親西方路線，以及布爾吉巴確保宗教的某些反智思想，不至於阻礙經濟發展、影響女權奠基和教育擴張的堅定決心。畢竟薩夫萬大部分的人生，從求學到後來擔任教職都是在學校裡度過的，所以他也很自然地看見突尼西亞從十九世紀延續至今的一連串現代教育改革，也成為他們之所以成功的一項關鍵要素。

薩夫萬不是唯一一個說突尼西亞是「阿拉伯世界中的異類」的人。《華盛頓郵報》在評論突尼西亞二〇一四年大選的時候，就曾說突尼西亞「很明顯是中東地區的異類」。隔年，在諾貝爾和平獎頒給「突尼西亞全國對話四方集團（Tunisia National Dialogue Quartet）」的記者會上，委員會做出了如此評論：「在二〇一一年一月，獨裁的班阿里政權垮臺以後，突尼西亞就走出了一個非常獨特、令人驚豔的發展」，他們的獲獎理由如下：

首先，他們證明伊斯蘭分子和世俗政治的社運人士，是可以為了國家的最佳利益攜手合作，並達成意義非凡的成果。突尼西亞的例子彰顯了對話的價值，以及對自己國家民族的認同，在這個衝突頻仍的區域裡有多重要。其次，突尼西亞的轉型也展現了公民社會裡的各個機構和組織，可以在國家民主化的過程中扮演至關重要的角色。雖然處境艱難，但他們依然能往自由選舉與權力和平轉移的方向邁進。「突尼西亞全國對話四方集團」的成就值得被肯定，也應該要肯定他們當初想透過茉莉花革命，帶來正面改變的初衷。

突尼西亞有一個吸引人的地方，就是他們總是讓人對他們充滿期待。顯然諾貝爾委員會並不覺得，現階段就肯定突尼西亞已經轉型成功是「言之過早」。雖然當年獨立之後的突尼西亞，也曾經讓人燃起跟這次類似的希望；就是在班阿里上任初期，曾讓人有過這樣的期待。不過當然我們只能說，希望那些對突尼西亞現在發展充滿信心的支持者們不要再次失望。我承認我對突尼西亞早先的發展一度很失望，所以現在心中是有點擔心和懷疑的。記得那個時候班阿里剛上任不久，他曾推動一個政治協商的「國家協定（National Pact）」，以彰顯他當初說要建立民主政府的承諾。當時我還寫下我對這個國家協定的滿心歡喜，特別是因為當時剛剛民主轉型成功的拉美國家，都是以國家協定的方式作為轉型的第一步。所以我就樂觀地做出一個結論：

突尼西亞的國家協定，是突尼西亞人民強調並慶祝他們凝聚力的一種努力。展現了他們對伊斯蘭傳統的崇敬以及對國家民族的驕傲，同時亦承認並鼓勵不同想法和利益的多元並存。這個協定不但沒有將保守的偏差價值，帶入後來建立的政治關係中，我們甚至應該將這個協定理解為，他們正在努力培養對異議和反對意見的容忍，這塊民主政治的基石。這個協定本身只是朝著實質民主前進的第一步，因為一個體制的轉型還有許多路要走。這個協定的重要性不在於它可以帶著突尼西亞人民走到哪裡，而是他們會因此往哪個方向前進。

這個樂觀的看法才經過短短幾年的時間就被證明是大錯特錯。突尼西亞政府後來變成了世界上最專制的盜匪國家之一。原本讓這麼多人都滿心期待的突尼西亞政府，原來只是公關手腕太高明、太會包裝，讓我們都信以為真。我們全世界這些熱愛突尼西亞的人，包括旅行社、代辦業者和簡直太好騙的國際金融機構等等，就這樣完全沒有注意到突尼西亞已經落入貪腐和暴政的深淵，最後導致二〇一〇和二〇一一年間的示威抗議。

現在我們只能希望那些還在唱衰突尼西亞的人是錯的，而薩夫萬對現在突尼西亞轉型的樂觀評估是對。希望突尼西亞的改變，不會再走回頭路了。

麗莎・安德森

前言 INTRODUCTION

對數百萬個像我一樣，關注突尼西亞二〇一一年一連串事件和後續發展，而且也深知期望越大就失望越深的人來說，突尼西亞帶給我們許多意料之外的驚喜：一開始是人民推翻了當時的政權，然後當阿拉伯之春後續的動能漸漸消退，突尼西亞卻跟其他國家走上不同的道路，進入一個和平轉移到正常運作民主體制的過渡期。

但突尼西亞真的有令我們感到意外嗎？為什麼突尼西亞會跟其他國家這麼不一樣？是後來事態的發展讓突尼西亞變得這麼特別，還是突尼西亞本來就很奇特，才造成這麼特殊的後果？

在我思索、討論、閱讀和開始下筆時，我一直很想驗證一個假說：如果一個國家本身就存在特定的自由條件，比如女權、現代教育和宗教自制，或許他們就會比其他國家更有機會轉型成民主體制。我因為茉莉花革命去了幾趟突尼西亞之後，想證實這個假說的決心就更強烈，所以才開始更深入地去研究突尼西亞。

我對突尼西亞的好奇心，不單純只是想了解突尼西亞，也想進一步透過突尼西亞更了解阿拉伯世界；然後再回過頭來，用阿拉伯世界和突尼西亞互相對照。

當我從訪談和二手研究資料裡面看得越多，然後去比較我自己對當地的記憶和經驗，我就越確定我的看法是有道理的。突尼西亞雖然被歸類為阿拉伯世界的一分子，但也不能真的就說他們屬於阿拉伯世界。因為突尼西亞確實有一些阿拉伯世界其他國家所沒有的特點。

因此我開始動筆，然後寫成這一本書。這本書裡面的論述，就是我所知道的突尼西亞和突尼西亞歷史；也是我從突尼西亞的角度，對阿拉伯世界所做的一個評論。所以這本書裡面，當我在檢視突尼西亞還有阿拉伯世界的時候，很大程度都是我個人的觀點。我也對突尼西亞越來越有感情，我全心全意地希望突尼西亞更好。從突尼西亞的故事裡，我看見很多可以解答我長久以來疑問的希望曙光。

這本書檢驗了幾個我認為是讓突尼西亞人，準備好邁向一個成功民主體制的因素，包括社會的、知識性的和政治的因素。這本書跟突尼西亞的過去、現在和未來都息息相關。書中結合了對突尼西亞現有的研究，再加上與數十位專家、領袖、社運人士和普通老百姓，超過上百個小時的訪談，把這些資料分析式地，或者有時必須有點拐彎抹角地架構起來，然後一步一步地拼湊全貌，方能了解這個在一片混亂的中東地區，和平崛起而且非常自由的民主體制。

這本書不是一本政治科學叢書，也沒有提出什麼跟革命或是民主轉型有關的政治理論，所以不必把這本書想成是什麼學術鉅作或是史家之言。因為它真的不是。畢竟我本來只是一個系統工程師，然後大半輩子都在當商學院的教授。只不過因為我在過去十年間，剛好在中東地區創辦了一些教育機構，然後主要的工作是在替哥倫比亞大學擴展全球據點。所以我自認為是一名全球教育工作者和一名仍然在學習中的學生。

當我開始著手進行後來被放進這本書裡的這些研究時，其實我一開始的目標並不是要寫出一本書。我原本只是有個單純的想法，後來就越寫越多，然後一頁又一頁地就集結成了這一本書。感覺好像我一輩子都在寫這本書，它讓我看清楚我一直以來的信念，還有我在過去許多年間所產生的想法。

這本書的起點，是從我和哥倫比亞大學的校長李・C・波林傑（Lee C. Bollinger），以及他的藝術家夫人琴・瑪格納諾・波林傑（Jean Magnano Bollinger），還有我們的同事兼好友蘇珊葛蘭西（Susan Glancy），一起去突尼西亞旅遊的途中，我隨手寫下的一疊筆記開始的。我們四個很常相約到世界各地旅遊，我們很樂於親自去體驗全球的脈動，以及不同區域和地方各自的特色。我不但是跟他們一起增廣見聞，也從他們的身上獲益良多。

但是突尼西亞這次的經驗很不一樣，對我個人有更多的啟發。我對當地特色的詮釋和印象，是因為我同時具有在地人和觀光客的兩種身分。當時那趟旅程以我從來沒有料想過的方式令我大開眼界。

通常我在旅途中寫下來的筆記都會被束之高閣。就算有些最後可以被拿來當作文獻資料，我還是會重新整理或是轉錄。但突尼西亞的這些筆記卻讓我欲罷不能，促使我去做更多的研究。等到我回過神來的時候，那些讓我越讀越有趣的資料已經堆成一大疊檔案。還好我剛剛請了一位很能幹的研究助理，蕊娜．戴維斯（Raina Davis），幫我一起進行這項大工程。我在這份檔案裡面，覺得好像看到了一個雖然聚焦在突尼西亞，但又不止於突尼西亞的研究主軸。

從很多方面來說，這本書試圖去調解以往那些爭論誰是誰非的一些對立論述。試圖去理解這些明明很分歧又很感性的認同和價值觀，是如何融合在一起。這本書雖然在講突尼西亞和阿拉伯世界，但它同時也在講伊斯蘭文化、阿拉伯主義，還有不同陣營是怎麼互相接受對方的想法，或者至少互相理解的這個過程。

就我個人在中東地區生活還有工作的經驗，我和主導了大部分阿拉伯世界的主流伊斯蘭教條，有過非常密切的接觸。我很好奇教育體系的發展史，還有教育在中東地區對社會的動能和現實政治的形成扮演什麼樣的角色。我也親身體驗了中東地區的宗教霸權、非常排外的身分認同政治、對個人主義的扼殺，以及打壓任何想要找尋真相的企圖，特別是針對那些會挑戰到原本傳統論述的真相。

我們在阿拉伯世界從小就被教導，什麼是必須要堅守的政治價值；以及對於這個世界看法，和一些降臨在我們身上的不公不義，有哪些是對的、哪些是錯的。基本上這些教條沒有什麼「討論」的空間。如果我們開始去質疑那些關於認同、宗教和衝突的教條，我們會產生一種愧對祖先的羞恥感。如果我們膽敢質疑所謂先人的智慧，或是開始反省某些發生在我們身上不公不義的事情，會不會其實是因為我們咎由自取，其他人就會指責我們被西方的腐敗價值汙染。如果我們就某個議題嘗試提出一些不同意見，就會被臭罵說我們胳臂向外彎。

我們的個性太好強了，所以很難去自我批判；特別是當我們覺得如果去自我批判，反而會將自己的弱點暴露給外人看到的時候。但如果我們不正視自己的歷史並承認自己的錯誤，我們是不會進步的。在突尼西亞的身上，我們或許可以看見值得學習的優點。

我在約旦長大，然後在阿拉伯世界和阿拉伯世界以外的地方都生活過。不管是事業、文化還是私生活的領域，都有感受過東西方的差異。我也親自見證了阿拉伯地區在宗教上與日俱增的宗派主義、激化和虔誠，如何一步一步地改變了這個社會。

我生在一個伊斯蘭家庭。我們家因為來自巴勒斯坦，所以相對比較世俗而現代。不過我爸媽結婚的時候，因為我爸本來已經有一個元配，所以這時候伊斯蘭教的教義還是有派上用場。

我的認同感是受到各種不同的，有時甚至互相矛盾的規範、價值、經驗所塑造而成的。我個人的成長經歷，還有我跟宗教、性、女性主義之間的關係，都內化成我的觀點，影響著我的分析。

身為人類，我們人生很大的功課就是重新定義自己，然後主張我們的個人認同。當我們被生下來時就已經被賦予某種認同，然後被告知我們要承擔哪些宗教和國家民族的特性；儘管這些標籤根本就不是與生俱來的，也沒有寫在我們的基因裡面。在中東國家，宗教認同限制住我們，卻也變成我們通行往來的護照。就算我們死了，也還是逃不開宗教的手掌心。伊斯蘭律法掌控了我們生前死後的所有大小事，就算你不認為自己是一個穆斯林也一樣。我曾經跟我的一個律師朋友抱怨，說我死後不想用穆斯林的方式下葬。結果他能給我最好的建議，就是叫我不要死在約旦。

在西方社會，我們會在乎一些相對來說更進一步的自由權利，比如說言論表達的自由、媒體的自由，還有學術表達的自由。我們會把一些基本的個人自由，比如說思想自由、信仰系統的自由，還有越來越多人在講的性向與性別認同的自由視為理所當然。

突尼西亞就像一扇窗，讓我看見了一個不同的世界，也看見了阿拉伯世界的一些可能。思想自由是一項應該受到憲法保護的基本人權，還能夠限縮宗教與國家威權對個人私領域和公領域的介入。

我在這本書裡寫的一些內容，可能會讓某些讀者覺得不舒服。因為碰觸到宗教、性、阿拉伯認同和其他面向的禁忌，算是挑戰到了目前主流的阿拉伯論述。毫無疑問地，我想用直白卻細微的方式，重新定義關於歷史和面對衝突的態度，這些已經被看成是絕對真理的觀點和看法，就是會引起爭議。但我的本意不是要引起不必要的挑釁，更沒有想要冒犯任何人。我只是想要提供一些我怎麼看這些事情的真實想法。

這本書在討論突尼西亞的特點，還有拿突尼西亞和其他國家做比較的時候，有可能會讓人覺得有些偏頗。我的確會不太平衡但也很理所當然地，把比較多的焦點放在約旦。畢竟約旦是我小時候生活、求學，然後工作過的地方。而且很重要的一點是，我放大檢視約旦，不是要指責這個國家沒歷史、沒文化又不懂得節制。就是因為約旦有歷史、有文化，也應該自制，所以當約旦國內出現一些負面的、地域性的暗潮湧動，才會特別令人感到不安。

突尼西亞的經驗，還有我從突尼西亞得到的經驗，讓我踏上了一場發現自我和家鄉的旅程。突尼西亞的進程，很大程度就代表了我們的進程，還有我們這個世界的進程。

克里斯多福・希鈞斯（Christopher Hitchens）二〇〇七年刊載在《浮華世界（*Vanity Fair*）》的一篇文章裡，替突尼西亞的未來做了以下兩種預測：「究竟這塊非洲大陸的北海岸，會變成一個費盡心機地將水火不容的歐洲與非洲一分為二的是非之地；還是會像以前在歷史上曾經一度出現的，變成一個讓兩邊的文明自由交流、互相滋養的文化交會處？」克里斯多福・希鈞斯在考慮要為了這篇文章動身前往突尼西亞之前，曾經諮詢過愛德華・薩依德（Edward Said）的意見。愛德華・薩依德就回他說：「去啊，你該去。那裡是非洲最溫文儒雅的國家了，連那裡的伊斯蘭分子都比較有水準。」

或許克里斯多福・希鈞斯當初對突尼西亞所做的預言還需要時間證明，不過希望突尼西亞耗費了不只好幾年、數十年甚至是幾個世紀光陰才累積下來的，所謂阿拉伯世界最溫文儒雅的國家這個無庸置疑的名聲，可以永世長存。

緒論 INTRODUCTION

關於突尼西亞這個催生了阿拉伯之春的國家，為什麼會成為阿拉伯世界唯一一個民主政體的這個問題，因為很少人寫，所以也很少人了解。「怎麼會是突尼西亞？」很多追求民主的阿拉伯人都在問，而且他們也很想知道為什麼發生在突尼西亞的自由，他們到現在都還只是看得到，卻享受不到。

阿拉伯的人民原本是受到突尼西亞的啟發，想要聲援突尼西亞人才滿心期待地起身反抗。沒想到後來卻回過頭來，開始要求自己的政府也要做出改變，才一路演變成我們後來稱之為「阿拉伯之春」的骨牌效應。只不過這個「春天」，很快就變成了狂風暴雨的黑暗冬天，狠狠擊潰了那些站出來挑戰壓抑現狀的人民，對更好的生活以及成立代議政府的期望。

要說到哪個國家的革命，最快走上民主又最快崩壞瓦解，埃及的手腳之快大概無人能及。而且他們還兩次用「民主」的方式終結民主：一次的幕後主使是穆斯林兄弟會，另一次是軍方。被多數民意選出來的穆斯林兄弟會，因為不民主的舉措，被軍方以「捍衛民主體制」為理由奪權，然後又以「民主」選舉，試圖復辟「穆巴拉克式」的軍人治國。

隔壁的利比亞就完全是個失能的國家。政府完全失能，整個國家被波斯灣的幾個君主國勢力輪番割據。他們接連在各自的勢力範圍，推行各自表述的伊斯蘭霸權或是軍事統治。伊斯蘭國之流的激進派把利比亞當成一個伊斯蘭國度而覬覦著，透過利比亞脆弱鬆散的邊境，將恐怖主義輸出到突尼西亞。

敘利亞境內的衝突，已經演變成我們這個時代最糟糕的人道災難；也是繼第二次世界大戰之後，規模最大的難民危機。葉門爆發了全面戰爭，但背後其實是沙烏地阿拉伯和伊朗兩邊的教派勢力互相對抗。伊拉克已經被外國勢力入侵十年，國內基於很實際的理由，陷入不同教派的鬥爭而土崩瓦解。國內緊張的情勢，也催生了一個暴力的極端組織。經年累月的動盪不安從伊拉克向鄰近的區域蔓延，造成每天都有數百位試圖跨越地中海逃難到歐洲的難民，不幸在途中客死異鄉。

相較之下，突尼西亞在二〇一〇年十二月到二〇一一年間發生的起義反抗，不但導致獨裁的總統班阿里倒臺，也讓突尼西亞人民取得了對阿拉伯世界來說，相當特殊的民主體制。在茉莉花革命結束不到四年的二〇一五年，突尼西亞施行了一部進步的憲法，舉行了公平公正的國會大選，並推舉了突尼西亞史上第一位的民選總統。突尼西亞也出現了所有阿拉伯國家歷史上，第一個願意拋下他們的伊斯蘭標籤，在二〇一六年五月重新定義他們的政黨路線為「穆斯林民主派」的伊斯蘭政黨——「復興運動黨（Ennahda）」。他們將政治重心轉移到國家的經濟議題，並禁止黨高層參加宗教和慈善組織，或是去清真寺布道。

兩次的和平權力轉移，也說明突尼西亞的民主根基穩固。突尼西亞國內在二〇一一年的選舉過後，出現了分庭抗禮的三個政黨和各自代表的三股意識形態，在過渡政府時期互相抗衡。這個情況一直持續到二〇一三年過渡政府解散，並改由技術官僚政府來接手監督二〇一四年的選舉。二〇一五年聯合政府的產生，還有內閣總理的選拔，仰仗的是主流的世俗政黨「突尼西亞呼聲（Nidaa Tounes）」和他們的主要對手，也就是當時還是一個伊斯蘭政黨的「復興運動黨」之間，密切的諮詢以及和議。類似這樣合作的例子之所以會出現，靠的就是在茉莉花革命之後，已經變成突尼西亞現實政治特色的「共識建立」和「政治妥協」。

突尼西亞的成功經驗，可以歸功於幾個因素：跟許多最後失敗的中東和北非國家相比，突尼西亞的人口少而且相對同質性高，也不存在不同教派之間的緊張對立。最早可以追溯到一九二〇年代，從強大的工會運動演變而來，扎實的公民社會參與傳統也是另一項重要因素。突尼西亞也是阿拉伯世界唯一一個除了埃及，或者再算上摩洛哥和阿曼之外，早在殖民者來臨之前，國界就已經具有歷史正當性的國家。而且突尼西亞因為不像埃及有地理位置的重要性，所以需要從事很多軍事建設，因此躲過了很多國際勢力的介入。

不過或許突尼西亞最重要的成功關鍵，可以追溯到十九世紀，並且可以看成是伊斯蘭教裡面比較進步、適應力比較強的改革文化。改良主義在突尼西亞可以發展成一個進步並且兼容並蓄的社會上，扮演了非常重要的角色。這讓突尼西亞有機會，向外擁抱這個更加全球化的世界，而不是像其他阿拉伯國家一樣，躲進自我保護的舒適圈裡。從突尼西亞人怎麼詮釋他們的歷史就看得出來，突尼西亞的改良主義其實是一種思維模式，促進他們的社會凝聚力和國家團結。改良主義和「突尼西亞人（tunisianité）」的概念是密不可分的，他們共同體現了突尼西亞人的獨特性和優越感。

結合了西方的現代性與獨特的國家認同，以及與阿拉伯和穆斯林世界共享的文化傳承，突尼西亞改革主義的歷程，催生了一種特殊的突尼西亞現代性。

想知道這種所謂突尼西亞的現代性是什麼意思，就要去看突尼西亞的宗教，相對於社會、憲政主義、政治還有教育之間的關係。他們的宗教性和世俗主義之間，有一種非常令人佩服的尊重和包容共存。尤其是當極端分子的恐怖行動，時常以宗教之名在世界上的各個角落肆虐，宗教在突尼西亞卻似乎沒有像在其他阿拉伯國家那樣，從一九七〇年代開始政治化並進入到公領域。

在約旦和中東其他地方，宗教和被狹隘解釋的伊斯蘭主義，已經慢慢地主導了私領域和公領域。原本在一九八〇年代還只是一種外觀打扮上的友善象徵，比如說女性包住頭部並蓋住頭髮和脖子、遮住半張臉只露出雙眼的長面紗頭巾（niqab），到現在已經變成用來彰顯對宗教有多「虔誠」，或是去嚴格要求某種生活方式的矯枉過正。對於少數基督宗教信徒的態度，則是變得越來越排外、越來越無法容忍。當二〇一六年夏天，整個約旦社會都在爭論到底一個穆斯林，能不能對年輕基督徒之死感到同情的時候，約旦的大穆夫堤（Mufti，負責解釋伊斯蘭律法的學者；大穆夫堤為一個區域的穆夫堤首領）不得不發表一篇聲明向信徒穆斯林澄清，「穆斯林向非穆斯林表達哀悼是被允許的」。以前的大穆夫堤哪需要做這種事？

任何人都會對突尼西亞的首都突尼斯，相對於其他阿拉伯國家首都的強烈對比嚇一跳。突尼斯還保留著三、四十年前約旦首都安曼的感覺，有著滿滿的自由和現代感。清真寺非常巧妙地融合在美麗的城市風景當中，不管是單就建築的角度還是從人文的角度來看，清真寺的存在都是很溫和、很細膩的。就城市美學或是其他方面來說，他們不會顯得突兀，也不占據太多城市裡的物理和社會空間。

在突尼斯，宗教和虔敬的表現基本上只會停留在私領域，就像我小時候大部分的阿拉伯城市那樣。在突尼斯的街上，你會看到有些女性有戴一般頭巾（hijab）、有些沒有。但如果有個女性戴著遮住頭髮、臉部和整個身體的長面紗頭巾，她馬上就會感受到異樣的眼光。雖然說這樣的保守打扮，在現在阿拉伯世界的其他地方很常見。比如就像在現在的開羅，如果一名女性在公共場合沒有把她的頭包起來，那你幾乎可以確定她就是基督徒。因為根據統計，基本上埃及超過九成的伊斯蘭女性都會戴頭巾。

雖然說蓄鬍也漸漸被視為是表達虔誠之意的象徵，但在突尼斯的街頭，蓄鬍的男性並不算多。以我在突尼斯的觀察，就算是在收入比較低的郊區，女性沒戴頭巾的比例還是遠超過有戴頭巾的比例。在突尼西亞的另一個城市西迪布賽，常常會看到年輕情侶手牽著手走在街上；有些女生就算戴著頭巾，也還是會跟另一半有比較親密的互動和肢體接觸。如果拿以上的畫面去跟埃及或是約旦做比較，在我還是青少年的「當年」也不算少見，但現在情況就大不相同了。再舉個例子，就算是在突尼西亞比較保守的內陸地區，比如說加夫薩、貝加或是更鄉下的蓋夫，你在當地能夠發現的宗教象徵，都會比你在約旦能看到的少很多。

時至今日在像安曼這樣的城市，宗教已經完全占據了公領域。我還記得小時候聽到那個一天會有五次的喚拜聲，還覺得似乎有一點東方異國的情調；不過卻也是在提醒你，就算你過著現代的、世俗的生活，但你仍舊生活在一個穆斯林國家。而且從那之後再快轉幾十年到了現在，大部分阿拉伯國家的清真寺已經比學校還多。在約旦有超過六千座清真寺，而學校則是只有五千多間。喚拜樓的擴音喇叭播放出來的不再只是做朝拜的提醒，還有可蘭經的誦讀和講道，告誡你通往天堂的道路只有一條，而且這條道路已經隨著時間，變得越來越窄、越來越難走。在安曼主要幹道的路燈和紅綠燈上，都掛著上面寫著「真主的九十九個真名」的牌子。每隔幾公尺的牌子就是真主的其中一個真名提醒著你來世會下地獄，免得你現在活著的時候，忘了對你的神保持永遠的敬畏。

在突尼斯，你去原本麥地那城所在的位置走走，就會發現不同文化、年代、人們交織所留下的證據。作為當時馬格里布地區在西元六九八年第一個建立的阿拉伯伊斯蘭城市，麥地那曾經算是阿拉伯世界最富裕也最偉大的城市之一。矗立著的七百座紀念碑，就是這些偉大的王朝曾經統治突尼西亞的證明。在麥地那蜿蜒的小巷弄穿梭或停留，都會感受到混合著香水和香料的香氣，以及歷史曾經存在的痕跡。就跟耶路撒冷古城一樣，這裡也向旅人展示了陸續來到此處的文明軌跡，而見證了過去與現在的一磚一瓦之間，也讓人感受到時光的片刻永恆。

麥地那街道兩旁櫛比鱗次的老房子和工作坊，在炎炎夏日提供了涼爽的遮蔽。這些老建築很多現在都已經變成餐廳或是民宿，比如說皮革之家（Dar al-Jeld）或是製香師酒店（Fondouk al-Attarine）。每間商店或是住宅的門面，都在向過去歷史、伊斯蘭與現代的融合致敬。這些門面大部分是赭石黃或者是綠色，有的是用十三世紀時將突尼斯定為突尼西亞首都的哈夫斯王朝（Hafsid dynasty）的雙矩形風格。有些底下還有個小小的門（Khoukha），據說是穆薩・本・努賽爾（Abdualaziz Ibn Moussa Ibn Noussair）的西班牙公主老婆發明的，為的是讓他們的穆斯林子民向他們鞠躬。離市中心十八公里遠的西迪布賽，他們的現代藍色大門會讓人想到希臘和希臘的島嶼，尤其是最著名的米克諾斯島。

突尼西亞兼容並蓄的過去和蘊藏豐富文明的歷史軌跡，至今仍俯拾皆是。肯尼斯・柏金斯（Kenneth Perkins）在他的《現代突尼西亞史（History of Modern Tunisia）》裡面舉了一個很棒的例子。他那時候去坐「突尼斯—古萊特—港口鐵路（TGM 輕軌）」，沿途停靠的站名有漢尼拔，是迦太基軍隊的一位偉大將領；港口城市克爾雷丁，是為了記念鄂圖曼的一位海軍將領巴巴羅薩・海雷丁・帕夏（Khayr al-Din Barbarossa Pasha）；或者另一說是記念另一位十九世紀的改革家突尼西・海雷丁（Khayr al-Din al-Tunisi），因為他讓突尼西亞走向憲政、現代與民主。還有一站是拜爾薩，這邊的山丘據說就是腓尼基女王、迦太基城的創立者，同時也就是羅馬人所說的狄多（Dido），當初和伊尼亞斯（Aeneas）有過一段情的地方。當列車終於抵達終點站突尼斯海洋館，這趟「大約五十分鐘，走過十五英里的旅程，已經盡覽過去三千年的歷史古蹟」。

突尼西亞人的歷史最早可以追溯到突尼西亞當地的原住民：柏柏爾人。最早關於柏柏爾人的紀錄，差不多是西元八一四年從泰爾來的腓尼基難民，建立迦太基城的時候。迦太基就在突尼斯的旁邊，也是現在總統府的所在地。如果降落在突尼西亞最大的機場「突尼斯—迦太基國際機場」，任何人都能馬上感受到突尼西亞的現在跟過去緊緊相連。

突尼西亞人很喜歡炫耀他們跟歐洲有多近。他們恨不得找到機會就拿出地圖，指著突尼西亞的最北邊跟你說，他們比義大利西西里島的最南邊，還要深入地中海。他們也常常提醒別人，羅馬人當初把他們這邊叫做「阿非利加（Africa）」，或是用阿拉伯語叫做「伊夫里基亞（Ifriqiya）」，就是後來穆斯林統治者也沿用，而且是整個非洲大陸之所以被稱作「非洲」的原因。

突尼西亞的信仰和種族分布同質性非常高。突尼西亞一千一百萬的人口裡面，大約百分之九十九都是遜尼派穆斯林，其他不到百分之一的就是基督徒、猶太人、什葉派穆斯林和巴哈伊教徒（Bahá'í）。在人種上，百分之九十八的人都是阿拉伯人。因為突尼西亞的人口組成和地理位置，位於阿拉伯世界西邊的馬格里布地區，讓他們一度同時被歸類為阿拉伯人或是非洲人、西方人或是東方人；但更重要的是，他們其實就是突尼西亞人。

突尼西亞人的認同不是靠宗教定義的，對他們來說宗教比較是個人選擇而不是民族問題。所以很大程度上會造成統治者和被統治者之間存在緊張關係的宗教教派主義，雖然有人會覺得對一個社會具有凝聚認同的效果，但在突尼西亞並不存在。他們取而代之存在的是一種非常自豪的國族認同，歸功於他們幾個世紀以來都完好無缺的領土範圍，還有並不只是存在於教科書和歷史古蹟，而是一直都在突尼西亞人心中，影響著他們如何看待並且定義自己是誰的文明史觀。

在一九五六年從法國殖民中獨立的突尼西亞，是一個現代的「西發里亞民族國家（Westphalian nation-state）」，並受到十九世紀改良主義政治思想的影響。從取得獨立一直到一九八七年被班阿里趕下臺，期間統治了突尼西亞三十年的布爾吉巴，他所引進的進步改革就如同本書之後會談到的，已經嵌進早期的一些改革派的腦子裡。

就跟其他的獨裁者一樣，布爾吉巴藉由結黨營私的裙帶關係，以及集行政權於總統一身來掌握權力。他對國家事務的牢牢掌握，也就意味著他施行了從打壓自由到軍警單位對人權全面侵犯的暴政。不過儘管他違反人權又集權專制，布爾吉巴還是被尊為「突尼西亞之父」，並帶領突尼西亞走向獨立，並進入一個女性被解放、更世俗、也更自制的突尼西亞社會。布爾吉巴也引進了教育體系的大規模改革，影響了往後好幾代的突尼西亞人。布爾吉巴的教育改革，讓後來的突尼西亞人都具備批判性和分析式思考的能力。這在阿拉伯世界的其他地方是看不到的，因為其他地方的學生從以前到現在，都是當局默許政治伊斯蘭主義去戕害的受害者。他們政教聯手，培養出聽命行事、不去質疑而且異常虔誠的學生。就算到了很近期，受到這種教育的人還是這麼行禮如儀。

布爾吉巴的改革很大程度受益於伊斯蘭內部的分歧，以及女性解放和教育政策帶來的知識水準提升。這也要歸功於在他之前一些重要人物或機構所做的努力，例如伊斯蘭現代主義者突尼西亞魯．海雷丁帕夏，他創立了世俗導向的薩迪奇學院（Sadiqi College），並提倡要建立設有國會的合憲政府；還有塔哈爾．哈達德（Tahar Haddad），他是最重要的社會思想家之一，他替伊斯蘭歷史和《可蘭經》之下的女權發聲。

本書將會揭露這些突尼西亞知識分子，是怎麼與他們同時代的阿拉伯人互動並互相影響，想法又是怎樣交會以及分歧。十九世紀末和二十世紀初的時候，阿拉伯世界的其他地方，特別是埃及和敘利亞到黎巴嫩，歷經了大幅度的知識改革運動。這個由穆罕默德．阿布都（Muhammad Abduh）、穆罕默德．拉希德．里達（Muhammad Rashid Rida）以及凱西姆．艾敏（Qasim Amin）等人試圖改革伊斯蘭主義的知識界文藝復興，最後雖然以失敗告終，仍舊帶來了與突尼西亞類似的運動成果以及後續影響。不過這場被當時的政治和宗教潮流打斷及荒廢的運動註定會消亡，而原本要帶來的覺醒卻讓這個社會陷入了更深沉的酣睡。

與此同時，突尼西亞的知識改革分子影響了突尼西亞後來欣欣向榮的工會運動發展。這對接下來突尼西亞的獨立運動，以及很晚近的茉莉花革命和後續發展，都扮演著決定性的角色。「突尼西亞總工會（Union Générale Tunisienne du Travail，UGTT）」就是在革命後適時填補了班阿里倒臺之後權力空缺的其中一個組織。它的功能和埃及的軍政府很像，不過用的卻是完全不一樣的手段。突尼西亞總工會幫忙創造的這個公民社會，控制住了孤兒一般的革命運動，並把它變成一個民主轉型的過程。

二〇一五年以「對建立多元民主的突尼西亞有卓越貢獻」為理由，頒給突尼西亞「全國對話四方集團（Quartet du Dialogue National）」的諾貝爾和平獎，就是強調了突尼西亞的公民社會組織在實踐社會共識以及連接政治、宗教分歧的角色。突尼西亞全國對話四方集團的四個主要組織：突尼西亞總工會、突尼西亞工業貿易暨手工業聯合會（Union Tunisienne de l'Industrie, du Commerce et de l'Artisanat）、突尼西亞人權聯盟（Ligue Tunisienne pour la Défense des Droits de l'Homme）以及突尼西亞律師公會（Ordre National des Avocats de Tunisie），分別代表了勞工、企業主、人權運動者和律師。他們讓被二〇一三年兩次政治暗殺和大規模抗議拖累的突尼西亞，得以脫離政治僵局。

本書也揭露了讓突尼西亞走向民主的幾個因素，而且更重要的是，累積了幾十年甚至上百年的突尼西亞特殊經驗；並解釋了突尼西亞的民主轉型，以及變得更進步、現代和包容的社會進展。本書致力於分享關於一個國家、人民的故事，關於追求真理的辛苦掙扎，以及他們走上的這條特殊、充滿希望和啟發的道路。

這本書想跟讀者分享的是突尼西亞之所以變成民主國家的理由，以及為什麼在可預見的未來，阿拉伯世界的其他國家達不到類似的成果。我認為突尼西亞因為有許多與生俱來的元素，讓他們往民主靠攏。這本書的立意，就是如果想了解阿拉伯世界為什麼失敗，就要先知道突尼西亞為什麼成功。

但這並不表示，突尼西亞的民主轉型已經完全沒問題了。他們的未來還是有許多大挑戰，前方的道路還是散布著阻礙與懷疑。二〇一五年的三次恐怖攻擊：三月十八日的巴爾杜國家博物館事件、六月二十八日的蘇塞海灘度假村事件，還有十一月二十四日總統隨扈公車的事件，都慘痛而且鮮明地提醒我們，這個剛剛成形的民主體制有多麼脆弱。突尼西亞的內陸區域，在茉莉花革命以後長期的失業和貧窮問題，終於導致在二〇一五年年底爆發的抗議活動，並在二〇一六年年初變得更加激化。這同時也是一種警訊，告訴我們如果社會和經濟條件並沒有隨著政治民主獲得改善，那這一切都可能只是一場空。

本書的前幾章會介紹導致茉莉花革命爆發的幾個因素，還有突尼西亞在革命過後的發展。這些內容主要是提供一個背景脈絡的架構，方便讀者了解突尼西亞內部的變化，還有這個剛誕生的民主體制將面臨什麼樣的挑戰。裡面的論述也會有助於將突尼西亞的現在和突尼西亞的過去，尤其是關於改革和思維演進的歷史串連起來。

了解突尼西亞的歷史脈絡以後，接下來的章節會帶領讀者回到突尼西亞的啟蒙之初，並重點介紹一下突尼西亞的古文明，還有突尼西亞兼容並蓄的認同從何而來。接著我們討論穆斯林阿拉伯人的到來，以及進步派的伊斯蘭教派是如何演變，還有他們如何影響這個具有自制力和包容性的突尼西亞穆斯林認同，還會帶大家認識幾位重要伊斯蘭學者的影響。特別值得留意的是，十四世紀的哲學家兼改革家伊本・赫勒敦（Ibn Khaldun）。他提倡要培養批判性與分析式的思考，並討論歷史哲學、伊斯蘭神學以及宗教與社會的關係。

接下來我們會討論這個逐漸運作起來的現代改革時期，基本上也可以以此解釋突尼西亞的特殊性。現代的突尼西亞始於十九世紀中期，當時突尼西亞比美國還要早了十九年就已經廢除奴隸制度，他們還編纂了所有阿拉伯和穆斯林國家裡的第一部憲法。往後數十年知識水準的發展也為布爾吉巴的改革打下基礎，並賦予突尼西亞在教育面、社會面和憲法面更上一層樓的可能。

要了解當代的突尼西亞，就要了解由布爾吉巴引入，並持續影響著突尼西亞的各項改革，尤其是在教育、女性參政和宗教層面的部分。這本書很多篇幅都在討論上述幾個層面的改革：他們為什麼可以被推動？他們如何帶領突尼西亞走上一個很難再回頭的進步之路？在比較分析突尼西亞和其他阿拉伯國家，在後殖民時代就往不同方向發展的教育體系之後，更支持了本書的主要論點。也就是說，在突尼西亞長久的改良主義傳統裡，一直存在著的進步主義教育體系，就是讓突尼西亞之所以成為今日的突尼西亞的原因。在討論教育和宗教時，有些部分會拿土耳其來跟突尼西亞做比較。

雖然土耳其不是阿拉伯國家，但土耳其可以當成突尼西亞一個很有意思的對照標準：這兩個國家各自的開國元老，各自替兩國設定的路線竟然意外相似。我們還會講到兩國在宗教、國家和教育體系之間的關係，各有怎樣的演進。本書的最後一章將討論突尼西亞的教育體系，在過去幾十年一路走來歷經了什麼過程，以及這個體系和革命之間互相違背的矛盾。譬如失業的青年世代高聲疾呼要求改變，卻是老一輩受到布爾吉巴式教育的精英分子，在領導這個國家度過轉型階段。

I 突尼西亞之春：突尼西亞革命時間軸（二〇一〇年至二〇一六年）

二〇一〇年十二月十七日：
二十四歲的街頭菜販穆罕默德・布瓦吉吉（Mohamed Bouazizi），在西迪布濟德引火自焚，打響了革命的第一槍。

二〇一〇年十二月廿四日：
維安部隊向西迪布濟德的示威群眾開槍，造成兩名示威者死亡。

二〇一一年一月八日：
警方對著塔萊和凱賽林的示威群眾實彈開槍，陸續造成四天內總共二十二名示威者死亡。

二〇一一年一月十二日：

示威行動蔓延至首都突尼斯，抗議群眾要求總統班阿里下臺。

二〇一一年一月十四日：

總統班阿里逃離突尼西亞，由總理穆罕默德．加努希（Mohamed Ghannouchi）暫代總統職權。

二〇一一年一月十五日：

眾議院議長福阿德．邁巴扎（Fouad Mebezaa）被任命為代理總統。穆罕默德．加努希重回內閣總理一職。

二〇一一年一月至二月：

突尼斯的加斯巴廣場發生一連串的示威活動以及不曾間斷過的靜坐抗議。抗議群眾要求「憲政民主聯盟（RCD）」的成員全面退出新內閣，之後還要求要廢除憲政民主聯盟。

二〇一一年一月廿七日：

總理穆罕默德．加努希進行內閣改組，撤換掉除了他之外的所有前憲政民主聯盟成員。

二〇一一年二月廿七日：
穆罕默德．加努希請辭，總統福阿德．邁巴扎任命貝吉．卡伊德．艾塞布西（Beji Caid Essebsi）為新任總理。

二〇一一年三月九日：
突尼斯第一審法院解散憲政民主聯盟，清算其資產並禁止該黨參加未來的選舉活動。

二〇一一年十月廿三日：
復興運動黨在制憲議會選舉獲得多數席次。

二〇一一年十二月：
前復興運動黨黨主席哈馬迪．傑巴里（Hamadi Jebali）擔任總理一職。前「保衛共和大會黨（CPR）」黨主席蒙瑟夫．馬佐基（Moncef Marzouki）擔任總統一職。「爭取工作與自由民主論壇（Ettakatol）」黨主席穆斯塔法．本．賈法爾（Mustapha Ben Jaafar），擔任制憲議會議長一職。

二〇一三年二月六日：
左派反對黨「民主愛國者統一運動（al-Watad）」的黨主席肖克里．貝萊德（Chokri Belaid）遭到謀殺。

二〇一三年二月十九日至廿二日：

總理哈馬迪．傑巴里請辭，改由復興運動黨的阿里．拉哈耶德（Ali Laarayedh）繼任總理一職。

二〇一三年七月廿五日：

「人民運動黨（Mouvement du Peuple）」的創辦人兼黨主席穆罕默德．布拉希米（Mohamed Brahmi）遭人暗殺。

二〇一三年十二月：

由突尼西亞總工會、突尼西亞工業貿易暨手工業聯合會、突尼西亞人權聯盟以及突尼西亞律師公會組成的突尼西亞全國對話四方集團，討論出帶領突尼西亞走出政治僵局的解方。復興運動黨願意配合。

二〇一四年一月廿六日：

國家制憲議會通過新憲法。

二〇一四年一月廿九日：

馬哈地．賈馬（Mehdi Jomaa）被任命為總理。

二〇一四年十月廿六日：

突尼西亞舉行革命後的第一次國會選舉。復興運動黨獲得國會兩百一十七席中的六十七席，「突尼西亞呼聲黨（Nidaa Tounes）」取得八十六席的國會多數。

二〇一四年十二月卅一日：

貝吉．卡伊德．艾塞布西成為突尼西亞史上第一位民選總統。

二〇一五年一月五日：

突尼西亞呼聲黨的哈比卜．埃西德（Habib Essid）被任命為總理。

二〇一五年三月十八日：

巴爾杜國家博物館發生大規模槍擊案，三名槍手造成四十四人死亡，死者多為外國旅客。

二〇一五年六月廿六日：

一名槍手在蘇塞的海灘度假村射殺三十八名外國旅客。

二〇一五年十月：

突尼西亞全國對話四方集團獲頒諾貝爾和平獎。

二〇一五年十一月廿四日：

載運突尼西亞總統隨扈的巴士受到自殺炸彈攻擊，造成十三人死亡。

二〇一六年五月十九日：

拉希德・加努希（Rached Ghannouchi）宣布復興運動黨要將「政治伊斯蘭主義拋諸腦後」，並將政黨路線重新定義為穆斯林民主派。

二〇一六年七月三十日：

突尼西亞國會通過對總理哈比卜・埃西德的不信任案，迫使其請辭下臺。

二〇一六年八月廿六日：

國會通過前農業專家優素福・查希德（Youssef Chahed），擔任新聯合政府的總理人事任命案。

一、突尼西亞的經驗可以被別國複製嗎

突尼西亞的革命在二〇一〇年十二月爆發之後，阿拉伯世界其他國家的示威者幾乎馬上就跟進了。最早的是埃及，當突尼西亞推翻總統班阿里還不到一個月，革命運動就將他們的總統穆巴拉克也拉下臺。受到突尼西亞和埃及的鼓舞，中東和北非其他國家的示威者就算沒有推翻他們的政府，也開始要求政府做出改變。結果這些後來才加入阿拉伯之春的國家，比如說摩洛哥和約旦，要不是只達到很有限的一點點改革而已，就是演變成一發不可收拾的內戰。

曾經有一度，埃及和突尼西亞一起被視為受惠於所謂阿拉伯之春的唯二兩個國家。二〇一二年六月，埃及穆斯林兄弟會推出的候選人穆希（Mohamed Morsi），當選為埃及史上第一位民選總統。可是就在一年後，埃及軍隊就在民間一片要求穆希下臺的抗議聲浪之中將他推翻了。在接下來的幾週，維安部隊直搗穆希支持者位於開羅的大本營，殺害數百位抗議軍政府的民眾，並趁機毀壞了四十多座科普特正教會（Coptic）的教堂。在重回軍方威權統治，而且在可預期的未來新任總統塞西（Abdel Fattah al-Sisi）也不會下臺的情況下，埃及似乎已經離開了——不然至少可以說是偏離了——通往民主的道路。

所以作為阿拉伯之春唯一的成功案例，突尼西亞因此引起了政策分析家、運動人士、政治學

的權威泰斗和媒體記者的興趣。出於一種挫折、夢碎的心情，但又還是想要獲得一點希望和啟發的人們，開始參考突尼西亞的經驗，對其他阿拉伯國家的未來提出樂觀的預言。有些人甚至大膽預測突尼西亞會超越以色列，變成整個阿拉伯地區體制運作最正常的民主國家。這些用崇高的溢美之詞對突尼西亞所做的讚揚，宣稱「突尼西亞就是阿拉伯地區第一個誕生的原生民主國家，雖然羽翼未豐卻可以在這個充斥著絕望、虛無主義，而且受軍事獨裁者、腐敗的政教合一領袖和軍事無政府主義者把持的區域，變成一盞帶來希望的明燈」。

而這正是人們對於突尼西亞最常見、誤會最大的一種偏見；他們會覺得其他阿拉伯國家只要模仿突尼西亞和平轉移到民主的成功經驗，那些促成突尼西亞民主化的因素也就很容易可以被複製下來。我認為這個理論的某些假設存在著某些很容易看出來、和一些不容易看出來的缺陷。促成突尼西亞成功轉型到民主體制的因素，要不是原本就已經存在於突尼西亞的文化當中，就是他們花了好幾個世代才培養出來的。

同時他們把突尼西亞歸類到阿拉伯人和穆斯林的身分認同，然後把突尼西亞局限在阿拉伯世界的框架裡面，是一種過分簡化和還原論的想法。這個想法會讓人想問，什麼叫做「阿拉伯人」？「阿拉伯人」不是一個容易劃分的人種或種族，也沒有都信仰同一種宗教。全世界把阿拉伯語當成母語的人裡面，大約有百分之五是信基督宗教、德魯茲派（Druze）、猶太教或是泛靈論。「阿拉伯人」的概念要用政治和宗教的認同去區分，而且他們在文化上的規範和傳統，在中東地區的每個阿拉伯國家之間，都存在著或多或少的差異。

早在用阿拉伯文來寫《可蘭經》的伊斯蘭教，以及現今大部分的「阿拉伯人」都在講的阿拉伯語之前，所謂「阿拉伯人」的概念，大致上代表的是住在現在沙烏地阿拉伯和葉門所在地的阿拉伯半島上的「閃語族人」。這些屬於貝多因人的沙漠游牧民族，因為幾乎是與世隔絕的嚴峻沙漠氣候，得以保留基因的單純性，一直要到後來幾次的穆斯林大遠征，才讓他們接觸到外面的世界。

大部分在阿拉伯半島上，因為穆斯林阿拉伯人四處征戰而被阿拉伯化的有迦南—腓尼基人、亞蘭人、亞述人、古埃及人或是柏柏爾人的後代，還有一些當地的少數民族，比如羅馬人和希臘人。上述這些居住在波斯灣到西奈半島這塊肥沃月灣，還有北非北海岸區域的人口，在改信伊斯蘭教並且放棄原本的語言改說阿拉伯語之後，就變成了所謂的阿拉伯人。

在十九世紀之前，這些後來開始宣揚泛阿拉伯意識形態的城市精英們，其實並沒有以「阿拉伯人」這個身分為傲。「阿拉伯世界」的這個概念是相對新穎，並且是在二十世紀初的鄂圖曼帝國時期，才有泛阿拉伯政治意識形態分子開始宣揚所謂「阿拉伯民族國家」的想法。大阿拉伯主義是一個後殖民時期才出現的身分認同，而且當埃及和敘利亞在西元一九五八到一九六一年合併失敗，以及阿拉伯國家在西元一九六七年的六日戰爭慘敗給以色列之後，這個想法很快就煙消雲散了。

共同的現代史，創造了一種單一而且過於簡化的阿拉伯認同。這背後完全沒有考慮到各地民族性、種族、宗教、語言以及個體的差異。所以在這本書裡面，如果有用到「阿拉伯世界」這個說法，指涉的就只是那些說阿拉伯語的國家，而不完全是某種特定的身分認同，也不是在說某一群同質性很高的人口。

阿拉伯國家在地理上、文化上、歷史上是很多元的。只不過一個共通的語言和一個共同的宗教，還是將他們連結在一起。不過因為各地目前還是保有自己的方言，所以這種連結其實有時會讓人覺得很刻意。

比如北非地區的方言，已經結合了柏柏爾語（Tamazight）和法語，所以講黎凡特阿拉伯語（Levantine Arabic）的人，幾乎沒有辦法與他們溝通。突尼西亞人說的阿拉伯口語，他們會叫做「突尼西亞阿拉伯語（Tounsi 或是 Derja）」，裡面結合的柏柏爾語跟法語也彰顯了他們的獨特本質。我當時看到一個看板上宣傳一部當紅土耳其連續劇的廣告覺得很好玩，因為廣告上說這部劇將是有史以來首部被配上突尼西亞阿拉伯語播出的土耳其劇。突尼西亞用來出版或於正式演說使用的阿拉伯語，是「現代標準阿拉伯語（Fusha）」。雖然這是阿拉伯世界的通用語，但只有在很正式的場合才會使用。同理，依附在瑪利基法學派（Maliki）並且受到蘇非主義（Sufism）和當地傳統影響的馬格里布地區的伊斯蘭教，也和阿拉伯世界東邊其他地方的伊斯蘭教有所不同。（這點我們將於第七章繼續闡述。）

突尼西亞這個國家，既是阿拉伯世界的一分子，又不完全是阿拉伯世界的一分子。突尼西亞有很多充滿獨特性的特色，多過那些會讓人與更廣大的阿拉伯認同聯想在一起的特點，譬如最明顯的就是他們的地中海傾向。如果斬釘截鐵地把突尼西亞圈進阿拉伯世界，又把他們看成是一個阿拉伯國家，背後隱藏的意涵就是忽略突尼西亞從以前到現在在文化、經濟和地理上，與歐洲還有非洲錯綜複雜的聯繫。

某種程度上，突尼西亞距離歐洲，確實比距離其他阿拉伯國家還要近。從突尼斯飛到巴黎或是羅馬的航程，會比從突尼斯飛到開羅、安曼或利亞德的航程還要短。而且不像貝魯特，法語的使用只停留在精英分子的小圈圈。在突尼斯，法語的很多表達其實已經融入當地日常生活的一部分。像在突尼斯近郊的港口城鎮拉古萊特，城鎮的名字就是當初定居在這裡的殖民者，大多是法國還有義大利人命名的。突尼斯的鄉里和街道都是用法文命名，這些後殖民的痕跡令人想起黎巴嫩內戰（西元一九七五至一九九〇年）之前的貝魯特。

突尼西亞的北海岸，因為地理位置跟歐洲很接近，而且商業和經濟的利益也受惠於與歐洲密切的往來，所以和歐洲的聯繫是最強的。國際貿易大概占突尼西亞經濟的百分之五十，而其中的百分之八十是來自歐洲，而不是其他阿拉伯和穆斯林國家。突尼西亞出口的產品有一半以上，幾乎都是從進口的中間元件加工而成的低附加價值產品，然後再銷往法國和義大利。

突尼西亞對歐洲貿易的高度依賴，最早可以追溯到法國殖民之前的十九世紀中期。當時法國、英國，有時還有義大利，瘋狂地競逐對突尼西亞政治以及經濟的影響力，因為當時突尼西亞就是進入鄂圖曼帝國市場的門戶。

在布爾吉巴領導下的後殖民時期突尼西亞，在貿易和商業上主要還是說法語，所以跟法語圈的西非還有南歐做生意很容易；但若是要跟世界上的其他國家來往就比較困難。在布爾吉巴的帶領下，突尼西亞在西元一九六九年成為歐洲經濟共同體的一位準會員。而在班阿里統治時期，突尼西亞也在西元一九九五年成為第一個與歐盟簽訂準協議的非歐洲地中海國家。

一直堅信著突尼西亞的未來是建立在與西方親近友好的布爾吉巴，就被抨擊是害突尼西亞貿易長期依賴歐洲的元凶。他在西元一九五六年與法國達成的獨立協議，不但確保了法突兩國未來在經濟國防以及教育的連結，也確立了法語在突尼西亞的霸權地位。他的策略受到許多保守派的嚴正反對，其中最著名的就是在西元一九三四年與他一起創立支持獨立的「新憲政自由黨（Nouveau Parti Libéral Constitutionnel，Neo-Destour）」的昔日好友薩拉・邦・尤塞夫（Salah Ben

Youssef）。薩拉．邦．尤塞夫一直致力於讓突尼西亞與阿拉伯和穆斯林世界有更深入的整合。一邊是支持法語圈的精英現代主義分子，另一邊是希望阿拉伯認同感更強烈的倡議者，兩者間的對抗一直不曾消失。一直到阿拉伯之春後打開的全新政局，這個路線之爭又再次被提起。

布爾吉巴的歐洲中心政策對他個人而言很有用，並且讓他可以贏得對抗國內反對勢力的法國支持。他基於突尼西亞古老過去與現代史觀對地中海路線所產生的堅持，也讓布爾吉巴帶領突尼西亞走出與鄰國不同的道路，並成為對抗薩拉．邦．尤塞夫與其盟友所提出的阿拉伯主義和伊斯蘭主義之外，另一個強而有力的路線選項。

突尼西亞當然也還是非洲的一部分。畢竟「非洲」這個名字就是源自於突尼西亞的故名。突尼西亞一直到十二世紀之前，都受到阿拉伯人的統治，後來才落入了柏柏爾王朝和鄂圖曼帝國之手，並將他們劃入一個統一的北非區域。在布爾吉巴的統治下，突尼西亞和法語圈之間的連結變得越來越牢不可破。布爾吉巴和塞內加爾的桑格爾（Léopold Senghor），在西元一九六〇年代時一直想推廣「法語圈」這個概念。他們共同組成了一個與泛非洲運動和民主運動都有很密切往來的法語圈聯盟。班阿里則是進一步鞏固了突尼西亞和北非之間的整合，特別是在西元一九八九年加入了「阿拉伯馬格里布聯盟（Union du Maghreb Arabe）」。

突尼西亞人的認同跨越了地理的疆界，遊走在歐洲、中東和非洲之間。和北海岸地區不是同一掛的內陸地區也開始心生不滿，因為北邊的沿岸城市一直以來都受益於觀光還有大量的外國投資。突尼西亞北邊和東邊被稱作薩赫勒的海岸區域，從鄂圖曼時期就比較富裕。區域間的貧富差距，到了法國殖民時期更加嚴重。最早從西元一八六四年開始，內陸地區就因為經濟條件太差而導致叛亂爆發。所以說區域間的發展落差，以及內陸地區的經濟困難，在突尼西亞並不是一個新的現象，而是要等到突尼西亞因為革命引起全世界的注意，才再度為大眾所知。內陸地區其實一直以來都跟鄰近的阿爾及利亞和利比亞在文化、部落、經濟的聯繫比較緊密。所以邊境之間非正式的貿易成長，不但代表雙方更強的經濟聯繫，甚至有些涉及了非法的經濟活動。這也代表他們會比作為政治和商業中心的北海岸地區，更容易被一些特定的伊斯蘭意識形態入侵，並且對阿拉伯認同有更強的依附感。沿海地區和內陸地區之間的緊張關係，變成突尼西亞努力奠基民主的潛在威脅。

布爾吉巴的意識形態，也延伸到了突尼西亞的外交政策，也就是絕不「親阿拉伯」。布爾吉巴讓突尼西亞完全自立於阿拉伯世界之外，早在西元一九六五年他就敢大膽公開發表意見，認為「巴勒斯坦解放組織（PLO）」應該要接受聯合國在西元一九四七年將巴勒斯坦一分為二的提案。這導致當時的埃及總統納瑟（Gamal Abdel Nasser）拒絕與布爾吉巴往來，並且在西元一九六六年切斷兩國的外交關係。班阿里上任後延續了對阿拉伯的孤立主義。當他拒絕在波灣戰爭選邊站的時候，沙烏地阿拉伯和科威特就特別鄙視班阿里。最後導致的結果就是，波灣國家對突尼西亞的經濟援助大縮水，從一九九〇年的一億美金，到了隔年一九九一年只剩不到三百萬美金。

所以只是單純因為突尼西亞的組成是阿拉伯人和穆斯林，就認為突尼西亞可以作為阿拉伯世界其他國家的楷模，這個想法真的非常天真。突尼西亞人自己可都是拿西方世界作為衡量他們國家發展標準的，他們才不想跟其他阿拉伯國家相提並論。當突尼西亞人在抱怨過去幾十年來，法國留下來的教育體制已經每下愈況，他們也不會因為跟其他阿拉伯國家的教育相比，尤其是宗教對突尼西亞教育的干涉真的小很多，覺得自己比較進步就滿意了。突尼西亞人，至少是有受過教育的那一群精英分子，會堅持突尼西亞要拿來當作比較基準的對象，應該在歐洲和美國，而不在中東。

其他阿拉伯世界的國家，沒有辦法模仿突尼西亞還有很多原因。但是我認為最主要的一個原因，是突尼西亞的改良主義、進步主義以及世俗教育的傳統。我刻意強調教育裡的「世俗」兩個字，就只是想要對比宗教在突尼西亞的教育裡，頂多被當作一些理性研究的對象；可是在其他阿拉伯國家的教育體制裡，宗教則具有更強的主導地位。

有了這些基礎背景，布爾吉巴充滿前瞻性的改革，尤其是在教育和女權這兩個領域，延續了始於十九世紀，而且對突尼西亞進展到民主體制來說非常關鍵的改革主義道路。

布爾吉巴在突尼西亞獨立之後，馬上就在伊斯蘭律法的架構底下，推行了一部頗具爭議的家事法，《個人地位法（Code du Statut Personnel）》。這個法案包含了多配偶制的廢除、要求結婚雙方的婚前合意、將最低婚嫁年齡提高到女性十七歲、男性二十歲，並引進離婚和監護法的改革，以及禁止拒絕履約的可能。這個法案讓當時至今的突尼西亞女權，走得比數十年後今天的其他阿拉伯國家還要前面。

突尼西亞在西元一九六一年，廢除了一條從西元一九二〇年就開始實施，禁止販售避孕藥的法國法律之後，突尼西亞的女性終於取得了生育的掌控權。同一條法條在法國，要等到六年之後才被廢除。從西元一九六五年開始，已經生過五胎的突尼西亞女性可以進行墮胎手術。到了「羅訴韋德案（Roe v. Wade）」在美國進行得如火如荼的一九七三年，突尼西亞女性要接受墮胎手術就已經沒有任何限制了。這比法國還要早了兩年。

至於女性的參政權，突尼西亞走得比任何阿拉伯世界的國家還要快。布爾吉巴早在西元一九五七年就搶先所有阿拉伯國家，賦予女性投票以及參政的權利。沙烏地阿拉伯的女性雖然在二〇一五年終於取得投票權，但也只限於市級的選舉投票。

班阿里的威權政府延續布爾吉巴的政策，並保障女性權利不受到伊斯蘭基本教義派的威脅。班阿里也推行了婦女保障名額。所以到了二〇一〇年，突尼西亞國會女性代表所占的比例是百分之二十八，遠高於所有的阿拉伯國家，甚至也比部分的西方國家還要高。

女性的解放讓女性受教育並進行積極的社會參與。在突尼西亞的中學和大學，女性的就學比例都高過男性。十五至二十四歲的女性識字率約略是百分之九十六。更重要的是，女性在許多公民運動裡都扮演了關鍵性的角色。她們在茉莉花革命期間的動員努力也備受讚許。突尼西亞人堅信，女性就是捍衛突尼西亞民主成果，並確保他們過去的努力不會走回頭路的中堅力量。

布爾吉巴在西元一九五八年，也就是突尼西亞取得獨立的兩年後所推行的教育體系，與其他阿拉伯世界國家要不是改革失敗，就是連推行都有問題的教育政策形成強烈的對比。這個部分我們在第十三章和第十四章有更多討論。突尼西亞的國家預算有很大一部分，甚至可以達到三分之一，都花在教育和青年發展上。布爾吉巴了解，如果他想要凝聚國家統一並讓突尼西亞的人民可以發展基本的識字率，以及對國家進步來說必備的人力資本，那麼國家就必須持續地投入教育資源。教育改革的目標是要建立一個有條理、團結又自由，並可以接軌法國大學標準的教育體制，且大幅推廣教育，以便在西元一九六八年之前達成小學程度的全民基本教育。在國中和高中階段，他們也加入了技職體系的選擇。

布爾吉巴教育改革的大功臣，是從西元一九五八到一九六八年在位整整十年的教育部長，馬哈茂德．梅薩迪（Mahmoud Messaadi）。布爾吉巴和梅薩迪的教育政策，跟凱末爾（Kemal

Ataturk）一九二〇年代在土耳其推行的教育改革很像，都強調世俗主義的重要性。不過突尼西亞的改革並沒有將宗教完全抹除，反而是重新定位宗教在社會和教育中的角色。跟其他鄰近國家在脫離殖民之後的教育改革，是將教科書和課程快速地阿拉伯化和伊斯蘭化不同，突尼西亞的教育政策還是保留讓法語和阿拉伯語並列為授課語言，並仿效法國的高中體系進行學制設計。

布爾吉巴和梅薩迪確保學生在學校可以接受人道與博雅教育。小學課堂上的伊斯蘭教育被縮減為一週一到兩個小時，到了中學以上則幾乎沒有伊斯蘭教育的課程。雖然伊斯蘭教還是唯一一個會在公立學校被教授的宗教，但主要在傳遞的是教義當中平等、團結和包容的概念。相對來說，從西元一九六九年被訂定以來就不曾改動過的沙烏地阿拉伯教育政策，小學階段每週就有九個鐘頭要透過《可蘭經》學習阿拉伯語和伊斯蘭教義，與此同時，每週科學教育的時數是兩到三個小時，而數學則是五個小時。

受惠於布爾吉巴教改的男男女女們，後來都在突尼西亞轉型成民主的過程中發揮非常重要的作用。突尼西亞的成功，仰仗於一群超越社會經濟階層和積極參與公眾事務的知識分子，再加上一群具備批判性思考和創造能力的國民，緊盯著突尼西亞經歷轉型。突尼西亞人已經展示了他們具有參與政治辯論、建立社會共識，以及替國家規劃未來選項的能力。當國家經歷一場革命並瀕臨土崩瓦解之際，突尼西亞人知道要適時拋開黨派之間的個人利益，並理性地找出一條救國圖存之道。突尼西亞的教育讓中產階級了解並支持民主程序，而且精英分子也有能力讓民主程序好好運作。

布爾吉巴推行的教育政策，其實是突尼西亞十九世紀教育發展的自然延伸。從西元一八七五年薩迪奇學院的創立開始，突尼西亞的統治者還有宗教與非宗教的領袖精英，一致堅持要讓突尼西亞人民接受最好的教育，而且是不分男女廣育英才。新創立的一般教育機構提供現代科學和數學教育，彌補已有數百年歷史的「宰圖納清真寺（Zaitouna Mosque）」只提供《可蘭經》與阿拉伯語教育的另類選擇。現代改革的運動從鄂圖曼帝國時期開始，一路延續到後來突尼西亞脫離法國殖民統治都不曾中斷，對於布爾吉巴日後促成突尼西亞的獨立，以及塑造後殖民時期的突尼西亞，有非常顯著的影響。

在阿拉伯世界的其他地方，不良的教育體系一如突尼西亞健全的教育體制，也早就經過好多個世代的發展，而且近期還越來越惡化。當突尼西亞的領導人在一個世紀之前，就堅持要為突尼西亞的男男女女提供良好教育時，阿拉伯世界的其他地方是不重視教育的。

他們不良的教育有部分是因為極權主義，以及為了在後殖民時期建國，社會上普遍蔓延著的民族狂熱所導致的。高壓體制與保守宗教領袖之間的聯盟，讓伊斯蘭教義的詮釋加強了統治者對人民的約束與控制。教育體制不但被高度政治化，在宗派議題上也更顯分化，而且堅持教條的死背硬記，以及對學生創意力和思辨能力的限制，更令阿拉伯人民的民主素養極為薄弱。導致教育模式如此被動的原因，就是數十年來為了架空學生有任何機會去意識到自我處境、質疑權威或宗教，或是產生任何可能威脅現狀的想法所造成的。當權者知道教育會打開一扇很危險的門，因為受過教育的大眾會批判自己的政府，並且支持民主的理念。

教育的存在固然對突尼西亞的民主轉型，有著舉足輕重的影響，但突尼西亞得以安然度過阿拉伯之春之後的動盪時期，或許也是因為他們不曾存在過幾個會阻礙民主發展的因素，於是更進一步地讓突尼西亞和阿拉伯世界的其他國家有所不同，也讓突尼西亞的經驗更難以被其他阿拉伯國家複製。

突尼西亞不具有波灣國家與生俱來的「資源詛咒（resource curse）」，也沒有後來被認為是拖垮埃及民主的廣大貧窮人口。稅收作為突尼西亞政府支出的主要來源，也讓突尼西亞政府必須對他們的行為負責。不像沙烏地阿拉伯或是阿拉伯聯合大公國，因為他們不向人民收稅就也不必向人民說清楚、講明白。在波灣地區，資源詛咒令社會進展與政治發展陷入停滯。因為突尼西亞沒有石油天然氣，所以戰略重要性也就不是這麼重要，於是就躲過了大規模的外國勢力干預，也沒有淪為美國冷戰外交政策下的目標。

另一個沒有在突尼西亞出現的阻礙，是缺乏一支強大、龐大又具有政治性的軍隊。這個「缺陷」後來反而變成突尼西亞最大的優勢之一。跟埃及不一樣的是，突尼西亞政府沒有在班阿里一垮臺之後，就被軍隊介入或是接管。

法國人在軍隊管理時留下來的政治冷漠態度，在布爾吉巴統治時的後殖民突尼西亞又被再次強化。布爾吉巴在前法國殖民軍隊的協助下建立的共和軍隊，在規模和預算上都很有限。在西元一九八五年，武裝部隊的人數約略是三萬五千人。布爾吉巴並沒有建立自己的禁衛軍，只有在內政部底下編了一支國民護衛隊。因為擔心突尼西亞會像東邊的阿拉伯國家一樣，有頻繁的軍隊干政情形，所以布爾吉巴刻意讓軍隊遠離政治。到了班阿里時期雖然也有擴充軍隊，但不如他擴充警力的速度那樣迅速。軍隊的年度支出只占國內生產毛額（GDP）的百分之二出頭而已。班阿里也對軍隊存有疑慮，因此將他們排除在政治之外。

相比之下，軍隊強大的存在感是埃及從穆罕默德．阿里（Muhammad Ali）的統治以來，就存在於政體中的一大特色。從一九五二年之後的每一任埃及總統，除了穆希之外，全部都是軍事將領出身。穆巴拉克垮臺之後的過渡政府，是由十八位將軍所組成的「武裝部隊最高委員會（Supreme Council of the Armed Forces）」所領導。突尼西亞的軍隊另一方面，則完全沒有權力也沒有興趣去干涉國事和政事。

如果說讓埃及社會無法達成民主的力量在於軍隊，那麼讓突尼西亞得以順利民主轉型的力量，就在於他們的勞工運動當中。要了解突尼西亞，就必須要了解突尼西亞與阿拉伯世界國家都不一樣的勞工運動。史丹佛大學的歷史學者喬爾．貝寧（Joel Beinin）認為，突尼西亞總工會是「突尼西亞今天之所以是一個民主國家的唯一理由」。突尼西亞總工會跟突尼西亞的知識改革運動盤根錯節，也受到知識改革運動的許多影響，特別是在十二世紀早期，有幾位著名知識分子譬如塔哈爾．哈達德等人的參與。

有著超過七十五萬名付費會員的突尼西亞總工會，確實參與了突尼西亞轉型的每個階段。因為突尼西亞總工會可以透過全國一百五十個辦公室動員上千位會員，甚至可以讓全國經濟在一聲令下就通通停擺。工會的西迪布濟德分會就被認為是穆罕默德．布瓦吉吉引火自焚那天，在他的家鄉開啟革命第一槍的主要推手。因為突尼西亞總工會各地分會的積極參與，才迫使總工會的中央行政高層支持反對班阿里的抗議活動；當革命之火向全國擴散，也有更多的地方分會陸續加入抗議的行列。突尼西亞總工會在革命結束之後所扮演的角色也不容低估。當政治程序陷入僵局時，工會的介入發揮了決定性的政治作用，比方他們在二〇一三年的全國對話四方集團當中就扮演很關鍵的角色。

無論是有意還是無意的多黨制歷史，也是讓突尼西亞和大多數阿拉伯國家有所區別的另一個因素。雖然執政的憲政民主聯盟仍舊具有壓倒性的主導地位，但班阿里還是容忍了幾個反對黨的存在，國會也在一九八八年通過法案讓突尼西亞轉型為多黨制。前內政部長阿梅德・梅斯提利（Ahmed Mestiri）創辦的「社會主義民主運動黨（Mouvement des Démocrates Socialistes）」，早在西元一九七六年就曾提出要建立多黨制，並擴大民主參與的空間。到了二〇〇七年，突尼西亞有六個國家核可的反對黨。這些反對黨大多沒什麼實質效力，也沒什麼重要會員，只是被執政黨操控的傀儡。

雖然突尼西亞的政治結構基於各種實際目的是一黨制，但卻有著可以追溯到獨立之前，充滿活力的政治參與文化。政治組織和程序民主的過程也深入工會運動和突尼西亞總工會。儘管布爾吉巴和班阿里與工會之間的關係有好有壞，而且他們常常想掌握工會；但他們還是給予了工會一些選舉自治權，因為相信工會會提供社會一個辯論和發表異議的宣洩出口。突尼西亞總工會是少數幾個民主透明的機構之一。

突尼西亞總工會和一些甚至已經流亡海外的突尼西亞人士，都會針對突尼西亞進行積極的政治討論和辯論。包括一些當時還是非法政黨的復興運動黨等等政黨，會跑到法國舉行政黨會議，對一個民主的突尼西亞之基本原則協商並取得共識。這些原則包括，未來任何被選出來的政府都必須「建立在人民作為唯一合法性來源的主權之上」，而且國家會提供「對任何信仰自由以及宗教場所政治中立的保證」，同時展現「對人民的認同以及對阿拉伯穆斯林價值的尊重」，最後新的民主體制會保證「男女的完全平等」。

後來成為突尼西亞總統的人權鬥士蒙瑟夫．馬佐基，以及復興運動黨的共同創辦人——在突尼西亞革命後的政治圈扮演重要角色的穆罕默德．加努希，都是二〇〇三年在普羅旺斯艾克斯訂定的《來自突尼西亞的呼喚》協定的簽署人。雖然蒙瑟夫．馬佐基被他的政治對手批評，他和復興運動黨在二〇一一年結盟是投機分子的行為，但根據蒙瑟夫．馬佐基的說法：「政府、國會、總統的三頭馬車局面，並不是在選舉過後就自然產生，而是耗費非常、非常漫長，超過二十年時間的準備。」他們不像埃及的穆斯林兄弟會，在政治上既沒有有潛力的對手也沒有盟友，突尼西亞在政治上有其他行為人，可以在班阿里政權垮臺之後介入。

儘管憲政民主聯盟一黨獨大，政治組織的參與經驗也有限，突尼西亞的政治圈還是比較成熟和世故，才會以一個在其他地方也很難實行的模式，允許不同政黨參與權力從班阿里手上轉移出去的民主轉型。雖然這些政黨都很弱，但至少他們是革命之後建立多黨制與不同黨綱的基礎。

在整個中東與北非地區，後殖民浪潮與大多是左派知識分子和左派意識形態的浪潮，就在一九六〇年代和一九七〇年代被高壓統治取代，令政治參與者就算不是違法也很難去組織行動。當多黨制衰退，突尼西亞的公民很多都轉而投入公民社會、職業工會和宗教運動。就算高壓手段被解除，過去數十年來缺乏的政治活動，也讓除了伊斯蘭教組織之外的新黨派很難再出現。因為伊斯蘭組織常躲藏在職業團體和慈善活動的偽裝之下，繼續進行他們的儀式。

突尼西亞被當作阿拉伯世界模仿對象的另一個原因，就是覺得突尼西亞是一個可以檢驗伊斯蘭教和民主體制共榮共存的例子，因為突尼西亞轉型到民主體制並通過這部現代憲法的時候，執政的是一個伊斯蘭政黨。

但在二〇一一年十月廿三日的國會選舉只拿到相對多數席位次的復興運動黨，並沒有足以單方面推動議程的政治實力。三頭馬車的政治結構讓復興運動黨控制政府、世俗政黨的爭取工作與自由民主論壇黨控制國會，而保衛共和大會黨則是占據總統之位。所以復興運動黨的眾多政績，包括憲法的通過，都是在三個政黨內部，以及他們和突尼西亞的其他政治團體之間相互協調的結果。

而且突尼西亞憲法的編修，其實早在復興運動黨執政之前，就已經有非伊斯蘭主義者的公法專家兼研究院士亞德．班．阿舒爾（Yadh Ben Achour）在領導進行。憲法最終在二〇一四年能夠實行，是經過許多辯論和協商的結果。伊斯蘭主義者和世俗主義者之間在政治上的權力平衡，也對編纂的過程有所幫助。

復興運動黨必須適應民主。對班．阿舒爾來說，在革命一系列的過程所導致的最重要後果就是，「伊斯蘭政黨的民主化」以及「他們（復興運動黨）現在講的是民主的語言」。復興運動黨在二〇一六年拋棄了伊斯蘭主義的標籤，並重新定義政黨路線為穆斯林民主派，證明了復興運動黨在革命後已經民主化的說法。

突尼西亞政治在轉型期間的多黨性本質，以及突尼西亞總工會所扮演的角色，確保復興運動黨沒辦法像埃及的穆斯林兄弟會那樣延長自己的任期。有一派認為突尼西亞的經驗可以證明伊斯蘭主義和民主制度是共榮共存的支持者宣稱，復興運動黨是自願將權力轉交給非伊斯蘭政黨。但其實復興運動黨從一開始就沒有足以繼續掌權的政治背景，他們其實是被逼退的。

當二〇一三年復興運動黨被指控跟剛剛發生的政治暗殺有關聯，所以爆發要求復興運動黨下臺的集會遊行時，埃及也同時爆發了要求總統穆希下臺的抗議活動。所以要說埃及人有多不信任穆斯林兄弟會，突尼西亞的非宗教人士就有多不信任復興運動黨。根據「阿拉伯民主動態調查（Arab Barometer）」的數據顯示，突尼西亞的世俗主義者當中，「完全不信任伊斯蘭主義者」的比例，從二〇一一年的百分之三十七點六，上升到二〇一三年的百分之六十四點九；在埃及則是從二〇一一年的百分之四十四點一到二〇一三年的百分之七十六點四。加努希毫不猶豫就確立了復興運動黨的路線，絕不重蹈穆斯林兄弟會在埃及的覆轍。

突尼西亞另一個沒有被其他阿拉伯國家覺得值得效仿的特色，同時也是在這一片高呼要以突尼西亞作為楷模的聲浪裡面很突兀的一個反例，就是突尼西亞其實是一個為人所詬病的恐怖分子溫床。雖然突尼西亞沒有特定宗派立場，也非常世俗導向，但諷刺的是，他們已經因為是出口最多戰士加入伊斯蘭國和其他極端武裝分子的國家而上過幾次媒體頭條了。據報從二〇一一年開始，就有上千名以上的突尼西亞人跑去敘利亞和伊拉克打仗，另外幾千名則是在邊界就被攔下來。

不過這些數字只具有部分的代表性。因為根據總人口的多寡和來自其他國家加入極端組織的聖戰士人數，或許會有統計上差異更顯著的變異數。因此，說突尼西亞比其他國家輸出更多戰士到敘利亞的這個說法，未必真的具有顯著差異或是可以這麼早下結論。

儘管這些數字可能有誤導嫌疑，但這並不表示極端主義不是一個嚴重的問題。就拿二〇一五年的恐怖攻擊為證，在突尼西亞國內確實存在著嚴重的國安威脅與恐怖主義問題，因為伊斯蘭國可以很輕易地從鄰國利比亞脆弱的國界，將武器和人員走私進突尼西亞。根據一份突尼斯「恐怖主義研究中心（CTRET）」，從二〇一一年到二〇一五年三百八十四件法院案件所做出來的研究發現，約略一千名被監禁的突尼西亞聖戰士裡面，有百分之六十九曾去利比亞接受過軍事訓練，而其中也有百分之八十曾經在受訓結束之後，跑去敘利亞打仗。

革命之後新建立的自由風氣，讓恐怖組織更容易招募到這些有潛力的極端分子，也約略可以解釋突尼西亞社會激化的程度。作為對之前的威權體制，或者有些人會說是對前朝班阿里統治時期進行強迫世俗化的回應，革命之後曾經產生一個「人人都能以民主之美隨心所欲」的時期。數千位在革命後被放出監獄的激進伊斯蘭主義者，以及許多歸國的流亡人士，都在濫用這些自由。不過因為他們覺得他們的看法在這個國家找不到容身之處，所以有許多人，尤其是從監獄裡被放出來的人，最後都離開突尼西亞了。班阿里時期設下的旅遊禁令解除之後，讓持有有效護照和有效簽證的公民可以自由去到想去的目的地，也加快了他們的離開。

去檢視恐怖分子的網路是怎麼在突尼西亞運作就會發現，他們會針對邊緣青少年下手。因為這些年輕人對革命的結果很失望，需要抓住一些什麼來填補內心的空缺，通常就會訴諸宗教。北海岸地區和內陸地區之間的經濟落差，以及邊緣人口的增加，都被認為是助長革命之後基本教義派崛起的原因。

但不是每個突尼西亞的聖戰士都是窮人或是社會經濟的邊緣人。很多人據報是資產階級，只是後來信教信得更虔誠罷了。一個明顯的例子就是二〇一五年六月在蘇塞的海灘度假村發動恐怖攻擊，最後造成三十八名外國旅客死亡的二十四歲兇手。這位名叫塞弗汀・瑞茲吉（Seifeddine Rezgui）的兇手畢業於突尼西亞中部的一所技術學校，當時正在攻讀碩士學位。根據熟知案情的突尼西亞人所述，他本來事業前途一片光明。可是瑞茲吉曾經去過宣揚極端主義思想的清真寺。前面提過的突尼斯恐怖主義研究中心，針對被監禁聖戰士的研究就指出，百分之四十的恐怖分子是大學畢業生，或者有受過更高等的教育。該份研究的結論就是，「聖戰士們頻繁出入的清真寺，就是散布影響力和召募新血的重要場所。」超過三分之一的聖戰士都被一些人，比如說傳教士，鼓勵去「為教捐軀」，這種行為通常被理解為透過暴力手段來體現對伊斯蘭主義的忠誠。

我們很難分辨到底這些極端主義分子，是在接觸到宗教狂熱思想之前就這麼激進；還是因為被灌輸這些激進的宗教思想，才變成極端主義分子。依照政治伊斯蘭主義的專家奧利維爾・羅伊（Olivier Roy）的說法：「這個現象不太能說是伊斯蘭主義的激進化，而是激進主義的伊斯蘭化。」雖然羅伊的研究主要是針對歐洲的穆斯林青年，但他的論點也很能套用在突尼西亞這樣的地方。內陸地區的一些年輕人也向我直言不諱，他們那些後來變得很激進的朋友其實也不是很篤信宗教。

去交叉比對那些被極端組織吸收的突尼西亞人，就會發現他們普遍的態度是對祖國的憎恨、感受不到歸屬感，而且積極尋求一個新的認同感。在班阿里任期中逐漸消退的國族主義，就被認為是造成這個現象的原因之一。班阿里很妒忌布爾吉巴的民族英雄形象，甚至竭盡全力想要把他從公領域抹去，消除那些與布爾吉巴連結在一起的民族情緒，卻又沒有提供「更有吸引力的替代選項」。伊斯蘭國在北非伊斯蘭馬格里布地區的招募有成，對比蓋達組織在這個地區的招募失敗，差別就在於伊斯蘭國提供了另一種體制或國家認同的替代方案，但蓋達組織完全沒有提供跟

「國族感」扯得上邊的替代選項。

極端主義的意識形態和恐怖攻擊，是目前突尼西亞所面臨的真實威脅。但這並不表示突尼西亞不是一個懂節制的進步國家。事實上，就是因為突尼西亞正走在一條鞏固民主轉型的啟蒙與自由之路，所以才會被這種所謂「腐敗」的西方民主所容忍的極端主義意識形態所攻擊。突尼西亞作為一個民主、民用，並且很大程度是一個世俗政權的國家，對於想把整個阿拉伯世界往完全相反方向推進的激進伊斯蘭主義潮流來說是一個威脅。

還有很多能夠總結突尼西亞經驗的在地元素，就只屬於突尼西亞獨有。因為突尼西亞一些得天獨厚的條件：國土規模、地理環境以及相對的社會同質性，他們於是得以獲益於存在了一百五十年之久的改良主義思想，從而獲得一個先進又現代的教育體系和女性解放，以及一個在社會上、政府治理上和政治上，都比較中庸路線的宗教影響。突尼西亞根植於突尼西亞總工會的公民社會參與傳統，是與改良主義無關的意外之喜，也變成另一個定義突尼西亞經驗的有力元素。某些被認為是民主化障礙的因素在突尼西亞的這個舞臺缺席，比如強大又有政治野心的軍隊和資源詛咒，也同樣讓突尼西亞相對阿拉伯世界的其他國家，更具有自己的獨特性。

認為突尼西亞可以作為阿拉伯世界其他國家的楷模這個說法有誤導之嫌，因為大部分在突尼西亞出現的要素，在其他地方都沒看到，不然就還要花上好幾個世代才有辦法複製出來。而且當突尼西亞的認同和傾向都非常的不阿拉伯時，卻將其歸類在阿拉伯世界也不恰當，只會讓所有認為因為阿拉伯國家反正都相差不多，所以經驗也可以順利轉移的建議，顯得非常薄弱。

二、革命的序曲

西元一九八七年十一月七日清晨六點三十分，突尼西亞的國家廣播電台播放了一則公報：時任突尼西亞總理的班阿里，宣布他將取代布爾吉巴成為繼任的總統。班阿里在一個月前才剛被布爾吉巴任命為總理，而且他還是短短兩年內被換上來的第三位總理。布爾吉巴的「卸任」是有憲法根據的（第五十七條），按照一群醫生與醫學專家的證詞背書，聲明布爾吉巴在生理上和心智上都無法再承擔這個職務的重責大任，必須交出總統職位。身為總理的班阿里因此就是合法的繼任者。對比其他國家被罷黜的領導人不是被迫流亡海外就是被處死，布爾吉巴因為「醫生政變」被迫和平下臺，然後得以在他的祖國度過餘生，是一件「很突尼西亞」的事情。

布爾吉巴的健康狀況持續在走下坡。他一直都有動脈硬化的症狀，在一九六七年和一九八四年曾有過兩次的心臟病發作。他在位最後幾年就常有不理性的行為，領導風格也漸漸被認為是充滿焦慮和衝動的。他幾乎每個月都要來一次內閣改組和政策大轉彎。西元一九八四年一月，就在所謂的「麵包暴動」發生之後，官方馬上派出坦克車、裝甲運兵車和直升機到場鎮壓，最後維安部隊的行動總共造成一百五十人死亡。為了平息大眾的怒火，布爾吉巴解散了內閣但慰留了他當初親自挑選的總理穆罕默德．姆札利（Mohamed Mzali）繼續擔任總理一職，卻又同時指責姆札利不經他的同意就讓麵粉和麵包漲價，才會導致群眾動亂。到了兩年後的一九八六年七月，布爾吉巴據說是睡了一場午覺醒來，就把姆札利換掉了。

就算是布爾吉巴的家族成員，也難逃他的天威難測、喜怒無常。任何人一旦變得受歡迎或是膽敢特異獨行，就會被布爾吉巴邊緣化。在他撤換姆札利的同年，布爾吉巴冷落並且休掉了政治影響力足以和他這位年邁總統分庭抗禮的第二任妻子瓦西拉．本．安馬爾（Wassila Ben Ammar）。也是在同年，布爾吉巴把他擔任顧問的兒子小哈比卜．布爾吉巴（Habib Jr.）也免職了，只因為他在前一年曾對逮捕突尼西亞總工會領袖的決定提出過反對意見。

布爾吉巴的名聲不是只到他在位的最後幾年才變得越來越臭。他一直以來標榜的溫和威權主義，在一九七〇年代卻變得越來越威權，也越來越不溫和。

在突尼西亞取得獨立之後，他曾讓媒體、工會以及司法單位擁有過的自由自治漸漸被限縮。言論自由受到刑法和媒體法的誹謗罪所箝制，參與公眾示威活動則會被處以關押監禁處分。

在布爾吉巴的任期尾聲，拘留政治對手的情況更是頻繁。對異議分子的任意逮捕、虐待、審查和騷擾屢見不鮮。學生運動分子三不五時就會被拘留和暴力虐待，然後當局還會以他們作為例子，向其他的學生組織運動分子殺雞儆猴。

成立於西元一九七六年，而且是阿拉伯國家中第一個以保護人權作為宗旨所成立的突尼西亞人權組織「突尼西亞人權聯盟」，曾推動司法改革希望修正限制言論自由與集會自由的法條，並要求終止過於漫長的拘留時間。但就算已經是一個人權組織，突尼西亞人權聯盟不管做什麼也依舊是縛手縛腳。他們的主席卡馬伊斯．查馬利（Khamais Chamari）在一九八七年，因為接受外國記者和國際人權組織的訪問，就被當局以一個莫須有的指控說他「散布不實資訊擾亂公眾秩序、詆毀公家單位」被捕入獄。

布爾吉巴任職總統期間的問題，始於他在國家經濟治理上的無能為力，以及無法讓突尼西亞人民在接受良好教育之後，獲得相對應的經濟機會。尤其當時的突尼西亞正經歷前所未見的人口成長：在布爾吉巴的在位期間，突尼西亞人口增加了一倍，從一九六〇年的四百二十二萬人，到一九九〇年人口數已經超越了八百萬人。他的經濟失敗，埋下了他與突尼西亞總工會日後的衝突，以及他祭出更多壓迫手段的導火線；並且也形成了一九七〇年代晚期和一九八〇年代早期，伊斯蘭主義復興的背景，以及布爾吉巴隨之而來的箝制。

在剛取得獨立的那幾年，因為對技術人力的需求沒辦法再靠法國人來滿足，所以突尼西亞的大學生畢業之後幾乎都是保證就業。這個情況到了一九七〇年代和一九八〇年代，也就是全民義務教育實施將近二十年之後開始發生改變。教育程度不錯的大學畢業生，也越來越難找到就業機會。原本透過教育，承諾要帶給老百姓的現代和繁榮開始跳票。學生開始在一九七〇年的突尼斯街頭高喊：「不管念不念書，我們都沒有未來。」

為了安撫越來越高漲的不滿，政府於是以補貼的名義對民間灑下了上千萬的經費，大部分是來自於原油買賣的收益所得。這個補貼也是原本在一九六九年進行，但後來被放棄的一個集體社會主義實驗之後，所出現的後社會主義五年經濟發展計劃的一部分。

但補貼也不可能永遠補貼下去，到了一九八三年，這些補貼已經占了國家預算的百分之十一。按照國際貨幣基金組織（IMF）和世界銀行的指示，突尼西亞政府於是終止了長達十五年，用來維持麵包、義大利麵、杜蘭小麥粉不漲價的補貼。結果就是在西元一九八三年十二月二十九日，從突尼西亞的西南部爆發了「麵包暴動」，接著迅速擴散到南方各城市，再一路蔓延到北邊的突尼斯。當示威者將石頭丟向總統座車，布爾吉巴這才迫切體會到了民眾的憤怒。西元一九八四年一月六日，布爾吉巴穩住了麵包價格的上升，並撤換了當時的內政部長德里斯・吉加（Driss Guiga），吉加後來就因為叛國罪被起訴，並被缺席宣判十五年的有期徒刑。將不斷上升的物價拉回來，是布爾吉巴政府執政以後第一次為了因應社會大眾要求，而且擔心衝突加劇所扭轉的決策。

西元一九八五年因為嚴重乾旱導致的小麥嚴重歉收，加上原本已經有限的石油收益在一九八六年又下滑，讓失業和國際收支平衡的問題更加嚴重。為此，政府實施了新的撙節措施並增加海外借貸。到了一九八六年，突尼西亞的外債已經達到五十億美金，逼近當時突尼西亞國民生產毛額（GNP）的百分之六十。

一九八〇年代突尼西亞人所面臨的經濟慘況，就因為布爾吉巴對突尼西亞總工會——也就是勞工以及貧窮階級最堅定的發聲者和組織者——鍥而不捨的打壓而更顯得雪上加霜。一九七〇年代時，布爾吉巴政權與突尼西亞總工會之間的關係不斷惡化。而且因為布爾吉巴干預了突尼西亞總工會的內部事務，最終導致了突尼西亞總工會在一九七八年發動了全面大罷工。布爾吉巴對這些抗議者毫不留情，監禁並驅散了好幾個工會的運動人士。這場罷工最終導致了在一九七八年一月二十六日，數百位工人死亡、受傷或被逮捕的「黑色星期四」。整個突尼西亞總工會的領導階層都被起訴送審，而他們所留下的職缺，就被布爾吉巴政權的黨羽給接手了。

當突尼西亞總工會在一九八五年，拒絕世界銀行和國際貨幣基金組織對突尼西亞政府提出的結構調整計劃，突尼西亞政府再次鎮壓工會，並且第三度地將他們的秘書長哈比卜・阿舒爾（Habib Achour）關進監獄。一年之後，學生和勞工引起的騷動再次導致了當局對突尼西亞總工會領袖的箝制，將工會的重要職位改由對布爾吉巴政權忠貞不二的支持者接下。時任國安局局長的班阿里，主導了一九七八年對突尼西亞總工會的鎮壓，並從此被認為是布爾吉巴政權的強硬派，爾後也被拔擢到內政部長的位置，幫忙掌控工會。

掌握工會不是唯一一個將國安部門的重責大任交付給班阿里的藉口。布爾吉巴希望他更積極地將「伊斯蘭回歸運動黨（MTI）」斬草除根。伊斯蘭回歸運動黨是由基本教義派的伊斯蘭主義者，因為不想將政治舞臺拱手讓給突尼西亞總工會，才和其他崛起的世俗左派反對黨在一九八一年創立的。

伊斯蘭回歸運動黨就是復興運動黨的前身，他們的創立就是在一九七〇年代晚期、一九八〇年代早期，因為布爾吉巴沒有將教育和就業劃上等號，才導致伊斯蘭主義復興的結果。受到一九七九年伊朗革命的啟發，復興運動黨跟鄰國阿爾及利亞的「伊斯蘭救世陣線（Front Islamique du Salut）」同時誕生。雖然復興運動黨的黨綱跟當時其他的伊斯蘭政黨差不多，都是希望國民在他們的日常生活中實踐伊斯蘭教的道德教條，不過復興運動黨有一點不一樣，就是他們也著重經濟的改革與更包容的政治環境。他們反對當時執政的「社會主義憲政黨（Parti Socialiste Destourien）」的經濟政策。新憲政自由黨是布爾吉巴在一九六四年，從新憲政黨重組的新政黨。所以復興運動黨吸引到的是突尼西亞社會最窮的一群人，也是受到一九七〇年代晚期到一九八〇年代經濟衰退影響最大的一群人。

伊斯蘭回歸運動黨不是合法政黨，也沒辦法以政黨身分參加選舉。伊斯蘭回歸運動黨的創派人拉希德．加努希和阿卜杜勒法塔赫．穆魯（Abdelfattah Mourou），被指責是造成突尼西亞國內日漸加劇的政治紛爭，以及試圖在突尼西亞煽動伊朗式伊斯蘭革命的真兇。伊斯蘭回歸運動黨因為參與麵包暴動被懷疑，也因此讓鎮壓伊斯蘭分子變成了布爾吉巴心心念念的一件事。

當伊斯蘭回歸運動黨內的伊斯蘭極端分子，在一九八七年針對觀光產業犯下一系列的爆炸案，包括在蘇塞以及布爾吉巴故鄉莫納斯提爾，布爾吉巴隨即下令將兇手盡數處決。尤其在為了慶祝他八十四歲誕辰時發生的國定假日爆炸案，更是火上加油，讓他做出了未經審判的大獵捕與要求處決嫌犯的歇斯底里反應。國安法庭在四週內審理了五十六位被收押的伊斯蘭回歸運動黨黨員，包括被判處了無期徒刑的加努希，以及兩名被判處死刑的黨員。時任內政部長的班阿里並沒有執行大規模處決的命令。於是突尼斯就有傳聞說，政變即將要發生了。

政變帶來更多的是改變的希望。在班阿里宣布他要取代布爾吉巴，成為突尼西亞總統那天所發表的國情咨文裡，布爾吉巴就宣示：「憲法需要修改，這件事已經迫在眉睫。我們所生活的這個時代，已經不能容忍一位做到死的總統，也不能接受有人可以自動繼位成為國家元首。我們的人民值得一個進步的、制度化的政治生活；而這種生活就要建立在多黨制與眾多公眾組織存在的現實之上。」他這番話顯然就是針對布爾吉巴一九七五年在突尼西亞國會的支持下，宣布自己將成為無限期總統的聲明。

按照他的承諾，至少在一開始他看起來的確有這個意思，班阿里在西元一九八八年七月推行了修憲，將總統的任期限縮在三年到五年。班阿里把社會主義憲政黨這個雖然在一九七〇年代早期就已經不做社會主義議題，但還是保留著社會主義名稱的政黨，重新改名叫做「憲政民主聯盟（RCD）」。他縮編政府局處的規模，把布爾吉巴的舊黨羽趕走並試圖吸引年輕新血的加入。他監督突尼西亞轉型到多黨制，讓反對黨加入政治場域。在一九八一年以後第一次舉行的多黨制國會選舉訂在一九八九年四月，當時的投票率達到百分之七十六。

班阿里就任總統後雷厲風行的種種舉措，似乎反應了他當初想要開啟新時代的承諾。他發起了民族和解的計劃，並承諾要擴張公民自由、允許媒體批評和表達異議。早期他展示自己誠意的其中一個舉措，就是在一九八八年七月修訂了媒體法，鬆綁一些限制。在同年同月，突尼西亞國會成為第一個通過聯合國《禁止酷刑和其他殘忍、不人道或有辱人格的待遇或處罰公約》的阿拉伯國家。班阿里更進一步擴張對宗教少數的保障，在一九九三年修訂了《個人地位法》，免除了妻子必須無條件遵從的義務，並設立基金協助離婚婦女及其子女。

一開始，班阿里看起來似乎對伊斯蘭分子還算懷柔。雖然他從來都不信任他們，而且時不時會對他們無情鎮壓；但在他當上總統之後，班阿里相信適時的讓步會讓他們更受控。為了向伊斯蘭主義者表達他的善意，他在演說中宣布伊斯蘭教為國教、允許廣播電台和電視台播放喚禱詞、合法化一個伊斯蘭回歸運動黨的學生組織，並在就職的幾個月後，就做了一趟公關效果十足的麥加朝聖之旅。班阿里也鼓勵因為政治因素流亡海外的國人回到突尼西亞，並向他們保證會提供更開放的政治程序。他在一九八八年釋放數千名政治犯，包括之前伊斯蘭回歸運動黨的黨員和創黨人加努希。他也恢復宰圖納清真寺作為專門宗教高等教育學院的地位。

但班阿里和伊斯蘭回歸運動黨之間短暫的蜜月期馬上就結束了。班阿里從來沒有認可這個後來在一九八八年更名為復興運動黨，意指復興或重生的政黨。於是復興運動黨就被排除在一九八九年的國會大選之外。但復興運動黨還是指派了自己的候選人以無黨籍身分參選，並獲得了百分之十四的選票，成為實質上最強大的反對黨。可是當復興運動黨挾帶著強大的民意支持，卻在申請登記為合法政黨而再次被當局駁回時，民間就爆發了抗議與隨之而來的警方鎮壓。當局馬上走回了前朝打壓異己的老路，包括任意逮捕和虐待。就在同年，加努希自願流亡到阿爾及利亞，後來又輾轉到了英國長住，一直要到二〇一一年才重新回到突尼西亞。

西元一九九一年二月，當一場致命的縱火攻擊發生在憲政民主聯盟位於突尼斯的一個辦公室，正在擔心鄰國阿爾及利亞伊斯蘭分子暴力活動的班阿里，下令對復興運動黨進行再一輪的殘暴鎮壓。這次行動導致了被指控有嫌疑的男男女女伊斯蘭分子以及他們的家人，被逮捕、流放、虐待或是從此消失。在一九九二年，將近三百名復興運動黨的黨員被審判，有些以意圖暗殺或是政變的罪名被起訴，大部分的重要幹部都被判處無期徒刑，包括缺席判決的加努希；四十八名復興運動黨的黨員被判處死刑。

西元一九九一年，憲政民主聯盟辦公室的攻擊案後來變成一個轉捩點，班阿里自此之後就將伊斯蘭主義者視為一個嚴重的國安威脅。在一九九〇年代，至少有超過兩萬名以上的復興運動黨黨員因為參與政治活動而被審判。許多人經由阿爾及利亞逃離突尼西亞並流亡海外。擔心鄰國阿爾及利亞的動亂會跨過邊界波及到自己國家的突尼西亞精英，於是支持班阿里對伊斯蘭主義者採取強硬態度，因為他們認為這些伊斯蘭主義者，會威脅到他們作為一個「世俗國家」所享受著的現代與西方的生活方式。

在他擔任總統的整個就職期間，班阿里打破了每一個他上任時許下的承諾。對於所謂的民主化和人權，他也只不過是空口說白話。他允許反對黨的成立和參選，但又確保憲政民主聯盟才會是唯一一個掌握實權的政黨。

班阿里政權用了各種戰術確保憲政民主聯盟的政治主控權不受干預；有些是馬基維利式的權謀之計，其他就是擺明了的迫害手段。根據西元一九八八年的多黨法，政黨若想要合法立案，就需要得到內政部的核可並宣示對憲法的效忠，而且黨綱不能主打要為任何宗教、種族或語言服務。所以這很弔詭的就是，所有政黨的成立都要受到他們本應該反對的政黨，憲政民主聯盟的同意才能成立。

西元一九八八年的多黨法也因為簡單多數決的選舉制度，確立了憲政民主聯盟的壟斷地位。因為選舉獲勝的政黨就可以贏者全拿，獲得國會的全部席次。在西元一九八九年的國會大選，憲政民主聯盟獲得了八成的選票，因此贏得全部一百四十一席的席次。憲政民主聯盟在各級政府的選舉，也都具有這樣的壓倒性地位。在一九九五年各城市的市議會選舉當中，在加起來總共四〇九〇個的席次裡面，憲政民主聯盟只缺了六個就真的可以全部拿下。

隨著大眾對伊斯蘭主義的支持增加，班阿里政權也在一九九〇年代給予世俗政黨更大的自治空間，卻從未讓他們獲得真正的權力。像個「不折不扣的政治巨人」的憲政民主聯盟，樹立起一道又一道的結構障礙，妨礙反對黨的成長、拒絕給予支持反對黨的公民和地區獲得公職機會與資源的分配，而且緊盯著每一筆政治獻金的流向並審核所有政黨的財務紀錄，讓金主不敢捐錢給反對黨。兩個最大的反對黨，「社會主義民主運動」和「民主進步黨（Parti Démocrate Progressiste）」的黨高層時常被騷擾、虐待和監禁。

能跟憲政民主聯盟在政壇霸權地位相提並論的，只有班阿里的總統大權了。班阿里任命他自己的內閣總理和內閣大臣，還有每個省分的省長，並且對司法權有非常強烈的干預。他在一九八九年和一九九四年兩次的總統大選中完全沒有競爭對手。雖然一九九九年的總統大選有允許反對派的候選人參選，但幾次選舉下來已經可以看出，這個政治體制越來越令人不抱任何期待。投票率只有百分之九點二四，而班阿里獲得了其中百分之九十九點二四的選票。

雖然再三強調他不會追隨布爾吉巴的腳步，但當班阿里打破了他當初的諾言並競選第二次連任，然後在二〇〇二年發動憲法修正案要將他的總統任期變成終身制，似乎沒有人覺得訝異。他廢除了總統任期限制並將擔任總統的最高年齡限制從七十歲增加到七十五歲。班阿里用復興運動黨和伊斯蘭主義的擴張，合理化他看不到盡頭的總統任期，警告說伊斯蘭主義者會將世俗主義發展至今的成果都毀於一旦。阿爾及利亞軍方和伊斯蘭主義者之間的內戰，也進一步支持了班阿里的說法。

因為總統制改為終身任期被人戲稱為「班到底（Ben à Vie）」的班阿里，馬上就著手要將布爾吉巴從大眾的記憶腰斬，並抹去他在突尼西亞國族認同當中的地位、拆解這位前總統的民族主義神話。布爾吉巴的雕像被推倒，數十個原本以他為名的街道和公園都重新命名。在首都的主要幹道「哈比卜．布爾吉巴大道」上，班阿里樹立了一座代表現代突尼西亞的鐘塔，取代原本布爾吉巴以勝利之姿騎在駿馬上的雕像。

班阿里的個人崇拜開始占據大眾眼光所及之處，在公共場合有許多班阿里的玉照，建築物的外牆和高速公路看板會張貼他的海報，有的甚至還有兩層樓高，而且都把他的樣子修得更年輕更挺拔。通常海報裡的他都穿西裝打領帶，但有時候也會穿突尼西亞傳統服飾的罩袍，並把手放在胸口好像是在說「我發自內心」。不吃這一套的老百姓會說，他這個樣子的意思是表示：「他發自內心地，管這個國家去死。」

另一個在公共場合會一直看到的是數字「七」，是為了記念他當初是在西元一九八七年十一月七號上任；還有他最愛的「紫色」。關於這個詭異的「七的邪教」的例子包括，他們的國家航空叫「第七航空（SevenAir）」，男性美髮產品和咖啡廳都叫做「七」，還有足球場取名叫「十一月七日體育場（Stade 7 Novembre）」。滿街上和廣場都飄揚著紫色的小旗子，有時候上面還寫著十一月七日或是印著班阿里的臉，取代了突尼西亞原本的紅色國旗。

每年到了班阿里就職的週年紀念日，街上就會裝飾著紫色的燈飾，並在體育場舉辦豪華的派對和遊行。所以後來紫色變成突尼西亞人最忌諱的顏色。我有一次稱讚我的司機穆罕默德穿的紫色襯衫好看，他就很尷尬地跟我客套，然後說突尼西亞人花了一些時間才重新接受這個顏色。

公立學校的教科書也難逃班阿里崇拜的魔爪。歷史課本被重寫，依照當局的政治宣傳把原本對突尼西亞獨立運動，還有布爾吉巴民族認同的高度強調，變成否定布爾吉巴所創造出來的集體國民記憶。

到了一九九〇年早期，班阿里已經完全變成「布爾吉巴第二」，無論是個人崇拜還是各方面，而且在接下來的二十年，他比布爾吉巴全盛時期的威權主義又更上一層樓。在班阿里的領導下，憲政民主聯盟完全聽命於總統，而且變得跟國家密不可分。布爾吉巴政府的部長們是確實有在做事，而且普遍都有很強的政治背景，無論是來自政黨、工會或是學生組織；但班阿里找來的那些部長，只需要他們具備聽命行事的技術和官僚能力、組織能力就好。

為了保住他的權位，班阿里強烈依賴警力。警方人數在他的總統任期間，從十三萬人增加到二十萬人，已經是突尼西亞總人口的百分之二。沒有人知道維安部隊的確切規模到底有多大，因為這個數字有可能是誇大的，為了讓大眾以為自己一直被一個能夠隨時壓抑異議或是「可疑行動」的、無所不在的力量所監控著。維安部隊主要的目標是放在突尼西亞國內這些激進、硬派、反對政權的伊斯蘭主義極端分子。警方監控著那些被關在監獄裡，或是旅居海外的極端分子的親友的活動，或是那些政治評論家和有在接觸外國訪客、記者和人權觀察員的公民的活動。班阿里的特務每一次都會跟蹤外國記者。

班阿里一手打造的警察國家掐死了突尼西亞的知識分子公眾論述。原本在一九八〇年代和一九九〇年代早期達到巔峰的報紙發行量，因為越來越不自由的國家狀態和不具有新聞價值的報導內容而逐漸下滑，到了二〇〇〇年和二〇〇一年，報紙流通量已經降到了和識字率很低的一九七〇年代差不多。

警方可以在沒有拘捕令的情況下隨意拘捕數千人，當中很多人最嚴重的罪名也不過就是具有違禁團體資格，比如復興運動黨或是共產勞工黨的黨員。警方也可以以「國家安全受到威脅」或是「聽聞有人正在密謀犯罪」，這兩個可以合理化他們進行電話監聽的法律漏洞為理由，定期地在沒有搜索令的情況下任意進行搜索。當班阿里時代越來越讓人覺得似曾相識，在西元一九九七年國際特赦組織就報導突尼西亞還有將近兩千名政治犯被關在監獄裡，結果國際特赦組織在突尼西亞的負責人就被逮捕入獄。根據國際人權聯盟一九九八年的報導指出，突尼西亞的政治犯是「被施行毫不掩飾、嚴重、系統性虐待」的對象。該份報導列出了一九九〇年到一九九八年的五百個受虐個案，其中三十人受虐致死，而且根據統計，這段時間真正的受害者人數可能高達數千人。

在一九九〇年代和二〇〇〇年代，伊斯蘭主義者和政權異議者受到令人髮指的暴行，包括從「禁止禱告」到「有時一關就長達數年的單人監禁」，再到「導致受害者死亡或是自殺的不當對待以及虐待」都有。在茉莉花革命結束後的最初幾個月，聯合國「人權事務高級專員辦事處（OHCHR）」執行了一項調查，最後得出在班阿里統治時期，「工會、學生組織、維權分子、公民社會參與者、記者和政治運動者，都被當局騷擾、恐嚇、拘留，或是被施以暴虐、殘酷、非人道以及無恥對待」這個結論。這些被虐待的受害者，也包括了不願意被國家禁止在公開場合表達自己虔誠信仰的普通老百姓。班阿里對世俗化的強制要求，導致穿著保守的婦女時常被當成攻擊目標。這邊必須注意，班阿里時期由國家強制進行的世俗化，代表的是對反對派伊斯蘭主義浪潮的實質打壓行為，而不是只是像布爾吉巴那樣還停留在一種意識形態的對立。

當時司法體系、法庭也擺明了完全不理會憲法，而且直接忽視針對當局虐待囚犯的指控，並收受受審者在受到脅迫之下供出的自白。雖然憲法要求司法權必須超然獨立（第六十五條），但突尼西亞最高司法委員會當時隸屬於班阿里管轄，而司法體系內部又被班阿里政權的死忠支持者把持。所以當「突尼斯司法獨立中心（Centre Tunisien pour l'Indépendance de la Justice）」的創辦人莫赫塔爾・亞耀伊（Mokhtar Yahyaoui）法官，在二〇〇一年七月公開譴責司法體系，特別是在行政機關的介入之下，陷入了缺乏司法自主權的「災難級」狀態時，他很快就被解職了。

突尼西亞變成警察國家的狀態，又因為美國的九一一恐怖攻擊事件之後，突尼西亞成為西方國家在「反恐戰爭」的堅實盟友而進一步被鞏固。班阿里政權在二〇〇二年蓋達組織攻擊突尼西亞傑爾巴島上一座猶太教堂，造成總共二十一名歐洲人及突尼西亞人喪生之後，馬上通過了一部新的反恐怖主義法。這部新法很模糊地將會「擾亂公共秩序」，以及「侵害人身及財產安全」的暴力行為定義為恐怖主義，並且允許起訴使用支持恐怖主義的用語或符號的嫌犯。

班阿里對國家安全的處理被認為是一種很危險的成功：一方面他限制了自由又封鎖了異議，但另一方面他對抗恐怖主義的效果又比前任布爾吉巴還要好，因為布爾吉巴在位的最後幾年，在這方面的紀錄非常令人絕望。另一個班阿里和布爾吉巴表現不同的領域就是經濟。

班阿里原本想要提出比布爾吉巴更積極的經濟政策。他想要將經濟轉向自由的市場經濟並導入私有化，然後進一步將突尼西亞定位為出口導向國家。班阿里完全接受世界銀行和國際貨幣基金組織提出的結構調整計劃，砍掉政府支出並鼓勵私人投資。經濟改革就意味著布爾吉巴時期的國有企業被解散，而且消除了國家對消費品物價、貨幣，還有進口限制的掌控。

受惠於一連數年的好收成、出口上升以及更多的國內投資，結果就是所有經濟指標全面性的正向成長。一九九八年的家戶收入是一九八八年的兩倍。真正的國內生產毛額成長率，也從一九八八年的百分之零點一，成長到一九九〇年的百分之七點九，一直到二〇〇八年的平均大約是百分之五。接著到了二〇〇九年初，因為突尼西亞的主要貿易夥伴，也就是地中海沿岸的歐洲國家，受到二〇〇八年金融危機的影響，所以成長率掉到了百分之一點三。

可是雖然突尼西亞的經濟從總體經濟的層面來看表現得還不錯，但在表面上看到的經濟指標之下，還是藏著許多嚴重的經濟問題和財富不均。不管生活在哪一個經濟階層、社會背景或是生活地區的數百萬名突尼西亞人，都已經察覺到（有可能是一種直覺）在突尼西亞看似風光的經濟表現之下，潛藏著一些嚴重的問題。

突尼西亞無論在班阿里的領導下賺了多少錢，都沒有被公平分配到不同的階級、地區和年齡層。只有突尼斯和北海岸薩赫勒地區，那些生活水準跟西南歐一樣的上層和中上階級才覺得有賺到錢。畢竟薩赫勒地區的商業活動超出內陸地區太多了。

被認為是後來茉莉花革命震央的內陸城鎮凱賽林和加夫薩，有著最高的失業和貧窮率。雖然貧窮率在班阿里的後半任期，因為經濟的整體提升而產生的下滲效應所以有所改善，但到了革命爆發時，在內陸地區的貧窮率還是停留在百分之三十以上。

班阿里的裙帶資本主義，進一步拖累了突尼西亞國內的資源分配。農業政策只補貼種植在北海岸地區的穀物，偏心的政府投資也造成了西方和南方地區在公共服務和基礎建設的明顯落後。

人口上來說，大部分的貧窮人口是聚集在人口金字塔的中間段，也就是勞工階級的年輕男女。雖然布爾吉巴在一九五八年推動公立教育之後，全民教育一直是突尼西亞的國家目標，但在一九七〇和一九八〇年代大學畢業生找工作困難，就降低了達成這個目標的動力，並將重心維持在提升教育的品質而非數量。但是班阿里站在一個民粹主義的角度，卻決定擴大教育體系，推行十六歲以下的義務教育，並放低進入高等教育的門檻。班阿里在一九九一年推動的教育改革，造成的效果就是把突尼西亞的教育體系，變成專門印學位的工廠。拿到畢業證書的學生對未來的職涯充滿期待，但現實卻幾乎都是「畢業即失業」。許多人畢業後就算文憑和受過的教育都比較好，但他們的經濟條件卻比他們至少還經歷過階級向上流動的的父母還要差。

雖然整體的失業率平均是接近百分之十四，但在班阿里被趕下臺的前十年間，年輕人的失業率都在百分之三十以上徘徊。失業的人口裡面有三分之一是大學畢業生。在茉莉花革命期間，握有技術類和碩士文憑的失業率達到百分之五十，擁有法學碩士學歷的失業率是百分之六十八，工程師的失業率是百分之三十一，技術員的失業率是百分之七十。

年輕人覺得被騙了。他們從小都被告知去上學、認真念書，長大就會有好日子。結果畢了業拿到文憑，大學畢業生在就學期間培養的勞動力不足，技能又不符合市場需求。

區域之間的不平等從學生接受的教育品質就可以明顯看出來。離市中心越近的學生，成功通過高中入學考試的比例就越高。拿蘇塞來做例子，市中心學校和邊陲地區學校的高中入學比率，可以相差到百分之五十。一份一九九九年的國家失業報告發現，超過一半的文盲人口居住在鄉村地區，儘管鄉村地區人口才占了突尼西亞總人口的百分之三十五。在農村的文盲率則是接近百分之四十一。

就如同他的某些教育改革只專注在門面的部分，班阿里的經濟改革也是很不要臉地只想粉飾太平，而沒有長遠的規劃，對普通的突尼西亞百姓來說根本沒什麼好處。

班阿里所頒布的經濟政策創造出一個經濟體系，會邊緣化那些沒有顯著社會影響力或是政治關係的人，而且還鼓勵仰賴特權的貪汙和施捨救濟行為。私有化也只是讓資產落入班阿里的親友手中，他們家族像義大利黑手黨一樣掌控著私人企業，讓突尼西亞難以吸引到外國直接投資。班阿里的改革讓國家的財富輕鬆地落入他的親朋好友手中，造成了階級差異和經濟落差的加劇。

在班阿里肥水不落外人田的經濟政策之下，私部門獲利的百分之二十一都落入班阿里家族的口袋裡，而且基本上就是徵收之後直接分給他們，過程創造的就業機會不過才百分之一而已吧。後來被班阿里所厭棄的第二任妻子萊拉．特拉貝爾西（Leila Trabelsi），就被認為是大部分貪汙案的幕後黑手。比班阿里小二十一歲的她，被暱稱為「來自迦太基的攝政女王」，因為她對班阿里政權的影響力一直在擴張。她的弟弟貝爾哈山．特拉貝爾西（Belhassen Trabelsi）就幫自己弄到了一家航空公司、好幾間飯店、一個民間廣播電台、汽車組裝工廠、福特汽車銷售中心，還有一家房地產開發公司。

根據世界銀行二〇一四年的研究，班阿里和他的親友在他統治期間，挪用的資產價值大約是一百三十億美金，相當於突尼西亞二〇一一年國內生產毛額的四分之一以上。這份報告也證實，很大程度上被班阿里家族掌控的公部門和私部門壟斷或是寡占，是突尼西亞各產業界的普遍現象。

然而突尼西亞卻被世界銀行和國際貨幣基金組織奉為中產階級經濟奇蹟，以及社會自由主義與發展中國家欣欣向榮的楷模。

偏差的統計干預以及數據操弄維持了這個虛構的謊言。舉例來說，大學畢業生的失業率在二〇〇九年的官方數字被改成百分之二十二點五，只有實際數字百分之四十五的一半。在茉莉花革命之後進行的全國性調查顯示，貧窮率是百分之十，比班阿里政權當初公布的百分之三點八還要高出不少。國際間的捐助機構常被有誤導之嫌的平均值影響，而誤判突尼西亞的經濟表現，都以為不同的數據最終會回歸到一個平均值。在二〇一四年的時候有人檢驗了國際貨幣基金組織在二〇〇六年到二〇一三年間和埃及、摩洛哥還有突尼西亞之間的通訊，揭露了一直到阿拉伯之春爆發之前，促進經濟環境的包容性從來不是這些國家經濟成長策略中的一環。經濟成長的淨效益粉飾了人口結構中令人困擾的變數，並惡化了區域之間的落差。

在班阿里政權的最後十年，突尼西亞失業率最高的南部和中西部地區，變成日漸增加的突尼西亞總工會活動以及反抗政權的抗議熱點。但此時的突尼西亞總工會，是從二〇〇〇年代中期開始，才逐漸恢復他們在班阿里統治時期被削弱的權力。

突尼西亞總工會再加上伊斯蘭主義者，代表了對班阿里政權最大的政治威脅。班阿里曾在一九九〇年代，透過對工會組織的直接控制，以及和工會結盟一起對抗伊斯蘭主義者的方式，試圖將突尼西亞總工會給中立化。班阿里藉由安插自己的支持者當上工會的領導階層，進而確保突尼西亞總工會的指揮總部會效忠於他並且無法有效運作。在西元一九八九年，他讓自己的死忠支持者伊斯梅爾・薩巴尼（Ismail Sahbani）當上工會會長。當薩巴尼在二〇〇〇年因為被控收賄下臺之後，他又提拔了另一位死忠支持者阿布德薩蘭・傑瑞德（Abdessalem Jrad）來取代薩巴尼的會長之位。

國家、突尼西亞總工會和企業主的協會，也就是「突尼西亞工業貿易暨手工業聯合會（UTICA）」，在一九九〇年及一九九三年簽訂了幾個主要協議，支持班阿里政權主導的新自由主義經濟改革。自由化的經濟改革進一步弱化了工會的談判能力。突尼西亞總工會的領導階層跟國家站在同一陣線，也就是讓他們自己跟企業圈的利益站在同一陣線。突尼西亞總工會實際上將他們的目標從力爭經濟正義，變成跟政府企業合流。

但突尼西亞總工會的高層雖然與當權者沆瀣一氣，底下的基層草根可沒有。突尼西亞總工會的地方和區域分部並不完全支持全國總部的領導，而且事實上有時還會跟總部唱反調。區域層級的指揮和控制是高度去中心化，而且地方分部就自己的業務具有高度的自治權。背後有工會提供的保障和權力幫他們撐腰，讓這些基層勞工足以和他們的雇主平起平坐，也讓他們儘管已經對工會的高層失去信心，依舊會繼續繳交會費並參與地方性的工會事務。

當班阿里和他的前任布爾吉巴，在成功讓工會噤聲之後，他們的統治政權就允許工會擁有一定的民主，因為他們相信這樣就可以把一些不和諧的聲音限縮在突尼西亞總工會裡面。就算在一九九〇年代當班阿里對工會掌控達到巔峰，而工會影響力最低的時候，突尼西亞總工會經由分散式和民主的權力結構所能觸及民間的深度和廣度，還是讓他們免於失能解散的命運。

到了二〇〇四年，突尼西亞總工會開始公開跟班阿里唱反調，好幾個區域和地方分部投票反對當局的議案，並進一步擴張他們的權力。在接下來的幾年，工會有好幾次公開批評班阿里，並支持其他跟當局有過節的公民社會組織。

就算有歷史的正當性和透明的民主程序背書，突尼西亞總工會要完全贏回勞工對他們的信任，還是要花上好多年。工會在一九九〇年代跟當局同流合汙這件事，大大損害了工會總部的信譽，也傷害了工會與他們所代表的勞工之間的關係，這就導致了二〇〇八年發生在加夫薩的暴動，結果是勞工站出來反抗工會。

發生在加夫薩盆地的這場暴動，起因是因為當地最大的雇主，也就是國營企業「加夫薩磷酸鹽公司（Compagnie des Phosphates de Gafsa）」在二〇〇八年一月初公布的員工錄用名單。當地勞工和突尼西亞總工會控訴加夫薩磷酸鹽公司搞裙帶關係和歧視，不錄取更符合資格的忠心勞工，反而偏袒那些靠關係的面試者。而且突尼西亞總工會的區分會秘書長阿瑪拉・阿巴西（Amara Abbassi）本人名下，擁有數家跟加夫薩磷酸鹽公司有商業往來的承包公司，而且還身兼憲政民主聯盟中央委員會的成員，這是大家都知道的事情。所以勞工才會覺得加夫薩磷酸鹽公司像作秀一樣的公開招聘，根本就是突尼西亞總工會和執政的憲政民主聯盟合謀搞出來的把戲。

在抗議期間，生產磷酸鹽的礦工發動了幾場示威活動、停工、絕食、靜坐和礦車路障的放置。抗議活動很快就蔓延到其他礦業城鎮，而且真的就癱瘓了整個礦業產業。勞工、失業人士、公務人員、女性、商販和工匠全部都加入抗議的行列。了解加夫薩的歷史以及加夫薩在上述的經濟和社會紛擾中扮演什麼角色的班阿里，馬上就做出迅速且激烈的反應，派出惡名昭彰又嚇人的國民兵和軍隊進駐當地。

這場暴動最終延續了五個月，並造成數十位勞工死亡。警方在鎮壓示威活動時的施暴景象太過血腥，深深烙印在一般市民的腦海中並讓他們想要討回公道。每況愈下的貧窮問題、高居不下的失業率、不斷翻漲的物價以及蕩然無存的分配正義，成了最終點燃整個突尼西亞暴動的星星之火。在突尼西亞總工會的會員、社運人士和一般的突尼西亞大眾心裡，加夫薩就是導致班阿里最終垮臺的茉莉花革命的真正起始點。

二〇〇八年因為全球金融海嘯帶來驟然、令人嗤之以鼻的衝擊，以及稍早班阿里政權對加夫薩暴動粗魯的回應，無疑是在早就被糟糕的經濟情況、貪腐和侵犯人權，惹得民怨沸騰的突尼西亞火上加油。青年失業問題就像是一顆被點燃火焰的巨石，將突尼西亞朝著舉國反抗的方向投擲出去，將班阿里這個用一個又一個他自己後來一一打破的承諾和改變口號，取代前任統治者的男人給拉下臺。

三、倘若民意如此

「茉莉花」這個字的英文字源是來自波斯語，意思是「上天的贈禮」。茉莉花朵在白天含苞待放，要在傍晚的五點到八點才會綻放。從十六世紀開始從安達盧西亞地區首次進口以來，茉莉花一直都是突尼西亞的國花。所以也難怪在班阿里下臺之後，順著東歐在一九八〇年代開始的顏色革命、花朵革命，外國媒體開始稱呼突尼西亞的革命為「茉莉花革命」。

二〇一一年一月十四日班阿里終於下臺這天，已經被視為茉莉花革命永垂不朽的里程碑。那天早上班阿里抵達他位於迦太基的總統辦公室，同行的還有他的內閣總理穆罕默德・加努希，以及內政部長和國防部長。這邊讀者要注意不要把總理的加努希，跟復興運動黨的黨主席拉希德・加努希搞錯了。與此同時，數千名抗議群眾正聚集在突尼斯的哈比卜・布爾吉巴大道上。維安部隊已經散布到全市的各個角落，讓班阿里有最後的動機要藉由離開突尼西亞來保障自己和家人的安危。

班阿里走了之後，內閣總理於是丟下他的總理之位，援引憲法第五十六條的規定接任總統，但只在位了短短一天。隔天，憲法會議就宣布總統之位空懸，並根據憲法第五十七條規定，任命眾議院議長福阿德・邁巴札（Fouad Mebezaa）為代理總統。邁巴札接著指示加努希組成聯合政府。就在同一天，「沙烏地新聞社（Saudi Press Agency）」刊出一篇聲明：「出於親愛的突尼西亞人民最近遭遇的意外情況，以及為了支持該國的安全與穩定，沙烏地政府歡迎班阿里及其家屬的蒞臨。」這一切的起點就是二〇一〇年十二月十七日，穆罕默德・布瓦吉吉全身淋滿稀釋液然後引火自焚。那天稍早，布瓦吉吉在西迪布濟德城內，因為沒有執照所以被禁止販賣蔬果。警察推倒並扣押了他的攤車，而且將反抗不從的他暴打一頓。光天化日受到這樣的羞辱，要向當局投訴被駁回，想要見省長結果又被打回票，布瓦吉吉其實已經被逼得走投無路了。全家大小的經濟重擔都壓在他一個人身上，又因為他沒有去賄賂警察，或者說他根本不知道該怎麼賄賂警察，所以已經忍受警察的多年騷擾。結果引火自焚後全身嚴重燒燙傷的布瓦吉吉，於二〇一一年一月四日在醫院嚥下最後一口氣。

布瓦吉吉引火自焚這件事情在突尼西亞全國掀起了軒然大波。舉國上下馬上就對他所受到的屈辱感同身受。在接下來的幾天，與警方之間的抗議和衝突從西迪布濟德（當時爆發數百人在省長辦公室外與警方的激烈衝突），開始往鄰近的凱賽林、斯法克斯、加夫薩、門澤布載安、瑞奎布，然後是米克納西，最後蔓延到了突尼斯。抗議活動的照片和影片在全國上下廣為流傳，但國營媒體卻隻字未提。十二月二十二日，當抗議群眾聚集在西迪布濟德，二十二歲的胡辛・法西（Houcine Falhi）高喊「向苦難說不！向失業說不！」然後就去觸摸高壓電線桿自殺了。兩天後，維安部隊對示威者發射了第一輪子彈，打死了十八歲的穆罕默德・安馬利（Mohamed Ammari）和四十四歲的查歐奇・貝爾胡珊・艾爾哈德里（Chaoki Belhoussaine al-Hadri）。

布瓦吉吉受到的汙辱，激起舉國上下已經受夠了的情緒。其實早在二〇〇八年的加夫薩暴動以後，突尼西亞就已經物議沸騰，但真的讓民眾忍無可忍的，是幾週前發生的一個事件。就在布瓦吉吉引火自焚的不到一個月前，專門起底大猛料的維基解密在十一月二十八日，揭露了班阿里政權威權和貪腐的事蹟。在政府屏蔽相關資訊的數個小時內，出現了一個本土網站「突尼解密」，結果連結也很快就被政府擋掉了。但突尼西亞人已經看到了那些報導，更加強了他們心中的不平，以及驗證他們多年來聽到的貪腐傳聞。

維基解密裡有一份二〇〇八年，美國大使羅伯特・F・戈德克（Robert F. Godec）回傳給華府的外交電報，就記錄了班阿里政權的貪腐蹤跡。電報上的嘲諷標題包括了：「你的就是我的」、「只有天空才是極限」、「錢拿出來」、「這塊地是你的，這塊地是我的」、「肥水不落外人田」和「黑幫治國？」洩漏出來的文件詳細記錄了班阿里和家人盜賊統治及盜用公款的手段。比如說檔案中就揭露了班阿里的女婿，馬魯安．馬布洛克（Marouane Mabrouk）如何在南方銀行（Banque du Sud）二〇〇五年被民營化之前，先買進百分之十七的股票，之後再賣出獲取暴利。也因為他是班阿里的女婿，所以他可以以優惠價格，買進專門在突尼西亞銷售賓士和飛雅特汽車的「引擎公司（Le Moteur）」。另一份文件則詳細記錄了班阿里的妻子萊拉．特拉貝爾西，是如何免費獲取迦太基那邊的一大塊土地，還有政府「贈與」她蓋營利學校的一百五十萬美金。在法國媒體廣為報導的另一則故事裡，則是謠傳班阿里的兩位外甥，伊梅德．特拉貝爾西（Imed Trabelsi）和莫耶茲．特拉貝爾西（Moaz Trabelsi），是如何偷走了一位政商關係良好的法國商人的遊艇，然後是在西迪布濟德港口被人看到那艘遊艇才不得不歸還。洩漏出去的二〇〇九年外交電報裡，揭露了突尼斯和華府之間麻煩的關係以及班阿里政權內部的問題。美國大使在訊息中表示，班阿里的統治已經走到尾聲了。

班阿里的下臺時間，從二〇〇八年的加夫薩暴動之後就開始倒數了。當時，政權祭出的高壓手段，就是要讓暴動之後產生的任何動能都後繼無力。反對黨當時實在太弱，沒辦法給予實質的幫助，任何對全國性運動所抱持的希望都被削弱。突尼西亞總工會錯失了利用加夫薩事件重新取得他們在群眾運動的領導正統性。這個原本可以刺激草根性運動並善用民眾強烈怒火的機會，被當局為了因應民眾暴動而用力過猛的反應給打斷了。工會對於自己錯失良機感到相當扼腕，於是加夫薩事件就變成了一個個案檢討，讓他們去推演下次如果有類似的機會再出現，要怎麼好好把握和宣傳，並把這種良機轉化為持之以恆的全國性起義行動。

據擔任過突尼西亞總工會兩任副秘書長的莫爾迪・詹杜比（Mouldi Jendoubi）所說：「反抗一直存在在突尼西亞人的記憶裡。工會或是非工會的自由也一直是突尼西亞人普遍關注的重要議題，尤其對突尼西亞總工會和其他工會聯盟來說更是。」工會在二〇〇八年的那次失敗，迫使他們去採取更迫切的策略改變。所以當布瓦吉吉在警方扣押他的蔬果餐車想斷他生路，逼得他引火自焚以示抗議的時候，突尼西亞總工會馬上捉住這個機會並展開與班阿里的最終決戰。

詹杜比生動地向我敘述了他印象中，從十二月十七日布瓦吉吉自焚，到班阿里逃離突尼西亞的整個過程。他毫不諱言地表達突尼西亞總工會的貢獻，以及他自己在把布瓦吉吉作為象徵並與班阿里丟臉至極的墮落形象連結在一起所下的工夫。詹杜比的說法是，當他聽說布瓦吉吉引火自焚，他就知道這是一根可以點燃燎原大火的火柴，所以他馬上打給他的同事穆罕默德・薩阿德（Mohamed Saad）。詹杜比同意來自西迪布濟德的薩阿德的意見，認為需要跟當時突尼西亞總工會的秘書長阿布德薩蘭・傑瑞德聯絡，然後趕快發動動員並避免重蹈二〇〇八年錯失加夫薩暴動良機的覆轍。

所以隔日突尼西亞總工會的執委會在突尼斯的辦事處舉辦緊急會議後，詹杜比和薩阿德就被分派去做這個「西迪布濟德專案」。他們馬上動身前往西迪布濟德與當地分會的幹部碰面，並得知警方已經羈押了三十五名以上的青年。在當地省長的協助之下，詹杜比和薩阿德幫忙讓其中的三十二名青年被釋放。突尼西亞總工會當地的領導階層於是告訴兩人，一切都在他們的掌控之中，他們可以回突尼斯了。但詹杜比的回答是：「我們到西迪布濟德不是來滅火的，是來點火的。」

詹杜比和薩阿德的下一站是斯貝特拉。詹杜比跟我說他在斯貝特拉召開了一場聚集了西迪布濟德省所有突尼西亞總工會分會的會議，並宣布展開一場全區大罷工。就從那裡開始，工會的動員從附近的地點往外擴散，「就像滴落水中的一滴油開始往外擴散。」詹杜比宣稱在十二月十八日到一月十三日之間，他主持了超過八場像在斯貝特拉那樣規模的區域性會議，宣布各個區域開始進行全面罷工；並且在一月十四日，也就是班阿里逃離突尼西亞那天，簽署了全國大罷工的突尼西亞總工會命令。

詹杜比的故事可能有些誇大，因為事實上大部分的積極參與是從地方、區域層級，還有組織階層比較次級的層級開始發起的。雖然說工會的確在十二月二十五日的時候，在突尼斯的總部舉辦了第一次的共同示威活動，但是真正幫忙動員人力和提供抗議群眾關鍵後期補給的是地方分會。突尼西亞總工會中央領導階層的威信，在經過數年與班阿里政權的同流合汙之後，當時還沒有完全恢復。不過後來當工會變成班阿里政權攻擊的目標，警方也在十二月下旬襲擊工會在加夫薩的辦公室，令各個層級的工會領袖們都開始站出來譴責政府暴行，才讓突尼西亞總工會的形象提升。

突尼西亞總工會不是唯一一個支持抗議活動的公民社會組織。不同的工會、學生會、教師工會（有些算是突尼西亞總工會的會員組織），都在早期就加入抗議活動，並且幫忙將這場抗議從突尼西亞中部，往南北的鄉鎮和城市擴散。一旦抗議行動來到一個新的城市，通常都是由勞工階級聚集的區域開始響應，並吸引許多社會邊緣人。年輕人在這場抗議行動的參與出奇踴躍，有百分之三十五是二十四歲以下的參與者。這些年輕人，無論是有工作還是沒工作，都挑起革命的重擔讓這個運動延續下去，也吸引了全國上下的學生加入。

各年齡層和各行各業的突尼西亞女性也參與了抗議活動。男性與女性都理所當然地認為，女性在這場革命裡是重要的一環，事實上是在所有社會政治的活動裡都是重要的一環。律師比拉爾・拉比（Bilel Larbi）談到抗議活動如何表現了突尼西亞的性別關係：「只要看看突尼西亞女性，是如何與男性肩並肩站在一起就好……她們有人戴著頭巾走上街頭抗議，有人穿著迷你裙出來抗議；但這些都不是重點，重點是她們有站出來參與。」

這場革命被視為是女性勝利的一刻，點出她們在抗議前線的參與。國際媒體的報導都強調，不管有沒有戴著面紗，女性都有參加抗議並且表現得非常積極。雖然現場的事實並非每次都如此，但這些媒體會將女性描繪成站在抗議前線、打破刻板印象，並將獨裁者一舉趕下臺的主要行為者。

抗議活動大部分是不帶黨派色彩的。復興運動黨沒有參與，也沒有發出任何正式聲明。已經合法成立的政黨反應慢半拍，只有不合法的左派政黨迅速地力挺抗議活動，其中最著名的就是民主進步黨和「工人黨（Workers' Party）」。工人黨原本叫「共產主義工人黨（Communist Workers' Party）」，他們的黨主席哈馬．哈馬米（Hamma Hammami）因為發出一篇聲明叫班阿里下臺，於是在一月十二日被逮捕了。同時身兼九個政黨和一些個人所組成的「人民陣線（Popular Front）」發言人的哈馬米，已經度過了二十二年不斷進出監獄和流亡海外的光陰；又因為積極反抗班阿里的政治立場，而讓他飽受折磨。他跟我說二〇一〇年十一月二十二日，幾乎就是茉莉花革命的第一場抗議爆發之前的一個月，他因為收到情資說有一場革命終於瀕臨爆發邊緣，而且班阿里政權已經岌岌可危，所以才決定不再躲藏。

官媒在革命期間對相關事件所做的報導篇幅極小。在二〇一〇年十二月二十八日，班阿里禁掉了兩家主要的反對派報紙：《新方法報（al-Tareeq al-jadid）》和《莫奇夫報（al-Mawqif）》。不過革命的第二波戰場已經在網路世界開打。

社群媒體被大量用於傳播資訊以及協助組織實際行動。在革命期間，百分之二十的突尼西亞人有臉書帳號，而且百分之六十四的學生利用臉書，作為他們在革命開始的那四週，主要獲取抗議資訊的管道。二〇一一年一月十日，一群年輕的突尼西亞人，讓一支在哈馬馬特這個海岸度假城貼有班阿里肖像的看板被推倒的影片在網路上爆紅。該支影片掀起了其他人在突尼西亞各處犯下類似的「犯罪行為」，並將他們劃破班阿里或是數字七海報過程的影片和照片上傳到網路。

諷刺的是，當初就是班阿里推行全國人人用得起網路，還提供突尼西亞人相關的技術訓練，突尼西亞的網路應用才有當時的發展。突尼西亞在一九九六年成為非洲和阿拉伯世界第一個開通網路的國家。班阿里政權一直很積極推動網路普及，推出「免費網路」的方案，讓網路費和電話費一樣便宜，並在全國的鄉村和都會區都設立網咖，或者他們叫「公網（Publinets）」。這群被他創造出來很會用高科技的年輕世代，就是害他被趕下臺的主因。而且在當局想要壓制異議並且控制網路時，這些年輕人通常都比政府還要聰明。

但上網容易就代表當權者可以更容易監控網路活動，並且在感受到威脅的時候控制民眾的網路使用。班阿里政權之所以能夠監視突尼西亞民眾的電子通訊，就是因為突尼西亞主要的網路供應商「全球網（Global Net）」，是班阿里的女兒席琳・班阿里（Cyrine Ben Ali）在管的。突尼西亞負責管理網路的單位「突尼西亞網路局（Agence Tunisienne d'Internet）」存在的唯一目的，就是要控制網路和「網域名稱系統（Domain Name System）」的服務，通常只要是連結到被當局禁掉的網站，他們就負責要讓網頁顯示一個假的「此頁面錯誤」。因為當局實在太狡詐且設下諸多的網路限制，讓「無國界記者（Reporters Without Borders）」在二〇〇六年將突尼西亞政府標記為「網路公敵」。

當政府當局採取針對性的網路釣魚，竊取密碼、駭進帳戶、屏蔽用戶，突尼西亞民眾就用代理伺服器、加密、虛擬私人網路（VPN）來幫忙躲過政府的資訊過濾。為了報復並在革命期間一展他們高超的網路技術，一個民間的網路運動團體「匿名者（Anonymous）」發起了「突尼西亞行動（Operation Tunisia）」，攻擊政府網站並造成一月二日的暫時癱瘓。虛擬世界的網路戰線全面開打，而且雙方都彈藥充足。

參與最初階段的網路社運人士當中有一位最重要的，就是麗娜・本・曼尼（Lina Ben Mhenni）。她以「一個突尼西亞女孩」為名寫部落格，她甚至還被提名角逐二〇一一年的諾貝爾和平獎。結果就因為這項殊榮還有她的積極參與加上對外發言，讓她收到伊斯蘭主義分子對她發出的死亡威脅。我與這位三十二歲的社運人士兼部落客約在哈比卜・布爾吉巴大道的一間咖啡廳，結果發現她身邊跟著一位內政部為了保護她不被暗殺，所以配給她的貼身保鑣。麗娜跟我說，因為她還想為女權還有個人自由高聲疾呼，所以只好接受這個隨時有人跟著她的不便。一個諷刺的情況就是，當初那些在班阿里的威權時代想要審查麗娜的人，現在反而在對她提供保護。在革命之前，麗娜從二〇〇七年開始撰寫，她的部落格原本有放自己的臉照，後來就必須一直改名字，從「夜店咖」到「一個突尼西亞女孩的瘋狂念頭」，為的就是規避政府審查。

身為社運人士的女兒，麗娜是少數幾個在革命期間用本名批評班阿里政權的人之一。她參與了首都之外的抗議活動，而且在革命開始的前幾週她都待在西迪布濟德。她是唯一一個參與了瑞奎布和凱賽林暴動的部落客。這兩個城市當時就傳出有警察暴力的情形。就跟包括突尼西亞總工會高層在內的其他人一樣，麗娜也覺得二〇〇八年「讓革命真正開始」的加夫薩暴動是一次錯失良機。以她的觀點來看，那時候會錯過就是因為參與運動的人沒有好好善用社群媒體，才沒有辦法藉機利用當時的情勢。可是到了二〇一〇年，她和其他人已經在做線上宣傳，而且還跟黎巴嫩以及埃及的夥伴一起合作。怒火正在醞釀，而且政商間的貪腐和裙帶關係也越來越普遍，維基解密只不過是證實了所有人早就知道的事情。不過二〇一〇年的起義行動真的能水到渠成，麗娜也和其他人一樣覺得很驚喜。

除了社群媒體發揮了重要作用，這場革命呈現出來的一種藝術和語言的調性，也啟發了其他地方的社會大眾，於是變成後來的「阿拉伯之春」。在革命期間最常聽到突尼西亞人喊的口號就是法語的「滾啦！」或是「班阿里，滾啦！」真的就是直接在叫總統滾蛋。而且使用法語也反映了法語這個語言，在突尼西亞並不是只有在商業場合或是精英家庭才會用到。其他受歡迎的口號或標語，全部都沒有黨派傾向和宗教傾向，包括：「反抗，我的同胞，反抗；壓制政府，壓制！」還有「你玩完了！」但是最被阿拉伯之春其他國家抗議者模仿的是「人民要你滾下台（Ash-sha'b yurid isqat an-nizam）！」

如果要問誰的文字最能打動人心，那絕對非二十世紀初的突尼西亞哲學家兼詩人沙比（Abu al-Qasim al-Shabbi）莫屬。他詩中特殊的含意，總能讀者激起對抗暴政的心。沙比在西元一九三三年，突尼西亞仍處於法國殖民的困頓之際，所寫下的這首詩〈生存意志（The Will to Live）〉，變成整個阿拉伯世界在殖民統治之下尋求獨立與解放的指標。在茉莉花革命期間，這首詩的詩句不斷在街頭被吟唱，也被印在上衣還有布條上；尤其是整首詩的前幾句，後來也被改編進突尼西亞國歌〈祖國的衛士（Humat al-Hima）〉的最後一段：

「如果人民有一天覺醒了，那麼命運勢必會響應，夜晚雖會覆蓋大地，但鐵鍊終將斷裂，而那些不擁抱生命之愛的人，將會消散於空氣之中，失去蹤影。」

這首詩的詩意，是說人民才能決定自己的命運，而時機必須把握。這首詩鼓勵人民去創造相對於他們當時所生活的那個時空，他們自己想要的未來。這首詩提到了青年與自決，提到要找出奮鬥的理由，也提到要賦予生命意義和動機，並提到喚醒蟄伏在內心深處對正直和正義的渴望。

沙比生活的年代，是積極的媒體自由以及勞工與學術改革剛奠基的時代。在沙比短暫的生命中他不曾當過一名政治人物，甚至連政黨都不曾參加過，但他卻展示了詩歌的力量以及藝術表達，能夠如何啟發民眾起身行動。

在革命爆發的前幾個月，尤其是以藝術形式表現的政治和文化評論變得越發大膽。流行和饒舌音樂的錄影帶被上傳到 YouTube 和臉書，並產生了爆炸性的迴響。以藝名「將軍（El Général）」為人所熟知的饒舌歌手哈馬達・班・阿莫（Hamada Ben Amor），在社群媒體上發布多首帶有政治意涵的流行歌曲。他最著名的歌曲〈我們總統（Rays Lebled）〉在二〇一〇年十一月七日推出，剛好就是班阿里就任總統的第二十三週年。這首叫總統要留意人民的悲痛與苦難的歌曲，後來因為各種很實際的理由變成了革命的主題曲。

就在布瓦吉吉自焚前的一個星期，將軍又再推出了一首〈我們的國家突尼西亞（Tounes Bledna）〉向突尼西亞青年喊話，讓他們不要害怕挑戰不公不義、挑戰當權者的暴行；結果他就因為這首歌被逮捕，但稍後又被釋放。作家兼哲學家的奧拉德・阿梅德（Awlad Ahmed）寫了一首詩，詩名叫做〈蝴蝶（Butterfly）〉，內容是在哀悼自焚的布瓦吉吉。將軍也因為這部作品讓他獲得了「突尼西亞革命的中央詩歌總指揮」這一個稱號。

因為用流行和饒舌音樂來表達對班阿里政權的不滿，不管是在革命前、革命中還是革命後都太有才華了，「很多人都無法想像，要是突尼西亞的文化圈沒有這類型創作會是什麼樣子（事實上就是這種類型的創作，其實在突尼西亞和阿拉伯世界普遍來說都很新奇）」。〈我們總統〉這首歌在十一月初的發行，就是象徵民怨已經蓄勢待發，只等待一個引爆點來開啟革命行動。而這場革命行動也讓人很詫異，突尼西亞怎麼突然就開始了阿拉伯之春，讓全世界嚇了一跳。

班阿里本來不覺得抗議活動是一回事，把他們定調為邊緣極端主義。在十二月二十八日的全國電視演說中，他還警告說示威活動會傷及經濟，並強調到時候一定會「毫不留情」地執法，嚴懲抗議者。班阿里非常依賴他培養的警力去鎮壓群眾。他沒辦法仰仗軍方勢力，因為他們一來沒什麼手腕，二來也沒什麼政治意願想要代表政府去干涉人民。

據傳突尼西亞武裝部隊的參謀長拉希德・安瑪（Rachid Ammar）曾拒絕班阿里下達對示威群眾開槍的指令。但也有出現其他不同看法的報導，所以不確定班阿里到底有沒有下達讓軍隊去對付老百姓的命令。安瑪在一月十日曾對下級發布一則行政電報，表示除非有另外指示，否則禁止所有單位開槍或是使用武器，而這則命令的內容有可能是他自己下達的。後來被以汙衊軍隊的罪名遭軍事法庭缺席審判三年有期徒刑的部落客亞辛・阿亞里（Yassine Ayari），甚至大膽表示不但從來就沒有所謂對示威者開火的指令，而且拉希德·安瑪也沒有寄出過這則傳聞中的電報；阿亞里宣稱，這是他本人捏造出來的故事，這樣媒體才會開始鼓勵民眾參與抗議。

後來的情況就是，軍隊常常提供抗議群眾掩護，而且被認為是跟人民站在同一陣線；另一方面，受到內政部管轄的維安部隊則是會攻擊抗議群眾。結果就是當軍人和裝甲車行經街道的時候，會被示威者夾道歡呼。有很多照片和影片都拍到軍人和抗議群眾打招呼，而且軍人會被群眾親吻和道謝。軍方對抗議活動的立場基本上就是支持，或者至少是同情革命訴求的。

軍方在革命期間完全不想沾染政治的姿態，很大程度是由於班阿里當初刻意和軍方保持距離，轉而向警方和維安部隊靠攏的結果。軍方對班阿里的怨懟，是從一九九〇年代班阿里主導的軍方大拔官開始的。當時他將許多被指控有親伊斯蘭傾向的中階和資深軍官都換掉，還允許警方勢力三不五時就凌駕於軍方之上。所以這也難怪當班阿里召集軍隊協助的時候，這些被派駐在全國各地的軍人反而會跟他們原本要對付的示威者稱兄道弟了。

另一方面，警方則是在好幾個地方進行殘暴的鎮壓，造成數十多人死亡，特別是在凱賽林還發生了警方的狙擊手從屋頂射殺抗議者的情況。一月八日，警方因為某個團體在塔萊的一處政府建築縱火，因而對這群抗議民眾開槍，結果造成部分傷亡。不過抗議活動還是持續在凱賽林和塔萊進行著，就像在突尼西亞的其他地方一樣。

一月十二日在突尼斯舉行了規模最大的一場抗議活動，並要求班阿里下臺。在隔天的一月十三日，接續莫爾迪・詹杜比的故事，他接到阿布德薩蘭・傑瑞德打來的電話，請他到傑瑞德的家碰面。傑瑞德因為跟班阿里關係很好，所以在突尼西亞總工會裡的名聲很差。據聞他告訴詹杜比說，他在班阿里的要求下，才剛跟班阿里見過面。班阿里要求傑瑞德取消預計隔天要在突尼斯還有鄰近的城鎮本阿魯斯、馬努巴和艾爾亞奈發動的大罷工。深知自己就算想要（而且據說他其實不想）也無力可回天的傑瑞德於是告訴班阿里他盡量，但是他也很懷疑這件事情會有挽回的餘地。傑瑞德跟詹杜比說他「從來沒有看過班阿里那麼憤怒」。詹杜比據聞還被傑瑞德告誡，那天晚上離他自己的家遠一點，因為事情「有可能會變得很難看」，暗示有人想對他不利。

就在那天，一月十三日傍晚，曾在一月十日透過電視再次向人民請求的班阿里，透過第三次的電視演說，向他的人民做出最後的一次呼籲。他承認他在統治期間的錯誤，譴責用真槍實彈對付示威者，還做了一些當時看來已經太小也太遲的保證。他承諾會降低食物的價格、放鬆對媒體的監控和網站的屏蔽、釋放政治犯，並創立調查貪腐的委員會。班阿里也發誓他不會再去修改憲法對總統年齡不能超過七十五歲的限制，意思就是他二〇一四年不會再出來參選尋求連任。出於絕望，班阿里甚至打破身為元首的準則規範，用突尼西亞阿拉伯語向他的人民發表演說。

隔天，二〇一一年一月十四日，班阿里拋下他的權位，打包他能偷偷帶走的國寶，跟他的家人一起登上飛機。據說他會同意離開突尼西亞是因為他的隨扈長阿里・塞里亞堤（Ali Seriati），說服他先出去避風頭，過一陣子就能回來了。拉希德・安瑪將軍也叫班阿里離開，但並沒有給他保證可以回來的希望。軍隊當時駐守在機場，確保班阿里可以安然離開。當時在內政部舉辦的一場隔夜會議就決議，禁止班阿里再度回到突尼西亞。

在班阿里飛走之後，當時民眾曾支持軍方全面接管突尼西亞的事務（至少是暫時接管），並達成軍隊在班阿里時期不被允許達成的影響力。但是軍方高層決定繼續遠離政治，寧願「重返軍營」並確保突尼西亞大選順利舉行。班阿里離開之後，安瑪將軍告訴示威者軍隊會守護革命，明確表示軍方勢力不會干預政局。

國際間的反應也一致讚揚突尼西亞人民的革命成功。不過有些人的反應倒是特別表裡不一。在革命期間，「法國社會黨（Socialist Parry）」在十二月三十日譴責對抗議活動的「粗暴鎮壓」，但是薩科奇（Nicolas Sarkozy）領導的法國政府卻保持沉默。在班阿里逃離突尼西亞的兩天前，法國還提議要派遣法國警力幫忙班阿里恢復秩序。薩柯奇的外交部長艾利歐馬利（Michèle Alliot-Marie）在抗議如火如荼進行的時候，還搭乘和班阿里政權關係密切的一位突尼西亞商人的私人飛機，跑到突尼西亞度假，結果她的行為引起輿論譁然，最後只好被迫請辭。

阿拉伯民眾的反應倒是充滿歡欣、同情和希望。布瓦吉吉自焚的舉動觸發了一些餘波和啟發。在突尼西亞之後陸續發生的阿拉伯之春，都是從聲援茉莉花革命，還有聲援之後埃及暴動的示威或是遊行開始的。社群媒體和網路加速了這些情緒的傳播。但是這些原本只是聲援的示威活動，最後會變成要求當局做出改變的抗議，完全是被當地維安部隊給逼出來的。

埃及的軍方和警察，用粗暴的手段鎮壓從一月二十五日就開始在開羅解放廣場的示威活動。大概在兩週以後的二〇一一年二月十一日，埃及總統穆巴拉克（Hosni Mubarak）倒臺。二月十四日發生在巴林的反政府「憤怒日」活動，導致巴林政府一個月後宣布戒嚴。沙烏地和阿拉伯聯合大公國軍方支持的維安部隊，暴力驅散示威者搭設的帳篷，粉粹了順應當局的什葉派多數所領導的起義活動。葉門總統沙雷（Ali Abdullah Saleh）的支持者在一月二十九日攻擊和平遊行的示威者，於是葉門在三月十八日宣布進入緊急狀態，接著就是不斷發生的抗議活動，以及五十二名抗議者在沙那大學的示威活動中被政府的狙擊手射殺的衝突。在利比亞的班加西，二月十五日的示威活動觸發了全國性的暴動，並導致意圖「保護」利比亞平民免於政府暴行的國際干預開始進行。十月二十日，叛軍殺死了藏匿已久的總統格達費（Muammar Gaddafi）。敘利亞政府從三月就開始對抗議活動冷血鎮壓，導致在二〇一二年六月以前，有數千名敘利亞人死亡，內戰因此爆發，並引起一場規模非常龐大的難民危機。

這就是我們後來所說的「阿拉伯之春」。「阿拉伯之春」又被叫做「阿拉伯覺醒」、「阿拉伯之冬」、「阿拉伯起義」和「未完的革命」。不管怎麼稱呼，這些反抗活動都跟當初歐洲和美國對阿拉伯世界的想像不太一樣。以往的看法都覺得阿拉伯群眾被動又認命，也沒有很想要改革政治，甚至覺得他們在文化上就是喜歡被威權統治。本土性、自發性的起義行動，也打臉了認為有意義的政治改變需要外界的協助或介入這種想法。

但真的有所謂的「阿拉伯之春」嗎？還是說其實不該這麼稱呼？會不會叫做「突尼西亞之春」才是比較合適的形容，因為看看那些阿拉伯之春的國家除了突尼西亞的下場是怎樣？有些沒辦法實現民主，比如讓人覺得打擊最大的就是當初看起來很有希望的埃及。其他國家要不是用暴力但很有效率的手段讓反抗聲浪消失，就是陷入內戰、混亂、流離失所到最後分崩離析。

記者兼作家的邁克．托頓（Michael J. Totten）在二〇一二年寫道：「橫掃突尼西亞、埃及、利比亞和敘利亞的政治動盪，是同時發生但截然不同的現象，而且現階段還太早斷定其中哪些國家，更別提所有國家，會分別走出這個由威權統治著的漫漫阿拉伯長冬。從中期來看，阿拉伯世界出現真正自由民主的國家大概就是零到一個吧。」就算是在當時，托頓也預言了在所有阿拉伯之春的國家當中，突尼西亞是唯一一個「可能還過得去……因為突尼西亞是除了黎巴嫩之外，感覺最有民主相的阿拉伯國家。」

受過良好教育並接觸過人權價值和民主的突尼西亞人，證明了他們更想要改變，而且很希望改變能真的實現。尤其是突尼西亞總工會所帶來的公民社會參與，引領了革命前期背後的怒火，讓他們演變成有組織的行動；並以一種一定會創造無法忽視的大眾參與的方式，協助抗議活動在全國各地、社會各階層擴散開來。社群媒體和藝術創作是賦予革命行動實質、象徵性和組織力的有力工具。

抗議活動相當地和平，革命也出奇地有秩序。這部分要歸功於參與革命的組織都是公民社會的行為者，還有就是軍方沒有插手，只在需要保護抗議群眾時才會介入。

暴動民眾趁火打劫的情況很少，主要是因為班阿里運走了很多國寶，所以基本上民眾的矛頭也就指向那些和班阿里，還有班阿里家人有勾結的目標上了。比如屬於特拉貝爾西家族或是其他跟班阿里有關係的房屋都被洗劫一空。西迪布濟德有一間也是屬於特拉貝爾西家族的咖啡廳，就正好包夾在兩家完好如初的餐廳中間，「看起來就像剛被蝗蟲掃過。」

這些抗議活動是沒有黨派或是宗教理由的。都是由不是為了政治抱負，也跟伊斯蘭主義無關的年輕人所領導的；而且在任何情況下，他們也未必有準備好要在班阿里下臺之後，成為領袖並獲得權力。驅使這些年輕人的，就是對尊嚴的追求、拒絕接受那些造成人民起身反抗的狗屁倒灶，還有想要重新定義國家與國民之間關係的渴望。

四、一個了不起的轉型

從班阿里離開突尼西亞，到二〇一四年歷史性大選的這段期間，可以視為突尼西亞一次生氣蓬勃的政治「轉大人」。這個關鍵轉型期不斷發生各種分分合合、抗議與再抗議、勝利與失望，還有隨之而來的公民社會參與者和尋常民眾的政治覺醒。當中發生最激烈的一些拉鋸，就發生在「完全斷開過去」與「重返往日榮耀」這兩股勢力之間。

在這段轉型期間，突尼西亞人見證了總共四任總統和五任內閣總理之間的權力轉移。如果把只當了一天總統的穆罕默德．加努希算第一任總統的話，第二任總統福阿德．邁巴札在二〇一一年十月舉辦了制憲議會選舉，並先後任命兩位總理：穆罕默德．加努希和貝吉．卡伊德．艾塞布西。

前眾議院議長福阿德．邁巴札因為本身擁有悠久且清廉的公職紀錄，而且看起來也沒什麼政治企圖，所以被廣為接受擔任這個時期的過渡總統。不過他的看守內閣總理穆罕默德．加努希，當得可就沒那麼輕鬆了。穆罕默德．加努希組織的第一任政府原本是定位在「民族統一」調性，卻充斥著前執政黨憲政民主聯盟的殘餘勢力。當然穆罕默德．加努希自己也算是班阿里時代的老臣，而且總共二十四個省長裡面，他又指派了十六個班阿里時期就已經坐在省長之位的老臣。所以憲政民主聯盟的成員繼續位居要職，坐擁包括國防部、經濟部、外交部和內政部的部長之位。

於是在這份內閣名單公布不到一週，年輕的運動人士就拒絕承認這個過渡政府並集結發動抗議。抗議活動很快就發展成規模更大的運動，並演變為茉莉花革命的後續行動。抗議群眾並沒有一個凝聚向心力的戰術規劃，卻因為都想要譴責這個政府，以及想要「和躲在巢穴裡的食人怪正面對決」的強烈決心而團結在一起。這次的集結後來就被稱作「卡斯巴抗議（Kasbah protest）」，因為事發地點就是在突尼斯市中心，正對著總理辦公室的「卡斯巴廣場（Place de la Kasbah）」。

有好幾個左傾的反對團體，包括工人黨和民主愛國者統一運動黨，都受到抗議活動的啟發，最後接手了整個運動，並且團結起來組成了「一月十四日陣線（January 14 Front）」；他們一方面領導活動，另一方面則是要求開除政府裡的憲政民主聯盟成員。穆罕默德．加努希於是在內閣成立不到十天，就解散原本的內閣，並組織一個更廣納人才的內閣。加努希還承諾會在六個月內舉辦選舉。

但沒過多久抗議群眾又再次集結到卡斯巴，而且這一次的人數比第一次多了好幾萬人。他們要求廢除憲政民主聯盟，並且解散維安部隊，並建立一個像國會一樣運作，然後要負責制定一部新憲法的國家制憲議會。抗議群眾抱怨改革的步調太慢，說加努希政府根本就是班阿里政權的化身，有一個年輕人一語道破當時的情況：「就像是我們把一頭猛獸的頭砍下來，結果這頭猛獸還是活蹦亂跳。」

已經轉型成「全國革命守護會議（Conseil National pour la Protection de la Révolution）」並且有了「爭取工作與自由民主論壇」和「復興運動黨」加入的「一月十四日陣線」，為抗議活動提供了政治庇護。「全國革命守護會議」同時也受到突尼西亞總工會的支持，因為突尼西亞總工會鼓勵用罷工的手段對政府施壓，並要求他們已經加入新內閣的會員請辭。來自突尼西亞總工會的三位部長已經從加努希的第一任內閣求去，而第四位則是從一開始就沒有接受任命。他們全部都是在表達對憲政民主聯盟成員進入內閣的抗議。在革命期間和革命之後，工會運用他們能抓住的每個機會提升他們的威信，並重拾他們的組織中央因為多年來跟班阿里政權合作而丟失的威信。

在第二波的卡斯巴抗議中，維安部隊和抗議群眾正面交鋒，卡斯巴廣場淪為燃燒輪胎、投擲石塊和槍火四射的現場。二月二十七日，內閣總理穆罕默德．加努希請辭，總統福阿德．邁巴札於是任命貝吉．卡伊德．艾塞布西為新任內閣總理。抗議群眾離開卡斯巴廣場時，還把自己製造的垃圾帶走，並盡可能地將現場恢復原狀，只留下現在被年輕人視為是國家遺產的塗鴉藝術。

示威活動的一些變化可以看出世代差異的存在。年輕人對於政府明顯的不作為，已經越來越不抱期待並且要求改變。但他們缺乏必要的政治意識以及組織技巧，去做出比上街抗議更進一步的行動。雖然從許多方面來說，領導革命運動的是年輕人，但他們在革命之後既不夠有組織也不夠團結，所以沒辦法主導政治論述或是為轉型過程提供可行的替代方案。

年輕人覺得反對黨綁架了這場由他們發起的運動，並利用抗議活動來推動各黨自己的議程。政府對於納入年輕人意見的意願非常有限。政府為了表示善意，於是讓主導反政府審查抗議的斯利姆．阿馬穆（Slim Amamou）負責青年及體育事務；但他時常跟政府官員起衝突，甚至會直接在推特上開罵，所以他最後還是掛冠求去。

然而根據二〇〇四年在流亡海外期間創立集體部落格網站（Nawaat，他們在二〇一〇年時刊載「突尼解密」）的共同創辦人，薩米．本．加爾比亞（Sami Ben Gharbia）所言，其實就算是最直言不諱的憤怒青年心裡也清楚，如果全國革命守護會議那時候沒有政治領袖站出來，那一切就是做白工。本．加爾比亞告訴我，他覺得年輕世代都是「意識形態純淨」而且沒有「被那些導致阿拉伯世界一團亂的意識形態給荼毒」的人，但他同時也知道，這些年輕人也正為了自己的「政治天真」所苦。

抗議者在對付班阿里、對革命抱持希望，和熱切地想要帶來改變這些事情上團結一心，但他們未必對「下一步到底想要什麼」有相同的看法。某種意義上來說，他們的團結其實是種消去法：他們可以全部都同意不要什麼東西，但未必可以全部一起同意想要什麼東西。光是來自不同地區的群眾之間，各自的議題優先順位就已經有分歧了。許多住在鄉下或是突尼西亞比較貧窮地區的人，會覺得經濟改革是最重要的議題，但都會區的精英年輕世代就會覺得，權利和個人自由才是首要之務。

到最後，卡斯巴抗議的年輕人們在全國革命守護會議提供的政治庇護和組織協助下，成功地將加努希的內閣拉下臺，並且向新的總理傳遞一個非常強烈的訊息，那就是「革命還在進行中」。

新任總理貝吉．卡伊德．艾塞布西的政治履歷上，有兩件會被人拿出來講的事情：一是他一直是布爾吉巴的愛將，另外就是他始終都跟班阿里保持距離。選擇艾塞布西這個曾在布爾吉巴底下陸續當過內政部長、國防部長和外交部長的人當總理，就像是心頭的一根刺扎在突尼西亞人的心裡，提醒著他們布爾吉巴遺留下來的影響始終沒有遠離。艾塞布西在一九九一年離開政治圈，並始終跟班阿里保持距離的這項事實，增進了突尼西亞人對他的可信度和接受度。

艾塞布西就任後的幾週內，突尼斯第一審法院解散憲政民主聯盟，清算其資產，並禁止才剛在黨內位居要職的前憲政民主聯盟的黨員參選或是擔任政府公職。政府也解散了負責管轄祕密警察和國內情報單位的國家安全部門。艾塞布西內閣的主要任務是要維持國家基本運作，直到二〇一一年十月二十三日的國家制憲議會選舉順利舉行才算功德圓滿。雖然原本訂定的選舉日是七月二十四日，但成立之後，負責規劃和監督選舉進行的機關「選舉獨立高級機構（Instance

Supérieure Indépendante pour les Élections）」在按照原本的日程表安排一些必要手續時，卻面臨了一些因為憲政民主聯盟稱霸政壇數十載所帶來的挑戰。據說憲政民主聯盟在二〇〇九年統計時有三百八十萬名黨員，這將近是突尼西亞當時成年人口的一半，尤其是透過地方的委員會，憲政民主聯盟已經將大部分的突尼西亞社會納入他們的網路之中。只不過領有憲政民主聯盟的黨證，不代表這些人就一定會效忠憲政民主聯盟；通常他們會聽命於黨大多是因為更現實的理由，比如說因為就業問題所以自願或非自願地服從。

茉莉花革命也製造了一個令人大惑不解的政治情況。在革命之後才四個月，就有將近七十個新興政黨，還有數百個民間組織成立。最後總共有一百一十二個政黨被核准參加制憲議會的選舉，另外一百六十二個政黨則被打回票。這些新興的突尼西亞政黨所代表的意識形態光譜，從最左的馬克思主義一路到右翼的民族主義、伊斯蘭主義還有泛阿拉伯主義都有。雖然許多早就成立的反對黨因為缺乏選舉經驗、毫無作為，或者更糟糕的是因為曾跟班阿里政權合作過，所以對大眾缺乏吸引力；不過有一些早年成立的反對黨，很快就找到自己的賣點，並及時在革命後的第一場選舉保住選民的選票。

不同政黨之間的黨綱也有著非常巨大的鴻溝，反映了突尼西亞社會內部的分裂。這些分裂雖然各具特色但卻也有著高度重疊。主要可以把他們分成三種類別：宗教與世俗之間的二元對立、關於是阿拉伯認同還是突尼西亞認同的衝突，還有現代派和保守派之間的緊張關係。這些社會經濟思維的分裂，雖然是在二〇一一年和整個轉型期間不斷被提起的突尼西亞老生常談，但似乎還是會繼續在突尼西亞社會延續下去。

因為政治上普遍對宗教所抱持的競逐態度，讓世俗派或是宗教派雙方比較強硬的分子很積極地創造他們各自的政治空間，並發揮他們的影響力。復興運動黨在這種數十年來時常發生無視宗教自由的體制外暴力的情況下，仍舊占有一席之地。人權倡議者蒙瑟夫．馬佐基於二〇〇一年創立，但直到二〇一一年為止都不是合法政黨的「保衛共和大會」，以及「爭取工作與自由民主論壇」都擁有廣大的世俗群眾的支持。其他一些追隨班阿里和布爾吉巴傳統的政黨也很受歡迎，並得利於民眾對伊斯蘭主義威脅的疑懼而站穩腳步。

二〇一一年一月三十日，流亡海外將近二十二年的拉希德．加努希長老返抵突尼斯—迦太基國際機場所爆發的衝突，也預示了未來政治局勢的波瀾。當時除了一眾大約一萬人上下，歡欣鼓舞迎接他歸國的男男女女之外，還有一小群拿著抗議標語的抗議群眾，上頭寫著「拒絕伊斯蘭主義、拒絕神權統治、拒絕伊斯蘭教法、拒絕愚昧無知！」

不過復興運動黨和他們的某些世俗對手，倒是有志一同地推廣突尼西亞阿拉伯語和穆斯林認同的強化。保衛共和大會和一些阿拉伯民族主義政黨所倡議的是，突尼西亞首先應該要和阿拉伯和穆斯林世界打好關係，並和波灣國家也要有更緊密的連結。而且雖然未經證實，不過關於保衛共和大會和復興運動黨都有收受卡達資金的傳聞卻在此時喧囂塵上。那些自認為和阿拉伯世界站在一起的政黨，都與支持非阿拉伯的地中海、北非、非洲認同政黨之間的嫌隙越來越大。這個景象對突尼西亞人來說其實並不陌生，因為早在布爾吉巴時期，他就和阿拉伯民族主義者薩拉·邦·尤塞夫上演過類似的戲碼。

到頭來，受到突尼西亞人民愛戴的政黨，就是那些不曾跟班阿里勾結，而且可以確實證明他們一直以來都在反抗班阿里政權的那些政黨。伊斯蘭政黨從舊體制中獲得的解放最多，並因此得以迅速取得信任而且獲取廣大的同情支持。畢竟三十年前以「伊斯蘭回歸運動黨」之名成立，並在二〇一一年三月一日才終於合法的「復興運動黨」，旗下黨員就有非常悠久的受虐、被殺、流放海外以及監禁史。

據加努希所說，復興運動黨的流亡分子們，在海外五十個不同的國家流離超過二十年，見識過不同的政府體制、文化和思維模式。但他們並不全像加努希所說的，都是帶著一片善意回到突尼西亞；有些人其實覺得復興運動黨太溫和了，寧願加入極端主義組織。就像埃及穆斯林兄弟會的領袖，在被前政權關在牢裡時才形成了他們的政治想法並變得越來越激進，許多復興運動黨的黨員也是在葉門、阿富汗、巴基斯坦這些地方流亡時，或是跟一些自我放逐到西方的強硬派交流之後，才培養出極端主義的思想。

針對這個情況，身為一名伊斯蘭及民主理論家的加努希，為此撰文批評受到沙烏地培植的極端主義「瓦哈比派（Wahhabi）」。他和復興運動黨其他流亡人士一樣，受到的是歐洲社會運動的影響。在他流亡期間，加努希不斷地、公開地承諾他不會去修改從一九五六年《個人地位法》之上建立的家庭法。

以民粹主義作為主要手段的復興運動黨，甚至從成功把班阿里拉下臺的茉莉花革命之前，就開始有動員普通老百姓的想法。加努希了解選民對他們的支持力度與突尼西亞社會經濟結構之間的關係。革命過後對政黨提供最堅強後盾的選區，是在北海岸的都會貧困區還有失業率很高、尤其是在突尼西亞南部的年輕選區。復興運動黨的吸引力超越了他們與伊斯蘭主義之間的連結，而被視為是一個誠實的政黨、是對抗前朝貪腐的一劑解方。

茉莉花革命就是復興運動黨等待已久的一個破口，他們在二〇一一年迅速崛起。跟其他伊斯蘭團體不一樣的是，他們是提倡民主的。當加努希歸國，他馬上宣布復興運動黨將投入國會選舉，但他本人或是任何復興運動黨的黨員都不會出來選下一任總統。加努希在革命後的第一次訪談提到：「我們在一九八〇年代的時候就從裝著民主的杯子裡面，喝下了一大口民主；而其他的伊斯蘭主義者還只是小口小口啜飲。」加努希堅決地表示，民主和伊斯蘭並非是不相容的兩個概念。

加努希在各種場合展現出來的政治天才，讓他贏得了突尼西亞最佳政治人物的美名；而且有些人甚至認為他是唯一一個可以擔起這個稱號的突尼西亞政治人物。當他的「諮詢會議（Majlis al-shura）」也投票通過，並認為他應該要更積極推動將《可蘭經》和「聖訓（Hadith，先知穆罕默德的語錄）」衍伸出來的伊斯蘭教法（Shari'a），納入新憲法當中時，他有解釋為什麼這麼做毫無意義：因為一旦讓這個提案交付公投，如果到時候被否決了，那以後就再也沒有討論這件事情的空間；可是如果提案後來通過了，那復興運動黨就又會和投反對票的那些人結下樑子，也只會讓他們和世俗主義者之間的對立更加嚴重。於是加努希說服諮詢會議再投一次票，希望他們不要把話說死，所以第二次投票的時候八成的人就投了「不贊同」。

加努希高明的政治手腕，在二〇一一年十月二十三日的國會選舉有了回報，復興運動黨獲得了制憲議會總共兩百一十七席當中的八十九席。在經歷過好幾回舊政權殘餘勢力主導的過渡政府之後，突尼西亞人這次想要來一個大改變似乎也不是太奇怪的決定。

蒙瑟夫．馬佐基的保衛共和大會獲得第二高票，得到百分之八點七的選票，並取得制憲會議的二十九個席次。唯一一個在革命後才成立，而且選得也不錯的政黨「大眾請願書（Al-Aridha）」位居第三，取得二十六個席次，而爭取工作與自由民主論壇則得到二十席。兩百一十七席當中有十八席，是將居住在海外的一百萬名突尼西亞人分成六個選區所產生的。

本著合作、建立共識和達成平衡的精神，復興運動黨、世俗革命派的保衛共和大會和世俗社會派的爭取工作與自由民主論壇這三大國會勢力，於是組成了後來被稱為「三頭馬車」的聯合政府。雖然爭取工作與自由民主論壇選得沒有大眾請願書好，但基於保護突尼西亞世俗發展的承諾，所以還是選擇了和爭取工作與自由民主論壇組織聯合政府，而沒有選擇保守民粹的伊斯蘭社會主義政黨大眾請願書成為三頭馬車的其中一頭。保衛共和大會的蒙瑟夫・馬佐基被推舉為總統，復興運動黨的前秘書長哈馬迪・傑巴里則被任命為總理。爭取工作與自由民主論壇的黨主席穆斯塔法・本・賈法爾則擔任制憲議會的議長。

三頭馬車的形成，為未來創造宗教和政治之間的一種新關係嶄露一絲曙光。復興運動黨的高層包括加努希在內，都很清楚地表達與世俗政黨合作的意願以及對民主的支持。

不過雖然復興運動黨一開始是因為長達數十年被班阿里的舊政權虐待、監禁和流放的經歷而獲得人氣和同情，但在取得政權之後，民眾對他們的喜愛就逐漸下滑，而且他們還被指控意圖利用位居政府高層的職務之便，將突尼西亞伊斯蘭化並引進被世俗主義者視為阻礙的法案或是修正條文。無論是三頭馬車的另外兩個政黨還是國民，都開始出現對復興運動黨的反對聲浪。二〇一二年四月，當上千名民眾為了慶祝一九三八年對抗法國的示威活動週年紀念，而走上哈比卜・布爾吉巴大道時，他們也抗議新政府在處理許多問題上，包括司法改革和社會經濟計劃的方式。抗議群眾和警方於是爆發流血衝突。

然而跟其他的穆斯林國家相比，大部分復興運動黨做過的或是提出的訴求其實是很無害的。復興運動黨在突尼西亞面臨的政治環境，跟穆斯林兄弟會在阿拉伯之春之後的埃及所遇到的政治環境非常不同。埃及的伊斯蘭分子早就反轉了大部分埃及總統納薩時期的世俗潮流；等到穆巴拉克垮臺的時候，整個埃及已經大部分都被伊斯蘭化了。他們的公民社會也幾乎就是伊斯蘭主義的天下，大多都受穆斯林兄弟會的控制。以伊斯蘭教法作為主要法源依據的埃及憲法第二條，基本上就跟突尼西亞的《個人地位法》一樣神聖。等到班阿里下臺的時候，突尼西亞已經被大幅世俗化，並且轉型到跟其他阿拉伯世界的國家形成強烈對比的程度。

世俗主義者和伊斯蘭主義者之間的紛爭，到了適用過渡憲法規定在二〇一一年十二月十日展開的制憲程序時，來到了最高峰。這部臨時憲法是由革命後建立選舉法和選舉程序的委員會——「實現革命、政治改革和民主過渡目標的最高權力機構（Haute Instance pour la Réalisation des Objectifs de la Révolution, de la Réforme Politique et de la Transition Démocratique）」所起草的，委員會的主席就是世俗主義的憲政主義者亞德·班·阿舒爾。

他們在編寫憲法相關條文的時候，最有爭議的三個部分就是關於伊斯蘭教法的採納、性別平等和褻瀆上帝。

已經從早先要求伊斯蘭教法被適用到法律這個立場讓步的復興運動黨，積極推動要將伊斯蘭教規定成國教的遣詞用字納入法條裡面，以便讓伊斯蘭教法具有實質約束力。不過就在估計有兩萬五千名抗議群眾及敵對政黨在二〇一二年三月二十日走上街頭抗議之後，復興運動黨只好放棄他們修正過的迂迴戰略。所以到最後，伊斯蘭教法就整個被排除在憲法之外了。

復興運動黨還有提議一條條文，原本要將褻瀆上帝還有汙衊宗教定罪，可是後來也被否決了。當初那個法條在二〇一二年六月被提出來，是因為稍早在拉馬爾薩有一場展覽宣稱有侮辱伊斯蘭教的情況，所以被薩拉菲派人士鬧場。那一年稍晚，復興運動黨也試著想要提出一個反褻瀆法案，但因為公民社會參與者、律師和政治人物的反對而以失敗告終。

基於對政教分離的堅持，最後版本的憲法草案呼應了一八六一年在鄂圖曼帝國時期就已經出現的憲法，並且又比一九五九年從法國獨立之後草擬的憲法更向前邁進。獨立之後的那部憲法雖然有指出伊斯蘭教是突尼西亞人的宗教，但沒有明確地規定說伊斯蘭教就是國教，而二〇一四年的這部憲法倒是完完全全地將伊斯蘭教法拒於門外，並確保突尼西亞還是一個公民國家。之前兩部憲法的第一條都宣稱，突尼西亞是一個自由獨立的主權國家，信奉伊斯蘭教、說阿拉伯語並採行共和制。但二〇一四年的憲法加上了不能被增修的第二條：「突尼西亞是一個建立在公民權、人民意志和法律之上的公民國家。」

亞德．班．阿舒爾向我解釋，在第二條中宣示突尼西亞是一個公民國家，是為了預防任何將第一條解釋為要納入伊斯蘭教義，或是導致伊斯蘭教法被實施的可能。他說第一條裡面提到的伊斯蘭教，只是「對於社會狀態的描述」，因為伊斯蘭教是突尼西亞人普遍信仰的宗教，所以兩者之間有很大的不同：一個只說是突尼西亞的宗教，另一個是突尼西亞的國教。為了強調，班．阿舒爾進一步說明，第二條允許艾塞布西在二〇一四年以「創造屬於穆斯林人民的公民國家」為政見參選總統。

所以就這一點來看你不得不佩服，突尼西亞的憲法跟阿拉伯世界的其他國家比起來，真的是了不起的成就。

約旦憲法的第二條明定伊斯蘭教為約旦的國教。所有的私人事務都被籠罩在伊斯蘭教法的管轄之下，而且根據憲法一〇九條的規定，就算是非穆斯林也不例外。基本上在阿拉伯地區的國家普遍都是這樣的情況，除了黎巴嫩例外。突尼西亞政府因為肯定宗教的多元主義，所以還設立了一個尊重包容的宗教事務部，反之其他國家設立的則是伊斯蘭教捐獻（waqfs）部門，主管政府撥給伊斯蘭教務發展和維護的基金。

或許二〇一四年突尼西亞憲法最大的「創新」，就是受到憲法第六條保障的「對思想自由的堅持」。但突尼西亞人對於憲法中的這條法條並不是完全陌生的，雖然只是寫在一九五九年的憲法，而且還只是法文版才有，但當時就已經保障了信仰、思想和宗教的自由。

這條關於思想自由的條文，正是讓突尼西亞在個人自由和人權的尊重上，超前其他阿拉伯國家的地方。這個法條規定國家必須擔起宣揚自制和包容價值的責任，並且將國家視為保障宗教信仰的自由表達，以及維護清真寺或是其他宗教場所不被特定教派把持的守護者。相對之下，阿拉伯世界所謂的宗教自由，就是只能信仰某個一神論宗教的自由。除了沙烏地阿拉伯之外，因為在沙烏地阿拉伯公開崇拜伊斯蘭教之外的宗教是違法的。

作為阿拉伯或是伊斯蘭國家的先驅，突尼西憲法的第六條將「指控他人叛教（takfir）」，以及煽動暴力和仇恨視為犯罪。關於思想自由的條文，從根本保證了憲法賦予不可知論者、無神論者，和所有信仰或非信仰的保障。在阿拉伯世界的其他國家以無神論來詆毀伊斯蘭教，或是皈依其他的一神論宗教是會被懲處的。這些權利在阿爾及利亞原本受到一九六三年憲法的其中一條保障，但這個條文在一九九六年被刪除，保障也就隨之消失。在沙烏地阿拉伯和卡達，「叛教（ridda）」的代價就是死刑，而在其他國家比如約旦和科威特，法院有權力監禁叛教的人、廢止他們的婚姻關係，並剝奪他們的繼承權以及對子女的監護權。宗教在約旦憲法中的地位有多崇高，從條文的內容就一目瞭然：「社會的基礎是家庭，而家庭的核心就是宗教、道德和愛國心。」

在二〇一四年一月被突尼西亞國民制憲議會核准通過的新憲法，是突尼西亞第一部大眾憲法，因為這部憲法的內容是透過公開辯論，以及社會整體廣泛地討論之後才誕生的成果。相比之下，一八六一年的憲法是受到法國和英國施壓才產生的，而一九五九年的獨立後憲法，雖然是突尼西亞人自己寫的，但也不是社會大眾的共識。

二〇一四年的憲法將突尼西亞明確地定義為一個公民國家，賦予男性和女性平等的權利、言論以及思想的自由、獨立的司法體系、納入健保的公民權，以及漸進式的資源重分配。據亞德·班·阿舒爾所說，為了要讓制憲議會可以施行新憲法，必須多訂定超過八十條以上的基本法配合。

因為對班阿里統治時期的貪腐作風強烈不滿，並希望從此杜絕這一個歪風，二〇一四年的憲法將反貪腐的條款納入了憲法的第一百二十五條，並且成立了一個良好治理與反貪腐機構。這個機構被指派去找出並調查企業或是公部門的貪腐案件，再將這些案件分案到相關的權責單位。

這部憲法經過四個版本的討論，最後一版的草案在二〇一三年六月一日提交大會討論。二十位代表不同意識形態觀點和宗教階層的律師組成的諮商團，被邀請加入制憲議會的六個委員會，提供憲法起草過程中的建議。這些律師許多原本是「實現革命、政治改革和民主過渡目標的最高權力機構」的前成員，該組織在制憲議會成立之後就解散了。班．阿舒爾告訴我，這些法律專家最重要的功能，就是將關於憲法的討論公開給社會大眾。他們經由電視或是廣播訪談，以及網路上或是報紙上撰寫的文章，得以對制憲議會施壓，將特定的政治法律手段或是原則放進憲法裡面，比如說思想自由（第六條），還有承諾在突尼西亞的教育體系當中，推廣現代性、人權文化以及外語教育（第二十一條）。

在關於憲法的辯論當中，擔憂伊斯蘭主義者可能會想要扭轉女性權益在過去數十年間取得的進展果然浮上檯面。有一條憲法條文的提案（第二十八條），就將女性稱為「男性的輔助」，結果馬上就在憲法議會的議場內及議場外，引起了激烈的爭辯。提出這條條文的爭取工作與自由民主論壇議員塞爾瑪．馬布魯克（Salma Mabrouk），引起了國內與海外的輿論譁然，吸引了比前一年二〇一二年突尼西亞發生的任何事件都還要多的外國媒體關注，主要是法文和英文媒體都前來做相關報導。那些幫第二十八條草案說話的人就說，這只是用字遣詞上面的錯誤解讀。他們堅持這條條文「有更深沉的意涵，想要去增進或是整合男女雙方變成一個更完整的整體」。女性於是在八月十三日的突尼西亞婦女節，安排了一場針對第二十八條條文的抗議，這天也恰好是突尼西亞人慶祝一九五六年《個人地位法》的施行紀念日。上千名女性，有的穿T恤牛仔褲、有的戴著頭巾，集結起來並走上街頭抗議。這條條文最後被另一條條文給取代，新條文內容是：「所有男性及女性公民的權利與義務是平等的。」

女性權益其實在前一年二〇一一年的選舉期間就已經備受關注，儘管這個議題在革命期間並不是主要的爆發點。數百名女性一月二十九日在突尼斯進行示威活動，拒絕伊斯蘭主義再興並捍衛她們辛苦爭取來的權益。

在制憲議會的選舉期間，對復興運動黨最固執也最直言不諱的反對聲音，就是來自於社會中高階層的中年女性。她們控訴復興運動黨想將「突尼西亞的『女權思想女性』」送回廚房裡面。在二〇一四年的選舉時，復興運動黨的競爭對手「突尼西亞呼聲黨」試圖挑起女性選民的擔憂，並吹捧女性對革命期間和革命之後的民主進程有多重要；然後相對於「愚民主義」和奴役女性的復興運動黨，突尼西亞呼聲把自己描繪成布爾吉巴世俗和女性解放政權的繼承者。

而在光譜的另一邊，復興運動黨的女性成員組織「復興（Nahdawiyat）」，則出來解釋復興運動黨和伊斯蘭教是如何同意女性的權益。復興運動黨也確實成功地刺激了女性倡議分子出來參選，後來制憲議會的選舉結果出爐，光是復興運動黨的女性議員，就占了總共四十九席女性議員裡面的四十二席。復興運動黨是唯一一個受益於《性別平等法》當中要求政黨必須提供一定比例男性與女性候選人的主要政黨。

也是在五年後的二〇一六年，復興運動黨在國會提出了一項法案，完善了對女性暴力的立法管制，並訂定了關於以性別為基礎暴力的更完整定義、婚內強暴的有罪化，並廢除了強暴犯如果迎娶他們未滿二十歲的受害人就可以脫罪的規定。

革命過後再加上復興運動黨的興起，女性對宗教價值的表達變成一個有爭議的議題。男女雙方的陣營開始就服儀問題各自發動抗議。女性穿戴頭巾的比例變高了，尤其是在大學校園裡面。許多比較西化的女性就抗議這件事情，但其他無論是世俗人士還是宗教人士卻認為，表達個人價值的自由就存在於突尼西亞伊斯蘭教的核心。部落客麗娜·本·曼尼告訴我，在復興運動黨還掌握政府的三頭馬車時期，確實是有社會壓力要求女性穿戴頭巾，尤其在越貧困的社區越明顯，不過現在情況已經好轉很多了。

在二〇一一年的選舉期間，政治伊斯蘭主義組織「解放黨（Hizb al-tahrir）」的武裝分子，因為蘇塞大學禁止穿著全罩式面紗並只露出兩眼的女學生入學，而跑到校園示威抗議。這場示威後來演變成流血衝突，因為另外有譴責這是宗教極端主義行為的女性團體，跑出來抗議他們的示威活動。突尼西亞教育部堅持禁止穿戴全罩式面紗的決定，而且在二〇一五年十一月，教育部還因為一名小學老師和督學不願意配合規定，執意要穿全罩式面紗而對她們祭出停職處分。

伊斯蘭主義者和世俗主義者之間的衝突一直持續到二〇一三年，最後終於因為伊斯蘭武裝分子日漸增加的活動加上憲法上的討論，以及兩位高知名度的政治人物受到暗殺而爆發。左派反對黨民主愛國者統一運動的黨主席肖克里·貝萊德在二月被害，於是突尼西亞總工會便發起了全面罷工。從南方的礦業城市到突尼斯的商業區，全突尼西亞的工人都停工。貝萊德曾經指控伊斯蘭主義者領導的政府鼓吹政治暴力，接著就被跟蹤。國家機器似乎運用先進的儀器追蹤他的行動並監聽他的手機。所以就有人懷疑復興運動黨是不是跟他遇害有關，這個陰謀論就導致了總理哈馬迪·傑巴里請辭下臺，而復興運動黨的阿里·拉哈耶德則繼任總理之位。這就象徵了三頭馬車的政治聯盟即將瓦解的第一步。

接著到了七月，反對黨人民運動黨的創辦人兼前主席穆罕默德·布拉希米遭人暗殺。反對派的政黨全面退出制憲議會，並拒絕再與政府合作，並爆發了數個大型的示威抗議。

反對派從剛剛才把埃及總統穆希拉下臺的「塔馬羅德運動（Tamarod movement）」得到靈感。由一群比較小的反對團體組成的「國民陣線」，發起了一個叫「走開（Irhal）」的活動，要把復興運動黨指派的政府官員通通趕下臺。在國民陣線的帶領下，數千名突尼西亞人在穆罕默德·布拉希米七月下旬的葬禮之後進行示威超過一個月。抗議群眾聚集在緊鄰國民制憲議會隔壁的巴爾杜國家博物館前，要求解散制憲議會、內閣總辭。

復興運動黨政府指責薩拉菲派的極端主義分子，其中也包括了薩拉菲派在突尼西亞的分支「伊斯蘭教法團（Ansar al-Shari'a）」，認為是他們要為暗殺肖克里·貝萊德和穆罕默德·布拉希米兩人負責。他們也同時將在舍阿奈比山脈殺害八名士兵，以及二〇一三年在一些城鎮發生襲警案的責任，全部推給薩拉菲派的武裝分子，並宣布伊斯蘭教法團是一個恐怖組織。依照拉希德・加努希的說法，薩拉菲派之所以會對復興運動黨抱持著怨念，是因為復興運動黨「用跟他們不一樣的方式呈現伊斯蘭教」，而且復興運動黨宣揚宗教是一種「自由與人權」。加努希將自己跟「改革陣線黨（Jabhat al-islah）」劃清界線，因為他在二〇一二年就反覆呼籲要把改革陣線黨看作是一個薩拉菲派的政黨。為了點出改革陣線黨和武裝分子團體的解放黨還有伊斯蘭教法團之間的相似之處，加努希宣稱：他們跟復興運動黨不一樣，其他三個黨全都「沒辦法跟著這個時代與時俱進」。

當整個情況每況愈下，眼看著就要陷入危機之中，公民社會又再一次介入並挽回一切。突尼西亞總工會是唯一有過政治協商經驗的機構，因此能夠扮演一個解決不同政治對立，以及統治者與被統治者之間紛爭的領頭羊。同時他們也是一個代表勞工階級的團體，並且有地理條件上的優勢可以深入大眾族群。

突尼西亞總工會很知道要怎麼樣雙管齊下，在布爾吉巴和班阿里的威權統治時期，他們常常因為別無選擇或是裙帶關係而支持執政黨的政治路線，但同時又很強硬地跑去跟私部門和政府機構就爭取勞工的權益討價還價。突尼西亞總工會了解，只需要選定一個有特殊開採許可或是區域分配權責的組織，前線的勞工就可以發動綁手綁腳的罷工並擠出一道政治破口。

當時只有突尼西亞總工會有資格去組織一輪公民社會組織間的會談，解決針對復興運動黨的指控並討論出未來該如何前進。在突尼西亞總工會的主持之下，突尼西亞全國對話四方集團列出了政府的總辭日程，並朝著能選出獲得更多共識的政府這個目標邁進。亞德・班・阿舒爾和哈菲達・謝基爾教授以法律顧問的身份被邀請參與討論。

復興運動黨接受了全國對話四方集團的妥協，並同意在二〇一三年十二月下臺，當然他們會做出這項決定，也是因為被突尼西亞總工會、其他政黨和國際機構施壓。世界銀行、國際貨幣基金組織、非洲發展銀行、美國和波灣國家，都以調整對突尼西亞的金融協助這個方式，逼著復興運動黨接受全國對話四方集團的條件。復興運動黨「自願」放棄權力，也開了伊斯蘭主義政黨的先例。

二〇一五年十月，諾貝爾和平獎頒獎給突尼西亞全國對話四方集團，就是肯定全國對話四方集團在國家「瀕臨內戰邊緣」時，對民主所做的「決定性貢獻」。挪威諾貝爾委員會的主席卡茜・卡爾曼・菲佛表示，全國對話四方集團在突尼西亞所做的努力，「直接可以比擬阿佛烈・諾貝爾在他的遺願中提到的和平會議」。讓身為女性的突尼西亞工業貿易暨手工業聯合會會長鄔依德・布舍矛依（Ouided Bouchamaoui）成為其中一位受獎者，也是最典型的突尼西亞日常。

諾貝爾委員會也強調了，儘管組織之間存在一些不好處理的互動模式，譬如突尼西亞工業貿易暨手工業聯合會和突尼西亞總工會，因為一個代表企業利益，另一個代表勞工權益，所以雙方常常針鋒相對；但他們還是願意在危機時刻，為了更廣大的國家利益而攜手合作。但是真正不可或缺的是突尼西亞總工會足以主導整個協商流程的特殊地位。要是沒有突尼西亞總工會，那麼全國對話四方集團就不會產生，或者也不可能在這個民主轉變的過程當中，很容易就導致國家分崩離析的當口，成功達成和平轉型。

突尼西亞總工會可以在領導全國對話四方集團和政府進行的協商當中，發揮決定性的作用，對他們顯著的政治、社會和經濟影響力來說其實也是一項考驗。因為強大的勞工工會，在其他地方的民主政府發展上扮演重要角色，是一個很典型的特色。突尼西亞總工會一直是突尼西亞歷史上，為突尼西亞的社會運動提供保護的一個組織，而且看起來他們的這個功能還會繼續存在。但是我們也不要忘了，突尼西亞總工會還是要花相當大的努力，才讓他們從數十年來被班阿里政權管控甚至與其合作的陰霾中復原，最近的例子就是二〇〇八年的加夫薩貪腐醜聞。工會中央的權威弱化，結果導致中央和地方分會產生了嫌隙。地方分會因為對工會中央層層傳遞的命令不信任，而且忠於他們的地方性，於是分會就獨立行動。

但是突尼西亞總工會在革命時活躍的角色，以及他們對於重拾威信所做的努力有了回報。突尼西亞總工會的名聲變好，也跟他們在二〇一一年十二月內部進行的改革有關。當時會內還舉辦了民主的選舉，選出十三位新的執行董事。這些努力幫助突尼西亞總工會在全國對話四方集團當中成為領袖，而論壇最後的成功又進一步加強了他們的地位。

阿拉伯世界的其他國家，不像突尼西亞有這麼有勢力和組織的勞工階級。事實上，像沙烏地阿拉伯這些國家因為被上天賜予了豐富的天然資源，也就意味著一般勞工會被忽視；而且政治權力都集中在治理國家的政府高層，也容易讓他們變成一個富裕但是百姓的聲音不會被聽見的國家。

在突尼西亞的革命中備受關注的經濟上的委屈和勞工訴求，在埃及的革命中也占有一席之地。埃及的工會在二〇一一年是反對抗議群眾，並和穆巴拉克與其政權站在一起。在革命期間任何關於抗議的計劃或是組織，都是由伊斯蘭主義的組織領導，而不是工會。

在二〇〇四年到二〇一〇年間，一路到後來的革命，由勞工策劃的抗議活動都沒有受到「埃及工會聯合會（ETUF）」，這個大概等同於埃及的突尼西亞總工會的組織高層協助。因為穆巴拉克在二〇〇四年一步一步的改組並私有化公部門，這個時期的勞工躁動達到了埃及數十年來所未見的高點。但是被當局架空政治能力的埃及工會聯合會，在整個穆巴拉克的統治時期也就只支持過一次罷工行動而已。

勞工不信任埃及工會聯合會，因為他們知道聯合會為了滿足當局的利益而犧牲勞工的權益。勞工們對埃及工會聯合會的信任之低，在〈革命勞工的訴求（Demands of the Workers in the Revolution）〉一文中，勞工甚至還要求解散埃及工會聯合會，並形容工會是「失能政權底下最重要的腐敗象徵之一」。

埃及的職業工會歷史可以追溯到一九一九年，如同在突尼西亞一樣，他們在獨立運動時扮演了很重要的角色。但是當時的總統納瑟無情地打壓這些工會，並在一九五七年建立了類似後來埃及工會聯合會的一個全國性工人聯盟「埃及勞工聯盟（Egyptian Workers Federation）」，當作一個國家工具。這個把重心幾乎都放在與公部門之間如何合作的聯盟成立之後，就象徵著組織勞工的終結。在納瑟的統治底下，一般的受僱勞工被施捨包括就業保障在內的經濟利益，以換取他們在政治上的噤聲；工會變成了政治控制的工具。

跟突尼西亞強大的工人運動以及相對弱小的軍隊相比，邊界緊鄰以色列的埃及則恰好相反；而且他們一九五二年的革命基本上就是軍事政變。軍方在二〇一三年七月扳倒穆斯林兄弟會並取得控制權以後，馬上就扭轉了他們在穆希時期被邊緣化的情況。原本在穆希時期大部分是由非軍方成員組成的國防會議，又變回由軍方主導。埃及人對伊斯蘭主義者的不信任，讓司法部門以一九八七年和一九九〇年的最高憲法法庭判例，將經由民主選舉產生的國會解散。在突尼西亞，司法部門不會有權限去推翻民主選舉的結果。

強勢軍方的存在讓埃及離民主越來越遠，反之突尼西亞的勞工運動讓他們離民主越來越近。與埃及情況形成強烈對比的，是突尼西亞總工會減緩了政治上的紛爭，並引進其他可靠的公民社會參與者來幫忙整個轉型過程進行的決定。全國四方對話集團的成就，展現了突尼西亞的政治發展並不僅止於政黨和標準的政治程序。

全國四方對話集團幫忙達成了革命之後行政權力順利轉移到突尼西亞第五任政府的過程。法國道達爾（Total S.A.）石油與天然氣公司的前主管卓馬（Mehdi Jomaa），以無黨籍的身份獲邀擔任總理，組織一個以技術官僚為主的看守內閣。總統馬佐基給卓馬的內閣一年時間的任期，負責帶領突尼西亞完成預計在二〇一四年舉行的國會及總統選舉。雖然以合意的方式用一個指派的精英內閣去取代民主選舉產生的伊斯蘭主義內閣，本質上是不民主的，但一般認為這樣是提供穩定並避免暴力的一個方法。

來自私部門並在早先二十年都生活在法國的卓馬，收集了三百多份履歷並一一進行面試。很多被選中的面試者甚至還住在海外，為的就是替他的內閣找尋最合適的人選。他拒絕指派任何他的舊識，他也不讓他的內閣成員說辭職就辭職，目的是為了維持行政的一貫性和有效性。他有七位部長是從海外陸續歸國，三位部長是女性。他的內閣重整了國安機構，讓他們能夠有效率地應對恐怖主義，並舉辦全國經濟對話論壇，然後開始了針對銀行、稅制和國家補貼體制的數個改革。

卓馬將自己的內閣總理角色定位在穩定海內外民心的作用，也專注在國安議題、政局穩定和即將舉行的選舉的透明度。他的技術官僚內閣在二〇一四年對暴力的激進主義展開強烈回擊，禁掉一百五十個以上的穆斯林公民組織、關閉偏激廣播電台，並以恐怖分子的罪名逮捕了至少兩千名青年。好幾起意在削弱民主程序，並試圖擾亂即將來臨的選舉的恐怖攻擊都被提前偵破。將近八千名維安人員和兩萬兩千名選舉監察員，其中還有六百位是外國人，在選舉期間被派駐到全國各地。

二〇一四年十月二十六日，突尼西亞在班阿里離開突尼西亞之後，終於迎來了第一次的國會選舉。超過一百個政黨登記參選，選民的投票率達到百分之六十七點七。貝吉．卡伊德．艾塞布西所號召的世俗反對派大雜燴「突尼西亞呼聲黨」，拿下國會議員席次兩百一十七席當中的八十六席，成為國會多數，復興運動黨則贏得六十九席。同年十二月，突尼西亞人參與了該國有史以來第一次公開的總統民主選舉。突尼西亞呼聲黨的前主席貝吉．卡伊德．艾塞布西，成為突尼西亞第一位民主選舉產生的總統。艾塞布西了解政治派系紛爭的危險，於是他以所有突尼西亞人的總統候選人的身分，在宣布參選時就退出了突尼西亞呼聲黨。

五、次日早晨

撇開過渡政府的情況不談，貝吉・卡伊德・艾塞布西就任總統，象徵著突尼西亞的總統和政黨之間，第一次自願的權力轉移。二〇一五年開始我們可以看見突尼西亞逐漸形成了尊重民主程序的一種模式，以及革命後國家轉型到民主體制的確立。不過這也暴露出了各政黨內部的緊張、突尼西亞青年的失望、對自由的威脅、不斷推高的經濟挑戰，以及可能威脅到國家安定的國安滲透。不過突尼西亞全國四方對話集團獲頒諾貝爾獎，就像一盞明燈照亮了突尼西亞，表達了國際社會對突尼西亞的認同並肯定他們的嚮往。

在貝吉・卡伊德・艾塞布西總統剛就職不久，我第一次與他會面時，他很明確地強調他把自己當成布爾吉巴原則的「受託人」，而且是布爾吉巴那個世代以及現在與未來突尼西亞世代的橋梁，我的注意力不斷被總統府會賓廳裡面那幅巨大無比、完全無法忽視的布爾吉巴肖像畫打斷。身為一位經驗老道的外交官和資歷深厚的政治家，艾塞布西是布爾吉巴時代的產物。他把這個當作優勢，並時不時就會向前總統布爾吉巴致敬，就像他刻意戴了一副很類似布爾吉巴招牌眼鏡的眼鏡一樣。

艾塞布西也不吝在公開場合，向有信仰的選民展現他的虔誠。比方說，國營電視台就拍下他在聖紀節跑去清真寺朝拜的畫面。我那次去突尼斯的期間，唯一一次聽到跟「真主」、「天意」有關的話題，就是從艾塞布西口中說出來的。八十八歲的他表示，他能不能活過他的總統任期，完全要看真主的天意。

我在二〇一五年七月，也就是蘇塞恐怖攻擊事件的一個月後，第二次見到艾塞布西總統的時候，我發現他對於突尼西亞的國安情況，還有國際上對突尼西亞穩定與否的看法感到相當焦慮。當時已經宣布了國家進入三個月的緊急狀態，但是艾塞布西總統表示，他在想可能在八月初就可以解除緊急狀態了。但也只是「希望可以」罷了，因為他的語氣並不是很有說服力。緊急狀態最後有被撤銷，但是當十二名總統隨扈在公車上被自殺炸彈客炸死的恐怖攻擊發生之後，突尼西亞馬上又進入了下一次的緊急狀態。整個國家就一直處在緊急和解禁之間反反覆覆的精神分裂狀態。

在他上任大概六個多月的時候，總統似乎獲得了超出憲法允許範圍之外的更多權力，於是突尼西亞人開始注意到，政治實權是不是又回到了位於迦太基的總統府邸。據亞德．班．阿舒爾的說法，艾塞布西已經變成了突尼西亞實際上的統治者，所有權力都集中到了總統身上，這就違反了憲法原本設計的行政內閣制。班．阿舒爾也將此視為以國安為考量的暫時和過渡情況。他也對在二〇一四年十月的選舉過後，取代制憲議會的國民代表大會很有信心，也相信突尼西亞人在卡斯巴廣場和巴爾杜國家博物館展現的意志和能耐，會繼續監督總統。

艾塞布西隸屬的前政黨突尼西亞呼聲，因為在上次選舉取得國會多數，因此獲得提名總理的權力，並且挑選了前班阿里政權時期，曾擔任政府官員的哈比卜．埃西德為總理。拉希德．加努希長老向我證實，二〇一五年一月五日宣布要選埃西德當總理的這個決定，突尼西亞呼聲黨有跟復興運動黨的高層做過相當程度的諮詢。

復興運動黨在埃及穆斯林兄弟會垮臺之後，在組成政治聯盟這個選項裡面看見了他們自保的一線生機。從拉希德．加努希的觀點來看，復興運動黨甘願犧牲，並接受內閣當中只有一到兩位部長是他們的人選，是為了避免更多的政治衝突。然而復興運動黨針對這個情況可能也沒有太多選擇，畢竟他們已經選輸，所以在二〇一三年失去執政權；然後又因為國內的聲望下降，還有政治伊斯蘭主義在各地慘敗的結果，勢力變得越來越薄弱。復興運動黨最後在二十八個部長職位當中只占據了一位部長的位子，新政府的十四位國務卿職位當中，也只有三位是來自復興運動黨。儘管被許多人看成是「精英之間的共識」，但這種分散權力的安排「規則化」了政黨之間的競爭，有助於確保相對穩定且和平的轉型得以繼續進行。

有人說革命之後的政治過程「民主化」了復興運動黨或是「突尼西亞化」了復興運動黨，但世俗主義者開始發覺復興運動黨和加努希並不是真的擁有對民主意識形態的堅持，反而只是把

「民主」當作剛好出現在他們眼前的唯一一個理性選擇，或者可以說，唯一值得玩的遊戲。很多人對復興運動黨都有很深的不信任，擔憂他們一旦重掌權勢，就會像埃及的穆斯林兄弟會或是土耳其的「伊斯蘭正義與發展黨（AKP）」，強力地推動他們的保守政策；這個情況在突尼西亞二〇一二年和二〇一三年的三頭馬車政局時就曾經出現過。

不過特別是在三頭馬車的局勢和埃及穆斯林兄弟會的挫敗之後，像加努希這麼老道的政治人物就已經了解到他不可能伊斯蘭化突尼西亞。復興運動黨在二〇一六年五月拋棄了伊斯蘭主義者的標籤，並禁止黨高層參與任何宗教組織的這項舉動，從根本上就是要讓他們跟著主流的氛圍「世俗化」自己，也是他們奮力一搏想要重新獲取已經丟失的信任。

相較之下復興運動黨的主要對手，也就是當初無疑是為了要在二〇一四年的選舉前夕成立出來抗衡復興運動黨的突尼西亞呼聲黨，卻一直缺乏強而有力的高層領導。他們之所以會吸到票，是因為他們對社會上很廣泛的群體都有吸引力，幾個比較知名的人物光譜從自由派到社會主義派、保守派到溫和派，還有商人到工會成員都有。他們的主要支持者集中在北海岸地區高收入和中收入階層，還有那些喜歡穩定、捍衛世俗主義，還有最重要的是，不希望復興運動黨捲土重來的選民。

作為一個三拼四湊的政治聯盟，突尼西亞呼聲黨缺乏方向一致的政治願景和社會經濟政策。

他們許多原本在私部門的成員都跟前朝有勾結，這一點在二〇一四年一片反伊斯蘭主義者的選舉狂潮裡面常常被忽視。這個累贅在選舉結束之後還是不斷地拖累著突尼西亞呼聲的形象，因為大眾越來越憂心突尼西亞呼聲如果掌權，就意味著舊政權的復辟。

這種憂慮到了二〇一五年下半年，因為突尼西亞呼聲黨內出現的兩個派系，似乎越來越浮上檯面。兩個派系中的其中一派，是以總統的兒子哈費德・凱德・艾塞布西（Hafedh Caid Essebsi）為首；另一派則是以黨秘書長莫森・馬爾祖克（Mohsen Marzouk）為首。莫森・馬爾祖克是一位人權倡議者，在班阿里時期還曾被關過。二〇一六年三月，馬爾祖克宣布依據布爾吉巴的政教分離原則，成立新政黨「突尼西亞計劃黨（Machrouu Tounes）」。諷刺的是，儘管馬爾祖克和他的追隨者都是堅決的世俗派，也一開始就反對跟復興運動黨合作，但因為他們脫離了突尼西亞呼聲黨，結果就造成復興運動黨變成了國會第一大黨的情況。

世俗主義者開始擔心復興運動黨會趁著突尼西亞呼聲黨勢力衰弱，還有他們在國會當中有可能主導局勢的情況下，想辦法重新上位。但拉希德・加努希駁斥了這類的報導，告訴我復興運動黨已經「嘗過權力的苦果，並沒有那麼想要重新爬上巔峰。」但他也解釋，身為權力結構中的一個參與者（就算不是主要的參與者），復興運動黨最好能夠影響改變並推動改革，而不要一直當「反派人物」。復興運動黨認為當初在三頭馬車時期，他們就已經為支配一切付出了慘痛代價，並宣稱他們的勢力從內閣撤退，是因為戀棧權位就會「威脅到民主的進程」。加努希強調讓突尼西亞剛剛誕生的民主保持穩定的重要性，表示建立共識而不是多數暴力的統治，才是首要之務。

然而政治穩定和妥協，卻變相讓年輕世代被拒於門外。年輕人會覺得這些檯面上的政治人物綁架了他們當初帶起的革命結果。有一個年輕的運動人士，就以一個他覺得是政治精英失職的語氣告訴我：「有一半的突尼西亞人因此被邊緣化了。」

突尼西亞青年被證明很善於以自發又有機的方式去面對絕對的權力，一開始是面對班阿里；後來是當他們發現班阿里已經下臺，但政府並沒有改變，所以在卡斯巴廣場集結的抗議。他們期待他們在社會中的角色被認可，而且他們也和已經成立的反對黨合作，一起領導這個他們很自然會覺得是他們幫忙解放的國家。可是就算已經往民主邁進了這麼多，執政精英和革命青年之間的分歧並沒有改善。對政治體制的信任，並沒有因為精英政治人物在競選期間對年輕選民所做的溫情喊話而提升；而且這些政治人物一旦選上了之後，又會回到忽視青年需求的老樣子，導致年輕人感到挫折，並影響他們對年長政治人物的觀感。

這種緊張關係，因為革命後普遍覺得並沒有產生什麼改變的氛圍而更加惡化。政治精英選擇了穩定和妥協而非更深刻的改革。他們避而不談某些突尼西亞人最在意的癥結點，還有一些未來可能會產生分歧的疑慮，譬如轉型正義以及經濟改革的類型。社會共識得以建立，是受益於突尼西亞相對和緩以及和平的轉型，但代價就是普通老百姓的生活改善有限。

自古以來就處於弱勢的內陸地區，繼續為結構性的經濟問題所苦。青年世代的幻滅導致了抗議在凱賽林這類城市繼續進行著，這類城市在二〇一五年的失業率是全國平均百分之十五的兩倍。光是在二〇一五年，估計就有三〇二名突尼西亞青年自殺，其中一〇五人是透過自焚的方式自殺。

我那時候在凱賽林主要廣場的一間咖啡廳，和一群年輕人坐下來喝茶時，我不禁想到他們當中的某個人，或者甚至是好幾個人，就有可能是步上穆罕默德．布瓦吉吉後塵的年輕人。我問他們伊斯蘭國和國內外其他武裝分子組織的吸引力如何。尤塞夫就告訴我：「我們都知道那些加入的人最後下場怎麼樣了，不是嗎？」他還補充道：「那些加入的孩子是笨蛋，現在大家都知道他們是笨蛋了……沒有任何一個腦子清楚的人會掉進那種陷阱的……至少我認識的人都不會。」其他人就說他們認識一些加入極端分子組織的人，但他們是為了經濟理由加入的，絕對不是因為宗教的緣故。

這些年輕人是怎麼運用他們的時間的？他們去參加靜坐、去參加示威活動，但他們這麼做有部分也是為了打發時間，而且很大的程度上，這也是在抗議政府沒有替他們創造虧欠年輕人的就業機會。他們為了就業問題抗議，因為他們知道的找工作手段，包括求職申請、朋友間的口碑介紹，或是動用一些他們根本也沒有的人脈，都已經派不上用場了。「抗議」變成他們寧願去身體力行的「求職方法」。穆罕默德在我問他的時候跟我說：「找工作有什麼意義？」一旁的摩耶茲附和：「我們本來就沒有什麼機會；就算有，也會被那些有關係沒學歷的人全部搶走。」為了強調他有多悶，他告訴我他其實不只有一個大學學位，是三個。的確在突尼斯和薩赫爾是有一些工作機會，但他們當中有一個人解釋：「我賺的錢還不夠付房租和吃飯。」所以他們還跟父母一起住，然後到處看哪裡有機會可以打零工。

革命？什麼革命？「民主有什麼好，而且我們現在對人生一點期待也沒有，你跟我們講什麼自由？」在道別的時候他們告訴我：「你要把政府有多貪腐毫無保留地寫出來。」

失業率和食品價格在革命後都上漲了。二〇一五年在年齡介於十八歲到三十歲的兩百六十萬名突尼西亞人當中，約略有百分之十是受過教育但失業，而另外一百萬人是「非就學、受僱或是受訓」的狀態。

革命之後的四年，大眾開始對當局失去耐心，因為他們解決當初那些造成革命爆發的問題的步調太過緩慢。雖然突尼西亞二〇一四年的國內生產毛額略高於四千八百三十萬美金，成長率已經比革命後的前幾年都還要高，但其他的各項經濟指標都是負成長。債務和財政赤字在國內生產毛額的比例上升，幾乎已經到了革命前的兩倍。二〇〇三年到二〇〇八年平均百分之五的國內生產毛額年增長率，在二〇一一年掉到了百分之一點九，二〇一四年稍微彈回百分之二點三。在二〇一一年到二〇一四年間，公債占國民生產毛額的比例，從百分之三十二上升到百分之五十。

對於政府處理經濟問題的不滿最終導致了國會在二〇一六年七月透過不信任案，將總理哈比卜·埃西德趕下臺。艾塞布西提名四十一歲的農業科學家暨埃西德內閣次長的尤瑟夫·查希德為總理的任命案，儘管反對黨不贊同，仍然被國民代表大會表決通過。批評他的人說，查希德的資歷還不夠，而且他之所以被選上是因為他跟總統有親戚關係。

在革命之後，政府已經「民主化」，而且廣為實行的小規模但是大範圍打貪政策，也在考驗著大眾的耐心。年輕人在卡斯巴廣場抗議時提出的要求，就包括了調查並起訴過去的貪汙罪行，並馬上提出權宜措施抑制類似的貪汙行為。抗議者也要求政府對那些在革命期間侵犯人權並殺人的施暴者進行審判。於是時任內閣總理的穆罕默德·加努希就成立了數個委員會，這些委員會其實有很多都是班阿里在他二〇一一年一月十三日，最後那場絕望的電視演說裡面提議過的。但是這些委員會最後帶來了毀譽參半的結果。

負責查核政府有沒有濫權事實的委員會報告「國家調查委員會就二〇一〇年十二月十七日至今之濫權紀錄調查（Commission Nationale d'Investigation sur les Abus Enregistrés au Cours de la Période Allant du 17 Décembre 2010 Jusqu'à l'Accomplissement de Son Objet）」總結了一份從二〇一〇年十二

月十七日到二〇一一年一月十四日的革命期間，總共一〇四〇頁的受難者名單。依照班阿里和多位他的親信顧問還有部長的審判，這位前總統和他的夫人在二〇一二年六月二十日，被以一系列的罪行，包括走私毒品、過失殺人和共謀叛國等罪名，缺席判決三十五年的有期徒刑。

但是另一個委員會「國家調查貪汙腐敗委員會（Commission Nationale d'Investigation sur les Affaires de Corruption et de Malversation）」，在聽取了一萬份投訴並確立了三百二十件貪汙案件之後，最後只有一百二十件受到法院調查。雖然上演了一場打擊貪腐和揪出禍首的好戲，但最後還是看得出來政府並沒有傾盡全力。

想要把過往的貪腐案件移送法辦的努力，持續受到公信力的質疑並籠罩在爭議之中。艾塞布西總統在二〇一五年推動了一部目的是要達成經濟和財政和解的爭議草案——「國家和解草案（Projet de Loi de Reconciliation Nationale）」。這項提案將特赦那些雖然被指控貪汙，但是已經繳回公款的政府官員或是商人。據說將會追回一百二十位商界人士貪汙的金錢，並用來當作資助地方政府計劃的基金。對於這項提案的辯論越來越激烈，有人就批評地方精英假借轉型正義的名義，來滿足自己的私利並穩固自己的地位，所以這項法案就被暫時擱置了。

和解法案就像是一個扎實、響亮、毫不掩飾的巴掌，打在那些希望反貪腐的正義得以伸張的需求臉上。和解草案終於再也無法證明辯論的民主本質，以及革命勢力的決心。但事實上這個草案最終削弱了一個很重要的委員會「真相與尊嚴委員會（Instance Vérité et Dignité）」的努力。這個委員會是在憲法命令之下於二〇一四年成立的，目的是要調查並起訴一九五五年以來的政治、社會以及經濟罪行。曾經第一手見證過班阿里政權濫權，並在二〇〇一年入獄、二〇〇九年被流放法國的人權工作者希荷姆・班瑟德林（Sihem Bensedrine），被邀請主持這個委員會。儘管他們前期做了一些重要的安排，但普遍還是認為委員會達成的結果很膚淺。他們會抱怨資金不夠、抱怨政府沒有給予政治支持，班瑟德林正在面對的對手，似乎抱持著跟布爾吉巴以及班阿里政權同樣的心態。

前司法部長穆罕默德・薩拉・班・艾伊沙（Mohamed Salah Ben Aissa）告訴我，班瑟德林的真相與尊嚴委員會累積了超過三萬件關於人權迫害的檔案，但前朝的擁護者們一直想盡辦法要阻止這些案件曝光。可是在二〇一六年十一月，委員會調查了估計有超過一萬件案件的證詞，開始在廣播和電視上被播放出來。

班・艾伊沙孑然一身加入內閣的時候，對組織改革和轉型正義有著很強的信念，但他很快就發現這個環境很難實現他的想法。班・艾伊沙最後因為被要求要簽署一份內容被刻意淡化，而且罔顧憲法給予司法獨立裁量權的備忘錄，因此覺得別無選擇，就從埃西德內閣請辭。但其實事發之前早有端倪，備忘錄這件事情不過是壓垮駱駝的最後一根稻草。

在他當司法部長的最後幾週，班．艾伊沙採取了頗具爭議的大膽舉動，指出將同性關係判定為違法行為的法律違憲。班．艾伊沙要求將突尼西亞刑法裡面關於同性性行為最高可懲處三年以下有期徒刑的第二三〇條廢除。艾塞布西總統在知道刑法第二三〇條跟憲法第六條（保障享有私生活和思想自由的權利）互相牴觸以後，仍舊公開訓斥班．艾伊沙。

公民社會組織，比如像女同性戀、男同性戀、雙性戀及跨性別者（LGBT）的倡議組織「太陽協會（Shams）」已經在爭取廢除刑法第二三〇條，其他也在努力的組織像「凝視（Chouf）」，也替廢除條文的論點提供了另一種女性主義的觀點。太陽協會身為阿拉伯世界唯二法律認可的LGBT組織之一（另一個是黎巴嫩的「夢想協會（Helem）」），當初也是送件申請了好多次，才終於在二〇一五年五月取得法律地位。在臉書上累積超過八萬一千名遍及各地的追蹤者，太陽協會的目的就是提供那些被社會排擠、家人排斥的突尼西亞LGBT族群一個避風港。根據太陽協會的副會長與創辦人之一的阿梅德．班．阿莫（Ahmed Ben Amor）表示，太陽協會已經有將一點點同性戀議題帶給社會大眾，刺激社會和公共領域去辯論。阿梅德還指出輿論的改變，根據一份民調調查，有百分之六十七的突尼西亞民眾支持同性性行為該被懲罰，這已經比二〇一二年的百分之八十九降低了。

太陽協會讓LGBT運動大眾化，並幫忙讓同志議題在突尼西亞進展得比其他阿拉伯國家還要快。就算在某些阿拉伯國家，同性戀並不違法，比如約旦和巴林，但社會上還是有許多迫害。其他所有阿拉伯國要不是有將同性戀視為違法的刑法，就是有不明確提及同性關係，但顯然是針對同志族群的法律。在將任何不符合「自然」法則的性交行為視為非法的黎巴嫩，法官拉比．馬勒夫（Rabih Maalouf）在二〇一七年一月二十六日發布了一個極具指標意義的裁決，拒絕起訴一對同志情侶並聲明同性戀是「個人選擇」。伊拉克政府並不會起訴同性戀，但是同性戀會被其他非國家行為者，譬如伊斯蘭國，暴力對待。全世界因為同性戀的行為會被判處死刑的十個國家裡面，有七個是阿拉伯國家：沙烏地阿拉伯、卡達、索馬利亞、茅利塔尼亞、蘇丹、阿拉伯聯合大公國和葉門，而且他們全部都是穆斯林占人口多數的國家。

公開出櫃的突尼西亞同志幾乎每天都會收到死亡威脅，而且對這個議題的公開辯論總是招致非常強烈的反對聲浪。二〇一六年七月九日早晨，已經被死亡威脅和恐同攻擊搞得身心俱疲的阿梅德．班．阿莫，服用大量藥物意圖了結自己的生命。他被送醫的時候已經失去意識，雖然救了回來，可是在一個星期之後他又進行了一次失敗的自殺嘗試。阿梅德在十六歲跟家人出櫃時，就親身感受過那種被自己的親人拒於門外的痛苦。他身為伊瑪目的父親和他的叔叔將他爆打一頓，就像要把「惡魔」從他體內打出來一樣，打到他失去意識送醫。他從醫院逃出來之後就再也沒有見過家人了。

包括人權觀察、國際特赦組織、前線等等國際人權組織，已經公開同志被壓迫、虐待的案例，並譴責突尼西亞政府不保護同志的權益，還常常施壓司法部門，對已經被判入獄的同志的出獄事宜多加干涉。

有一個化名為馬文的二十二歲年輕人，被以同性性行為的罪名判處一年徒刑的故事，獲得國際的關注與海內外人權組織的同仇敵慨。面對以謀殺罪名起訴的威脅，馬文否認自己涉案但承認和受害人有發生關係。他被迫接受侵入性的肛門檢查，並以雞姦罪被起訴。人權團體為釋放馬文請願，而根據國際特赦組織的說法，替馬文發給突尼西亞政府的請願書獲得八萬個簽名。

我和亞德．班．阿舒爾在馬文事件剛發生不久，就針對這件事情討論，那時他告訴我，他曾試著說服艾塞布西總統廢除刑法二三〇條。據班．阿舒爾所言，艾塞布西對他的請求感到困擾，而且一開始也沒看懂他提出這件事的用意是什麼。原本反對將同性戀除罪化的艾塞布西，想法似乎慢慢改變，最後只能說這件事情爭議實在太大了，或許修法的時機尚未成熟。班．阿舒爾強調，就憲法上來說，性少數和LGBT個人的權利應該受到保障。他承認這中間產生的矛盾，並且認為要根據新憲法訂定法律的時候，這個議題還是不得不面對。

在美國最高法院決議允許同性婚姻合法化之後不久，我有一次在和拉希德．加努希長老做訪談的時候，我就問他對美國最高法院的決議，還有突尼西亞在爭取同性關係的保護上，他有什麼想法。雖然有點開玩笑的意思，但他馬上就說關於美國最高法院的這個決議，他個人是比較偏向共和黨的立場一點。他接下去解釋說，所有宗教承認的婚姻都是介於一男一女，而且根據伊斯蘭教和其他宗教的教義，都認為同性關係是「違反自然」的。可是他馬上又說，復興運動黨尊重人民的私生活，任何國民關起門來做的都是他們自家的事，他或是復興運動黨都無權干涉或是置喙。

加努希的回答讓我非常驚訝，而且耳目一新。他充滿同理心的回答跟我在阿拉伯世界其他地方遇到的態度完全不一樣，特別是那些宗教人士就更不用提了。

復興運動黨一位曾在埃西德內閣當過技職訓練與就業部長的年輕黨員傑德·拉哈里，後來擔任復興運動黨的秘書長以及查希德內閣的工商部長。他也進一步支持加努希的態度，告訴我他覺得個人事務，包括同性戀，都應該被加以保護。

跟其他阿拉伯人一樣，突尼西亞人透過電視、網路之類的管道了解到西方世界對同性戀的看法，認為同性戀只是一種西方風潮，並忽略了他們其實自古以來就存在於穆斯林社會當中。

我曾跟凱魯萬的伊瑪目，塔伊伯·鉤齊教長（Taieb Ghozzi）有過一番討論。他堅持同性戀是從西方進口的一種現象，就像毒品和酒精也是，專門找上那些「道德低落又缺乏信念」的人。當我進一步對鉤齊教長說，同性戀存在於人類的天性當中，他就說文獻上早有記載同性戀就是一種應該被當成疾病的生理「失調」，而且如果有這個傾向的人去做變性手術，那關於這種陽剛與陰柔之間的緊張關係搞不好就可以解決了。值得留意的是，開啟這個同志話題的是伊瑪目本人，不過公開討論這件事，在其他地方就算有也相當少見。而且他也沒有用在其他阿拉伯地區很常用的一個貶義詞「怪胎（shudhudh）」，來描述同性戀。他反而是用了另一個比較恰當的說法：「同性傾向（mathali al-jins）」。有趣的是，法文版的刑法第二三〇條，雖然也把雞姦視為犯罪，但條文裡面用了另一個比較曖昧的阿拉伯詞彙來形容違法者：「好男色（al-luwat）」，典出索多瑪和蛾摩拉的先知羅得的故事，通常在阿拉伯語就同時是指從事男男性行為和同志。

突尼西亞的公共空間裡比較少見到同志的身影，雖然他們可能出現在專門給男同志互相邂逅的大眾澡堂（hammams），或是專門提供性服務給來度假尋歡的歐洲觀光客。在埃及雖然沒有所謂的同志酒吧或咖啡館，但在革命之後的態度已經比較包容了。不過好景不常，這些比較「同志友善」的場所也因為警察不斷臨檢，最後幾乎都關門了。就連使用同志交友軟體，例如Grindr，都不安全，因為警察會創假帳號來對付同志。

不像在其他穆斯林或是阿拉伯國家，至少突尼西亞的同志議題是可以在公開場合討論的。雖然大部分（不是全部）的論述都比較負面，但不像其他地方是禁忌話題。一位LGBT組織太陽協會的成員如此總結：「不要誤會我的意思，這些針對我們的負面宣傳、攻擊，真的很糟糕，但至少一切是攤在陽光下的。他們再也不能假裝我們不存在。他們會在電視上討論同志議題。不管他們喜歡我們還是憎恨我們都不重要。反正我們始終存在。」

儘管如此，就算突尼西亞已經比別的阿拉伯國家更多元、更自由，一旦涉及性向自由和LGBT權益的保障，跟他們看似相對開明進步的表象相比，還是充滿變數。

雖然在自由指數上，突尼西亞的排名優於其他阿拉伯國家，但在言論自由還有媒體自由上，其實還是有很嚴重的限制。記者、部落客、藝術家和知識分子會因誹謗、冒犯政府單位人員和擾亂公共秩序等理由被起訴。有一個受到時任總理穆罕默德・加努希委託，負責改革媒體和大眾傳播的委員會在成立不到一年就解散了。委員會的負責人凱梅爾・拉畢迪（Kamel Labidi）說他「不太懂這個組織繼續存在的意義」，因為政府根本沒有要跟他們合作。

公民社會的運動人士點明了內政部內部改革的必要，尤其是負責執行高價國家監控的電信傳播技術局。政府因為革命中和革命剛結束時國安環境充滿漏洞，所以重心放在國安和維穩，結果引起了關於限制自由會帶來什麼結果的疑慮。在巴爾杜國家博物館的恐怖攻擊事件之後，律師、反對黨領袖和維權人士擔心，「突尼西亞的維安部隊受到這起發生在首都的恐攻事件影響，可能在苦苦防堵聖戰士時再次靠向更壓迫的手段。」大規模的逮捕和警方擾民的情況增加，讓人擔心為了對抗恐怖主義和邊境滲透，會重新回到班阿里時代和布爾吉巴晚期的「深層政府（deep state）」狀態。

艾塞布西當初的競選承諾是說他要恢復國家穩定並打擊恐怖主義，這些部分突尼西亞人認為復興運動黨沒做到的事情。當國會在二〇一五年七月二十五日幾乎一致通過以後，總統艾塞布西在八月十五日簽署了一份新的反恐法案。隨著該份法案的通過，八個人權組織，包括國際特赦組織、人權觀察、卡特中心和國際人權聯盟等，發布了一份共同聲明解釋該法案「缺乏防止濫權的必要防護機制」，並且「賦予維安部門廣泛且模糊的監控和監視權力」。該法還將恐怖分子犯嫌的審前羈押時間，從原本的六天延長為十五天。該法亦允許不公開聽證，也不要求讓被告得知證人的身分。亞德·班·阿舒爾相信，這部反恐法案是違憲的，尤其不需要法律程序就有權羈押嫌犯十五天更是嚴重。

當國會會場裡面正在辯論二〇一五年的反恐法案時，隔壁的巴爾杜國家博物館就正在發生那起恐怖攻擊事件。對於恐怖主義的疑慮，因為巴爾杜的恐攻浮上檯面，也對逐漸高漲的極端主義產生擔憂，部分原因就是來自於革命之後自由放任的民主，以及接壤利比亞的那道形同虛設的邊界。

前卓馬內閣的國防部長迦齊·傑利比（Ghazi Jeribi）向我解釋，邊境的問題常常涉及維安人員配置的議題。革命之後的幾任內閣，常常都選本地人去當那個地方的國安單位主管，想說這樣可以維持比較好的國安水準；但其實有時候只是滿足了大部分人想要被派駐到離家近一點地方的心態而已。所以結果就是，最後達成的國安效果跟預期相反。因為有社會的、氏族的和家族的地方連結，所以當地負責人不一定每次都會舉報疑似恐怖分子的人，或是疑似恐怖攻擊的活動。類似的情況也出現在違反海關規定、走私以及偷運的個人身上，很多時候都發生在維安程度比較低的邊境檢查站。

另一個為國家安全帶來挑戰的因素，就是有一票前薩拉菲派的武裝分子，在革命之後受到特赦並得以在革命結束後參政。復興運動黨相信可以透過參與主流政治的方式圍堵薩拉菲分子。加努希在二〇一二年的一次訪談中表示，薩拉菲分子讓他想起年輕時候的自己，而「突尼西亞人一定可以改變他們，就像突尼西亞人改變復興運動黨一樣。」不過事後證明這只是癡心妄想，因為武裝激進分子的暴力活動，在革命之後的幾年不斷加劇。

最大的薩拉菲派組織「伊斯蘭教法團」在突尼西亞的武裝分支，常常將矛頭指向那些他們認為在褻瀆上帝的社會或是藝術表達上。武裝分子在二〇一一年六月二十六日攻擊「非洲藝術電影院（Afric'Art Cinema）」，因為他們放映一部突尼西亞的爭議電影《上帝不要，主人不要（La rabbi, la sidi）》。當一個獨立電視頻道「內斯瑪（Nessma）」放映伊朗電影《茉莉人生（Persepolis）》時，因為電影裡將上帝以人類的形體描繪，因此電視台也被暴力相向。二〇一二年九月，當一部叫做《天真穆斯林（Innocence of Muslims）》的美國電影在 YouTube 上架，就引爆了全球穆斯林的抗議。許多穆斯林認為那部電影是反伊斯蘭、詆毀先知穆罕默德，而且有褻瀆上帝的行為。在突尼西亞，隸屬於其他伊斯蘭運動如「解放黨」的武裝分子，走上街頭示威抗議並揚言報復；當示威者抵達並攻擊美國大使館以及旁邊的美國學校時，造成數人死亡。這些舉動讓復興運動黨暫緩他們想要跟薩拉菲分子對話，以及鼓勵他們採取民主程序的企圖。

復興運動黨意識到他們需要在政治之外填補宗教的真空，但他們卻無法獨自辦到。雖然他們自己定位的政黨形象是比較偏向土耳其的正義與發展黨，而不是埃及的穆斯林兄弟會，但他們卻忽略了土耳其最早從一九七〇年代就開始發展過剩的宗教組織，讓正義與發展黨得以變成一個主要的政治伊斯蘭主義組織。

而且布爾吉巴停止了宗教捐獻，也就是馬格里布方言所說「哈布斯」，而且他和班阿里施加限制在宗教團體、在土耳其的伊斯蘭基金會（vakıflar），不讓他們對有需要的人提供社會服務，特別是在政府服務非常有限的發展中都會區。蘇非（Sufi）主義的兄弟會（tarikatlar）和其他宗教網路幫助貧困，並協助處理因為快速現代化所帶來的宗教、社會和經濟的困難。土耳其的正義與發展黨實際上能夠和其他宗教組織合作，並外包一些社會宗教計劃給這些組織，讓自己專注在政治議題上。宗教組織的從旁協助，以及正義與發展黨的社會福利活動，發展成一個很大的支持網路，並且成為正義與發展黨能夠在全國以及地方選舉勝選的關鍵。不像正義與發展黨，復興運動黨缺乏一個宗教組織的網路去提供社會和福利的服務，並以此獲取正義與發展黨後來可以號令的強大宗教依附與忠誠。

當復興運動黨拋棄他們的伊斯蘭主義標籤，並宣告他們已經脫離宗教圈，就讓極端主義分子的意識形態，和薩拉菲思想的潮流更容易乘虛而入。加努希相信國家需要介入，並且提供必要的支援與管控。但他也仰仗部分位居復興運動黨高層的人士脫黨，並幫忙填補這個真空狀態。因為根據復興運動黨的新黨規，黨員是被禁止去清真寺講道，或是參與任何宗教組織。這個結果就是復興運動黨將他們的宗教功能外包，但表面上看起來就是完全專注在政治事務上。

大多數突尼西亞武裝薩拉菲派的分子都屬於所謂的「蘇萊曼世代（Soliman's Generation）」。蘇萊曼是突尼斯東南方的一個城鎮，在二〇〇六年年底和二〇〇七年年初的時候，曾爆發武裝聖戰士團體的成員和警方相衝突的事件。新加入他們的年輕成員，因為對當局的政治和宗教壓迫感到沮喪，又缺乏經濟的展望，於是成為聖戰士的一員。很多人早就透過薩拉菲派聖戰士的網站和聊天室變成激進分子。薩拉菲派的聖戰士徵召策略很成功，因為他們給人一種薩拉菲派的行動主義很「酷」、有革命性的感覺，並在傳統的經濟路徑不太有希望的時候，指點了一條打亂世代階級制度，並獲取社會地位的明徑。

班阿里在宗教領域，包括對宗教的教育和清真寺的嚴密管控，讓大眾對激進主義更無招架之力。在班阿里的統治之下缺乏宗教組織，就意味著把宗教的空缺開放給激進派和薩拉菲分子來填滿。那些想要跟伊斯蘭教建立更多認同的人，被迫轉向對《可蘭經》的激進解釋，以及網路上和周遭國家主流的極端主義意識形態論述。宰圖納清真寺在獨立之後逐漸式微的角色也意味著，突尼西亞已經有好幾十年沒有產生什麼本國的伊斯蘭學者，於是將門戶大方地開給另類的激進勢力。因為沒有納入制度化的宗教思想，也沒有提供溫和派的替代方案，突尼西亞政府將這個機會拱手讓給激進主義。

班阿里時期的強迫世俗化和宗教壓迫，創造了一個思想的「黑市」。班阿里做得比布爾吉巴還要絕，而且是用嚴刑峻法來授權世俗主義。他本人並沒有布爾吉巴的領袖魅力、外交手腕還有民族主義經歷，這些讓布爾吉巴得以利用道德勸說作為世俗化工具的條件。諷刺的是，班阿里其實比布爾吉巴還要虔誠，而且班阿里的家族近親成員就有幾個是虔誠信徒。班阿里在想的未必是世俗主義或是宗教，他的「強迫世俗化」其實只是他威權統治這面大旗下，壓迫所有形式的反對，包括伊斯蘭分子的連帶產物。

在革命之後，薩拉菲派的聖戰士傳教士，利用後班阿里時期的權力真空和自由之風乘虛而入。他們在突尼斯外圍郊區和農村地區，譬如西迪布濟德、堅杜拜、凱魯萬和凱賽林等地講道。

正統的伊瑪目被邊緣化，因為他們不但跟舊政權有所瓜葛，而且在薩拉菲派的傳教士旁邊根本沒得比。這些薩拉菲的傳教士號稱他們擁有廣博的伊斯蘭學識，並篡奪了國家培訓的伊瑪目之位，宣稱他們自己是「精簡版的伊瑪目」。

凱魯萬的伊瑪目，塔伊伯・鉤齊教長解釋說，薩拉菲派的傳教士和他們的新成員「走回頭路」，去運用聖戰士和指控他人叛教這類宗教原則是非常「不突尼西亞」的。他怪罪在革命期間和革命後，滲透到突尼西亞的外來影響，給了突尼西亞人對方是在提供「救贖」的錯覺。鉤齊教長告訴我，在突尼西亞的馬利基法學派傳統伊斯蘭教裡面，他和其他人都「敞開大門」邀請這些團體來對話或是辯論，但是都被人家拒絕了。

跟一般人以為的相反，薩拉菲主義並不完全等於聖戰主義。「薩拉菲」這個說法是來自於阿拉伯語中的「祖上先賢（salaf）」。薩拉菲主義是源自於十九世紀末、二十世紀初，伊斯蘭現代主義改革運動裡面的「薩拉菲亞（Salafiyya）」教條，這個部分我們第九章會再作討論。薩拉菲亞呼籲對伊斯蘭理性面的再確立，以及從抑制宗教發展的死板僵化中解放。薩拉菲主義吸引了橫跨阿拉伯世界的追隨者，而且也超越了原本以恢復傳統伊斯蘭價值來強化穆斯林社群（umma）的呼籲。他們的野心是要淨化伊斯蘭，並進行穆斯林現況的道德、文化和政治改革。薩拉菲運動一開始的本質是知識性和現代化的，要求採納西方的創新，來抗衡西方的經濟和政治霸權。

整體上作為一個運動，薩拉菲主義並沒有容許暴力。薩拉菲主義裡面的鬥爭性是現代才產生的現象。隨著薩拉菲主義的演進，它已經變成了三個截然不同，但是有時候還是會重疊的類別：純粹主義者、參與政治者和武裝分子。

從早期純粹主義或比較偏科學發展產生的薩拉菲主義，要求意識形態的傳播只能靠傳道和教育。班阿里容忍了這個以宗教經典為主的意識形態（al-Salafiyya al-’ilmiyya）傳播，只要他們不展現政治野心就好。

政治薩拉菲主義要求伊斯蘭的制度化，包括經由政治行動制度化伊斯蘭教法。這一支薩拉菲主義的想法認為，政治改革是關鍵要求，是重新活化穆斯林社會的必要條件。

在突尼西亞是「少數中的少數」的薩拉菲聖戰主義，倡導用暴力反對當前政權，然後以此建立伊斯蘭國並制度化伊斯蘭教法。不相信民主原則的伊斯蘭教法團就屬於這一類，並且扮演著民主化過程當中的破壞者。

這些恐怖攻擊無論是誰做的，是伊斯蘭教法團的武裝分子也好，伊斯蘭馬格里布的蓋達組織也好，或是受到伊斯蘭國之類的組織訓練、想向他們表忠誠的激進孤狼也罷，他們最終都只有一個相同的目的：顛覆或是破壞突尼西亞正在萌芽的世俗民主。被流放過或是關過的薩拉菲分子苦於也急於將他們的理念付諸行動，對付共和體制。欣欣向榮的民主，與民主意味著的自由和現代性所帶來的前景，威脅著以非常狹隘的伊斯蘭詮釋自命為「救世主」的激進團體，以及他們所擁護的烏托邦式伊斯蘭主義。他們越把西方視為他們的敵人，他們和其他正面接納西方價值和影響的穆斯林同胞之間的對立就越危險。

藉由在突尼西亞專門針對西方人的暴行，極端主義者已經獲得幾次直接或間接的成果。他們傷害最深的就是經濟，害旅遊產業萎縮。突尼西亞的旅遊產業在二〇一四年約占整體國民生產毛額的百分之十五，並提供百分之十四的就業機會。極端主義者們努力地想要動搖一個成功民主轉型的根基，並且助長了突尼西亞人的不安全感，再鼓吹他們的成員去挑戰自由和安全，並在過程中順便殺掉幾個「不虔誠的人」，死後即可登入烈士之堂。

更加嚴格的邊境管制與政府成功預防恐怖攻擊的策略奏效，讓突尼西亞人吃了定心丸，觀光活動也逐漸回溫。公民社會和社群的參與者，也在防堵極端主義意識形態的擴散上功不可沒。鉤齊教長相信，政府重拾對清真寺更全盤的掌握，就會讓那些被指控叛教的人失去他們的布道壇，並讓許多迷失在極端主義花言巧語中的青少年，重回更理想與明智的宗教論述。鉤齊教長相信在一個世俗政權的國家，維持伊斯蘭教法研究與「西方思維」之間的平衡，才能繼續讓突尼西亞頂得住不斷入侵的極端主義意識形態。

為了打擊極端主義教誨的渲染力，以及了解到許多未來的武裝分子其實是在獄中被吸收的，身為部落客及社運人士的麗娜．本．曼尼，在社群媒體發起了一個活動，去替那些充斥著極端主義意識形態書籍的監獄圖書館募集新書。結果麗娜在兩個月內收集了超過一萬本書，並與內政部合作審查和分配這些書籍。她相信突尼西亞關於聖戰主義和薩拉菲主義的議題常被媒體誇大，常常喜歡把焦點放在他們的錯處而不是在對的事情上。

恐怖主義的干擾不會止息，而且恐怖主義的前景和與日俱增的激進化會繼續籠罩著突尼西亞，也籠罩著這個區域和其他地方。宗教派和世俗派的兩極化也會繼續在突尼西亞這塊土地上演著。這是獨立以來的第一次，要讓伊斯蘭教在政治上和突尼西亞社會裡扮演什麼樣的角色，是交由突尼西亞人自己決定的。在布爾吉巴和班阿里的統治之下，宗教是官方論述的一部分；但實際上伊斯蘭教卻沒有用武之地，而且宗教是從公共領域當中被抹去的。對那些強硬派的伊斯蘭主義者來說，新民主體制下的官方論述裡面只要沒有提到伊斯蘭教法和伊斯蘭教，就是他們在話語權上的額外損失。

然而從歷史和區域的觀點來看，突尼西亞順暢且和平轉型到民主的過程很了不起。突尼西亞在很短的時間內達到的成果非常驚人，才短短四年就把一場革命的夢給做完，並且美夢成真。

突尼西亞人堅持，民主的未來不能被威脅。亞德．班．阿舒爾的態度非常樂觀。他認為國安威脅和權力集中於總統一身，雖然造成了「一個複雜且不穩定的情況」，但他強調突尼西亞人可以大聲說，他們已經成功變成真正的民主國家了。

至於加努希則提到了他下一個階段的重心，要放在打擊各處的不公義，以及改善基礎建設、觀光業及貿易促成經濟成長。他有自信「不會回到警察國家、一黨獨大國家的往日。終身總統制的時代也結束了。」

國家的脆弱是真實的，無論是在國安、經濟或是政治領域，但突尼西亞人的樂觀和驕傲也是真實的。雖然從二〇一一年的革命以來，突尼西亞離宣稱他們獲得的那些成果都已經穩固還有好長一段路要走，但很少人會質疑他們是不是走在正確的道路上，也很少人會質疑他們會不會繼續以阿拉伯世界中唯一成功的民主故事而閃耀著。

有一個公民社會的運動人士將突尼西亞的精神總結得很好，他引用了英國生物學家及達爾文主義的早期追隨者湯瑪斯・亨利・赫胥黎（Thomas Henry Huxley）的話：「一個人寧願以自由之身行差踏錯，也不要枷鎖加身萬無一失。」

II 突尼西亞認同的根源

六、迦太基

相傳突尼西亞是一個女人建立的。

在地中海的另一邊，也就是《聖經》所說的「大海（Great Sea）」的東岸，國王柏洛斯二世（King Belus II）統治著位於現今黎巴嫩的腓尼基城市「泰爾（Tyre）」。國王有一個兒子庇格瑪里翁（Pygmalion），和一個女兒艾莉莎（Elissa），他將王位同時傳給他們兩人。

當艾莉莎（也有人說是「艾莉莎兒」）為自己有權有勢的大祭司丈夫之死傷心欲絕時，她根本不知道原來害死她丈夫的就是自己的弟弟庇格瑪里翁。一直要等到她做了一個夢，在夢中才了解丈夫之死的來龍去脈。

了解到她弟弟對金錢與權謀的慾壑難填之後，艾莉莎騙庇格瑪里翁說她要去遠方尋找財富，找到之後就會帶回來給他。帶著金子和親信，她啟程遠航，然後再也沒有回家。

根據神話和古詩，艾莉莎，或者也就是古羅馬詩人維吉爾（Virgil）所說的「狄多（Dido）」，在西元前九世紀早期，在如今我們叫做突尼西亞的非洲海岸登陸這塊土地。根據維吉爾的《艾尼亞斯紀（Aeneid）》我們得知：

你遠處所見的矗立之城
就是泰爾人的殖民地迦太基
腓尼基的狄多統治著茁壯之國
她為了躲避兄弟的忌恨，逃離泰爾
她一生多舛，她的故事充滿命運的安排

在她抵達北非海岸的時候，柏柏爾人的首領希爾巴斯（Hiarbas）給了她一份見面大禮：只要是一張牛皮可以覆蓋到的土地，全部歸她。於是艾莉莎就把一張牛皮切成非常非常細的牛皮條，然後把它們首尾相連變成一長條牛皮繩，並把整座拜爾莎（Byrsa）的山丘都圍起來。

當他們在挖新城市的地基時，這些泰爾人挖出了一顆公牛頭；因為覺得這是壞兆頭，所以他們又移到更遠的地方。不過那其實是一顆死馬的頭，預言說艾莉莎的新城市會立基在挖出死馬頭的地方。作為腓尼基勇氣和征服的象徵，馬就變成了迦太基的符號。「迦太基」這個名字是源自於腓尼基語，意思是「新城市（Qart-Hadasht）」；迦太基城建立於西元前八一四年，比羅馬城還要早。

艾莉莎死得很慘。有一個傳說說她死得像個烈士，但維吉爾說她是傷心過度而死。無論是哪一種說法，她都打造了一座火葬台，然後在她的子民面前，跳進熊熊大火之中。

就紀錄上來看，我們知道是因為希爾巴斯威脅她要戰爭或是聯姻二選一，所以艾莉莎才會選擇將自己的性命還給上天。不過就維吉爾的說法，狄多女王其實是和一位特洛伊的王子墜入愛河。從殞落的特洛伊之城逃出來的伊尼亞斯，在北非岸邊遇見了狄多。當伊尼亞斯選擇羅馬而拋棄她時，艾莉莎就不想活了，她死前對特洛伊人所下的詛咒，為往後一百年羅馬和迦太基之間的戰爭提供了一個神話解釋。

艾莉莎成為了民族象徵，是連結突尼西亞與歐洲的認同，並將突尼西亞歸類在地中海國家。突尼西亞的女性會被稱作「狄多的女兒」。現代突尼西亞還會提到艾莉莎的地方包括法語大報《新聞報（La Presse）》的一個固定欄位，叫做「艾莉莎的輕率發言（Les Indiscrétions d'Elyssa）」。一直到二〇一〇年左右，突尼西亞十第納爾（dinar）的紙鈔上印的都是艾莉莎。

早在艾莉莎登陸迦太基的傳說之前，腓尼基的商人早就已經沿著地中海的中部和西部建立貿易路線。他們沿著北非海岸，在西班牙西部還有地中海上一個又一個的島嶼建立港口。

身為現代黎巴嫩人祖先的腓尼基人是迦南人（Canaanites）的直系後代。當腓尼基人抵達後來變成迦太基的北非海岸時，生活在當地的原住民是柏柏爾人。柏柏爾人也是歷史上記載，最早生活在今日突尼西亞的民族。

綜觀整個古代史，北非的原住民都被視為一個群體，並被當成單一一個種族來稱呼他們，儘管他們是相異而且不屬於同一個部族或是社群的。希臘歷史學家希羅多德（Herodotus）和羅馬歷史學家薩盧斯特（Sallust）稱呼他們為「摩爾人（Moors）」；也有人說他們是「利比亞人（Libyans）」或是「努米底亞人（Numidians）」。

柏柏爾人也被稱作「Imazighen（單數是Amazigh）」，意思是「驕傲的西方人」。柏柏爾人這個稱呼的起源有一些爭議，因為跟「野蠻人（Barbarian）」這個字有些關聯。而野蠻人這個字又是從拉丁文的「barbarus」或者是希臘文複數名詞的「barbaroi」來的，用來形容外地人或是不會說拉丁文、不會說希臘文的人。當伊斯蘭教在西元七世紀傳播到北非的時候，阿拉伯人就把他們發現的這些原住民稱作「柏柏爾」，也就是野蠻人的阿拉伯語。

對以航海技術聞名的腓尼基人來說，迦太基是一個建立商業帝國的理想地點。兩條主要的貿易路線都會經過迦太基。一條是從負責供應貴金屬原料的西班牙南邊城市加的斯，到這些重金屬被加工成奢侈品的泰爾，然後再把成品賣回去加的斯。另一條路線是往返北非和地中海北邊，尤其是西西里島、義大利和希臘。

迦太基的船舶最遠可以到達法國西北邊的布列塔尼，還有西非的喀麥隆。迦太基特別創新的海上商船隊稱霸了地中海好幾個世紀。迦太基人對海洋貿易的依賴，也讓他們會毫不留情攻擊那些威脅到船運路線的挑釁者惡名不脛而走。

迦太基人的財富多得令人難以想像。迦太基變成了製造業的重要港埠，以及赤陶人偶、面具、珠寶、精緻象牙雕刻、鴕鳥蛋雕，和各種美食美酒的出口地。富有的迦太基人會在鄉下買土地，展示他們引以為傲的園藝和珍禽異獸。隨著迦太基的經濟成長，它的規模、觸角和重要性也跟著提升。

迦太基的人口才開城不到一個世紀就達到三萬人，成為地中海地區最大的幾個城市之一。到了西元三世紀，迦太基的人口數估計最高可以達到二十五萬人之多。

西元前二六四年，迦太基的領土已經涵蓋了整個北非，甚至延伸到現在利比亞和摩洛哥的所在地、西班牙的南岸，還有科西嘉島、薩丁尼亞島和西西里島的大部分。雖然後來他們喪失了這幾個島嶼的領土，但他們的勢力繼續往北非內陸拓展，最後還涵蓋了伊比利亞半島的一半。挾著遠優於鄰近城邦的經濟力、軍事力和人口數，迦太基成為了地中海中西部最強盛的腓尼基殖民地。只有羅馬和西西里島的大城敘拉古（Syracuse），可以抗衡迦太基在地中海的優越地位。

迦太基的強盛很大程度要歸功於「馬戈尼德家族（Magonids）」的領導與影響。馬戈尼德家族是富甲一方的政治氏族，主導了西元前五五〇年到三九〇、三八〇年的迦太基政局。在西元前五世紀，馬戈尼德家族引進了一系列的政治改革，包括組成了一個精英憲政團體：「一〇四人裁判官會議（Tribunal of One Hundred and Four）」。雖然憲法將統治權交給寡頭政治的長老院（Council of Elders），但他們也設立了民主的人民大會（People's Assembly），讓所有公民都能參與。

迦太基的政治體制得到亞里斯多德的讚賞，他認為這個體制可以避免統治者的暴政和被統治者的反動。亞里斯多德也認為迦太基的憲法是「地中海地區裡面最和諧的一部憲法之一」，這個讚譽他只另外給了斯巴達、克里特島，還有他自己的城邦雅典。

突尼西亞人喜歡跟別人說：「民主在突尼西亞不是新玩意了。」儘管突尼西亞在一八六一年立憲法已經很前衛，但他們還是喜歡吹噓他們在更早之前早就有過憲法了。

在國際間，迦太基最強的盟友是羅馬帝國，但羅馬帝國後來變成他們最大的敵人，甚至最後變成他們的終結者。迦太基和羅馬互相簽訂了幾份條約，所以他們的貿易和國安利益是一致的。一開始雙方結盟的主導權在迦太基手上，但隨著羅馬帝國的實力和影響力越來越大，迦太基就不得不跟羅馬訂定新條約。

兩大強權和平共存的終結，肇因於羅馬在西西里島的殖民者，因為城邦國梅薩納（Messana）和更強大的敘拉古之間發生紛爭，於是同時找上羅馬和迦太基這兩個平常都有在替梅薩納出頭的大國幫忙擺平。從來沒有在義大利以外的地方打仗的羅馬和迦太基，都把對方的參與視為趁機在西西里島擴張權力的藉口。

兩個帝國之間，因為雙方都缺乏足以消弭衝突的政治意願，因此在西元前二六四年爆發戰爭。在海戰意外的勝利，讓羅馬人把戰場延伸到當時屬於迦太基的薩丁尼亞島和科西嘉島。想在迦太基人的地盤贏得更徹底的羅馬統帥雷古盧斯（Regulus），於是帶著艦隊一路來到北非，並從陸路往迦太基挺進，沿途擊潰了迦太基的軍隊，並在和平協議終於要展開之前，就拿下了突尼斯。迦太基人拒絕投降，而且還打造了一支全新的騎兵隊和象兵隊，並任命哈米爾卡．巴卡（Hamilcar Barca）將軍為統帥。不過一切已經為時已晚：還不到西元前二四一年，羅馬就已經取得了海上路線的控制權，迦太基別無選擇只能投降，並支付鉅額的戰爭賠款。

羅馬和迦太基就科西嘉島和西西里島這兩個戰略據點爆發的衝突，就是我們後來所說的「第一次布匿戰爭（First Punic War）」。布匿戰爭在西元前二六四年到一四六年這一個世紀多的期間，羅馬和迦太基之間總共發生過三次。之所以叫布匿戰爭，是源自於羅馬的拉丁文稱呼迦太基人為

「布匿克斯（punicus）」，畢竟後來寫下戰爭歷史的是得勝的羅馬人，所以就這樣命名了。

迦太基在布匿戰爭的敗北，很大程度削弱了他們在地中海的貿易，並拖垮了他們的經濟，以至於他們付不出要給傭兵的欠款。而後一個沒什麼歷練的軍事將領跑去說服傭兵，跟他們說不然這筆債就算了，於是這些傭兵就發生暴動，最後演變成一場為期三年以上的全面戰爭。

米爾卡．巴卡的將領長才被證明是迦太基在傭兵戰爭中獲得最終勝利的關鍵。因為他的這次戰功厥偉，還有迦太基財政上的需款孔急，米爾卡．巴卡於是帶兵前往西班牙，意圖拿下整座伊比利亞半島以及塔特蘇斯（Tartessus）的銀礦。米爾卡戰死沙場後，他的兒子漢尼拔接手率領父親的傳奇大軍來到羅馬的城門前。羅馬將迦太基進犯西班牙視為威脅，並向迦太基宣戰。漢尼拔四處南征北討，從西班牙到高盧，甚至挺過阿爾卑斯山冰天雪地的惡劣環境，他在途中數次展現的軍事天才，讓人們將他比作大力神海克力士（Hercules）。但他在羅馬的征討只挺進了二五〇英里就無以為繼。因為西班牙和迦太基的據點都沒有及時送來增援，致使他英雄般的遠征無法完成。

就如同他們在第一次布匿戰爭得勝的方式，羅馬人又再次進攻非洲。西元前二〇二年，漢尼拔和他最大的對手，羅馬將軍大西庇阿（Scipio Africanus）在現今突尼西亞所在的札馬（Zama）打了最後一仗。漢尼拔嘗到了他此生第一次在戰場上的挫敗，第二次布匿戰爭（西元前二一八年至二〇一年）結束。

迦太基藉由貿易和農業，花了五十年才重建他們的榮景。當羅馬元老院的長老老加圖（Cato the Elder）在西元前一五三年拜訪迦太基，他對於當地的農業富庶感到相當驚艷。當他手裡拿著迦太基的無花果回到羅馬的元老院，他就說了一句非常有名的宣言：「迦太基必須被摧毀！（Carthago delenda est!）」

過不了多久，羅馬就找到實踐老加圖宣言的藉口了。當迦太基對步步進逼的努米底亞國王馬西尼薩（Masinissa）宣戰，馬西尼薩就轉而向羅馬求援。羅馬的介入導致了第三次的步匿戰爭（西元前一四九年至一四六年）。羅馬人對迦太基的圍城持續了兩年，最後在西元前一四六年將整座城池夷為平地。大西庇阿的繼孫，小西庇阿（Scipio Aemilianus）將軍放火屠城，然後派遣一支屠殺小隊進到城裡六天六夜，把沒有被大火燒死的迦太基人全部消滅殆盡。最後迦太基的二十五萬居民只剩大概五分之一活下來投降，並淪為階下囚。迦太基的圖書館和館藏檔案沒有留下多少，幾乎都隨著這座城市的殞落被摧毀殆盡。迦太基的滅城實在太過慘烈，據說連小西庇阿都落下男兒淚，感嘆迦太基的命運，並在事後獨自一人沉思，思考著城市、帝國與眾人的消亡，或許還想到了他自己的國家未來終將無法避免殞落。

接下來就開啟了羅馬人對地中海西部長達六個世紀的霸權統治。

兩千年後，德國的劇作家、詩人貝爾托特・布萊希特（Bertolt Brecht）表示：「偉大的迦太基發動了三場戰爭。第一場戰爭結束時還算實力堅強，第二次戰爭結束還能安居樂業，但第三次戰爭結束就灰飛煙滅了。」

不過迦太基最後還是得到了一些平反。在迦太基滅城的三個半世紀之後，羅馬帝國產生了第一位來自北非的皇帝塞提米烏斯・塞維魯斯（Septimius Severus），他說話時有著很濃重的腓尼基腔調。在幾個世紀之後，人們才拋棄了已經深深扎根在北非的迦太基文化和語言。

西元一二二年，羅馬人在當初迦太基的舊址上建立了殖民地，但是這座城市一直要到西元二十九年，奧古斯都決定要將此處定為羅馬北非的中心，才完全重建完成。這個新行省「阿非利加行省（Africa Proconsularis）」的南邊邊界緊鄰撒哈拉沙漠，西邊併吞了原本與迦太基接壤的努米底亞王國，還有更西邊的茅利塔尼亞（Mauretania），跨越今日的阿爾及利亞和摩洛哥中、西部。

阿非利加行省成為了羅馬帝國最繁榮和最都市化的地區。此地的經濟從對貿易的完全依賴轉為農業生產，賦予此處「羅馬的糧倉」這個封號。這裡每年的穀物產量估計可達一百萬噸以上，其中的四分之一還可以出口。到了西元一世紀，阿非利加行省生產的穀物占了羅馬城所消耗穀物的三分之二。西元二世紀時，橄欖的種植也已經向外傳播，迦太基生產的橄欖油甚至超越義大利。在當時，迦太基已經變成羅馬帝國僅次於羅馬和亞歷山卓的第三大城。

羅馬人開始著手進行大規模的公共工程和基礎建設計劃。西元一一六年由哈德良（Hadrian）皇帝下令建造，並在西元一六二年安東尼・庇護皇帝任內完成的迦太基安東尼大澡堂（Antonine Baths），占地靠海的九英畝，是羅馬帝國第四大（也有人說是第三大）、在羅馬城之外最大的公共浴場。羅馬基礎建設裡面蓋得最好的包括大部分為了軍事用途建造的、綿延了一萬兩千五百英里的路網。水道、水壩、橋梁和灌溉系統充足。至今還可以在宰格萬（Zaghouan）近郊看到的羅馬水道和「宰格萬山（Djebel Zaghouan）水神殿」，當時耗費十一年建造，每天輸送八百五十萬加侖的水到迦太基。

西元二三八年建立於傑姆（El Djem）的圓形劇場，是其中一個「羅馬圓形劇場建築完成度最高的典範，甚至可以比擬羅馬競技場。」傑姆的圓形劇場是世界上最大的幾個會場之一，也是在北非最大的一個，可以容納三萬五千名觀眾。迦太基的劇場、澡堂、廟宇和雕像，還有公開的慶典和慶祝活動，相比羅馬還有羅馬帝國的其他地方毫不遜色。

非洲的羅馬藝術也散播到地中海。建築和地面都鋪滿馬賽克。陶瓷生產也欣欣向榮。北非一開始都是進口羅馬的陶器，一種赭色黏土陶（terra sigillata），但很快非洲生產的赭色黏土陶在市面上變得比較受歡迎，並被出口到整個地中海，甚至還有些出口到大西洋沿岸。隨著基督宗教在此處生根，藝術創作開始出現聖經主題，建構出不同的宗教和政治脈絡。

迦太基和羅馬之間的雙邊影響，進一步延伸到了政治場域。早在西元二一二年羅馬帝國給予所有國民公民身分之前，許多迦太基人和迦太基社群就已經被賦予羅馬公民的身分了。有些有錢、也大多擁有土地的非洲人，進到羅馬帝國的政治圈。有百分之十五的羅馬元老院長老和一位皇帝，是來自於羅馬的阿非利加行省。

迦太基也在羅馬統治時期創造了一些重要的基督宗教人物，有聖人、主教和神學家。基督宗教一開始吸收的是貧窮或是被奴役的信眾，後來才擴散到精英圈。歷史學家無法追溯到非洲開始基督宗教化的確切起始點。然而，基督教徒早期在阿非利加省受到的迫害和壓迫，有被妥善地記錄下來。

現存最古老的基督教文本之一——《聖徒佩蓓圖與菲莉絲蒂的受難（The Passion of Saints Perpetua and Felicity）》當中，就記載了一名非洲貴婦佩蓓圖，與她在獄中懷孕生產的奴僕菲莉絲蒂，因為想要皈依基督宗教而受到的監禁、審判和譴責致死。他們的故事好幾個世紀以來，年年都會在迦太基的教堂裡被朗誦，以示對這兩位殉教烈士的紀念。

在一眾皈依基督宗教的迦太基人當中，神父特土良（Tertullian）對神學思想和領導教會都貢獻良多。身為一位多產的作家、早期知名的基督宗教辯護士，以及對付異端的善辯者，特土良被稱為「西方神學之父」。

到了西元三世紀中期，迦太基也有了自己的基督主教：聖居普良（Saint Cyprian）。生於社會高層的居普良，在改信基督宗教之前是一位知名的演說家和律師，後來在教會中的地位迅速攀升。他在德西烏斯迫害（Decian persecution）期間領導北非教會。當時羅馬皇帝德西烏斯（Decius）要求羅馬帝國境內所有的子民向羅馬諸神獻祭，有數千位的基督徒在皇帝的詔令之下被迫背棄他們的信仰。當迫害終於結束，居普良主教重新接納那些叛教者重回教堂，而且他還建立教會權威，讓教會可以赦免信徒的罪，包括叛教的罪。

不過最徹底也迅速的改革，是數十年後希波的聖奧斯定（Saint Augustine of Hippo）開始的。聖奧斯定把信仰的再改宗（reconversion）當成他的人生目標，並以宣揚羅馬天主教會作為主要的志業。從罪人變成聖人的聖奧斯定，出生於離迦太基一百五十英里遠、東北方高地的努米底亞村落塔加斯特（Thagaste），約略是在今日突尼西亞和阿爾及利亞的邊界上。聖奧斯定後來搬到迦太基完成正規的學業，並成為最重要的基督學者，他諸多著名的著作包括《懺悔錄（Confessions）》和《上帝之城（City of God）》，形塑了中世紀的基督思想。

不過就跟所有文明的命運一樣，羅馬最終還是迎來了無法避免的衰亡。就在大西庇阿風光打敗漢尼拔，以及老加圖誓言摧毀迦太基的六個世紀之後，羅馬對迦太基的控制也走到了盡頭。

被稱為汪達爾人（Vandals）的東日爾曼部族，終結了羅馬在阿非利加省的霸權統治。汪達爾人占領阿非利加省大概一個世紀，後來就被拜占庭東羅馬帝國的第一位皇帝，查士丁尼大帝給終結了。查士丁尼的軍隊四處征討前西羅馬帝國的領土，以完成東羅馬帝國對地中海的掌控。他的第一步，就是在西元五五三年發動遠征，將汪達爾人從北非地區驅逐出去。

汪達爾王國在幾個月內的兩場大戰被摧毀殆盡，於是在西元五三四年投降。跟此地從前與未來的占領者不一樣，汪達爾人並沒有在突尼西亞留下什麼足跡，「唯一留下的就是他們的基因，譬如在鄉下地方，有時候不小心就會看到一些金髮小孩。」這是因為當時的汪達爾寡婦為了保住丈夫的土地，有的就嫁給了拜占庭羅馬人。

拜占庭在迦太基統治了一百六十五年，一直到西元六九八年阿拉伯人征戰了此處。拜占庭當時在北非的領土，遍及現今的突尼西亞、阿爾及利亞、利比亞和摩洛哥。

一九九〇年代末期，英國派駐突尼斯的大使理查・艾迪斯（Richard Edis）認為，歷史學者大多在回溯迦太基人、羅馬人和阿拉伯人留給突尼西亞什麼影響的時候，都忽略了拜占庭時期；覺得拜占庭好像對突尼西亞的民族認同來說不是一個很重要的元素。但這項忽視是毫無道理的，因為拜占庭巔峰時期的突尼西亞是「比當時世界上很多地方都還要穩定、安全」，而且對宗教知識思想有重要的貢獻。就像在義大利和君士坦丁堡一樣，查士丁尼大帝在北非地區也展開了大膽的建築計劃。與他同一個時代的歷史學者埃瓦格里烏斯（Evagrius）和普羅科庇阿斯（Procopius）宣稱，查世丁尼大帝在北非總共重建了一百五十個城鎮，並建立三十五座城堡、一座省長行宮、兩座大眾浴池、兩座廣場、五間教堂和一間修道院。拜占庭對突尼西亞留下影響的證據，就在他們教堂的風格：圓頂、柱頭的裝飾和馬賽克。迦太基的「慈善之家大教堂（Domus Caritatis Basilica）」就是拜占庭風格大教堂的一個例子。

在拜占庭的統治之下，迦太基的教堂一直堅守著由羅馬主教所頒布的東正教教條，不過在早期也出現過一些激烈的宗教辯論，主要是關於基督的神性與人性。這個古老的爭議會重新被提起，是因為當時來了一批篤信「基督一志論（Monotheletism）」的埃及教士和僧侶。天主教會認為，基督一志論斷言耶穌有神人二性，但只有一個意志的教條是異端邪說。一位希臘僧侶，宣信者馬克西姆（Maximus the Confessor）與他的北非信眾，發起了對基督一志論的教條與其追隨者的抗議，並尋求羅馬教宗的支持。但是隨著新皇帝君士坦丁二世繼位，官方教義開始偏向基督一志論，在西元六五三年，馬克西姆和教宗瑪爾定一世雙雙被捕，並以異端為名受審。君士坦丁堡對阿非利加省的統治，因為迦太基的督主教，葛列格里族長（Gregory the Patrician）在西元六四六年宣布脫離拜占庭並自立為皇帝而中止。

到了這個時候，阿拉伯人已經接手了拜占庭在敘利亞、巴勒斯坦、埃及和現今利比亞所在的「的黎波里塔尼亞（Tripolitania）」等地的領土，並進犯到了現代突尼西亞的邊界。穆斯林的入侵者要比他們奪下敘利亞和美索不達米亞再多花上五十多年，才真正拿下阿拉伯人口中的羅馬阿非利加行省的「伊夫里基亞」。哈里發歐瑪爾·賓·哈塔卜曾警告，伊夫里基亞是一個「危機四伏的土地，會讓你迷失、會欺騙你，只要我在世的一天，就別想來進攻這塊土地。」

不同於腓尼基、羅馬、汪達爾和拜占庭的統治者是從海上對這塊土地展開入侵，穆斯林阿拉伯人是從斯非圖拉（Sufetula），也就是今日突尼西亞的城市斯貝特拉（Sbeitla），這個突尼西亞脫離君士坦丁堡時設立的新首都入侵的。阿拉伯人和葛列格里族長的軍隊打了一場舉足輕重的戰役。阿拉伯勢力得勝，在西元六四八年拿下並擄掠了斯非圖拉以及拜札凱納（Byzacena）的部分地區，不過因為當地精英獻上的大筆黃金，他們很快就撤退了。由於葛列格里戰死沙場，阿非利加省又重回拜占庭的統治之下。斯非圖拉戰役被認為特別重要的原因，不只是標誌了拜占庭在當地統治終結的開端，也是因為這場戰役最終導致了阿拉伯人征服此地，以及伊斯蘭教向整個北非以及西班牙傳播的結果。

西元六六五年到六六九年，阿拉伯人一系列的突襲和撤退行動，導致了卡普薩（Capsa），也就是今日的加夫薩的淪陷。阿拉伯人真的在此處安頓下來，要等到西元六七〇年，奧卡巴·伊本·納菲（'Uqba Ibn Nafi' al-Fihri）在凱魯萬建立據點。奧卡巴早年隨著他的叔叔阿姆魯·伊本·阿斯（'Amr Ibn al-'As）帶領著伊斯蘭大軍入侵北非，替「伍麥亞王朝（Umayyad Dynasty）」開疆闢土。位處於撒哈拉外圍大草原邊上的凱魯萬，變成了阿拉伯在馬格里布地區的第一個行政中心，也是非洲向撒哈拉以南傳播伊斯蘭教的最古老穆斯林城市。

拜占庭的海軍艦隊最終也被打敗，因此拜占庭的帝國勢力在西元六九五年退出迦太基地區。在零星幾場拜占庭的反攻失敗之後，迦太基城終於在西元六九八年確定成為阿拉伯人的囊中物。但伍麥亞王朝軍認為迦太基的位置太容易受到來自海上的侵擾，於是將念頭放到了當地柏柏爾人定居的突尼斯。可是出乎意料的是，要逼當地的柏柏爾人就範竟然比打敗拜占庭還要難上許多。當地人在西元六八三年奪回凱魯萬，並且一直找阿拉伯人麻煩。柏柏爾人在當地的抵抗頑強到穆斯林軍隊無計可施，只好拜託整個伍麥亞王朝軍隊的總司令哈桑・伊本・努曼（Hassan Ibn al-Nu'man）在西元六九一年重新征服凱魯萬。

可是伊本・努曼的軍隊還要再花上十年，才真正把柏柏爾人的殘餘勢力消滅殆盡。柏柏爾人的傳奇戰士卡希娜（Kahina）公主，在西元六九八年左右，展開了柏柏爾人在馬格里布地區最後一次對阿拉伯人的奮力抵抗。事後證明卡希娜的確是一個難纏的敵人。穆斯林軍隊一路追殺她到現今阿爾及利亞的奧雷斯山脈（Aurès Mountains），才終於了結她的性命。

柏柏爾人的精英很快就融入阿拉伯語和伊斯蘭教的文化，並且將自己視為阿拉伯人在該地傳播伊斯蘭教的盟友。有些柏柏爾人部落還協助奧卡巴・伊本・納菲及其穆斯林軍隊對抗拜占庭軍。柏柏爾人也幫助據傳是卡希娜之子的塔里克．伊本．齊亞德（Tariq Ibn Ziyad），從馬格里布地區經由直布羅陀進入西班牙。直布羅陀，衍生自阿拉伯語「塔里克的山峰（Jebel Tariq）」，也就是依據塔里克．伊本．齊亞德而命名的。西元七一一年，他在西班牙的哥多華建立了一個獨立行政的伍麥亞哈里發國首都——安達盧西亞。

後來的突尼西亞在不同時期，接受了數個不同的穆斯林柏柏爾人王朝和阿拉伯哈里發國的統治，當中有什葉派也有遜尼派。然而值得注意的是，雖然穆斯林在突尼西亞的統治一直到一八八一年，法國宣布要將突尼西亞收為藩屬國之前都沒有被打斷，但阿拉伯人對突尼西亞的統治只維持到十世紀，後來都只是斷斷續續的統治。有好幾個柏柏爾人的王朝統治過突尼西亞，其中統治時間最長的是哈夫斯王朝（西元一二二九至一五七四年），首都定在突尼斯，最後因為併入鄂圖曼帝國而結束。

突尼西亞既不算阿拉伯也不算穆斯林的時間，比他們被歸類為上述兩者的時間還要長。已逝的突尼西亞外交官兼前文化部長哈比卜．博拉萊斯（Habib Boularès）認為，「阿拉伯征服北非」好像被用來當作突尼西亞參與歷史舞臺的開始，但阿拉伯的歷史學者忽略了北非在穆斯林阿拉伯人抵達之前，就已經有一千七百五十年的歷史了。

突尼西亞的文明，包括迦太基、羅馬、拜占庭、阿拉伯和柏柏爾，和地中海的文化與文明之間是相互影響茁壯的。深刻了解到這一點的突尼西亞人，尤其是在突尼斯和薩赫爾地區，都自豪地將自己視為「地中海人（Mutawassitiyeen）」，這讓他們一直將自己視為西方的一部分，而不是局外人，所以也不像一般阿拉伯穆斯林會用異樣的眼光去看待西方文明。

布爾吉巴非常強調突尼西亞這個行之有年的「地中海型」特色，這個想法讓他在各種場合無往不利。正當化了他的歐洲中心政策，讓他在對抗國內政敵，尤其是薩拉．邦．尤塞夫的時候獲得法國的支持。讓突尼西亞的定位偏向地中海和歐洲，幫助突尼西亞和阿拉伯世界的其他地方有所區隔，並提供了突尼西亞人民面對布爾吉巴政敵倒向阿拉伯和伊斯蘭主義之外的另一種選擇。

班阿里也留意到了突尼西亞認同本質上的多面性。在二〇〇三年早期，與地中海國家舉行會議之前的一場外交政策演講上，他強調了突尼西亞與地中海的連結，提到歐洲地中海這個地方是「安全、和平、繁榮，連結不同文化還有不同地區人民文明的橋梁。」在他宣布希望能跟「兄弟般的伊斯蘭國家們」強化關係的同時，他強調藉由突尼西亞參與馬格里布聯盟和非洲聯盟，促成區域經濟和外交整合的重要性。

在班阿里時代擔任文化部長將近十年的阿卜杜勒巴基．赫爾馬西（Abdelbaki Hermassi），既不將突尼西亞的文化定義為阿拉伯、也不是伊斯蘭，而是融合了「非洲、歐洲和東方文明」的合成物，「來自三處的文明在突尼西亞這塊物產豐饒的土地上代代相傳、相互激盪，三個文明在此處被並置、疊加、交織，而種種元素的總和就構成了我們突尼西亞的文明。」眾所皆知非常親西方的赫爾馬西還說，突尼西亞的參考指標應該是「法國人和義大利人，而不是阿爾及利亞人或是利比亞人。」

利比亞或是阿爾及利亞在歐洲的殖民者到來之前，都沒有過一個有組織的國家制度。不像突尼西亞，這些國家原本只是很模糊的「地理名詞」。在現代利比亞的邊界裡面，他們並沒有一個共同的傳承，大部分的歷史也只是有過不同的柏柏爾原住民部族，曾經建立過在此居住的不同國家。阿爾及利亞的地域疆界並沒有歷史的正統性，他們目前的邊界劃分一直到十九世紀才開始被肯定。當地人的共同認同感，一直要到十九世紀晚期，出於對抗殖民主義的需要才浮現。阿爾及利亞的古老大城，譬如聖奧斯定的出生地塔加斯特，就以迦太基馬首是瞻。

羅伯特．卡普蘭解釋：「分離迦太基和努米底亞的經濟和政治隱憂，也同時分離了突尼西亞和阿爾及利亞，而這個情況的罪魁禍首就是羅馬人。」當羅馬將軍西庇阿在西元前二〇二年在札馬擊敗了漢尼拔，他就下令挖掘了一條壕溝線——「皇家壕溝（Fossa Regia）」，這條溝渠也被稱作「西庇阿壕溝（Fosse Scipio）」。這條壕溝的部分至今還可以看到，從西北方的塔巴卡一路向南，再向東到斯法克斯，形成了劃分阿非利加省和努米底亞王國的邊界線，約略就是現在突尼西亞和阿爾及利亞的疆界。

不像是鄰國的阿爾及利亞和利比亞，或是更遙遠的阿拉伯世界其他國家，突尼西亞的邊界在兩千年以上的歷史當中有些許變化，而且從很久很久以前就是璀璨文明和安居樂業的搖籃。突尼西亞人非常清楚他們豐富的文化資產，以及讓他們成為與眾不同的突尼西亞人的認同多面性。他們在學校裡學習自己的歷史。生活周遭圍繞著建築、考古和藝術的足跡。跟其他阿拉伯國家不同的是，他們的歷史在伊斯蘭主導的論述裡面，是被讚揚而不是被貶低的。

很明顯的例子就是，我每次在跟突尼西亞的前教育部長納吉．賈魯（Neji Jalloul）講話的時候，他開頭都會提到某個羅馬聖人和突尼西亞烈士，還有他覺得突尼西亞學生被教得還不夠多、不夠好的豐富的迦太基歷史。以提升突尼西亞歷史和文化遺產意識為宗旨的組織「迦太基娜（Carthagina）」創辦人艾穆娜．米祖尼（Emna Mizouni）告訴我，在茉莉花革命之後，突尼西亞人在思考未來時，對於過往變動的、地中海的歷史意識有特別顯著的提升。

布爾吉巴在他一九七二年演講中的名言：「迦太基人、羅馬人、阿拉伯人、土耳其人、西班牙人，都曾經陸續占領這個國家，並留下了他們精神的一部分。」布爾吉巴以突尼西亞文化當中豐富的多樣性脈絡，作為與柏柏爾人融合的緣由，在另一次的演說中提到：「在地柏柏爾人和腓尼基征服者之間的互動創造了布匿文化，是專屬於突尼西亞的腓尼基文明分支。」

布爾吉巴非常仰賴突尼西亞對祖上根源的認同，來抵禦阿拉伯人的「外來」文化入侵。布爾吉巴反對任何形式的傳統服飾，包括他認為既不實用又貶低女性的伊斯蘭頭巾，他同時以伊斯蘭和突尼西亞原創的認同作為基礎，正當化他的論點。他認為伊斯蘭所謂端莊女性的標準裡面並不包含穿戴頭巾。但他同時也強調不戴頭巾不是因為受到歐洲或是殖民政權的影響，而是貫徹突尼西亞的風格。

在一九五八年關於戴不戴頭巾的辯論期間，官方報紙《行動報（L'Action）》刊載了一篇標題為〈昨日與今日的海報女郎（Pin-up d'hier et d'aujourd'hui）〉的文章，展示了一幅在巴爾杜博物館的拼貼藝術，內容是羅馬女神維納斯在梳著她茂密的長髮，全身赤裸只有罩袍輕輕蓋在她的大腿和背部，而在這幅畫旁邊的是一名現代突尼西亞女性穿著最新流行泳裝的照片。這位「匿名」的作者在文章當中是這樣描述作為突尼西亞人前輩的腓尼基女性，說她們「對口紅、眼影和『不正經』的布料垂墜有著極強的品味。她們對乳液和軟膏收藏的複雜程度和效用，連化妝品品牌的創辦人伊莉莎白・雅頓（Elizabeth Arden）本人都相形失色。」將羅馬和迦太基的意象並置，其中隱含的內涵就是獨特的突尼西亞認同存在於西方和東方之間，但又不是西方和東方任何一邊的複製品。布爾吉巴反對戴頭巾政策中的一個論點就是，突尼西亞女性戴頭巾這件事情是「不腓尼基的」，而且就這樣屈服於一個相對晚近才傳入突尼西亞的風俗，神話中創立迦太基的女王艾莉莎應該也不會同意。

七、突尼西亞的伊斯蘭教

到了西元八世紀之初，突尼西亞已經被來自阿拉伯半島的阿拉伯穆斯林給牢牢掌握住了。阿拉伯半島不但是伊斯蘭教的起源地，也是在廣大的「阿拉伯世界」中，唯一一個叫當地人「阿拉伯人」也不奇怪的地方。因為隨著阿拉伯人南征北討，並把美索不達米亞平原、黎凡特、埃及和馬格里布等地伊斯蘭化以及阿拉伯化以後，所謂的「阿拉伯人」這個概念，就變成了上述這些地區講阿拉伯語的人的統稱。儘管這些人可能有著各自的祖傳文明、文化、語言和血緣。通用的語言（阿拉伯語）和信仰（伊斯蘭教），開始將這些事實上充滿歧異的種族和區域綁在一起，隨著時間演進，將他們都放進同一種身分認同：阿拉伯人。

自認為承繼了猶太教和基督宗教的伊斯蘭教，在西元七世紀，特別是西元六三二年先知穆罕默德過世之後，開始雷厲風行地向外傳播。政治陰謀、權力鬥爭、暗殺、內戰、血腥討伐和大規模的皈依、換宗，大概就是這個伊斯蘭帝國快速擴張時期的特色。

經過了六十年左右，伊斯蘭勢力才終於觸及了馬格里布區域。西元七〇五年，約略是現今的突尼西亞，還有部分現在的利比亞和東奈及利亞這個區域，就被合併為一個位處非洲的伊斯蘭省，「阿非利加」，省的首府是凱魯萬，受到大馬士革伍麥亞王朝哈里發的管轄。

伍麥亞王朝（西元六六一至七五〇年）的崛起，是在他們打贏了第一次穆斯林內戰（fitnah），並取得哈里發的繼承權之後。這場內戰肇因於四大哈里發（Khulafa'Rashidun，或稱「正統哈里發」）當中的第三位哈里發，奧斯曼．賓．阿凡（Uthman Ibn 'Affan）為人所殺。奧斯曼的堂姪穆阿維亞．本．阿布．蘇富揚（Mu'awiyah Ibn Abi Sufyan），把穆罕默德的堂弟兼女婿，也就是四大哈里發當中的第四位哈里發阿里．賓．阿比．塔利卜（Ali Ibn Abi Talib）鬥垮之後，就自立為伍麥亞王朝的第一代哈里發，並將帝國首都定在大馬士革。而阿里的後代和其支持者，在阿里被暗殺之後組成一個「阿里黨」。阿里黨的勢力從政治延伸到了宗教，後來就成了我們現在所說的「什葉派（Shi'ites）」。

伍麥亞王朝在經過一番腥風血雨而終於垮臺之後，接續的「阿拔斯王朝（Abbasid Dynasty，西元七五〇至一二五八年）」將伊斯蘭帝國的重心，移到他們在西元七六二年建立的城市巴格達。相較於往地中海拓展伊斯蘭的勢力，阿拔斯哈里發國對於將伊斯蘭勢力向東往亞洲大陸拓展顯得更有興趣。畢竟伍麥亞王朝就已經將地中海區域開發得差不多了。而原本的「阿非利加」省，此時已經變成了一個阿拉伯公國，由身為阿拉伯穆斯林的阿格拉布王朝統治。阿格拉布王朝統治的西元八〇〇到九〇九年間，名義上雖然受到巴格達的阿拔斯哈里發所管轄，不過阿格拉布王朝的統治者，也被視為是君權世襲的酋長國王，而不只是受到巴格達指派來治理此地的行政官。阿格拉布王朝，後來就變成阿拔斯哈里發國底下第一個自治的王朝，也替西元二〇〇〇年代之後，以自主自治為特色的突尼西亞立下了一個遙遠的先例。

北非的其他地方分裂成好幾個伊斯蘭公國，包括在現今摩洛哥的柏柏爾王朝。位於摩洛哥的阿瑪濟人接受伊斯蘭的信仰卻拒絕阿拉伯人的統治，所以寧願建立他們自己的穆斯林王朝，也就是柏柏爾王朝。所以無論是阿拔斯王朝，還是更早的伍麥亞王朝，都沒有辦法將阿拉伯的勢力拓展到阿非利加以西。

阿非利加地區大批的信徒皈依伊斯蘭教，可以被視為是當地柏柏爾人和阿拉伯入侵者之間關係改變的開始，也是進入了傳統、習俗和語言同化時期的開端，儘管阿拉伯語的普及程度，遠遠不及伊斯蘭信仰的傳播速度之快。

阿拉伯人和柏柏爾人的融合，受益於兩者類似的生活方式：他們都是游牧民族，而且都喜歡內陸勝於海岸。伊斯蘭教當中全人類平等的精神和對族群存續的強調，吸引著柏柏爾部落民，並讓他們得以將原本的部落信仰融入伊斯蘭理念。柏柏爾人接納了伊斯蘭的原則和實踐方法，但同時也保留了傳統儀式和對神靈及先賢的信仰。

伊斯蘭教在北非傳播時，對其他一神教信仰還算「包容」。亞伯拉罕諸教（Abrahamic Religions）的信徒被稱為「有經者（Ahl al-kitab）」。他們被允許繼續他們的信仰，只是要另外付一種稅——「吉茲亞（jizya）」。然而，大部分生活在伊夫里基亞的柏柏爾人都不是信一神信仰，也不屬於有經者。如果他們不願意信仰伊斯蘭教的話，那就只剩下被奴役或是受死兩種選擇了。

猶太人和基督徒被允許重修老舊的廟宇和教堂，但禁止建造新的宗教建築。在阿拉伯人征服這裡以後很長的一段之間，猶太教和基督宗教都還是一直有人信，而且這些信徒繼續以社會上的極少數在突尼西亞生活著。一直到十二世紀末，基督徒才被迫要在改宗或是被流放之間二選一，結果很多人就因此改變信仰了。

伊夫里基亞在「阿格拉布王朝（Aghlabid Dynasty）」的統治下欣欣向榮。阿格拉布的「埃米爾（即統治者，emir）」利用伊夫里基亞的地緣戰略地位，建立了一支在地中海中部稱霸的艦隊，征服了馬爾他和西西里島。而這兩個地方在接下來的兩個多世紀，就一直處於穆斯林的統治之下。阿格拉布的埃米爾還在公共工程方面進行了大量投資，包括水資源的保護和配給。他們建造了水道、橋梁、蓄水池和複雜的汙水處理系統。這些最初被認為是迦太基人和羅馬人的傑作，一直要到一九五〇年代法國的歷史學家馬赫塞・索利尼亞克（Marcel Solignac）才推翻了這一個說法。

但也許最重要的是，在阿格拉布王朝的統治下，凱魯萬文明的發展令人驚嘆。凱魯萬迅速成為伊斯蘭思想、文化和學術的首都，並建立了一套在伊斯蘭世界中代代相傳的道德準則。凱魯萬以其豐富的阿拉伯文和希伯來文書籍市場而聞名，也是醫學、天文學、工程學和翻譯等方面的研究中心。

凱魯萬的大清真寺「奧卡巴清真寺（Mosque of 'Uqba）」，是由凱魯萬的建立者奧卡巴．伊本．納菲於西元六七〇年建成的。它是馬格里布地區第一座清真寺，九世紀時在阿格拉布王朝的統治下進行了大規模的擴建，後來就被稱為「凱魯萬大清真寺（Great Mosque of Kairouan）」。該清真寺的宏偉氣勢堪比東方的任何奇景。建築風格上的吸引力，以及完全不突兀地融合了不同文化的影響，尤其在它廣大溫馨的院子裡，讓人感受到了一種類似蘇非主義的靈性和寧靜。這座清真寺為凱魯萬贏得了聖城的美譽，成為朝聖者和虔誠穆斯林的嚮往之地。

這座清真寺也很快成為了一個重要的學術場所，吸引了來自各個地區和不同信仰的學生。歷史學家路易士．德爾．馬莫爾．卡瓦哈爾（Luis del Mármol Carvajal）將這座清真寺對伊斯蘭教的意義，與三百年後建立的巴黎大學對基督教的意義進行了比較。清真寺被認為是穆斯林社區的中心，不光是禮拜或宗教教育的場所，也是政治討論、辯論和教育的場所。伊斯蘭教傳播到哪裡，清真寺就在哪裡建立，並引領著當地民眾包括宗教和非宗教的教育。到了九〇〇年，幾乎穆斯林世界的每個清真寺底下都包含一所以上的小學，讓五歲以上的男孩和女孩都可以就讀。《可蘭經》是一開始最重要要的學習內容。小學教育從寫出九十九個真主的名字和背誦聖書中的經文開始。

在那之後，通過對《可蘭經》的深入研讀來學習閱讀和寫作。通常還會學習算術，然後在比較大和比較進階的清真寺，還會學習歷史、法律、科學、詩歌和代數。

凱魯萬大清真寺既是一所學校，也是一所大學。除了教授數學、語法、醫學和天文學外，還教授《可蘭經》和伊斯蘭法學。它的圖書館收藏有最早的阿拉伯文書寫範例之一，和一些最早可以追溯到九世紀的古老伊斯蘭法律手稿。

在凱魯萬學者的帶領下，突尼斯成為了當時東方以外最有醫學傳統的地方之一。出生於現代伊拉克的穆斯林醫生易斯哈格·伊本·伊姆蘭（Ishaq Ibn Imran，西元九〇八年歿），在凱魯萬建立了一所醫學院，他的一位學生後來成為當時最有影響力的醫學專家之一。伊沙克·伊斯雷利（Ishaq al-Israeli，約略生卒於西元八三二年至九三二年間），也被稱為艾薩克·伊斯雷利·伊本·所羅門（Isaac Israeli Ibn Salomon），是出生於現代埃及的猶太人。他也是一位哲學家，撰寫了許多關於邏輯學和形而上學的著作。他的學生包括出生於凱魯萬的突尼西亞名醫伊本·賈札爾（Ibn al-Jazzar，約略生卒於西元八九八至九八〇年）。

伊本·賈札爾的著作關於飲食和病理、憂鬱症和健忘症以及性行為。他最著名的著作是名為《旅行者和久坐者的營養品（Zad al-musafir wa qut al-hadir）》的一本綜合醫學手冊。該書總共七卷，內容涉及廣泛的醫學主題，以及對各種疾病的描述。這部手冊被認為是歐洲醫學發展過程中最具影響力的文本之一，被翻譯成希臘文、拉丁文和希伯來文。伊本・賈札爾還寫了一篇關於女性健康的論文，並對男性醫生在女性檢查中的角色進行了辯論，質疑了當時普遍認為只有在助產士的知識或能力所不能及的情況下，男醫生才能對女性進行檢查或治療的觀念。伊本・賈札爾在八十多歲時去世，留下了一千多公斤的書籍，其中大部分都與醫學相關。

伊本・賈札爾的著作被翻譯後是在義大利的「色藍諾醫學院（Schola Medica Salernitana）」被教授。色藍諾醫學院是世界上第一所醫學院，也是現代大學的前身。這所學校的聲譽在十一和十二世紀的時候達到巔峰，因為機構裡最重要的學者，也就是被稱為「東方與西方大師（Magister Orientis et Occidentis）」的突尼西亞基督徒，非洲人康斯坦丁（Constantinus Africanus），在此出版的鉅作。生於迦太基的康斯坦丁在整個阿拉伯世界遊歷和學習，踏足過的地方包括亞歷山卓和巴格達。他將阿拉伯文和希臘文的文本翻譯為拉丁文，而色藍諾醫學院則傳授羅馬文、希臘文、猶太文和阿拉伯科學。對歐洲十二世紀文化的文藝復興產生了巨大影響的色藍諾醫學院，在對西方世界傳播阿拉伯人和希臘人的知識上發揮了重要作用。

凱魯萬也是伊斯蘭教法學「費格赫（fiqh）」的研究和解釋中心。隨著伊斯蘭教在黎凡特、美索不達米亞和北非的傳播，如何使伊斯蘭教適應這些地區的新社會和新文化成為了必要的研究。這就為學者們打開了「伊智提哈德（ijtihad，對伊斯蘭教義的獨立推理和詮釋）」，與對伊斯蘭教的戒律和伊斯蘭教法的觀念進行辯論的大門，並促成了四個遜尼派的「麥茲哈布（madhabs，法學流派）」的形成：瑪利基派（Maliki）、沙斐儀派（Shafi'i）、哈乃斐派（Hanafi）和罕百里派（Hanbali），每一派都是以各自的伊瑪目和創始人的名字命名的。

伊夫里基亞當地的民眾有某一段時期，在阿拔斯王朝引入的哈乃斐派和瑪利基派之間搖擺不定。然而隨著時間的推移，阿格拉布王朝的統治者和宗教學者開始公開支持瑪利基派這個當時比較邊緣的流派。凱魯萬的「法基赫（fuqahaha，伊斯蘭教的法學家）」發現，如果他們成為瑪利基學派思想的早期採納者，那他們在定義馬格里布的法律文化上，就會有更多的自由裁量權。

創立瑪利基教派的伊瑪目馬立克·伊本·阿納斯（約略生卒於西元七〇八至七九五年）認為，在麥地那生活過的首三代伊斯蘭教徒所遵守的習俗，應該成為伊斯蘭生活方式的基礎。這些「遜奈（Sunnah，聖行）」的擁護者強調對《可蘭經》和聖訓的實際解釋，並且相對於嚴格遵守教條的保守法學流派，更欣賞宗教的社會政治背景。瑪利基派對伊斯蘭教的解釋方法具有很大的彈性，強調各種文化習俗在塑造宗教時的重要性。這種適應性有助於突尼西亞的伊斯蘭教作為現代突尼尼西亞的特點，並說明為什麼突尼西亞能夠走上一條與其他阿拉伯穆斯林國家截然不同的道路。

瑪利基派的很多學術成果，都是凱魯萬大清真寺的「烏理瑪（ulama，伊斯蘭教的學者）」所促成的。凱魯萬大清真寺也是這個發展的一項關鍵因素。凱魯萬大清真寺在支持和促進瑪利基派的宗教信仰方面發揮了重要作用。伊瑪目馬立克認為，凱魯萬與美索不達米亞的庫法和阿拉伯半島的麥地那，並列三大穆斯林學習和科學中心。

凱魯萬的學者們塑造了在凱魯萬和其他地方進行的辯論，並寫出了被認為是最有影響力的瑪利基派著作。安達盧西亞人亞希亞・伊本・薩拉姆・巴斯里（約略生卒於西元七四五年至八一五年）在凱魯萬撰寫並傳授他的「塔夫西爾（tafsir，宗教文本的解釋）」；他開啟了安達盧西亞的伊斯蘭教學術研究。以沙努（Sahnun）之名更為人所知的凱魯萬人阿卜杜勒薩姆・伊本・賽義德（Abdelsalam Ibn Said，卒於西元八五五年），寫出了被認為是瑪利基思想最具有決定性的著作《大法典（al-Mudawwana al-kubra）》。這本書是瑪利基派得以在北非和安達盧西亞地區傳播的一個重要原因；它被認為是「北非瑪利基主義的『武加大譯本』」，也是馬格里布地區統一瑪利基意識形態重要的一步。

凱魯萬另一位著名的瑪利基派學者伊本・阿比・札伊德・蓋拉瓦尼（Ibn Abi Zayd al-Qayrawani，卒於西元九九六年）寫下了《使徒書（al-Risalah）》，是瑪利基法學最重要的論述之一。蓋拉瓦尼是「艾什爾里派（Ash’arism）」的擁護者。艾什爾里派是美索不達米亞的沙斐儀派學者阿布・哈桑・阿里・本・伊斯梅爾・艾什爾里（Abu al-Hassan Ali Ibn Ismail al-Ash’ari，西元八七三至九三五年）創立的一個神學流派。艾什爾里派以理性和邏輯應凌駕於教條之上，賦予個人更大的責任和自由意志，成為馬格里布地區最主要的遜尼派思想流派。

凱魯萬還以制定了一部領先於時代數百年，賦予女性結婚和離婚權利的法律而聞名。至今在大多數穆斯林占多數的國家裡，女性仍然沒有這項權利。儘管還是遵循《可蘭經》的教訓，但這部法律卻受到社會的風俗和需求影響，強調伊斯蘭教法是人類的產物，不是絕對或靜止不動的。特別是在馬格里布地區，習慣法在公認的法律和司法實踐方面是至關重要的。

一夫多妻制在以前的伊斯蘭教社會中很普遍，伊斯蘭教至今仍然有條件地允許一夫多妻制：一個男人最多可以娶四名婦女為妻，但條件是他必須平等對待她們。但凱魯萬的婚姻契約卻是個例外，其中包含了丈夫要對妻子忠誠的條款。如果丈夫違反這些條款，比如娶二奶或納妾等，妻子就有充分的權利要求離婚，並受到伊斯蘭教司法機構的支持。由於凱魯萬人普遍都採取這種「自願」做法，以至於「凱魯萬式婚禮」就成為一夫一妻制婚姻的代稱。有兩個發生在八世紀的故事，據說是著名的凱魯萬式婚姻的起源。其中一個故事說，未來的第二任阿拔斯王朝哈里發阿布・賈法爾・曼蘇爾（Abu Ja'far al-Mansur），因為躲避伍麥亞王朝的追殺躲到凱魯萬避難。他在凱魯萬娶了一位貴族的女兒阿爾瓦（Arwa），阿爾瓦在他們的婚約中規定，阿布・賈法爾・曼蘇爾不能娶其他妻子或小妾。而另一種說法則是，伊夫里基亞的省長亞齊德・伊本・哈提姆・穆哈拉比（Yazid Ibn Hatim al-Muhallabi，西元七七〇至七八七年在位）娶了一位來自阿拉伯半島漢志（Hejaz）地區，並定居在凱魯萬的貴族女子為妻。他們的婚約中有一個類似阿爾瓦的條款要求一夫一妻制。結婚多年後，亞齊德納了個小妾，元配就將他告上法庭要求離婚。「以公理正義著稱」的法官於是判元配勝訴，亞齊德因此被迫要在妻子和小妾之間做出選擇。

在阿格拉布王朝的百年統治期間，瑪利基派在凱魯萬和整個伊夫里基亞扎根，建立了伊斯蘭教的學術基礎。這決定了往後突尼西亞人與伊斯蘭教之間的關係。從阿格拉布王朝統治時就開始的傳統，就算受到後來由其他統治者帶來的壓力也仍舊屹立不搖。

十世紀早期，什葉派開始統御伊夫里基亞。西元九〇九年，被稱作阿布・阿卜杜拉・什義（Abu Abdullah al-Shi’i）的胡賽因・伊本・札卡里耶（Husayn Ibn Zakariyya），成功反叛了阿格拉布王朝的統治，並進入凱魯萬。什葉派伊斯蘭分支伊斯瑪儀派（Isma’ili）的首領烏拜德・安拉・馬赫迪（Ubayd Allah al-Mahdi）得知此事後，在黎凡特自稱為「馬赫迪（Mahdi，救世主）」並向西行軍。烏拜德・安拉・馬赫迪在凱魯萬宣布自立為哈里發，並處死阿布・阿卜杜拉・什義。從此，宣稱繼承了先知之女法蒂瑪（Fatima）衣缽的烏拜德・安拉・馬赫迪，便開始了以法蒂瑪為名的「法蒂瑪王朝（Fatimid Caliphate）」的統治。

法蒂瑪王朝首先將突尼西亞沿海，以馬赫迪名字命名的城鎮馬赫迪耶（Mahdia）定為首都。

西元九六九年，在哈里發穆伊茲．里丁．阿拉（al-Mu'izz li-Din Allah，西元九三〇至九七五年）的統治下，法蒂瑪王朝占領了埃及，並在西元九七三年建立了「凱西拉（al-Qahira，阿拉伯語的『開羅』）」作為法蒂瑪王朝的新首都。西元九七〇年，穆伊茲在開羅建立了世界著名的「艾資哈爾清真寺（al-Azhar Mosque）」，該寺後來成為主要的遜尼派神學中心。一路統治到一一七一年的法蒂瑪王朝，以開羅為中心將領土往東北方擴展到敘利亞，向東南方擴展到麥加和麥地那。

柏柏爾人的一個部落「齊里德（Zirid，也叫做 Banu Ziri）」效忠於法蒂瑪王朝，並在其統治期間成為伊夫里基亞的統治者。但瑪利基派的學者仍舊忠於遜尼派並反對法蒂瑪的什葉派。瑪利基派的暴動在一〇一六年至一〇一七年爆發，約有兩萬名什葉派的教徒被殺。齊里德人最終於一〇四四年脫離法蒂瑪王朝和什葉派，從首都凱魯萬撤退到法蒂瑪位於沿海的前首都馬赫迪耶。

十二世紀中葉，伊夫里基亞被柏柏爾人穆罕默德．伊本．圖馬特（Muhammad Ibn Tumart）所帶領的革命運動「阿爾摩哈德（Almohad）」給接管。穆罕默德．伊本．圖馬特在現代的摩洛哥，打敗了當時統治的「穆拉比特王朝（Almoravid Dynasty）」。在阿爾摩哈德王朝的領導下，建立了政治和精神上的統一。這是歷史上第一次也是最後一次，整個馬格里布地區統一在一個中央的原生政權之下。

然而在十二世紀晚期，阿爾摩哈德王朝任命馬斯穆達（Masmudah）柏柏爾部落的哈夫斯

（Hafs）部落治理突尼西亞。當這群有野心的哈夫斯部落在一二二九年左右發現了一個破口，就脫離了日益衰落的阿爾摩哈德王朝，並建立了他們自己的哈夫斯王朝。馬格里布地區開始陷入戰爭和叛亂，不久後阿爾摩哈德王朝就被推翻了。哈夫斯王朝的統治一直持續到十六世紀中葉，直到突尼西亞成為土耳其人的囊中物才結束。

哈夫斯王朝在突尼斯建立了首都，其中的卡斯巴更一直是權力的所在地。各地的城市成為學習中心，統治者資助美麗的清真寺和名校。宗教思想和教育蓬勃發展，瑪利基派迎來了他們的宗教復興。但在政教分離的哈夫斯，宗教學者被禁止干涉國家事務，而國家也放棄對伊斯蘭教的控制，並讓宗教自由發展。

在阿爾摩哈德王朝及緊接在後的哈夫斯王朝統治期間，蘇非主義開始進入突尼西亞，並開始影響了突尼西亞伊斯蘭教的發展。蘇非主義通常被稱為伊斯蘭教的神祕主義，它把自己看作是伊斯蘭精神內涵的細緻延伸，是「伊斯蘭教的完成，是伊斯蘭教相對於法律形式化和神學學術化的活生生體現」；蘇非主義之於伊斯蘭教的精神性，就如伊斯蘭教法之於伊斯蘭的法律層面。蘇非主義的實踐是將傳統的宗教義務如每日五次的拜禱，與額外的精神儀式如「誦經（dhikr，誦讀真主經文）」，以及對聖人的崇拜全部結合在一起。最受歡迎的蘇非教團（turuq）就是梅夫拉維教團（Mevlevi Order），他們的思想基礎有二，一是賈拉爾．阿丁．魯米（Jalalal al-Din al-Rumi，西元一二〇七至一二七三）的教誨；另外則是以來自烏茲別克布哈拉的巴哈・烏德・丁・納克西班德・巴哈里（Baha-ud-Din Naqshband Bukhari，卒於西元一三八四年）之名命名的「納克西班迪亞教團（Naqshbandiya）」的教誨。

蘇非主義這個名詞的確切來源已經很不可考，就像這個教派本身一樣地撲朔迷離。根據一些解釋，這一個稱呼源於阿拉伯語中的「羊毛（sūf）」一詞，推測早期的蘇非運動追隨者，是受東方基督教僧侶通常穿著羊毛作為「遺世象徵」習慣的影響，或者是參考摩西在與上帝對話時穿的羊毛衣服；也有人說蘇非主義這個詞，是指穆罕默德時代貧窮卑微的移民。與精英和貴族在宗教信仰當中呈現政治化、腐敗化的傾向相比，蘇非主義者的生活方式是淳樸的體現，貧窮被視為蘇非主義的必要元素。

蘇非主義的大師與阿爾摩哈德王朝統治者之間時有衝突，不過這也不意外，因為蘇非主義認為國家主權和統治的正統性只屬於上帝。在蘇非主義原則下，政治統治者和蘇非主義領袖之間的角色常是顛倒的：世俗權力的代表必須向神的代言人低頭，而不該是反過來。哈里發或蘇丹賜予的禮物不像一般情況下被視為一種恩寵，反而統治者才應該心懷感激地接受聖人的聖靈見證和「瓦拉亞（walaya，接近真主）」。蘇非派大師對平民百姓的影響，以及他們可能建立權力的潛在威脅，使他們被政治精英們視為危險和離經叛道的存在。

幾個世紀之後，蘇非主義的大師們帶頭反抗殖民主義的影響和擴張。所以至少對歐洲的東方主義者來說，這就令他們覺得有必要把這場運動貼上狂熱的、與伊斯蘭教無關的標籤。歐洲人通過基督教的角度以及他們偏頗的殖民經驗來解釋伊斯蘭的蘇非主義，導致了以法語在檢驗蘇非主義著作時，會感受到一股很明顯的文化譴責。

儘管一些現代主義者和伊斯蘭教改革主義思想家，試圖將伊斯蘭教與蘇非主義做切割，但蘇非主義對伊斯蘭教倫理和神學的貢獻不能被輕易否定。人們認為，蘇非主義對伊斯蘭社會產生了巨大的影響，塑造了伊斯蘭社會的文化和性格。這在突尼西亞尤其如此，突尼西亞的每個城鎮和村莊都有一位蘇非教的教士，而且在十九世紀之前幾乎每個突尼西亞人都隸屬於某個主要的蘇非教團。相對於宗教精英在建於西元七三四年，作為現代知識分子思想中心的突尼斯宰圖納大清真寺當中，與家族世代相傳有影響力職位的學者型伊斯蘭教而言，蘇非派的伊斯蘭教算是「突尼西亞的大眾型伊斯蘭教」。

被認為是突尼斯守護神的西迪・馬赫雷斯・伊本・哈拉夫（Sidi Mahrez Ibn Khalaf，西元九五一年至一〇二二年），是一個在法蒂瑪王朝結束前的政治動盪中，作為政治和宗教領袖保衛突尼斯城而聞名於世的瑪利基派學者。他也是著名的猶太社區守護者。在突尼斯城內只有穆斯林居住的時候，西迪・馬赫雷斯・伊本・哈拉夫呼籲穆斯林和猶太人一起生活，於是建立了突尼斯的第一個猶太人社區，也就是今日我們所說的「哈拉區（Hara Quarter）」。

其他著名的蘇非派突尼西亞人包括西迪・阿布・塞德・巴吉（Sidi Abu Said al-Baji，西元一一五六至一二三一年）。他建立了一個避難所，後來成為西迪布塞城。移居突尼斯的摩洛哥人阿布・哈珊・塞意利（Abu al-Hassan al-Shadhili，西元一一九六至一二五八年），成為突尼斯幾位著名蘇非派人物的導師，並建立了「塞意利教團」。他的弟子包括被認為是早期的伊斯蘭女權主義者，也是少數被授予聖人稱號的女性之一的艾夏・馬努比亞（Aicha Manoubia，西元一一八〇年至一二五七年）。

後來成為突尼西亞現代改革運動的一個重要參考點的十四世紀「突尼西亞之子」伊本・赫勒敦（Ibn Khaldūn），贊同早期的蘇非主義。他尊重早期蘇非主義者的警醒持重（sahw），但譴責他們的繼承者經常被謠傳在祭祀活動中用藥狂歡。他將對社會凝聚力和政治穩定性的不利影響歸咎於蘇非主義。伊本・赫勒敦對後來蘇非主義的負面看法，很可能來自於當時人們普遍認為馬格里布和安達盧西亞的政治和經濟衰落，跟影響力越來越大的蘇非主義有關。由於他所承繼的精英主義，伊本・赫勒敦很可能是因為偏見而反對蘇非主義對社會秩序造成的影響，而不是反對蘇非主義的信仰性質。

伊本・赫勒敦的祖先於一二四八年自安達盧西亞移居此處，在不同王朝的統治下，都擔任高級行政和政治職務。他生活在馬格里布一個相當動盪的時期，見證了阿爾摩哈德王朝統治的終結，與穆斯林在西班牙的「收復失地運動（Reconquista）」中控制權的削弱。在伊本・赫勒敦的政治生涯中，他曾在塞維利亞面見過卡斯提爾王國的「殘酷者」佩德羅一世（Pedro the Cruel），也曾在大馬士革近郊會見蒙古的征服者帖木兒（Tamerlane）。兩人都曾想要延攬他，但都被他拒絕了。他很有能力，但也因此常常樹敵、常換工作，更經常抱怨「敵人和陰謀家」害他被上司厭棄。

早在亞當・斯密提出現代經濟學和早期的政治經濟學理論、以及大衛・李嘉圖發表比較優勢和價值論概念的幾個世紀前，伊本・赫勒敦就已經研究並撰寫了關於生產力、人類勞動和生產的社會組織理論。但他的著作直到十九世紀晚期才在阿拉伯語地區以外的地方廣泛傳播。

被認為是有史以來最博學學者之一的伊本・赫勒敦，在其職業生涯的早期就開始質疑，城市奢華的生活和統治者與人民之間的距離所造成的危害。身為一個政治和哲學的現實主義者，他最讓人記得的是他的開創性著作《歷史緒論（Muqaddimah）》，該書討論了歷史哲學，並論述了伊斯蘭神學、政治理論和科學。伊本・赫勒敦對國家的概念很著迷，對他來說「國家」與領導國家的「王朝」是同義詞。在阿拉伯語中，也是用同一個詞「dawlah」來稱呼兩者。因為認為政治和權力的動能是來自部落社群，而且在更大的國家或帝國中仍然繼續發揮作用，他也撰述關於文明發展與其所處環境之間的關係。至於宗教和政治，伊本．赫勒敦在《歷史緒論》當中寫道：「一個必須知道的真相是，除非存在支持宗教與政治願望的權力和群體意識（ʿassabiya），並在拒絕這些宗教和政治願望的人面前捍衛這些宗教和政治願望，否則任何宗教或政治宣傳都不可能成功。」

《歷史緒論》用了整整一章的篇幅，論述了伊本．赫勒敦認為人有別於其他生物的思考能力。他提供了他對《可蘭經》第十六章〈蜜蜂章（al-Nahl）〉第七十八節：「他給了你聽覺、眼睛和心。」的經文解釋，認為這邊的「心（fuʾad）」指的是思考能力，而不是情感或器官本身。

伊本．赫勒敦的教育理論既深刻又先進。他認為，過於嚴格是有害的；反對對學生進行嚴厲的懲罰，強調師生之間緊密關係的重要性。他相信應該根據學生的程度循序漸進、一次一個地，按照正確而不是斷斷續續的順序教育。伊本．赫勒敦發現濃縮材料和提供節選的手冊，對學生的學習是有害的。主張學生對於手邊大主題理解的重要性，反對用複雜的技術術語和方法論差異向學生介紹大量的學術著作。他也鼓勵透過旅行以及與學者會面務實地學習。

伊本．赫勒敦不同意當時和現在都很常見的填鴨式教育，特別反對對宗教和《可蘭經》死記硬背的教學方法。儘管伊本．赫勒敦基本上不屑蘇非主義，但他贊成安達盧西亞的伊斯蘭學者與蘇非神祕主義者伊本．阿拉比（Ibn al-ʾArabi，西元一一六五年至一二四〇年）的觀點，即對學生的教學應該從阿拉伯語和詩歌開始，然後是算術，而不是像當時普遍先教《可蘭經》。

伊本・赫勒敦提倡批判性和分析性的思維，這一點清楚地展現在突尼西亞——尤其是在布爾吉巴時期——所推廣的教學與學習方法，並與數十年來在阿拉伯課堂上占主導地位的死記硬背教學法，形成了鮮明的對比。阿拉伯國家的教學法禁止學生與權威人物，譬如政治和宗教的權威人物，進行辯論或爭論，也禁止提出不符合「教派路線」的任何解釋。

伊本・赫勒敦被公認為是社會學和人類文明科學之父（'ilm al-'umran），也被視為是伊斯蘭思想中「亞里斯多德—阿維羅主義」思潮的延續，也是現代世俗伊斯蘭教的先驅。雖然某些十六、十七世紀的鄂圖曼學者和政治家對他的著作產生了興趣，但一直要到一八六〇年代《歷史緒論》被翻譯成法文後，伊本・赫勒敦才獲得了國際認可。

伊本・赫勒敦已經被馬格里布地區和中東各國、甚至北至西班牙，宣稱是他們伊斯蘭知識文化遺產的一部分。或許突尼西亞人比任何其他民族都更有理由對伊本・赫勒敦感到自豪。難怪當布爾吉巴在一九七八年需要支持他的政權和改革政策時，豎立了至今仍舊屹立在哈比卜・布爾吉巴大道上的伊本・赫勒敦的雕像，與他本人「突尼西亞之父」布爾吉巴的雕像遙遙相望。

自由主義的世俗理想源自伊本・赫勒敦和早期瑪利基派學者建立的傳統。這些原則替伊斯蘭教在突尼西亞人的私生活中占有一席之地創造了空間，同時又不限制他們的政治和公共參與。布爾吉巴相當了解這一點。

伊朗學者賈瓦德・哈格納瓦茲（Javad Haghnavaz）認為，只要堅守教義原則，伊斯蘭教從來不反對學習和融合其他文明的思想。突尼西亞的伊斯蘭教也不例外。哈比卜・博拉萊斯在他的《突尼西亞的歷史（Histoire de la Tunisie）》一書中認為，在整個突尼西亞的歷史上，突尼西亞人傾向於採納非正統的宗教解釋。突尼西亞的伊斯蘭教歷經八個世紀的演變，將凱魯萬和突尼斯等知識中心土生土長的教誨，與受到遠至波斯或近至安達盧西亞等地影響的學術、神學和靈性的發展交織在一起。深厚的學術功底、堅持適應當地的傳統和價值觀，並與不同的文明相互交融，產生了一個富有生命力的伊斯蘭教流派，既強健又遠離教條主義。突尼西亞的伊斯蘭教為突尼西亞獨特認同的生命力，與突尼西亞豐富文明的形成做出了貢獻。

突尼西亞的伊斯蘭教發展，受益於沒有遭受到穆斯林世界中，其他也曾是穆斯林文明偉大搖籃城市的相同命運。西元一二五八年，蒙古人的入侵結束了阿拔斯王朝的統治，並摧毀了阿拔斯王朝的所有城市。這些城市是知識分子活動與科學、教育蓬勃發展的中心。蒙古人在西元一二六〇年敗於統治埃及的馬木路克蘇丹國（Mamluk Sultanate），使他們的西征止於埃及，讓更西邊的馬格里布地區免於遭受類似的毀滅。

當蒙古人入侵黎凡特和美索不達米亞之時，伊斯蘭學術在凱魯萬和突尼斯達到了頂峰，而此後東邊阿拉伯世界的學術發展開始了很長一段時間的停滯不前，而狂熱的種子就在此時被著名的罕百里派法學家和學者塔基・丁・哈邁德・伊本・泰米葉（Taqi al-Din Ahmad Ibn Taymiya，西元一二六三至一三二八年）等人種下了。十九世紀曾經很有希望復興伊斯蘭教的嘗試最終還是失敗了，但也為二十世紀的極端主義意識形態留下伏筆。

過去一千年中前五百年發生在突尼西亞的變化被保留了下來，有助於讓十九世紀中葉開始一直持續到二十世紀的現代改革運動成為可能，我們在下面兩章繼續闡述。

八、具有影響力的死對頭們

十五世紀，世界上發生兩件重要的事件對突尼西亞產生了巨大的影響，決定了突尼西亞在西元一千年以後大半的命運。

首先是西元一四五三年，鄂圖曼土耳其將羅馬趕出了拜占庭君士坦丁堡，並將君士坦丁堡立為蘇丹穆罕默德二世（Sultan Mehmet II）統治下的鄂圖曼帝國首都，開始了人類歷史上最龐大的帝國。鄂圖曼帝國在西元一三〇〇年奧斯曼一世（Osman I）在位時，還只是個小亞細亞地區的「侵略者（ghazi）國家」，最終通過征服和戰爭的戰利品發展成為一個帝國，並在對抗基督教拜占庭的聖戰中，統一了整個安納托利亞地區的部落。到了西元一五二〇年，鄂圖曼土耳其已經掌控了從西邊的威尼斯到美索不達米亞、黎凡特和東南方的阿拉伯半島，還有埃及和西突尼西亞的領土。

第二個重大的發展是，西班牙長達數百年的「收復失地運動」告一段落。卡斯提爾女王伊莎貝拉一世（Isabella I）和她的丈夫，亞拉岡國王斐迪南二世（Ferdinand II）在一四九二年拿下了伊比利亞半島，終結了安達盧西亞穆斯林在該地的統治。西班牙人很快就開始了在美洲，甚至遠至菲律賓的探索、拓殖和帝國擴張。西班牙也一心想要征服整個地中海，在非洲沿岸的港口城市建立起他們的要塞（presidio）。

安達盧西亞的猶太人和穆斯林被迫改信基督教，否則就會被驅逐。突尼西亞由於地理位置的鄰近和凱魯萬的吸引力，成為安達盧西亞穆斯林和猶太知識分子的移民熱點。格拉納達的穆斯林國王被打敗後，穆斯林和猶太知識分子移民湧入突尼西亞，從西班牙至此尋求庇護。

被歐洲人稱為「巴巴里海岸（諧音柏柏爾人）」的北非沿海地帶，吸引了當時兩個最強大的地中海國家的注意：西邊的哈布斯堡王朝西班牙和東邊的鄂圖曼帝國土耳其。西班牙和鄂圖曼在北非沿岸的競逐占據了十六世紀的大部分時間。鄂圖曼土耳其最終透過很不正統的手段取得了勝利：他們允許惡名昭彰的土耳其海盜（corsairs），在北非沿岸建立勢力範圍、掠奪領土，接著再正式給予這些海盜占領的地方以鄂圖曼帝國的保護國地位。因此，阿爾及爾沿海在西元一五一二年被占領，另外兩個突尼西亞東邊的保護國則是在一五五一年建立。西元一五三四年，突尼西亞曾被海盜巴巴羅薩．海雷丁．帕夏短暫占領，接著一五三五年被西班牙收復，一直到一五七四年才終於納入鄂圖曼帝國。

在鄂圖曼帝國時期縮小的突尼西亞邊界，除了南部部分地區外，與現代邊界大致相當。突尼西亞和其他鄂圖曼帝國的管轄區一樣，成為一個半自治的省份，由一名「貝伊（bey，總督）」管理。中央權力屬於君士坦丁堡的蘇丹，並由他的「大維齊爾（grand vizier，宰相）」輔佐。

突尼西亞是鄂圖曼帝國最後的占領地之一。從被占領的那一刻開始，帝國就開始緩慢地衰落。雖然對阿拉伯世界的征服，使鄂圖曼帝國的國庫收入水漲船高，但已經沒有任何新的地方可以征服並產生新的收入了。以非凡的征戰力和效率聞名的鄂圖曼帝國軍隊開始衰弱，軍隊缺乏活動導致戰事失敗的比例和戰爭成本的上升。腐敗、裙帶關係和經濟問題導致帝國各地的社會動盪。

十七世紀開始的改革期，試圖解決帝國的萎靡不振，但未能從根本解決問題。帝國繼續衰落，並失去了大部分歐洲的領地。隨著中央集權統治的衰敗，地方統治者積累了更大的權力，並行使了更多權限。這個情況在鄂圖曼帝國較偏遠的省份尤其明顯。地方軍團統治的北非向鄂圖曼帝國蘇丹的進貢少得可憐。到了十九世紀，鄂圖曼帝國對其在北非的領土幾乎沒有了控制權。

但是突尼西亞的自治在更早以前就開始了。十六世紀末的軍事叛亂和地方控制凌駕於中央決策，致使鄂圖曼帝國在西元一六〇六年承認突尼西亞實際上的獨立。西元一六一三年至一七〇五年，在第一支世襲統治突尼西亞的貝伊穆拉迪德（Muradids）王朝之後，西元一七一〇年，海珊王朝（Husaynid Dynasty）的建立者海珊・伊本・阿里（al-Husayn Ibn Ali）通過了一項繼承法，確保他的後人世世代代統治突尼西亞。事實上，海珊王朝對突尼西亞的統治一直持續到西元一九五七年。突尼西亞獨立後的制憲會議，才真正終結了在法國藩屬時期就已經只剩象徵性意義的貝伊統治制。

衰弱的鄂圖曼帝國和崛起的歐洲列強之間，在鄂圖曼帝國統治的大部分時間裡，都一直持續著領土上的衝突，並在十九世紀越演越烈。西元一八四〇年，因為土耳其看起來想要對突尼西亞進行軍事侵略的舉動，令爭奪北非領土控制權的緊張局勢升溫，促使法國派出自己的艦隊。法國主張突尼西亞在鄂圖曼帝國內實行自治，目的是為了讓鄂圖曼遠離鄰近的阿爾及利亞，並為自己最終併吞突尼西亞做準備。西元一八三七年至一八五五年在位統治的海珊王朝貝伊哈邁德（Ahmad Bey）明白這一點。他爭取到了外國第三勢力英國的支持，讓他不至於受到鄰國威脅，並避免了一場軍事對抗。

經濟利益是突尼西亞最吸引歐洲人的重點，歐洲人將突尼西亞視為與鄂圖曼帝國經濟更加整合的切入點。西元一八一八年，為了解決拿破崙戰爭（Napoleonic Wars，西元一七九九至一八一五年）的後續共同問題而召開了「亞琛會議（Congress in Aix-la-Chapelle）」。會議上的歐洲列強，為了確保裝載本國產品運往國際市場的船隻能在地中海安全通行，迫使北非各國的政府制止海盜行為。一直到十九世紀早期，從來自地中海和大西洋小國的巴巴里海盜身上索取戰利品、贖金和奴隸，是的黎波里、突尼西亞、阿爾及利亞和摩洛哥等國貝伊的主要收入來源。隨著海盜行為的終止，歐洲的產品和思想開始以前所未有的速度流入突尼西亞。

作為保護突尼西亞不受歐洲和鄂圖曼帝國入侵的一部分戰略，貝伊哈邁德開始實施軍事現代化計劃。貝伊哈邁德的父親，貝伊海珊（西元一八二四年至一八三五年在位）以受到歐洲影響的鄂圖曼軍隊模型為基礎，建立了一支現代化的「尼扎米軍（nizami army）」。作為十九世紀法國影響力上升的象徵，這支軍隊的訓練是由一個法國軍事特派團提供的。貝伊海珊認為，鄂圖曼帝國軍隊「浮誇的騎兵和使用刀劍、長矛和其他『冷兵器』」已經嚴重過時，於是將心力投入配備現代武器，最主要的是裝配有火槍的強大步兵。但到了貝伊哈邁德執政時，軍隊的歐式裝備也已經過時，而且軍官們大多是文盲，也沒有受過軍事科學的訓練。軍隊主要是由土耳其人、柏柏爾傭兵和一些鄂圖曼帝國的「馬木路克（mamluk，奴隸兵）」所組成的精銳部隊。貝伊哈邁德擴編了尼扎米軍，巔峰時達到一萬六千人，並對軍隊進行了一些改善。他改變了徵兵的辦法，允許農民入伍。土生土長的突尼西亞人，因為不信任那些傳統上都是軍中高層的土耳其人，所以一開始很抗拒，還有許多人想盡辦法花錢不要被徵召，或者看能不能直接免役。

一支強大和現代化的突尼西亞軍隊，意味著突尼西亞更有能力可以抵禦歐洲的侵略。但是法國支持軍隊包括武器裝備的改良和升級，是為了確保突尼西亞的自治地位，至少是要讓他們擺脫鄂圖曼帝國的控制。所以法國確保突尼西亞的獨立，實際上是為自己最終吞併突尼西亞鋪路，於是就導致法國處在一個很微妙的位置：自己幫忙現代化的軍隊，未來有一天可能會反過來對付自己。

貝伊哈邁德的現代化項目包括建立鑄造廠、紡織廠和小型工廠，以支持剛剛起步的軍隊，並加強突尼西亞的經濟自主權。西元一八四〇年，他還以伊斯坦堡舊皇宮（Eski Saray）為原型創建了巴爾杜軍事學院，以新式裝備以及最新的軍事戰略和戰術訓練軍官。學院的規模不大，所以軍隊不可能完全由巴爾杜軍事學院的畢業生組成，但巴爾杜軍事學院的校友依舊為整個部隊帶來新思想和訓練的貢獻，在軍事方面持續有著很強的影響力。

巴爾杜軍事學院的教授科目包括兵法與歷史、炮兵、地形、法語、義大利語以及阿拉伯語和文學。與宰圖納清真寺教授宗教科學和相關主題的內容相反，巴爾杜軍事學院向學生介紹了地中海北部的文明。他們採用了現代歐洲教學法的原則，鼓勵學生主動參與式的學習，並採用蘇格拉底式的辯論和探究方法。巴爾杜的教授們來自不同的背景和國籍，包括義大利人、英國人、法國人和突尼西亞人。歐洲的老師們大多教授現代課程，而較傳統的科目則由宰圖納大清真寺的「謝赫（Sheikh，教長）」馬哈茂德．卡巴杜（Mahmud Qabadu，西元一八一二至一八七一年）傳授。影響了後世突尼西亞現代改革運動的卡巴杜，教授阿拉伯語和文學，並與他最優秀的一些學生，一起將歐洲的著作和軍事論文翻譯成阿拉伯語。

巴爾杜是突尼西亞第一所不受宗教威權管理的學校，標誌了世俗教育的新時代。巴爾杜軍事學院比起西元一八六三年成立、被公認為「阿拉伯世界第一所獨立的、非宗教背景學校」的「國立學校（al-Madrasah al-wataniyyah）」貝魯特，早了二十多年。巴爾杜的學生是第一批學習現代數學、科學和工程的學生，而他們這些精英的影響力，就算在哈邁德的軍事抱負消退以後，仍在持續衝擊著突尼西亞。巴爾杜學院孕育了突尼西亞改革派的核心人物，他們後來便以啟蒙運動的精神，尋求國家的現代化。

巴爾杜一開始的畢業生大多是馬木路克的後代。巴爾杜也允許突尼斯的商人階層（baldiyya）入學。再加上將農民納入軍隊的編制，以上這些情況代表著提出了一個全新的可能，就是當地人獲得了對國家未來事務的發言權。

但以巴爾杜為主的軍隊現代化計劃，造成了嚴重的財政負擔，影響了貝伊哈邁德的決心。他早已增加農業出口品的稅收和關稅，以支付軍事計劃的支出，但還是遠遠不夠。西元一八五二年哈邁德第一次中風，他的一位大臣就帶著國庫裡的一大半財產逃往巴黎，使國家財政陷入一片愁雲慘霧。而且此時正是突尼西亞經濟狀況最差的時候，他們還正在從數年農作物歉收的慘況裡緩慢復原當中。十九世紀的突尼西亞，瘟疫和農作物歉收頻仍；西元一八一八年還有四分之一的人口死於瘟疫。

在貝伊哈邁德的統治末期，他再也無力維持他的軍事計劃，於是解散了大部分的軍隊。不過當鄂圖曼帝國要求附庸國出兵支援他們與法國、英國聯手對抗俄國的克里米亞戰爭（西元一八五三至一八五六年）時，貝伊哈邁德還是只能聽命派遣了一萬名士兵前往前線作戰。儘管資金和兵力不足，這仍然是一個哈邁德認為可以行使突尼西亞自主權，並在國際事務發揮軍事作用的不可或缺的機會。

結果這次出兵，事後證明是一場史無前例的災難：傷寒和霍亂給聯軍帶來巨大的損失；有報導說，得病的突尼西亞士兵甚至連戰鬥能力都沒有，只能被放在一旁等死。這對哈邁德來說是一個重大的打擊，他把自己的名聲和變賣珠寶所得換來的個人財富，都押在了這次的遠征上。戰爭結束後，哈邁德的軍事計劃告終了，他的繼任者們也無心管理軍隊，以至於西元一八八一年突尼斯並沒有怎麼抵抗就落入法國人手中了。因此，一個半世紀以後拯救突尼西亞、維護民主轉型的突尼西亞「小」軍隊，就這樣被確立了下來。

貝伊哈邁德從軍隊現代化開始進行的改革，正好碰上鄂圖曼帝國也在伊斯坦堡開始推行自己的改革。蘇丹馬哈茂德二世（西元一八〇八至一八三九年在位）是鄂圖曼帝國十九世紀開始的第一位統治者，他試圖改革日漸衰落的鄂圖曼帝國，於是進行了一些內部重組。他解散了由新征服領土的奴隸組成的「耶尼切里禁衛軍團（Janissary Corps）」，並廢除了留存下來的軍事領地和宗教捐獻。他建立學校培養公務員、醫生和軍官，創辦了官方報紙，並將學生送往歐洲。小學教育變成義務教育，但執行上並沒有落實到整個帝國。馬哈茂德二世還引進了歐洲服飾成為正式場合的穿著。不過這些零碎的改革有些膚淺，而且也沒有觸及到當時主要的倫理和法律問題，包括基督徒的被統治者和其他少數民族在帝國內的地位問題。

馬哈茂德的兒子阿卜杜勒邁吉德一世（Abdulmecid I，西元一八三九至一八六一年在位）和阿卜杜勒阿齊茲（Abdulaziz，西元一八六一至一八七六年在位），延續了馬哈茂德發起的改革運動，但將重點放在更深入、更實質性的帝國社會改革。他們的改革被統稱為「坦志麥特（Tanzimat）」，並且受到歐洲思想和歐洲列強壓力極大的影響。社會內部來自非穆斯林人口的要求，在推動改革上也起到了一定的作用，而坦志麥特的政治家們很快就接納這些改革並當成自己的計劃來做，因為他們相信為了復興江河日下的鄂圖曼帝國，這些都是非做不可的。

西元一八三九年《花廳御詔（Gulhane hatti sherif）》的頒布，預示著坦志麥特時代的來臨。該份詔書保留了伊斯蘭法的地位，但讓所有子民無論信仰什麼宗教一律平等。中央和地方政府進行改組，並對稅收進行管控。軍隊的徵兵制開始實施。民事、軍事和商業法庭相繼成立，並參照法國的先例制定了新的刑法和商業法。西元一八五六年頒布的《帝國改革法令（Hatti humayun）》，將人民的「幸福」作為蘇丹的施政目標，並禁止了基於宗教、種族或語言，在徵稅、徵兵、入伍或就讀公立學校、擔任公職的歧視。

突尼西亞並沒有馬上實行坦志麥特，但跟鄂圖曼帝國統治者所面臨的外部壓力類似，加上社會內部的發展導致突尼西亞的貝伊推行類似的改革。儘管貝伊哈邁德的軍事現代化計劃很短命，但他所推行的社會改革是具有歷史性而且影響深遠的。在整個十九世紀裡面，突尼西亞是穆斯林和阿拉伯世界當中，最自由、最保障人民權利的政體。

第一個重大的社會改革是廢除奴隸制。貝伊哈邁德在西元一八四一至一八四六年頒布的一系列三條法令，禁止奴隸買賣和所有權。突尼西亞成為穆斯林世界中第一個這樣做的國家，比沙烏地阿拉伯和葉門廢除奴隸制還早了一百一十六年，這兩個國家要到西元一九六二年才正式廢除奴隸制。另一個阿拉伯國家茅利塔尼亞的奴隸制在西元一九八一年才廢除，並且要到二〇〇七年才將奴隸制定為刑事犯罪。

突尼西亞曾從非洲中部進口許多黑人奴隸，並將每年數以百計的絕大多數黑奴，出口到鄂圖曼帝國裡面的穆斯林國家。到了貝伊哈邁德的統治期間，從突尼西亞港口出發的地中海黑奴貿易達到空前的流量，引發了在西元一八〇七年就宣布大西洋黑奴貿易為非法活動的英國施壓，要求廢除奴隸制。

西元一八四一年四月三十日，英國駐突尼西亞的領事湯瑪斯・里德（Thomas Reade）會見了貝伊哈邁德，懇請他對奴隸貿易進行「某種形式的檢查」。令里德感到驚訝的是，貝伊哈邁德不僅接受了他的要求，而且在里德離開巴爾杜宮不久，他就發電報給里德承諾會「給奴隸制致命的一擊」。哈邁德還吹噓說，他已經解放了自己原本擁有的所有奴隸，並下達了禁止從突尼西亞輸出奴隸的命令。

接著到了八月，哈邁德頒布了關閉奴隸市場和禁止從突尼西亞出口奴隸的法令。這項法令得到了英國與其他國家的反奴隸制團體，以及在西元一八四二年於巴黎以廢除奴隸制讓非洲人「重生」為宗旨成立的「非洲研究院（Institut d'Afrique）」寄來的熱情鼓勵信。一年後，哈邁德頒布了第二項法令，宣布凡是在突尼西亞出生的人都是自由之身。這一次，是來自法國的壓力促成這項命令的頒布。這道法令是因為一個黑人奴隸家庭害怕會被分開賣掉，於是跑去迦太基的聖路易主教座堂（Chapel of Saint Louis）尋求庇護。接著法國領事介入，並在法國領事館暫時安置這一家人，並要求貝伊解放他們，於是貝伊就照做了。

來自馬爾他並在統治精英之間流傳的一本匿名小冊子，引發了第三次也是最後一次的法令頒布。這本小冊子是西元一八四五年，在一名馬爾他的歐洲殖民者（colon）處決爭端時傳入突尼西亞的。這本小冊子以《可蘭經》和聖訓為論據，呼籲廢除奴隸制。這些事態發展鞏固了哈邁德的決心，於是他在西元一八四六年，頒布了關於奴隸問題的第三項法令，命令立即釋放所有黑人奴隸。

廢除奴隸制的法令在突尼斯城外產生了深刻的影響，特別是在普遍使用黑奴進行農業勞動的南方綠洲地區。對許多突尼西亞人來說，剝削和買賣奴隸是一門有利可圖的生意，最終的廢除令引發了該年震驚全國的叛亂。身為一位務實而又果斷的政治家，貝伊哈邁德因此提出了一個有節制的奴隸制階段性廢除方案作為回應，試圖減輕大奴隸主的經濟損失。

但哈邁德的決定也需要得到烏理瑪的認可，於是他的外交手腕再次派上用場。在一封文情並茂寫給「高等宗教委員會（Majlis al-Shari'）」的信中，他巧妙地解釋了頒布廢除奴隸制法令的理由。哈邁德以宗教理由作為他的核心論點：雖然伊斯蘭教允許一定條件下的奴隸制，也對奴隸主的義務有所規範，但奴隸主對奴隸常常不合法也不道德的不當對待，有可能害這些奴隸主死後上不了天堂。哈邁德引用《可蘭經》和聖訓，並從伊斯蘭教內部的觀點論證，強調伊斯蘭教理應人人平等的中心思想。哈邁德在他的信中兩次提及「麥詩賴海（maslaha，更廣大的公共利益）」一詞，並提到了馬爾他的小冊子和歐洲人對他第一條法令的正面反應。他還解釋說，他想要防止奴隸跑到其他非穆斯林人口的地區尋求庇護。哈邁德將宗教、政治和社會論點巧妙融合，逼得烏理瑪也沒別的選擇，只能同意。

貝伊哈邁德向烏理瑪提出的奴隸制論點，與一個世紀後布爾吉巴廢除一夫多妻制的論點，其實沒有太大區別。伊斯蘭教中關於丈夫要公平、平等對待所有妻妾的要求，根本不可能實現或執行。在布爾吉巴要廢除他形容為不合時宜的一夫多妻制時，他就以哈邁德解放奴隸為例，說明社會環境的變遷，會讓一些宗教認可的行為有被廢止的必要。無論是積極想要廢除奴隸制的貝伊哈邁德，還是為廢除一夫多妻制辯護的布爾吉巴，都認為正義是伊斯蘭教的基本信條。

哈邁德的部長兼突尼斯市長的海珊．巴夏將軍（西元一八〇二至一八八七年）是整個解放故事中的主角。海珊．巴夏深受倫理道德考量的驅使，在推動突尼西亞以外的奴隸制廢除以及讓突尼西亞因為推動奴隸廢除而站上世界舞臺，發揮了關鍵作用。

西元一八六三年，在美國廢除奴隸制的前兩年，美國領事艾莫斯．佩里（Amos Perry）寫信給貝伊哈邁德，請他就解放奴隸制的好處給一些建議，海珊．巴夏就代哈邁德回信。在給艾莫斯・佩里的信中，海珊・巴夏提出了一個哈邁德沒有提過的政治經濟論點：「一個存在著充分自由、不允許奴隸制的國家，會比其他國家更繁榮。」他有個主張可以支援這個論點，就是有三種不同類型的勞工：一種是非常勤奮為自己工作的人，一種是受僱於人但不如第一種勤奮的人，還有一種就是奴隸；奴隸不管做什麼都不會有報酬，所以也不會努力工作或是力求表現。

西元一八五六年春天，在巴黎歌劇院的一場遭遇，讓我們看到突尼西亞在奴隸問題上走得多前面（法國緊接著在西元一八四八年也在其殖民地廢除了奴隸制），還有海珊・巴夏本人對奴隸問題的態度又是如何。海珊・巴夏當時和一個黑人走在一起，一個美國人上前搭話，羞辱那位黑人和海珊・巴夏「無理取鬧」的行為。海珊・巴夏就回嘴說：「這位朋友你別緊張，我們是在法國巴黎，又不是在美國的里奇蒙！」

廢奴主義讓貝伊哈邁德和突尼西亞站上世界舞臺最前沿的關鍵作用，再怎麼強調都不為過。貝伊哈邁德贏得了全世界許多人的讚譽，他的法國軍事顧問菲力浦・多馬斯（Phillippe Daumas）說，他是一位「熱情有活力的改革家」。

在當時一套多卷的突尼西亞編年史《向當代人介紹突尼斯統治者歷史與基本協定（Ithaf ahl al-zaman bi akhbar muluk Tunis wa 'Ahd al-aman）》當中，貝伊哈邁德的秘書哈邁德・伊本・阿比・迪亞夫（Ahmad Ibn Abi Diyaf，西元一八〇四至一八七四年）提到，貝伊哈邁德對以自由作為其真正核心和基礎的文明，有著很自然的傾向。

貝伊哈邁德的生活方式樹立了一個榜樣，並吸引城市精英的追隨。他的政府對當代的思想保持開放態度，也廣納統治階級的烏理瑪和馬木路克。烏理瑪成為哈邁德在高等宗教委員會的代言人，替他說出當代思維的觀點並融入伊斯蘭的背景當中。馬木路克備受貝伊哈邁德的禮遇，許多人在政府和軍隊中擔任了一些最高和最有影響力的職位。很小的時候就從鄂圖曼帝國奴隸市場上買回來的馬木路克接受了很好的教育（包括伊斯蘭教育），並經常與王室的孩子們一起學習，最後都因此皈依了伊斯蘭教。馬木路克的地位是跟貝伊直接綁在一起的，所以他們非常忠誠，也經常與貝伊的姐妹或女兒結婚。烏理瑪和馬木路克都經常到國外旅行，並與會向他們通報歐洲情況的外國領事保持著密切聯繫。

在貝伊哈邁德的決策圈當中最有影響力的馬木路克就是穆斯塔法・哈茲納達爾（Mustapha Khaznadar，西元一八一七至一八七八年）和突尼西・海雷丁（Khayr al-Din al-Tunisi，約略生卒於西元一八二二至一八九〇年）。哈茲納達爾曾擔任過財政部長，後來又在貝伊哈邁德及其繼任者手下擔任過總理，可以說是突尼西亞那四十多年來最有影響力的政治人物。突尼西・海雷丁原本是一位上校，後來升任海軍部長，接著擔任總理。身為一名伊斯蘭現代主義者，突尼西・海雷丁提出了經濟和行政改革，以解決當時國家的財政危機，並撰寫了一部關於改革和現代化的開創性著作。

於貝伊哈邁德統治期間培養的改革派，在他死後一直繼續堅持著他的改革之路。繼任的堂弟穆罕默德（西元一八五五至一八五九年在位）起初並不認同哈邁德的改革，但最終屈服於來自外國勢力的壓力與突尼西亞改革派的影響。正是穆罕默德貝伊（又稱貝伊穆罕默德二世）在位時，發生了自西元一八四六年廢除奴隸制以來，最重要的社會改革：《保障公約（Ahd al-aman，或稱為「基本協定」）》。這份公約賦予所有被統治者，無論是穆斯林或非穆斯林、突尼西亞人或外國人，均享有公民權利和宗教平等。

西元一八五七年，哈邁德．伊本．阿比．迪亞夫在穆罕默德貝伊的命令之下，仿效鄂圖曼帝國的坦志麥特寫出了《保障公約》。其中承諾對刑法和商業法進行改革，廢除國家壟斷，並為歐洲人建立一個專門的混合法庭。人們寫了許多文本來支援和解釋《保障公約》。西元一八五七年《保障公約》頒布後，馬上又發布了一份文本分析報告，以及關於正式政府的前身「大部（Great Ministry）」組織的法令。隨後在西元一八六一年二月二十五日又頒布了另一項關於當權者與被統治者權利的法令，作為即將被頒布的憲法前身。這些輔助性文件的發布無論是作為改革的先驅或是延續，加上整個過程緩慢進行的速度，都表明起草者們關心的是公民對改革及其影響的理解和接受。這也表示人們對於背離原本以專制主義作為原則的舊政府，有一定程度的抗拒。

在引入《保障公約》之前，伊斯蘭教法適用在突尼西亞全境，當基督教徒跑到領事館尋求庇護時，常會造成貝伊和歐洲領事之間管轄權的嚴重衝突。因為經濟因素從地中海海島移入突尼西亞的地中海島嶼歐洲殖民者，開始感受到在刑事司法、財產所有權和就業方面受到的歧視。

居住在突尼斯的歐洲基督教徒，從世紀之初不到突尼斯總人口八萬五千人的百分之一，增加到西元一八五六年的一萬兩千人。突尼西亞猶太人的人數大大超過了歐洲基督徒，而且他們大致可以分為兩類。一種比較大的一群，大約有一萬八千人，居住在農村和都會區自給自足的貧困社區。這類猶太人的起源可追溯到西元前一世紀和二世紀，跟著那一波移民潮從巴勒斯坦過來的。第二種規模較小的猶太社區，人數在一千到兩千人之間，是十六和十七世紀從西班牙來的難民，或是隨後來到突尼斯的義大利經濟移民的後裔。我們從來自突尼西亞傑爾巴島的猶太人口述歷史中也可以知道，西元前五六八年巴比倫人摧毀耶路撒冷聖殿後，猶太人開始以流亡以色列人的身分來到突尼西亞。猶太人也從地中海的各處移民到北非，有的是商人，有的則是坐著奴隸船來的。

《保障公約》之所以會出現，正是因為一位突尼西亞猶太人巴圖．斯費茲（Batto Sfez），被指控褻瀆伊斯蘭教法而被處決的案件。當時斯費茲被牽扯進一場造成一名穆斯林兒童死亡的意外，並被控在意外發生後的爭吵當中，發表了貶損伊斯蘭教的言論而被捕。

雖說當時《保障公約》在對待少數族裔方面異常自由，但它仍舊是一項自上而下的改革，並受到了外國勢力的極大鼓勵。歐洲列強希望藉由強行推動改革，以及給予猶太教和基督教少數群體平等的權利，來增加自己的在地影響力。歐洲的鼓勵也是出於經濟利益的考量，也就是讓鄂圖曼的市場對西方勢力展開雙臂。英法兩國都為了替自己的選民爭取有利的經濟條件，而在競爭主導地位。英國領事理查·伍德（Richard Wood，西元一八五五至一八七五年任職），和因為熟嫻阿拉伯語而被稱為「謝赫奧馬爾」的法國領事羅叔亞（Léon Roches，西元一八五五至一八六三年駐突尼斯）之間，更是常常針鋒相對。

英國起初占上風，主要是由於伍德和穆斯塔法·哈茲納達爾的關係良好。一個牽涉到貪腐的例子可看出英國人受到的偏愛，就是西元一八五七年，為了促進英國對突尼西亞投資而成立的「盎格魯—突尼西亞銀行（Anglo-Tunisian Bank）」。哈茲納達爾在促成銀行的設立之後，儘管身在公職，依舊被酬庸了一個銀行主管的職位。在法國人的反對下，突尼西亞政府後來斷絕了與該銀行的聯繫，並使得突尼西亞進入到國際貨幣體系。

哈茲納達爾還推動了西元一八六三年的《盎格魯—突尼西亞公約（Anglo-Tunisian Convention）》，賦予居住在突尼西亞的英國人在商業、司法和法律上享有跟突尼西亞人相等的地位。哈茲納達爾給了英國人許多有利可圖的讓步，希望能拉走對手突尼西·海雷丁所能獲得的支持。但在義大利人和法國人的壓力下，貝伊最後還是在西元一八七三年將哈茲納達爾開除，並讓海雷丁取而代之。

西元一八五八年，法國提議要與突尼西亞建立金融夥伴關係，但穆罕默德貝伊拒絕了他們的提議。然而五年後，政府失敗的舉措（有些其實是羅叔亞自己去推動的），使得突尼西亞政府急需國際貸款的援助。當時與巴黎一家銀行談判的貸款條件，最終使得突尼西亞走向了財政崩潰。

突尼西亞的貿易不平衡其實也是歐洲人害的。突尼西亞依賴外國（主要是歐洲）進口，突尼西亞的進口在西元一八一六至一八二九年間增加了一倍，但出口只增加了百分之四十五。貝伊對歐洲列強的讓步，或者說是屈服，導致了歐洲棉花、皮革和絲綢的進口擴增，打擊突尼西亞的工業，並導致突尼西亞的工匠手工業逐漸消失。雖然突尼西亞的農產品如小麥和橄欖油等，得以出口到外國市場，但卻害得本地市場的基本食品價格上漲，以致西元一八六一年在突尼斯市集發生了示威遊行。二十年前廢除奴隸制時，破壞了與西非之間的商隊貿易，從而對國庫造成了很大的負擔，因為這種貿易原本是國庫的重要收入來源。

在穆罕默德貝伊於西元一八五九年去世，以及他被法國人稱為薩多克貝伊（Sadok Bey）的弟弟穆罕默德三世・薩迪克（Muhammad III al-Sadik，西元一八一三至一八八二年）登基時，突尼西亞的國家經濟已經陷入一片混亂。過度借款、王室揮霍無度、計劃不周的專案和官僚的腐敗，導致財政狀況持續惡化，致使對外國債權人欠下鉅額債務以及貨幣的貶值。

薩多克貝伊完成了他前幾任在位者開始的改革，並心甘情願地接受這些改革，認為這些改革將賦予突尼西亞相對於鄂圖曼帝國更大的自主權。他還很早就在教育和新聞方面進行了一些改革。包括在西元一八六〇年發行了突尼西亞的第一份報紙，同時也是突尼西亞第一份官方印刷品的《突尼西亞先鋒報（al-Ra’ed al-tunisi）》。

但也許十九世紀突尼西亞最重要的創舉，就是薩多克貝伊頒布了憲法。西元一八六一年四月二十六日，巴爾杜宮通過了這部憲法，開啟了阿拉伯或穆斯林國家中的先例。突尼西．海雷丁在頒布時，大聲宣讀了這部《突尼西亞國家法（Qanun al-dawla al-tunisiya）》。

該憲法確立了一個獨立於宗教的政治權力，從而為突尼西亞此後所有憲法樹立了重要的先例。憲法內文裡面幾乎沒有提到伊斯蘭教，只是強調憲法原則不會違反宗教原則。憲法甚至沒有明文規定統治者必須是穆斯林。

憲法的十三節當中規定設立各種機構，包括大議會、憲法法院和上訴法院。大議會由海雷丁擔任主席，負責確保《保障公約》、憲法和新設立機構的適用情況。大議會主要由外國人組成，但總共六十名成員中有三分之一是貝伊任命的政府官員，哈邁德．伊本．阿比．迪亞夫就是其中之一。貝伊的部長們依照憲法規定需要對大議會負責。

烏理瑪不支持憲法，並對整體的歐洲影響抱有戒心；這或許也不無道理，因為這種影響對突尼西亞的財政和政治自主權帶來限制。烏理瑪同意確保非穆斯林人身安全的原則，但反對《保障公約》所主張的穆斯林和非穆斯林在稅收和法律事務上的平等。有些人甚至建議貝伊完全避免與歐洲來往。但大多數人並不反對歐洲人提議和執行的基礎設施項目，譬如修建大型水渠；或者是技術性項目，比如建立電報系統。

烏理瑪對一八六一年憲法的抗拒，表現在他們拒絕參與憲法起草，也拒絕參加新設立的法庭。不過也有一些例外，少數幾位烏理瑪在改革主義的計劃中發揮了重要作用。一些人最終同意了參加依照憲法設立的機構，包括大議會、刑事法院和上訴法院。自己寫了《保障公約》卻不願意實踐其中原則的哈邁德·伊本·阿比·迪亞夫，接著在西元一八六一年又撰寫了憲法，並成為海雷丁改革的熱心支持者，凸顯了現代派的政治改革主義無法脫離伊斯蘭改革主義的概念。他們之間相互影響，儘管過程往往是矛盾的。

西元一八六四年，政府為了償還債務而將人頭稅（majba）增加一倍後，引發了民間暴動，政治改革戛然而止。當地市場由於出口增加（主要是銷往歐洲）造成的物價上漲更是火上澆油。這場叛亂由來自內陸凱賽林省的部落領袖阿里·班·蓋哈漢姆（Ali Ben Ghedhahem）所領導，並迅速蔓延到突尼西亞全境。然而這場叛亂被薩多克貝伊殘酷鎮壓，雖然他後來確實取消了所有的增稅措施。某個程度來說，這次比二〇〇八年的加夫薩暴動、二〇一〇年十二月和二〇一一年一月的暴亂早了一個半世紀的起義，彰顯了這些跟突尼西亞比較貧窮的內陸和南部地區被邊緣化的相關問題，已經是老生常談了。

拿破崙三世統治下的法國人將叛亂歸咎於新憲法，並試圖向貝伊施壓，迫使其廢除新憲法。他們還試圖讓貝伊開除一些他的部長和親信，包括穆斯塔法·哈茲納達爾、突尼西·海雷丁和哈邁德·伊本·阿比·迪亞夫。儘管薩多克貝伊在宣布憲法前，已經向拿破崙三世出示過一份憲法草案，並得到了他的批准，但法國後來很擔心叛亂會被敵對的外國勢力，主要是英國，作為干涉的藉口，從而威脅到自己的主導地位。

法國當然不希望突尼西亞從內部進行改革，認為只跟一位政府的發言人，也就是擁有絕對權力的貝伊打交道，對法國外交來說比較容易。對法國來說，《保障公約》裡面有涉及保護外國人權利的承諾就已經足夠了。因此，西元一八六四年五月一日，薩多克貝伊通知那些他透過憲法成立的機構，說要暫停他們的運作。儘管法院、法庭和大議會的中止是大大地退回現狀，但憲法確實對突尼西亞的改革主義思想產生了長遠的影響。

突尼西·海雷丁早在西元一八六二年，辭去海軍部和大議會主席職務時，就預見了即將發生的事，讓他對廢除憲法的問題始終保持距離。海雷丁的辭職還伴隨著他與哈茲納達爾，就國外進一步借款的爭議。在接下來的七年裡他都在歐洲生活，在西元一八六三至一八六七年間負責帶領幾次貝伊的外交使團出訪。這幾年的沉潛讓他有空間深入思考，突尼西亞和整個穆斯林世界需要進行的必要改革是什麼。

海雷丁很習慣在不同的國度跑來跑去。他出生在高加索地區，和他的許多同胞一樣，年輕時以馬木路克的身分被帶到伊斯坦堡追求軍事或政治職涯。然後他就被帶到突尼斯的貝伊哈邁德麾下，並接受了現代與宗教的教育。海雷丁也學習法語和阿拉伯語，隨後他就迅速地升遷。

在海雷丁自我放逐的期間，他於西元一八六七年發表了一部永遠奠定他偉大改革家地位的開創性著作。在《了解國家現狀的最可靠之路（Aqwam al-masalik fi ma'rifat ahwal al-mamalik）》當中，他主張政治機構和法治的穩定，是國家強盛和繁榮的必要條件。在《了解國家現狀的最可靠之路》之前，他發表了一篇介紹穆斯林國家必要改革的文章。這篇文章和《了解國家現狀的最可靠之路》，是根據海雷丁到訪過的國家（穆斯林國家和歐洲國家都有）所做的一系列研究報告編寫而成。

海雷丁認為，統治者的權力必須受到神啟法或自然法的制衡，不然就是要徵詢烏理瑪和知名人士（所謂的「商界大老」）的意見。他還呼籲建立一個資政系統，以防止構築在絕對權力上的政權逾越分際。海雷丁支持君主立憲制的概念。雖然海雷丁沒有討論到全民普選，但他主張法律面前人人平等、規範公共財政以及社會各階層之間的和平共處。

海雷丁宣稱，伊斯蘭教與自由、正義和法律至上的價值觀不相矛盾，伊斯蘭教法不反對突尼西亞的改革，也不反對鄂圖曼帝國的坦志麥特。《了解國家現狀的最可靠之路》呼籲有宗教信仰的人，並試圖說服他們相信不是所有西方的東西都是腐敗的，穆斯林在會使他們生活改善、治理更加完善的現代課題上，可以從歐洲人那裡學到很多東西。海雷丁的論點是，科學知識是穆斯林在幾個世紀前開創的，現在也該是時候讓穆斯林從他們當初有所貢獻、並帶來文明的進展中受益。海雷丁明白諮詢烏理瑪的意見以獲得他們對他改革方案支持的重要性，以及因為憲法而將烏理瑪拒於門外這個情況是一個錯誤。

西元一八六九年，海雷丁結束了他在海外的逗留並回到突尼斯，重新加入政府擔任「國際金融委員會（IFC）」的負責人。成立於西元一八六九年的國際金融委員會，成員包括法國、英國和義大利；其目的是為了規範公共財政，更重要的是，讓突尼西亞償還高達一點六億黃金法郎的債務。由於突尼西亞的財政狀況不斷下滑，國際金融委員會成為外國勢力為了保護自身利益的超國家政府。

西元一八七〇年，海雷丁被任命為行政部長；接著在一八七三年，成為總理。有了海雷丁在側的薩多克貝伊，在往後的四年裡，以《了解國家現狀的最可靠之路》為基礎提出了許多政府的新政。海雷丁也積極減輕各地區農民的納稅負擔，並鼓勵農業部門的發展。但是他在這方面的行政力和經濟改革有限，影響力也有限。

儘管海雷丁極力想要推行君主立憲制的政府，但因為貝伊和親信們的反對，所以最後並沒有成功。許多人都批評海雷丁未能恢復憲法秩序，但在他看來，突尼西亞還沒準備好。在一份給批評者的備忘錄裡面，海雷丁表示只有當統治者願意尊重憲法，而且人民也真正理解憲法，憲法秩序才有意義，否則憲法就只是「沒有意義的文字」。

然而海雷丁在憲政領域無法達成的目標，他卻在教育方面做到了。在他的領導下，國家逐漸掌握教育機構，並以歐洲為榜樣著手教育的「現代化」。因為他相信，歐洲物質的成功關鍵就在教育。海雷丁把突尼西亞的教育改革，看得跟國家經濟的復甦以及抗衡外國勢力干涉一樣重要。在他的《了解國家現狀的最可靠之路》中，海雷丁認為教育和知識是文明進步的主要基礎。在那篇《了解國家現狀的最可靠之路》的導論裡面，他主張擴大科學和知識的範圍，並建立良好的治理和有效率的行政管理，以逐步完善各個領域。

起初，海雷丁意圖著手改革宰圖納清真寺的教學內容。他在西元一八七四年嘗試進行的改革將宗教教育保留下來，但增加了許多其他科目，包括文學、歷史、邏輯、算術、幾何和天文學。他進一步將宰圖納的教育制度分為三個階段：小學、中學和高等教育。這些措施的目標是改革宰圖納，而不是掀起宰圖納內部的革命，目的是為了多樣化和優化宰圖納的教育結構。然而讓海雷丁備感挫折的是，來自宰圖納主事的烏理瑪對他現代化企圖的諸多掣肘，而且他們也不想改變。

既然無力改革宰圖納，海雷丁索性就在突尼斯成立了一所新的世俗教育機構：薩迪奇學院。薩迪奇學院是以薩多克貝伊的名字命名，於西元一八七五年一月十三日下令創建。該學院的課程設置，保留了阿拉伯伊斯蘭文化，並幫忙降低薩迪奇和宰圖納之間的門檻，讓渴望在清真寺繼續接受教育的學生也有一條出路。薩迪奇的教育主要分為三大領域：法律研究、宗教教育和理性科學（al-'ulum al-'aqliyya）。納入理性科學的確是一大創新，因為課程中將教授外語和精確的科學。如此一來，該課程就滿足了十九世紀突尼西亞改革分子的兩個願望：向世界其他國家張開雙臂，尤其是歐洲；並使學生具備掌握國家發展所需的新知識。教學時以法語、義大利語和阿拉伯語進行，並教授數學、算術、幾何學和科技等被認為對國家治理有所助益的重要科目。

薩迪奇學院錄取學生是按照成績的，而不像以往錄取學生的傳統是靠收編和裙帶關係。薩迪奇學院吸引了來自各種背景的學生，並以其宗教多樣性而聞名；突尼西亞猶太人在一九五〇年代占學生人數的三分之一。所有學生的教育、食宿和學用品都是免費的，並享有其他突尼西亞教育機構學生所沒有的特權。這種完全平等的主義也延伸到了地理上，因為學生從全國各地大量招收進學院裡。不同社會經濟和地域背景的學生所建立起的感情，也因此培養了一股民族的歸屬感。

薩迪奇學院迅速成為突尼西亞最負盛名的學習機構，隨著時間的推移，它培養了好幾代突尼西亞的現代主義精英。薩迪奇和之前的巴爾杜軍事學院一起，培養出了受西方影響、世俗化思考的民族主義意識形態分子，與宰圖納狹隘的伊斯蘭教育相抗衡。巴爾杜軍事學院的成立開創了一個先例，確保一派具有嶄新價值觀的新精英出現，並與傳統的執政精英對抗。巴爾杜和薩迪奇都推動了變革進程和國家機器的重組，孕育了會挑戰現狀的本土精英。

在西元一九五六年從法國獨立後的頭三十年裡，一百三十七位政府部長中有一百二十四位畢業於薩迪奇學院，而且根據估計，在西元一九五五至一九六九年間，突尼西亞政治精英中大約有三分之二的人曾在該學院接受過教育。這也難怪，曾在薩迪奇學院受教過的布爾吉巴，會被薩迪奇學院所傳授的世俗主義和實證主義所吸引，並在學院的畢業生裡面，尋找幫他推動民族主義政策的合適人選。

薩迪奇學院成為海雷丁永垂不朽的政績。他在西元一八七七年被趕下臺，就意味著進一步改革強化突尼西亞以抵禦歐洲列強的最後一絲希望也破滅了。海內外的敵人密謀反抗海雷丁，並說服薩多克貝伊將海雷丁開除；使得海雷丁退休並移居伊斯坦堡，並於西元一八七八至一八七九年期間，擔任蘇丹阿卜杜勒哈米德二世（Abdulhamid II，西元一八七六至一九〇九年在位）的大宰相。

外國勢力在整個一八七〇年代對突尼西亞展現高度的興趣，顯示歐洲後來的步步侵吞幾乎是早有預謀。薩多克貝伊因為對一八六四年叛亂無情的鎮壓，加上被認為只會對歐洲列強忍氣吞聲，於是越來越不受人民歡迎。

薩多克貝伊漫長而艱難的統治隨著法國的入侵而結束，儘管表面上看起來只是為了保護突尼西亞不被阿爾及利亞部落侵犯。西元一八八一年簽署的《巴爾杜條約（Treaty of Bardo）》將突尼西亞確立為法國的保護國，剝奪了貝伊的大部分權力，使其聽命於法國駐軍總司令。薩多克貝伊在條約簽署後不到一年就去世，由貝伊阿里三世（西元一八一七至一九〇二年）繼位。

根據《巴爾杜條約》，突尼西亞政府的所有行為都需要獲得法國的批准，雖然傳統行政機構仍由突尼西亞人控制，但突尼西亞政府的各部長都有法國人的對口在領導，所以新的行政機構要聽命於法國。法國人重新依據地理環境而不是部落人口來劃分行政區域，從而遏制已經受到民間管理員（Contrôleurs Civils）監督的部落領袖的影響。這對布爾吉巴在獨立前和獨立後，建立一個不受部落關係影響的強大民族認同，有非常決定性的幫助。

西元一八八三年在拉馬爾薩舉行的一次會議上，法國保證償還突尼西亞的債務，當時突尼西亞的債務已經達到政府年收入的十一倍；並解散了法國認為是英國影響力象徵的國際金融委員會。

在當時，改革主義已經引入一些進步的創新，譬如廢除死刑、《保障公約》和一八六一年憲法，並建立了催生進一步的改革和培養政治、知識分子以及社會領袖等方面居功厥偉的世俗教育機構。這個時代標誌著突尼西亞改革運動的開始，這場改革運動持續了更長一段時間，對塑造突尼西亞的現代發展和民族主義道路產生了至關重要的作用。十九世紀中葉時，基礎的、開創性的改革被證明變革性和強度都很足夠，才讓今天的突尼西亞變得如此特別。

十九世紀的改革雖然頗受外來勢力影響，但如果沒有海珊王朝貝伊們堅定與遠見卓識的領導，以及同心協力的臣子，特別是突尼西．海雷丁和哈邁德．伊本．阿比．迪亞夫等人的思想勇氣，也不可能實現。突尼西．海雷丁和伊本．阿比．迪亞夫是突尼斯最早的幾位世俗主義思想家，他們力圖將伊斯蘭教法作為一個獨立於宗教，並與西方法律和政治相協調的實體。

然而突尼西亞內部堅定的改革派，卻也與西方霸權以及歐洲列強的帝國主義利益息息相關，歐洲列強之間一直在突尼西亞爭奪著主導權，各自的文化和意識形態也都在突尼西亞造成影響。不過，改革主義也並不總是與西方自由主義思想同一陣線：無論是在《保障公約》還是一八六一年的憲法中，都沒有要實行民主。歐洲人要的改革，就只需要符合他們的需要、保護他們的利益，但又不威脅到他們的霸權主義設計就好。

但歸根結柢，正是這種改革主義提綱挈領地解釋了突尼西亞相對於阿拉伯世界其他國家，不同的發展軌跡和前景。政治分析家碧翠絲・希布（Béatrice Hibou）在她的文章〈改革主義：當代突尼西亞的偉大政治故事（Le Réformisme, Grand Récit Politique de la Tunisie Contemporaine）〉一文中，便將改革主義的用詞遣字描述為「向西方開放卻不放棄伊斯蘭教或伊斯蘭文化；以法律和憲法作為基礎；以秩序穩定、溫和中庸作為優先考量；是理性政治實踐的展現，體現了現代性和完整性。」十九世紀中葉在突尼西亞展開的改革主義，一直持續到二十世紀，並奠定了布爾吉巴建設現代國家的基礎。

九、現代改革的時代來臨

阿拉伯人哀嘆伊斯蘭教黃金時代已經過去的同時，伊斯蘭教向東傳播到中國，向西傳播到現代摩洛哥，在大馬士革、巴格達和安達盧西亞建立了輝煌的王朝，並在藝術、文學和科學方面產生了偉大的學術成果和持久的貢獻；而且必須指出，其中一些成果是在非阿拉伯人的穆斯林，包括波斯人和更遠的其他東方國家，甚至非穆斯林的手中產生的。他們對伊斯蘭文明在十三世紀被蒙古侵略者摧毀而衰敗感到悲哀。他們仍舊嚮往阿拉伯民間傳說、修辭和學校課程裡面所描繪的夢幻、輝煌的往日榮光。他們將自己不能重新振作、無法從空洞的停滯中覺醒的過錯，怪罪在土耳其人、西方和以色列的身上。

然而，也不是沒有過一次次阿拉伯思想復興的嘗試，其中最重要的一次是在十九世紀開始，一直持續到二十世紀頭幾十年的「阿拉伯文化復興（Al-Nahda）」。從開羅和貝魯特興起並廣為人知的阿拉伯文化復興運動，是根據伊斯蘭現代主義發起的、不同凡響的思想發展，旨在藉由重新解釋聖典來復興伊斯蘭思想。著名的學者們反叛伊斯蘭的正統，以尋求對抗西方影響日益增長的意識形態反饋。但是最終這種復興是短暫的，被來自內部和外部的勢力挾持、打斷和踐踏，使人們的思想封閉，臣服於宗教甚至是非宗教相關的教條。

阿拉伯文化復興運動，與十九世紀中葉左右在突尼西亞掀起的改革運動相似。阿拉伯的學者們與突尼西亞同期的學者們有所互動，兩地的運動之間互相取經。但是在阿拉伯文化復興運動的知識分子只關注伊斯蘭教的改革時，突尼西亞人想要改革的領域則要廣泛得多，涉及社會、憲法和世俗教育。

突尼西亞的改革本身不能說是文藝復興，因為他們從來沒有真的酣睡過。突尼西亞並沒有像其他阿拉伯穆斯林世界的大部分地區，經歷過蒙古人對當地文明的摧殘，而且突尼西亞在鄂圖曼帝國的統治之下，仍然保有自治。突尼西亞和阿拉伯世界之間的地理距離，以及在伊斯蘭教領域中的啟蒙路線，有助於保護他們後來免於受到更東邊的伊斯蘭主義思潮的侵襲，其中就包括了瓦哈比派（Wahhabism）和穆斯林兄弟會。

阿拉伯文化復興運動，並沒有在阿拉伯世界產生與突尼西亞現代改革類似的結果，或是持久的影響。軍國主義、失敗的政治意識形態和伊斯蘭主義的興起，阻礙了復興運動的發展，結果一些復興運動的知識分子的確改變了路線，並替極端主義意識形態注入了活力。

突尼西亞的現代改革運動一直持續到二十世紀；不斷地進化和成長，導致了一場成功的民族主義運動，並催生了確立突尼西亞獨特性的教育制度。布爾吉巴改革的種子，以及促使突尼西亞走向民主轉型之路的種子，正是在十九世紀晚期被深深地埋下。

等到西元一八八一年突尼西亞被法國統治時，西方列強已經占領了阿拉伯世界的各個角落，在某些地方還允許象徵性的、沒有實質意義的鄂圖曼帝國殘餘勢力存在；就像在突尼西亞，海珊王朝的貝伊已經沒有任何權威可言。到了二十世紀初，英國人已經控制了埃及、蘇丹和阿拉伯半島南部沿海地區。埃及統治者伊斯梅爾．帕夏（Isma'il Pasha，西元一八六三至一八七九年在位）因為推行現代化項目（最著名的就是蘇伊士運河），造成了鉅額債務和歐洲銀行強加的高利率，致使埃及最後破產並在西元一八八二年被英國征服。在北非其他地方，義大利在西元一九一一年入侵利比亞，而勢力早已深入阿爾及利亞的法國在西元一九一二年征服了摩洛哥，但允許西班牙在摩洛哥劃分出一個沿海保護國。北非沒有一個地方逃過歐洲的干預，往後每一個政治上的議題推動，都是以歐洲的利益作為考量。

鄂圖曼帝國的影響力在各省消退，而歐洲列強在這些地區的霸權又逐漸增長，為一些志同道合的穆斯林學者提供了一些前提和背景，讓他們質疑傳統的法學概念，並尋求新的伊斯蘭神學和《可蘭經》訓詁方法。他們質疑當時作為伊斯蘭法學、社會規範和治理問題的四個主要原則：《古蘭經》、聖訓、伊制瑪爾（ijma，神學家的共識）和格亞斯（qiyas，伊斯蘭法學推理）。

學者們主張要使伊斯蘭教法順應時代發展，呼籲重新開啟自十世紀以來，改革派所仰賴的獨立推理原則「伊智提哈德」之門。改革派知識分子主要的問題是，針對從伊斯蘭教以外的知識來源，如現代科學、哲學和政府的方法等方面衍生出來的知識能不能相信。他們認真思考了改革的方向，並試圖確認和闡明定義一個成功社會的因素是什麼。他們深受西方思想和西方所定義的「現代」和「文明」影響；他們質疑伊斯蘭教法是否能與西方世界的做法相容，因為他們認為西方世界的做法，對想要使社會進步的穆斯林群體而言，是很重要的。這些改革者並沒有試圖取代阿拉伯或伊斯蘭思想。相反地，他們努力做出有別於過去思維的伊斯蘭教新解。他們放更多重心在現代西方的科技革新，而不是歐洲的思想本身。

幾乎所有的現代主義改革運動都集中在教育上，有些人呼籲要放下伊斯蘭教針對西方世界的敵對解釋，而另一些人則主張採取對西方現代思想不那麼熱衷的清教徒方式。有些人的取向主要是政治性的，但大多數人主要是知識分子運動，只是其中帶了一些政治思想色彩。

埃及人里法．巴達維．拉斐．塔哈塔維（Rifa’a Badawi Rafi’ al-Tahtawi，生卒於西元一八〇一至一八七三年）是最早強調西方科學價值的現代伊斯蘭思想家之一。塔哈塔維帶頭呼籲伊斯蘭教和穆斯林社會的改革，並在埃及人身上建立民族主義理想。他認為伊斯蘭法律與歐洲國家採用的自然法並無不同，伊斯蘭教法可以經由伊智提哈德的實踐來適用。

和許多當代的人和後來的人一樣，塔哈塔維也是在開羅的艾資哈爾清真寺受到當時傳統的教育方法訓練，然後成為艾資哈爾清真寺的一名伊瑪目。但塔哈塔維後來離開艾資哈爾到巴黎求學，學習法語、古代史和古典希臘哲學。他精通法國啟蒙運動的思想，學習了伏爾泰、孔狄亞克、盧梭和孟德斯鳩的作品。塔哈塔維後來寫了一篇關於他在巴黎那段時間的回憶〈總結巴黎的精粹所在（Takhlis al-ibriz ila talkhis Bariz）〉，並在其中指出了歐洲人的教育制度、知識分子的好奇心、社會道德和職業道德。

塔哈塔維受到傳統宗教教育和現代歐洲教育兩者的影響，主張在教育中結合兩種教學法的平衡。他並沒有抗拒任何一種教學法，而是將兩種教學法帶給他的影響融合到他的觀點和哲學中。他根據法國和埃及社會的教育制度，對法國和埃及社會進行了最尖銳的分辨，認為西方的教育因為強調科學所以更先進。

然而，塔哈塔維對於法國文化的哪些方面應該被欣賞，可是非常具有選擇性的。他就認為歐洲女性能夠與男人競爭是一件很奇怪的事，並說她們缺乏道德：「她們所做的一切事情都和男人一樣。你甚至可以發現一些年輕女性和陌生人有私情，卻沒有和對方結婚。」塔哈塔維認為，他在法國沒有看到男同志是件好事，可見男同志的情況在埃及很普遍，以至於塔哈塔維會注意到他在歐洲沒看到男同志。在〈總結巴黎的精粹所在〉中，塔哈塔維讚賞法語的使用裡面「拒絕」宣告男男戀的存在，認為法國人會在阿拉伯文的書籍中發現這方面的「可惡言論」。

受孟德斯鳩《愛國之心（Amour de la Patrie）》的影響，塔哈塔維散播了他的愛國主義（hub al-watan）概念，以及和伊本．赫勒敦類似的群體意識。相對於穆斯林，塔哈塔維相信埃及人的「烏瑪」應該有其自身的歷史意義。他並沒有糾結於伊斯蘭文明過去的成就，而是讚揚古埃及的黃金時代，並認為教育應該灌輸民族主義的價值觀。塔哈塔維對於埃及「瓦坦（watan，祖國）」的言論，被認為是阿拉伯世界第一次有人開始講民族主義。突尼西．海雷丁也堅持向歐洲人學習，但跟他言論中涉及到整個穆斯林的烏瑪不同，塔哈塔維的愛國主義是包含了猶太人和基督徒的埃及人觀念，從此替一些後世的埃及思想家定調。

對民族主義的不同態度，凸顯了當時現代主義改革者如何界定其社群的範圍，這說明後來為什麼出現以國為單位的民族主義，或是泛伊斯蘭、泛阿拉伯的認同。

跟海雷丁及塔哈塔維同時期的布特魯斯・布斯塔尼（Butrus al-Bustani，西元一八一九至一八八三年），出生於黎巴嫩山的一個貴族天主教馬龍派家庭，但他後來改信基督新教。布斯塔尼與塔哈塔維一樣，都有民族主義傾向，並寫出了以領土為主體的愛國主義文章。他以他們之間都是一神論，以及基督宗教與伊斯蘭教之間的相似性，遊說他的阿拉伯穆斯林同胞，主張將世俗國家與宗教一分為二。布斯塔尼是一位阿拉伯語的權威學者，他主張接受現代歐洲式的教育，並努力用阿拉伯語來傳達複雜的現代觀念，呼籲人們根據各別優劣去接受或拒絕歐洲思想。布斯塔尼認為，教育是世俗民族主義的發展關鍵。他在西元一八六三年成立的創新學校「國家學校（al-Madrasah al-wataniyyah）」，就招收各種信仰背景和社會經濟階層的男孩。

布斯塔尼家族所屬的馬龍派社群因為與西方，特別是與巴黎和羅馬之間的緊密聯繫而受惠良多。教派成員都受過良好教育，創辦學校並培養了一批活躍的神職人員。馬龍派是羅馬天主教教派，他們在西元七世紀因為受到迫害而撤退到黎巴嫩山，從西元一八六一年開始，在鄂圖曼帝國的統治下於黎巴嫩山實行自治。雖然跟西方一拍即合而且又穩坐在一個阿拉伯環境裡，有些與世隔絕的馬龍派教徒，以及他們在現代黎巴嫩構成一個頗具規模弱勢團體的東正教弟兄，對阿拉伯文化復興運動期間的阿拉伯知識進展仍舊頗有貢獻，有些人甚至提出教派的未來存在於阿拉伯認同之中。

但領導伊斯蘭現代主義運動的自然是穆斯林學者，伊斯蘭現代主義運動在歐洲強加於穆斯林身上、且威脅到烏瑪的情緒中日益高漲，並越演越烈。

其中影響力最持久又最深遠的，就是像塔哈塔維這類既努力復興宗教，又努力想讓宗教與正面現代影響共存的人物。賈邁勒丁・阿富汗尼（Jamal al-Din al-Afghani，西元一八三九至一八九七年）在這個部分就扮演了先鋒的角色。他認為穆斯林社會需要改革，就如基督宗教也經歷了他們的宗教改革一樣。阿富汗尼相信，穆斯林烏瑪的救贖在於將伊斯蘭教看成一種文明，而不僅僅是一種宗教。他提出伊斯蘭教的原則就與現代理性主義或自然法的原則一樣重要，要讓一個宗教完美融入文明當中，教義的解釋和採納就需要改進。和塔哈塔維一樣，阿富汗尼也非常強調利用伊智提哈德，帶領伊斯蘭教和穆斯林社會進入現代世界。

阿富汗尼呼籲穆斯林在科學上和智力上都更先進的西方威脅面前團結起來，把西方世界最好的一面都學起來。阿富汗尼不但認為伊斯蘭教和科學是可以相容的，還認為伊斯蘭教確實是對科學「最友善的」宗教。這個事實連穆斯林都已經忘記了，沒辦法去體認到他們在歷史上對歐洲科學的貢獻。阿富汗尼的出身備受爭議，許多人認為他生於波斯的什葉派，但他聲稱自己出生在阿富汗。阿富汗尼曾在開羅、君士坦丁堡、巴黎、伊朗和印度都生活過，他在這些地方學習歐洲的科學和數學。阿富汗尼和突尼西・海雷丁一樣，也比他的同儕更有政治傾向，並對擁有絕對權力的統治者保持戒心。他相信權力應該受到憲法的制約，而這種信念導致他經常面對被流放的命運。

西元一八七一年，賈邁勒丁·阿富汗尼從一次海外流放回到開羅後，結識了一位年輕人穆罕默德·阿布都，他後來成為阿富汗尼最忠實的學生之一。阿布都和阿富汗尼一起合作了一本很有影響力的現代主義期刊《不可分割的聯繫（al-'Urwa al-wuthqa）》，對歐洲的干預進行了分析。兩人因為發想了一種再確認伊斯蘭教理性信條的純粹主義教義而聞名於世，並發展成為阿拉伯文化復興運動裡面被稱為「薩拉菲亞」的次潮流。

就像塔哈塔維和阿富汗尼，阿布都也鼓勵伊智提哈德的實踐。他主張伊斯蘭教的理性面，呼籲要從他認為限制伊斯蘭教發展的僵化結構中解放。在提出一個嶄新、多元的伊斯蘭教法研究觀點時，阿布都融合了遜尼派的四個法學流派元素，並選擇了他認為最符合當時的事物，將他們拼湊（talfiq）在一起。他以開放的心態和靈活的方式，不論作者而將對神聖文本的最佳詮釋結合在一起，是一個非凡的創新之舉。但他也因此廣受批評，許多人認為他的隨心所欲是有害的。因為阿布都對那些懷疑他的理論和教誨的人懷有戒心，所以他經常在家中與學生們見面，以避開詆毀者們的注目。由於參與埃及民族主義運動而被流放到貝魯特，阿布都就是在該地開始了神學講座，後來他最著名的著作《統一論（Risalat al-tawhid）》就是在那裡發表的。

阿布都關心的是，如何處理在先知穆罕默德那個年代所不存在的現代問題。他和阿富汗尼一樣，提出了一個有爭議的說法，即伊斯蘭教的原則其實很容易與現代思想調和。譬如說，「協商會議（shura）」基本上也是歐洲議會的一種形式。他試圖說服世俗主義者和歐洲人相信，伊斯蘭教與現代生活、理性和科學之間的相容性。深受埃及人影響的阿布都認為，最好的政府形式是建立一個伊斯蘭國家，而在這個國家裡非穆斯林與穆斯林平等。他曾與敘利亞的基督徒記者兼小說家法拉．安圖恩（Farah Antun，西元一八七四至一九二二年），就後者對世俗國家的鼓吹有過公開爭論。

穆罕默德．阿布都大力主張，要藉由學習歐洲現代科學來實現教育的現代化。他相信只有透過教育，即使需要外部干預或專制統治來進行教育改革，才能使伊斯蘭世界從衰敗中復原，除非這種改革真的發生了，否則埃及也不可能有指望成為一個現代國家，或是擁有現代形式的政府。

阿布都被認為是伊斯蘭現代主義之父，他的影響範圍遠遠超出了埃及並進入突尼西亞，對突尼西亞現代知識和教育運動的影響，也遠遠超過了任何在他之前或之後的外國人。年輕和受過教育的突尼西亞人，都對曾在西元一八八四年和一九〇三年兩度造訪突尼西亞的穆罕默德．阿布都，頗有回饋並從中受益。阿布都兩次來訪都是受到了改革派宰圖納烏理瑪的邀請，因為他們已經透過他的期刊《不可分割的聯繫》接觸到他的思想了。

在他第一次到訪突尼西亞時，阿布都在宰圖納上課，並會見了對他建立現代主義教條貢獻頗多的著名烏理瑪。宰圖納的自由主義改革家穆罕默德·塞努西（Muhammad al-Sanusi，西元一八五一至一九〇〇年）謝赫，是一位學者、作家、法官和詩人，曾受到埃及思想家的影響，並在開羅度過西元一八八二年和一八八三年，之後才返回突尼西亞，在突尼西亞建立了第一個薩拉菲亞團體。在阿布都第一次訪問時接待他的塞努西，與海雷丁一直密切合作，也是著名詩人和巴爾杜學院阿拉伯語老師，馬哈茂德·卡巴杜謝赫的追隨者。

阿布都在西元一八八四年訪問期間，體認到法國勢力在突尼西亞的根深柢固，於是就建議突尼西亞人在法國保護國的制度之下，進行體現穆斯林公平和正義價值觀的改革；就像他當初和英國人在埃及所做的那樣。阿布都並不贊同阿富汗尼對威權的敵視；他在體制內操作，成功地推動了他的理念。他的這項建議對突尼西亞的改革努力是非常寶貴的。

阿布都的思想在突尼西亞改革派的青年精英、同時也是塞努西薩拉菲亞集團的成員中，找到了安身立命之處。這些知識分子、改革派精英，是十九世紀突尼西亞教育創新之後的產物，許多人曾在薩迪奇、巴爾杜和宰圖納就讀過，有些人還曾到歐洲，主要是在法國接受過教育。

突尼西亞的知識分子階級認真閱讀埃及的期刊，也閱讀包括在西元一八九七年由阿布都的弟子，穆罕默德·拉希德·里達創辦的《馬納爾報（al-Manar）》。提供了社會科學和文學的埃及期刊《新月（al-Hilal）》和《人時地事物（al-Dhiya）》，滲透進突尼西亞的精英階層，而在黎巴嫩出版的《文摘（al-Muqtataf）》則啟發了突尼西亞作家和記者在科學研究領域的靈感。

在埃及和黎巴嫩同路人的啟發下，突尼西亞的改革者們開始在自己的報紙上發表意見。西元一八八八年，穆罕默德・塞努西和同事們創辦了突尼西亞第一份民營的阿拉伯文週報《哈迪拉（al-Hadira）》，用相當大的篇幅在報導教育問題。《哈迪拉》的主要讀者群是商人階級和烏理瑪，呼籲進行維護穆斯林價值觀和文化的現代化及社會改革。精英們利用《哈迪拉》作為一個平臺，對突尼西亞的社會、思想和道德生活發表意見。儘管《哈迪拉》受到一些法國官員的支持，其中包括駐軍將領勒內・米勒（René Millet），他對當地人改革的鼓勵最終導致他在西元一九〇〇年被免職；但這份報紙還是受到許多法國殖民政府的壓力，文章的調性時常被更動，報導重點也被放在突尼西亞作為保護國美好正向的一面。

法國殖民者的遊說團體戲稱這些突尼西亞的青年改革者為「突尼西亞青年（Jeunes Tunisiens）」，將他們與更早出現的土耳其民族主義青年或鄂圖曼民族主義青年劃上等號。突尼西亞青年最初與自由派的法國官員合作，並支持法國在突尼西亞的存在，相信這會促成突尼西亞走入現代世界，並提高突尼西亞的經濟生產力。但他們心中對經濟和政治權利的要求最終還是浮上檯面，於是他們轉而反對法國人，並在西元一九〇七年成立了一個政黨。

突尼西亞青年引領了教育改革，並推動了早期的突尼西亞文化復興運動。突尼西亞青年堅持法國的教育，因為他們以經濟為理由認為，現代法國的課程設計更適合當時的科學教育。他們相信，他們對適應西方科學和使用歐洲語言的呼聲，與他們對阿拉伯語作為學習《可蘭經》工具的主張同等重視而且並不衝突。他們本身就掌握了法語的方法和思想，並明白藉由教育，突尼西亞作為一個保護國可以獲得更大的自主權。

改革者有時也會得到法國官員的幫助，因為法國人認為西方教育可以使民眾支持保護國。但部分法國人對突尼西亞教育的態度卻是不期不待，正如保護國初期的一位高官，在一份聲明中所說的：「我們不要想把他們變成假的歐洲人……讓我們回想一下，阿爾及利亞人都跟我們相處五十年了，還不是一點改變也沒有。」這種貶損的言論正是法國人對其殖民地人民普遍的輕視。諷刺的是，後來正是突尼西亞人對教育自己人的重視，使他們最終從法國人的統治枷鎖中解放出來。教育是他們最有力的武器，他們非常有效地利用教育實現了獨立，並在數十年後又取得了民主。

法國的教育改革是勢在必行。以義大利人為主的歐洲人大量移入突尼斯，因此突尼斯就需要替外來殖民者的小孩蓋學校。殖民者的人口數從西元一八八一年的一萬兩千人，增加到西元一八九五年的七萬七千人，而到了西元一九〇五年則增加到十二萬九千人，已經占突尼西亞總人口的百分之六點四。

此時法國殖民政府已經將教育視為施政上的優先事項和責任重心。這是因為法國人逐漸有了現代國家的概念，並認知到人民應該從繳給政府的稅收中得到一些回報，在此之前政府的稅收只被當作是單純的國家收益。

學校和大學成為改革的戰場，保守派與改革派學者在宰圖納發生了最激烈的衝突。兩極對立在穆罕默德・阿布都第二次訪問突尼斯期間尤為明顯，當時許多烏理瑪激烈地反對他的思想，而改革派人士則將他尊為「伊斯蘭改革主義的大師」。

在當地鄂圖曼帝國海珊王朝之下的初等教育或小學教育，就與當時阿拉伯世界大部分地區所面臨的情況一樣：完全為宗教服務因此極需改革。西元一八八一年保護國成立之初，有一千多所「可蘭經宗教學校（kuttab）」，其中許多都是宰圖納的附屬學校。這些學校校長們的主要工作，就是培養出會背誦《可蘭經》的學生，其中只有極少數人會繼續升學進入宰圖納。這就是當時唯一的就學管道，不然就是基督教宗教團體專門開給歐洲小孩的學校，或是類似可蘭經宗教學校的猶太教育機構。

穆斯林女孩和猶太女孩都沒辦法上學，直到駐軍將領勒內・米勒的妻子露易絲・米勒的要求之下，才建立了一所後來被命名為「帕查街小學（École Rue du Pacha）」的私立穆斯林女校。八年後的西元一九〇八年，法國公共教育局成立了第一所正式的公立女子學校。

大部分的情況下，殖民政府其實是不願意干涉可蘭經宗教學校或宰圖納的改革。在西元一八八三至一九〇八年間擔任公共教育局局長的路易・馬肖葉（Louis Machuel），清楚這個議題的敏感性因此避免直接干預，而是選擇遠遠地監督宗教教育，並推動有利於潛移默化的替代性世俗改革。他建立了法國—阿拉伯學校，開放招收突尼西亞、法國和其他的歐洲男學生，並提供量身打造的法語課程，還會用法語教阿拉伯語。部分突尼西亞人將法國—阿拉伯學校視為進入歐洲上流階層的跳板而頗受歡迎。不少政府官員為了獲法國人的青睞，而將孩子送進這所學校，另外有些人則是迫於壓力不得不跟著這樣做。大多數突尼西亞人以宗教為由反對這所學校。當提出計劃要讓可蘭經宗教學校每天有兩小時要採行法國—阿拉伯學校的教學體制，這個想法立刻就遭到強烈地反對。

突尼西亞青年想讓突尼西亞人擺脫宿命論，以及穆罕默德・拉斯拉姆（Muhammad Lasram，西元一八五八至一九二五年）在西元一九〇六年殖民議會所說的：「一切束縛他們發展、摧毀他們能力、讓他們對於參與使人類進步的運動裹足不前的所有偏見。」他們對於突尼西亞各地可蘭經宗教學校墮落的情況嗤之以鼻，並抗議當時普遍存在的激烈教訓手段以及體罰。他們呼籲可蘭經宗教學校不能只遵循宗教原則，也要納入理性考量重新調整，才能使學生發展出批判性思考和判斷的技巧。有些人說他們依附法國–阿拉伯學校，是為了讓學生們接受雙語教育，以便讓學生為適應現代世界做好準備。

在突尼西亞青年的努力下，西元一九〇七年第一批為了那些不願意進入法國–阿拉伯學校，而改革的可蘭經宗教學校成立。改革後的私立小學採用了法國的教學方法，並在課程中加入了現代學科，同時繼續強調阿拉伯語和宗教。新加入的科目包括文學、語法、算術、幾何、地理和歷史。然而並非所有人都對此感到信服，部分突尼西亞青年譬如阿里・巴什・漢巴（Ali Bash Hamba，西元一八七六至一九一八年）就認為，這些改革後的學校讓突尼西亞學生處於劣勢，因為阿拉伯語與新的科學思想不合，而且從開羅進口的教科書品質又很差。這一種思維成為布爾吉巴獨立後教育政策的參考，並成為突尼西亞雙語教育制度的基礎。

法國當局對此也相當抗拒，不過他們的立場截然相反：他們不想讓突尼西亞人有機會接觸到法國的教育系統和法國文化，除非能培養出「被同化」的精英來填補殖民政府的職位。因此法國人對於不能控制這些學校提出反對。但最終，法國當局迫於反對突尼西亞學生和歐洲學生混在一起上課的歐洲殖民者壓力，認為被改革的可蘭經宗教學校其實無傷大雅，而且後來在突尼西亞人的眼中，這些可蘭經宗教學校比法國–阿拉伯學校更受歡迎。

改革後的學校逐漸取代了舊的可蘭經宗教學校，到了保護國時期的尾聲，就讀公立學校系統的學生裡面，每四個學生就有一個人是進入這些學校就讀。突尼西亞的城市居民繼續就讀法國—阿拉伯學校，而改革後的可蘭經宗教學校則在其他地方受到青睞。

但是一旦學生完成了小學教育，他們想要繼續升學的選擇就很少了。唯一一所非宗教性質的小學後教育機構，薩迪奇學院，招生上限大約只有一百五十人。

薩迪奇學院給法國人帶來了一個難題。一方面，薩迪奇學院是一個非常世俗的高品質教育機構，培養出來的新一代突尼西亞精英，可以在殖民政府內擔任輔助法國政策執行的要職。法國人高高在上地將這些精英稱呼為「進化者（évolués）」，認為他們是「演化得比較高級的一群人」。但另一方面，薩迪奇學院也在培養新一代自由思考的自由主義者，他們可以馬上就要求反抗殖民勢力並爭取獨立，而這也正是後來發生的結果。

法國人最終掌控了薩迪奇學院的改革，使其與法國教育模式接軌，並設立全國性的競爭考試來招收學生。西元一九一一年，薩迪奇學院被改組為一所會頒發文憑的學校；西元一九三〇年，薩迪奇學院完全融入了法國高中教育體系，成為一所既有初中又有高中的中學。薩迪奇學院現在不但是公務員的育成所，也成為一所名符其實的教育機構，為畢業生未來的各種職涯做好準備。

突尼西亞人也開始有了其他選擇。卡爾諾高中（Lycée Carnot）對薩迪奇學院的國中畢業生頗具吸引力。成立於西元一八七五年，並在西元一八九四年被重新命名的卡爾諾高中，成立之初主要是要服務歐洲人學生，但後來也接受了一些來自法國－阿拉伯學校的優秀穆斯林和猶太學生。在薩迪奇學院增加高中的課程之前，希望在法國接受更高教育的學生就必須先在卡爾諾高中獲得高中文憑（baccalauréat）。

即使有了薩迪奇學院的改革，又建立了像卡爾諾高中和培訓法國－阿拉伯學校師資的阿拉維初中（Collège Alaoui）這類的新學校，但畢業生的供應量仍然無法滿足法國當局對中階公務員的需求。因此，勒內．米勒向突尼西亞青年建議，成立一個專門以現代教學法，提供西方科學教育的教育機構。突尼西亞青年對這個想法表示歡迎，並於西元一八九六年以協會的形式成立了以伊本．赫勒敦命名的「赫勒敦大學（al-Jam'iyya al-khaldūniyya）」。

宰圖納的學生就可以通過那個協會，學習以往他們沒有管道可以接觸到的現代課程。赫勒敦大學引入了包括自然科學、物理學、地形學、經濟學和法語等現代學科。

突尼西亞青年希望藉由提供一種人人都能接觸到的平行手段，進一步援引現代主義者的計劃來實現教育的民主化。在阿里．巴什．漢巴的領導下，他們於西元一九〇五年成立了一個非正式的教育團體「薩迪奇學院校友協會（Association des Anciens Elèves du Collège Sadiqi）」。那個校友協會是本著與赫勒敦大學相同的精神而成立的。協會目標將傳播進步思想與提高公民的生活品質放在首位，而不是傳統的虔誠、宗教群體意識和「來世」的幸福觀念。協會的任務是創造薩迪奇校友之間的跨代交流，並開設夜校探討歐洲思想、伊斯蘭現代主義和阿拉伯政治等等傳統學校不會討論的主題。

薩迪奇學院校友協會希望能海納百川，因此協會創辦人也去接洽宰圖納，邀請宰圖納的烏理瑪一起參與他們的發展。在主導西元一九〇七年可蘭經宗教學校改革的海拉拉・伊本・穆斯塔法（Khairallah Ibn Mustafa，西元一八六七至一九六五年）的帶領下，突尼西亞的伊瑪目們用阿拉伯語進行了以伊斯蘭教的進步層面為核心的講座，偶爾挾帶一些關於阿拉伯統一和阿拉伯主義的概念，並強調透過阿拉伯語實現進步的理想。西元一九〇六年五月，備受尊崇的塔哈爾・班・阿舒爾（Tahar Ben Achour，西元一八七九至一九七三年）首次發表了後來統稱為「晚講（musamarat）」的夜晚講座。其他宰圖納的學者也參加了，其中包括瑪利基派的學者哈邁德・奈法爾（Ahmad al-Nayfar，西元一八六四至一九二六年）和後來成為艾資哈爾大伊瑪目的穆罕默德・吉德爾・海珊（Muhammad al-Khidr Hussein，西元一八七六至一九五八年）。

宰圖納繼續培養了一批社會功能僅限於宗教領域的伊斯蘭學者精英階層：履行伊斯蘭社會的法律和禮儀義務，並培訓下一代的人有樣學樣。而藉由提供一個平行於傳統伊斯蘭教誨的現代學科並挑戰宰圖納的教育，赫勒敦大學和薩迪奇學院校友協會這兩個組織，以及薩迪奇學院，觸發了宰圖納展開深遠的改革階段。這次的改革比之前的任何教育改革，甚至比可蘭經宗教學校的改革，都複雜得多，也更具爭議。

在保護國時期的前幾十年裡，宰圖納沒什麼人信服這股席捲突尼西亞的改革主義運動。這座清真寺本身就是一整個獨特而艱鉅的挑戰：它不但已經存在了十四個世紀，有了固定的行為模式，而且還占據了一個最敏感的領域，那就是宗教。強大勢力之間的拉扯爭鬥：突尼西亞青年、法國殖民者、宰圖納的學生，以及最關鍵的，傳統派和改革派兩派的宰圖納烏理瑪，最終導致了宰圖納的改革。

改革派的烏理瑪包括塔哈爾・班・阿舒爾、沙林・布哈吉巴（Salim Buhagib，西元一八二七至一九二四）和穆罕默德・塞努西。其中最著名的或許是塔哈爾・班・阿舒爾，他是來自知識分子、伊斯蘭學者和律師世家的後裔。班・阿舒爾在清真寺完成了他的基礎學習，然後在薩迪奇學院擔任講師，二十四歲時成為宰圖納的教授。他認為國家要對其公民的教育負責任，而這種責任應該擴張到提供全民義務教育。班・阿舒爾相信突尼西亞的伊斯蘭教可以從內部進行改革，而且不應該將《可蘭經》看作一個整體，而是應該從語言學的角度研究字裡行間的意義。他撰文闡述伊斯蘭教與自然法的相容性，以及伊斯蘭教價值在現代國家的社會和個人層面的重要性。

保守派因為希望保留舊有的教育結構不受外來勢力的影響，於是反對班・阿舒爾和其他改革者。某些傳統主義者中的一些人，至少在某種程度來說，面對這些改革威脅的時候，並不如他們在保護自己社會地位那般傾向於宗教的教條主義。有權勢的烏理瑪一般都出自職業地位很高的宗教學者家族，是貴族社會的核心。他們代表著社會上最強大、最有影響力的階層，在司法、教育和宗教界擔任著有權有勢的職位，如穆夫提（mufti）、卡迪（qadi，伊斯蘭教法法官）、教師、穆安津（muezzin，宣禮員）和宗教導師。

因為伊斯蘭教育是突尼西亞人以前唯一能受教育的方式，因此又進一步鞏固了宰圖納烏理瑪的權勢地位。曾有一段時間，一切事物包括思想、文學、甚至手工藝技術，都繞著宰圖納清真寺轉。謝赫拉希德．加努希認為，在某種程度上，「突尼西亞的一切都是宰圖納造就的」。因此，烏理瑪們一定把宰圖納視為他們自己的地盤，也是他們權威最後的堡壘，任何發生在宰圖納關於改革的討論都是一種嚴重威脅。所以至少有些人的抵抗並不一定是反對改革主義本身，反而只是出於他們不想放棄權力和特權的心態。

但並非所有做出反應的烏理瑪都是這樣。有些烏理瑪的反對意見是教條主義，並與他們對教育和伊斯蘭教更廣泛的哲學觀點有關。許多烏理瑪相信知識是可以自給自足、無中生有，僅憑理性推理就能推導出來，而無法透過外在經驗來獲得。所以說，在封閉的宗教知識體系之外進化而來的教育，一開始就被他們否定了。傳統主義者尊重前輩先賢，以及社會和宗教的階級制度。他們滿足於教育是由一個靜態整體的背誦所組成，是一個「沒有爭議的」資訊組合。因此，宗教教育是不能被改變的，而且必須維持一個封閉的系統，不受外界影響和新興解釋的侵擾。

了解宰圖納重要性的殖民政府，只好心不甘情不願地支持宰圖納的改革，希望跟這個敏感議題保持距離。西元一八九八年，行政當局成立了宰圖納改革委員會，由以沙林・布哈吉巴為首的改革派烏理瑪，以及法國官僚組成。改革委員會的最終結果是移除了宰圖納的公共教育領導權，並讓他們隸屬於總理管轄，給了他們更大的自主權。法國人因此確保了宰圖納不會不受約束，同時也能避免淌宗教的渾水。

將改革的嘗試視為良性並能提升觀瞻的宰圖納學生，在接下來的十年內，持續要求進行真正的改革。受到西元一九〇九年開羅艾資哈爾要求課程改革的抗議活動鼓舞，宰圖納的學生們堅持將歷史和地理等科目納入課程安排，並給予他們三年後就參加考試，而不是七年後才考試的權利，然後要求免繳稅賦和免服兵役。宰圖納的學生覺得，他們比學習了包括科學在內等現代學科的薩迪奇學院學生還不如。他們對於宰圖納大多數教授的愚昧保守，以及缺乏哲學、神聖訓詁學和形而上學等學科感到遺憾。

但一直要到西元一九二九年，在學生們的不斷要求下，第二次的宰圖納改革委員會才成立。這一次的辯論並不局限於清真寺的高牆之內，而是延伸到了報紙和大眾的討論之中。這次的戰場是少數改革派以大幅拓寬知識範圍為目標，對上希望維持現狀的傳統派。改革委員會最終於西元一九三三年頒布了一項教育法令，允許清真寺頒發三種文憑，每個教育週期各頒發一種：小學畢業頒發「阿利亞（ahliya）」、中學畢業頒發「塔席爾（tahsil）」、中學以上的教育水準畢業頒發「阿里米亞（alimiya）」。這次改革也讓塔哈爾．班．阿舒爾在西元一九三二年受任為宰圖納的校長，不過他一年後就離職了。

一直要到西元一九四四年班．阿舒爾重新回任校長時，宰納圖大清真寺才真的進行了有意義的改革。為了對抗保守派的反擊，英語和法語被列為宰納圖的必修課，現代學科也被引入，宗教素材的教學量也被削減。班．阿舒爾還確保了宰納圖人的精神可以遠播，因此在突尼西亞和阿爾及利亞共建立了二十五個附屬學校，學生人數在他任內從三千人增加到兩萬人。

當塔哈爾．班．阿舒爾在宰圖納實施改革時，他的兒子法德勒．班．阿舒爾（Fadhel Ben Achour，西元一九〇九至一九七〇年）謝赫，在赫勒敦大學擔任校長的期間，強調了對阿拉伯語的重視。法德勒．班．阿舒爾的《可蘭經》是從小在家學的，十歲時也開始學法語。他進宰圖納是直接就讀二年級，後來就在宰圖納和薩迪奇教書。法德勒相信，法國人在突尼西亞設立的教育機構太過西方化了，沒有充分考慮到阿拉伯和伊斯蘭的文化背景，所以他推動成立伊斯蘭研究機構和阿拉伯法律機構，兩個都在西元一九四六年成立。

法德勒．班．阿舒爾在赫勒敦大學開設了第一個阿拉伯的高中文憑課程，以加強突尼西亞教育機構裡的現代教育，並使學生之後能夠在中東的阿拉伯大學繼續深造。他與開羅的大學密切聯繫，並與當時埃及的教育部長塔哈·海珊（Taha Hussein，西元一八八九至一九七三年）合作。

身為二十世紀阿拉伯現代主義主要人物的塔哈·海珊，用阿拉伯文所書寫的小說和戲劇，在西元一九四九至一九六四年間，讓他獲得了諾貝爾文學獎的十三次提名。他對學術自由的渴望，害他因為反對艾資哈爾清真寺過時的教育內容，而被保守的艾資哈爾踢出去。海珊在西元一九三六年出版關於教育政策的《埃及文化的未來（Mustaqbal al-thaqafa fi Misr）》一書中，認為歐洲和埃及之間沒有隔閡的這個論點，就是建立在地中海文化的概念之上。有了塔哈·海珊的幫助，法德勒·班·阿舒爾讓突尼西亞和埃及的文憑具有同等的價值，替突尼西亞人到開羅繼續深造開了一道方便之門。

法德勒·班·阿舒爾還替布爾吉巴獨立之後的漸進式改革鋪路，並支持他的改革。謝赫法德勒對婦女權利的倡導以及對布爾吉巴《個人地位法》的堅定支持，以他的神學背景和公眾形象來說，意義非凡。當時還有一些人在捍衛婦女權利，並為布爾吉巴的改革鋪路。改革派在女權這個議題上，面臨了來自傳統派烏理瑪強到不能再強的反對聲浪，致使他們的思想要一直等到獨立後才終於生根。

西元一八九七年，謝赫穆罕默德·塞努西帶頭出版了一本名為《撕開花萼（Tafattuq alakmam）》的書，他並且在書中分析了穆斯林世界的女性概況和伊斯蘭脈絡下的女性權利。兩年後，穆罕默德．阿布都最得意的門生之一凱西姆．艾敏在開羅撰寫了另一部相當具有影響力的著作。艾敏的《解放婦女（The Liberation of Woman）》一書，主張婦女解放的前提是伊斯蘭教中根深柢固、也在伊斯蘭教法中顯而易見的兩性平等；至於為什麼後來不平等，那是其他皈依者將外來的傳統帶入宗教所造成扭曲的結果。凱西姆．艾敏還認為，對《可蘭經》和聖訓的解釋並不是神聖不可侵犯的，因為這些本來就是源自於人類隨著時間和社會脈絡變化而改變的思想。

儘管艾敏宣揚婦女解放，但他並沒有要求男女之間的權利平等，而是將婦女定位在傳統上妻子和母親的性別角色上。他的主張是與西方觀念一致的「現代化」父權制度。他不覺得女性的教育應該要與男性平等，只要有基本的學校教育就好了。但艾敏比更早就主張全民基本小學教育的塔哈塔維還要更進一步。當初讓塔哈塔維推動女性教育改革的動力是，他覺得婦女受教育會使婚姻更加和諧、子女得到更好的養育，但艾敏主張女性應該接受教育，是為了能夠自食其力而不必在經濟上依賴他人。但艾敏同意塔哈塔維認為婦女不應參與政府公職，也不應該有政治發言權的觀點。

其他主張平等的著名突尼西亞人物包括宰圖納的謝赫阿卜杜拉齊茲．塔爾比（Abdelaziz Thaalbi，西元一八七六至一九四四年），他是沙林．布哈吉巴的弟子，在西元一九〇五年出版的

《可蘭經的自由精神（L'esprit Libéral du Coran）》一書中認為，伊斯蘭教的原則主張男女平等，並呼籲女性應該平等地接受教育，以及廢除伊斯蘭面紗。塔爾比激起了年長烏理瑪的怒火，他在一九〇一年受審的這個事件，使他的觀點和改革主義運動得到了進一步的支持。後來成為突尼西亞民族主義運動領袖，但仍然是一名傳教士和社會改革家的塔爾比，呼籲宗教要與時俱進並對宗教有深入的理解。

但是要論誰對女性權利的大力倡議，以及突尼西亞女性法律地位的突飛猛進有最大的貢獻，大概沒有人比得上伊斯蘭學者和改革家塔哈爾．哈達德（西元一八九九至一九三五年）。被譽為突尼西亞最重要社會思想家之一的哈達德，對現代突尼西亞伊斯蘭教的寬容、自由和進步等特質貢獻良多。透過形塑突尼西亞社會中關於女權的對話，哈達德替布爾吉巴的《個人地位法》披荊斬棘；他對婦女權利的立場成為布爾吉巴的立法基礎。

哈達德出生於突尼西亞南部的一個養雞人家，而且幾乎都在虔誠和社會觀念保守的環境中長大，他原本在一所可蘭經宗教學校念書，後來進到宰圖納之後，他的思想開始成形。在他後來也執教鞭的宰圖納，哈達德還研究了穆罕默德．阿布都，並受到穆罕默德．塞努西和阿卜杜拉齊茲．塔爾比的影響。

哈達德深知，伊斯蘭教是一種能夠適應社會發展的宗教，並認為伊斯蘭教法應該是動態的，而不該局限於嚴格的、一成不變的解釋。就像當時其他的改革派一樣，塔哈爾．哈達德相信穆斯林社會落後於歐洲的原因，在於穆斯林對伊斯蘭教義的誤解。哈達德從阿拉伯和伊斯蘭教的社會脈絡，而不是從西方的實踐出發，提出了跟伊斯蘭教不可分割的基本人權和公民權利的想法，其中也包括女性的權利。他認為伊斯蘭教在創立之初，就已經確立了男女平等。因此女性在社會中地位低落的原因不是宗教，而是對宗教典籍的誤解和宗教法令的誤導。哈達德的解釋與凱西姆．艾敏的解釋類似，兩位學者都將女性在社會中的次等地位歸咎於傳統，而非伊斯蘭教法或伊斯蘭教本身。

塔哈爾．哈達德在西元一九三〇年出版的《婦女在伊斯蘭法律和社會中的地位（**Imra'atuna fi al-Shari'a wa al-mujtama**）》一書中，主張穆斯林社會中，如何看待女性的方式應該要有整個典範的轉移。哈達德賦予女性與男性相同的權利，比如在法庭上作證和簽署合約的權利。在婚姻關係上，哈達德主張婚前雙方同意，並呼籲終結一夫多妻制、片面離婚和子女監護權自動歸父親所有等等規定。

哈達德要求女性應該具有受教權，認為女性的賦權是更廣泛的反殖民主義運動的一部分。但是就跟他的某些埃及前輩一樣，哈達德認為女性受教育的理由，是為了扮演好在家庭裡的角色，並沒有在意女性的職涯發展。不過在很少有人討論女性是否應該識字的時空背景下，哈達德的論點還是很進步的。

在主張女性應該享有平等的受教權時，哈達德表示伊斯蘭教並沒有要求學校要實施男女隔離。哈達德在他自己的論文中，用兩個章節的篇幅討論了面紗的問題，認為面紗阻礙了夫妻在結婚前互相了解，並導致女性的孤立，以及阻礙她們平等受教育的機會；甚至將面紗比作「強加在狗嘴上的口套」。哈達德贊同凱西姆．艾敏的觀點，他認為戴面紗反而會煽動性欲，而不是宣揚貞潔；男性之所以要強迫婦女禁欲，就是出於對女性身體外貌以外的一切，都不尊重也不欣賞。

值得注意的是，哈達德的目的不是為了挑釁，而是想要鼓勵宰圖納的烏理瑪進行伊斯蘭教法的改革，他為了寫書，還就女權問題訪談了幾位烏理瑪。雖然一如預期有些人並不支持，但值得注意的例外是塔哈爾．班．阿舒爾，他提到了男女在婚姻中「共同享有的權利」，而另一位宰圖納學者則認為，《可蘭經》並沒有命令婦女在公共場合遮住她們的臉。

哈達德的書出版後，在突尼西亞各地掀起了軒然大波，他的一些理念受到猛烈地抨擊，尤其是關於譴責一夫多妻制，以及「縱容」孕婦在有生命危險時墮胎的想法。宰圖納的保守派開始對他個人進行誹謗。在一眾發表論文反駁哈達德的烏理瑪當中，有一位宰圖納的主要人物穆罕默德．薩拉赫．本．馬拉德，他在一本小冊子上對哈達德的著作發動了最嚴厲也最有效的攻擊，但後來卻被發現他根本沒有讀過哈達德的書。宰圖納的學者最終取消了哈達德的公證人資格，並且實際取消了他的學位，並將他從宗教體制中除名。雖然哈達德也有註冊一個新成立的兩年制法律學程，但他卻被禁止參加畢業考，而且不頒發法律學位給他。

後來大家才發現，哈達德還曾經讚揚過這個拒絕他的機構，是一個伊斯蘭教育的中心。哈達德在一本他死後的一九八一年才出版的書《宰圖納清真寺的伊斯蘭教育與改革運動（al-Ta'lim al-islami wa harakat al-islah fi Jami' al-Zaitouna）》中寫道：「宰圖納是今日唯一一個，能夠藉由復興我們的語言、我們的正統文學，並用我們自己的語言去研究關於生命的科學，從而保護我們的核心價值不至於消亡的機構。」但他也承認宰圖納的局限性，並呼籲改革以及擴大教學範圍。哈達德希望宰圖納能夠重獲新生，成為既是伊斯蘭思想的中心，又是教授世俗科目的現代機構，他建議學生們要帶頭進行改革，不要顧及那些他所謂食古不化的老師們的反對。

被指控是無神論和異端邪說的哈達德，會在突尼斯街頭遭受人身攻擊，促使他去申請持槍許可。由於媒體對他的誹謗，以及許多政治盟友後來都離他而去，哈達德短暫人生的後半生都鬱鬱寡歡。他不但健康狀況不佳，而且離群索居。他在三十六歲時死於心臟病和肺結核，但他在突尼西亞獨立後才日漸彰顯的影響力，無疑是經久不衰的。

像塔哈爾．哈達德這樣，對教育、女權以及宗教與社會之間的關係，產生滲透性影響的突尼西亞現代主義者，幫忙定義了突尼西亞在現代世界中的地位，以及他們面對西方的態度。他們不在外圍打轉，而是直接從伊斯蘭教內部提出爭論，並進行宗教機構譬如可蘭經宗教學校和宰圖納的改革，在宗教與現代性之間建立了和諧的關係，並開創了從體制內下手以確保平衡的先例。

改革派雖然深受開羅阿拉伯文化復興運動知識分子的影響，但突尼西亞改革運動的範圍更廣，而且擴及到了政治領域和民族主義運動。埃及重要學者專注的主要是出於對穆斯林烏瑪（社群）的覺醒，以及宗教透過實踐伊智提哈德的應用與時俱進。

一些阿拉伯文化復興運動的改革分子反其道而行，轉向具有影響力的反動派嚴格而狹隘的觀點。曾是穆罕默德・阿布都弟子和追隨者的穆罕默德・拉希德・里達，從一個遜尼和什葉的統一派，轉向瓦哈比派創始人穆罕默德・伊本・阿布多瓦哈比（Muhammad Ibn Abdelwahhab，西元一七〇三至一七九二年）充滿排他性和極端主義的教義。里達認為，阿布都的思想再繼續往世俗的形式推演，就是讓伊斯蘭教對西方俯首稱臣。他受到塔基・丁・哈邁德・伊本・泰米葉的啟發；伊本・泰米葉在西元十三和十四世紀埋下極端主義思想的種子，而在他死後的幾個世紀，這些種子才開始萌芽茁壯。伊本・泰米葉相信，烏理瑪應該重新打開伊智提哈德的大門，但與此同時要回溯到伊斯蘭教在西元七世紀最早的根源，而非仰賴後世學者的附會解釋。伊本・泰米葉也對於伊本・赫勒敦在一個世紀以後描述的，關於一個部族無論內部成員的宗教信仰是什麼，都會團結在一起的「群體意識（assabiyya）」的危險性提出警告。伊本・泰米葉的正統觀點，為十八世紀中葉成形的瓦哈比派教條，以及二十世紀初的穆斯林兄弟會教條提供了借鑒。

伊斯蘭主義的興起和反動思潮的力量，打斷了阿拉伯文化復興運動學者的努力，嚴重限制了他們推行改革的影響力。最重要的是伊斯蘭教現代化計劃不幸終止，走上了回頭路，帶來的後果將繼續影響至今的幾個世代。另一方面，突尼斯有影響力的思想家們遇上的情況，則使他們能夠堅持改革，並朝著整體上不斷積累和不間斷的道路繼續前進。在二十世紀期間，突尼西亞的改革之路將演變為一場民族主義運動，並催生一個茅塞頓開的後獨立社會。

十、一九五六

經過數十年之後，突尼西亞的獨立運動和建國計劃，在知識分子的力量和爭取勞工權利的鬥爭中形成的。這是一場漸進的、本土的、大致上有凝聚力以及和平的努力，為突尼西亞反對專制統治的革命，和往後的民主轉型定下了基調和榜樣。

西元十九世紀晚期和二十世紀初期，催生了知識分子改革運動的突尼西亞青年和其他同時代的改革派，最終成為了促成突尼西亞被解放的反殖民主義運動擁護者。在獨立前的幾十年裡，學術潮流更廣泛地採納了社會經濟的不滿和女性、勞工以及被殖民者的權利，替原本就已經活力充沛的民間社會和複雜的政治運動注入更多活力。

隨著世界性的大事件，也就是兩次世界大戰的爆發，撼動了殖民國家的不敗神話並暴露出他們的脆弱，反殖民主義的情緒向更多的區域廣為傳播。法國的注意力轉向了他們在歐洲碰上的麻煩，並忙著捍衛他們的主權，這就替突尼西亞和馬格里布其他地區的本土政治活動提供了發展的空間。

爭取獨立的戰場催生了原本不可能出現的聯盟，並將不同的群體聚集在一起：宰圖納與世俗派、勞工與精英、農村農民與城市實業家，以及各種背景和立場的男男女女。報紙和期刊是民族主義辯論的主要戰場。各個政黨都有自己的報紙，往往要不斷地改名重發行，因為法國的殖民勢力會竭力壓制異議，以及任何反對他們霸權統治的團結聲浪。突尼西亞的領袖人物在世界各地為他們的訴求進行遊說；他們與同時發生的其他阿拉伯民族運動分享類似的想法，並尋求目的的共同點。

在世紀之交時，讓突尼西亞人與當局及當局所支持的殖民者之間，爭論最激烈的問題，就是關於土地所有權和稅收。

法國當時是採取允諾贈與土地，使外來殖民者對突尼西亞產生物質依戀的方式，吸引法國公民來到突尼西亞定居的策略。因此突尼西亞人的土地一小塊一小塊被轉讓，使農民流離失所。到了西元一八九二年，法國公民已經擁有合計四十萬公頃的突尼西亞土地。法國人口原本在西元一八八一年和為數眾多的義大利人相比才幾百人，卻在短短十多年一路增長到一萬人以上，成長速度遠遠超過其他非法國移民。

令土地轉讓問題更加複雜的是，突尼西亞有相當比例的農田被當作「宗教捐獻（habus）」。為了吸引法國公民移居突尼西亞，保護國官員在西元一八九六年開始，迫使地方的宗教捐獻委員會每年將幾千英畝的土地，贈與由法國人領導、新成立的農業局，然後他們再把土地出售給法國移民。

法國人並沒有在奪取和轉讓突尼西亞人的土地之後就收手。為了資助基礎建設專案，包括建造主要都是殖民主在使用的道路，法國人在西元一九〇三年增加了突尼西亞公民的人頭稅。突尼西亞人並沒有乖乖地接受這項政策，就像西元一八六四年海珊王朝的薩多克貝伊，因為加倍徵收人頭稅導致暴動一樣，這次的增稅也在農村引發了抗議。西元一九〇六年，塔萊－凱賽林發生了一場反對沒收土地和苛捐雜稅的暴動，並演變成一場大屠殺，最終在法國人的手中造成了十二人死亡、七人受傷。一些著名的薩迪奇學院畢業生參與了煽動群眾的行列，其中包括了在一個月前曾發表一場慷慨激昂的演講，反對法國新任駐軍總司令史蒂芬．畢盛（Stephen Pichon）的貝希爾．斯法爾（Bashir Sfar，西元一八六五至一九一七年）。斯法爾原本贊成法國人的存在，但經過了二十年的殖民統治之後，他對法國殖民當局開始不滿，經常公開發表反對法國政府的言論，替突尼西亞人民要求要改革。他為此受到法國人的孤立，卻也因此讓其他運動人士，特別是阿里・巴什・漢巴等人，在突尼西亞青年的運動中升上領袖階層。

稅收和土地所有權問題繼續分化突尼西亞人和法國殖民者，保護國政府對此睜一隻眼閉一隻眼，只希望不要再次演變成暴力衝突。

突尼西亞青年將這些經濟上的不滿，變成他們政黨黨綱的一部分。西元一九〇七年，他們成立了「進化黨（Parti évolutionniste）」。阿里・巴什・漢巴用他的報紙，同時也是接替了《哈迪拉》的《突尼西亞人（Le Tunisien）》的紙媒，宣傳他們政黨的各種綱領。作為突尼西亞第一份本地人發行的法語報紙，《突尼西亞人》很快就成為宣傳民族主義運動思維的園地。兩年後的西元一九〇九年，阿拉伯文版的《突尼斯人（al-Tounsi）》創刊，並由宰圖納的現代派學者阿卜杜拉齊茲・塔爾比擔任主編。

突尼西亞青年成立的進化黨，同時用《突尼斯人》的法文版和阿拉伯文版當作傳聲筒，反對當局為了給予新來殖民者利益，有計劃地將突尼西亞農民趕出自己土地的做法。該黨還提出了新的經濟和政治議題，要求殖民者和被殖民者之間的平等，以及歐洲勞工和突尼西亞勞工之間的平等待遇。進化黨呼籲當局接受突尼西亞人擔任公職、擴大小學教育和農業職業教育的管道。

歐洲殖民者經常在自己的報紙上嘲笑突尼西亞青年的要求。在西元一九〇七年六月十六日的一篇文章中，法國殖民者維克多．德．卡尼耶爾貶低了突尼西亞青年要求平等權利的呼聲，提到：「突尼西亞人在種族上本來就因為壓抑的宗教，還有代代相傳的懶散傳統和宿命所以低人一等。」

隨著民族主義運動的進一步發展，殖民者和在地領袖之間的關係變得更加緊張。西元一九〇六年塔萊—凱賽林暴動之後的幾年，民眾對土地問題的抗議活動越來越頻繁，規模也越來越大。

西元一九一一年，突尼斯市議會下令對「傑拉茲公墓（Jellaz Cemetery）」及其周圍的土地進行勘察，讓抗議活動演變成了暴力衝突。因為突尼西亞人擔心墓地會被冒犯，而且又導致更多的土地因為被登記，而不再是國家遺產的一部分。法國人的反應非常挑釁，他們抓了三十五名抗議者，並將其中七名判處死刑，有兩個還是送上斷頭臺行刑。殖民當局宣布國家要圍城，實施緊急狀態一直到西元一九二一年才解除。這一事件成為突尼西亞爭取獨立的一個重要標誌和集體記憶的一部分。

每一個事件都變成一個導火線，暴露出深層的不信任感，並釋放深深的怨恨。西元一九一二年二月，當一名義大利裔的輕軌司機撞死一名突尼西亞年輕人時，突尼西亞人抵制輕軌公司，突尼西亞籍的輕軌工人並要求同工同酬和工作條件的改善。

進化黨將他們的擔憂搬上國際，並在西元一九〇八年巴黎的「北非大會（Congrès de l'Afrique du Nord）」上表達出來。但是這些嘗試並沒有成功為突尼西亞青年的目標爭取到所需的支援。事實上在突尼西亞境外表達不滿，讓他們在國內遭到了法國政府和殖民地政府的懷疑，懷疑他們在幕後策劃傑拉茲公墓暴動和杯葛輕軌電車，是為了更大的政治陰謀。

法國人禁掉了《突尼斯人》，並將阿里・巴什・漢巴、阿卜杜拉齊茲・塔爾比和一些他們的夥伴驅逐出境。塔爾比和其他人在幾個月後就可以返回突尼西亞，但阿里・巴什・漢巴一直到西元一九一八年辭世前，都選擇繼續流亡伊斯坦堡。

隨著國家進入緊急狀態，突尼西亞青年的領導地位陷入困境，但他們在這個情況下也沒有機會冒出頭。於是又過了二十年，突尼西亞青年才成功恢復了他們以往的氣勢。

在好幾個前突尼西亞青年的努力不懈之下，儘管這個時期的士氣比較低落，但是他們對於達成獨立的嘗試，雖然有可能是徒勞無功卻也不曾中斷。其中最主要的是阿卜杜拉齊茲・塔爾比，他在西元一九一九年與其他同胞一起組成了「突尼西亞憲政自由黨（al-Hizb al-horr al-desturi al-tounsi，簡稱『憲政黨』）」。這些民族主義者希望他們在第一次世界大戰期間，聲援法國人的行為能得到回報。突尼西亞有八萬名士兵參戰，一萬兩千人犧牲。當初會參加戰爭也是出於戰略目的，希望這有助於突尼西亞的獨立。另外因為士兵們會得到經濟補償，所以經濟動機也起到了一定的作用。

突尼西亞青年從美國總統伍德羅．威爾遜的「十四點和平原則（Fourteen Points）」中看見一絲曙光，於是寫了一封信給美國總統，請願讓突尼西亞擁有民族自決權。他們還派了一個由憲政黨黨員組成的代表團去參加西元一九一九年的巴黎和會，替突尼西亞爭取更大的自治權。但這些努力都沒有獲得回報。突尼西亞沒有擠進關於歐洲和中東的更大議程裡。

突尼西亞人後來又試圖在法國獲得同情。西元一九二〇年六月，憲政黨的領袖階層率領第二個代表團前往巴黎，但他們的要求再次被置之不理。同年，塔爾比在巴黎寫下了馬格里布地區第一本的民族主義著作《突尼西亞烈士（La Tunisie Martyre）》。這本書原本是匿名出版，但後來都被認為是塔爾比的作品，而且也被當作是憲政黨的非正式綱領。

他們的請願遭到法國人的拒絕，而且憲政黨員從突尼西亞青年的錯誤中汲取教訓，一開始就對殖民勢力展現不妥協的立場。憲政黨變成了一個遠離「法式現代化」的運動。憲政黨的創辦人要求恢復西元一八六一年的憲法，從他們選擇的憲政黨縮寫是來自阿拉伯語的「憲法（Destour）」，就可以看出他們的意圖。

憲政黨的政治綱領有九點，包括建立市政議會和由法國人和突尼西亞人都可以被選為議員的立法議會。該綱領還提到突尼西亞人的土地所有權、集會和新聞自由以及同工同酬等權利。考慮到過去幾十年來知識分子和教育改革運動的發展，也難怪憲政黨方案的關鍵內容之一就是仿照法國的模式，實行初等義務教育。

在西元一九二二年二月，英國當局給予埃及部分獨立後，法國擔心突尼西亞會受到鼓舞，於是迅速拒絕了憲政黨的改革要求。法國人很狡猾地企圖挑撥離間政黨的領袖階層與突尼西亞名義上的統治者，也就是支持民族主義政黨的納瑟爾貝伊（Nasser Bey）之間的關係。

納瑟爾貝伊在一次被扭曲的報紙採訪中遭到法國人陷害，讓人覺得他似乎打消了制定憲法的念頭之後，他提出了同意不退位的幾個條件：以突尼西亞國旗取代法國國旗、成立一個由貝伊主持的政府和部長會議、歸還殖民者占用的土地。貝伊還要求西元一九二一年，讓非法國籍父母在突尼西亞生出來的子女獲得法國國籍的入籍法令應該被廢除；因為成為法國公民被認為是一種對穆斯林身份無可挽回的背叛行為。但法國無視納瑟爾貝伊的抗議，也無視海牙國際法庭先前宣布一九二一年法令為非法的裁決。法國對此的反應是在西元一九二三年十二月發布了一項新法令，允許穆斯林入籍成為法國公民。

貝伊的條件大部分都落空了，但有一個小小的勝利，那就是法國在西元一九二二年成立了一個議會，負責管理預算和稅收問題。這個大議會有五十名法國人和二十六名突尼西亞人，其中至少還要有一名猶太人。

一種固定的互動模式因此建立：法國越是在突尼西亞行使主權，突尼西亞人就越會在貝伊的支持下反對保護國。

工人們的不滿情緒仍然沒有消失。因為保護國的存在以及法國人對突尼西亞自然資源的開採日益增加，突尼西亞勞工所遭受的苛扣工資、勞動條件不佳等不平等待遇更加嚴重。結果就又催生了一場帶有民族主義意涵，並且將在突尼西亞的未來參與每一步重要政治發展的組織性勞工運動。

在保護國時期，突尼西亞工人通常受僱於歐洲企業，或至少是由外國人管理的公司，他們的收入大約是歐洲人的三分之一。這種被稱為「殖民者紅利（tiers colonial）」的差別待遇工資結構，與當時的土地贈與，一起被用作吸引法國公民移民到殖民地的手段。

礦工占了工業勞動力中最大的比例，因為突尼西亞最珍貴的自然資源是磷酸鹽和金屬，包括鐵、鋅和鉛。然而，採礦活動除了給礦工帶來微薄的工資之外，並沒有給突尼西亞人帶來更多利益。按照典型的殖民主義操作，資源都會為了服務殖民者的利益而被掠奪。一個多世紀以後，加夫薩磷酸鹽公司的工人暴動就是一個典型的例子，標誌著茉莉花革命的開始。西元一八九九年，該公司完成了一條連接內陸城市加夫薩和沿海城市斯法克斯的管線，磷酸鹽從那條管線運出國，卻沒有為突尼西亞的經濟發展做出任何貢獻。

諷刺的是，突尼西亞的第一個工會，是由非突尼西亞人為了剝削突尼西亞工人而成立的。主要分布在運輸、建築、郵政和其他公務部門的法國和義大利工人，為了維護自己的特權地位，於是在西元一九一九年成立了法國「總工會（Confédération Générale du Travail）」的分會。該工會由法國的社會主義分子和共產黨員組成，他們預見的未來是由嶄新、先進的法國工人階級所領導的社會主義突尼西亞。另一個頗具諷刺的轉折，是工會拒絕支持突尼西亞人在西元一九二四年訴求要與馬賽工人同工同酬的碼頭工人罷工，導致突尼西亞人成立了他們自己的第一個獨立工會：「突尼西亞貿易總工會（Confédération Générale Tunisienne du Travail，CGTT）」。

有共產主義傾向的工會是由穆罕默德．阿里．埃爾哈米（Mohamed Ali al-Hammi，生卒年約為西元一八九〇至一九二八年）和塔哈爾．哈達德組成的，他們都承認突尼西亞的法國勞工運動充滿種族主義和剝削。儘管他們接受的教育類型不同，哈達德是傳統教育出身，埃爾哈米則是西方教育，但他們對於建立強大勞工運動的必要性有相同的結論。

哈達德是一名民族主義者，他在宰圖納任教期間是憲政黨的社運人士。在他的《宗教、國籍和今天的問題（al-Din wa al-jinsiyya wa mas'alat al-yawm）》一書中，哈達德讚揚突尼西亞的獨特性格，並譴責法國硬是要歸化突尼西亞穆斯林。他認為宗教和國籍之間存在著不可分割的聯繫，特別是當同化者所代表的社群對被同化者懷有敵意時，一個社群與另一個社群的融合會危及文化和認同。作為憲政黨宣傳委員會的成員，哈達德的政治活動使他有機會走訪突尼西亞各地，與工人和他們的不滿情緒有了密切的接觸。

埃爾哈米因為在的黎波里對抗義大利人，並支援地區性的抵抗運動而中斷了他的學業。後來在柏林念書時，埃爾哈米參與了歐洲工會、共產黨、自由派和工人的政治和社會活動。他深信「西方的力量和西方的進步就藏在這些組織的多面性和全球性的動態當中，特別是關於職業工會、經濟及政治制度」。埃爾哈米在西元一九二三年回到突尼西亞，隔年，他創辦了突尼西亞工人合作社帶頭罷工，並在突尼西亞各地成立地區工會。

憲政黨的領袖們起初支持突尼西亞貿易總工會的成立，但後來由於擔心工會的積極性會影響到憲政黨自己的議程，而與工會日漸疏遠。西元一九二五年埃爾哈米號召的全國性罷工，得到了民族主義者、共產黨員和社會主義者的支持，凸顯了埃爾哈米對法國人的潛在威脅。因此法國人在罷工之後就解散了工會，並將埃爾哈米流放，最後埃爾哈米於西元一九二八年在沙烏地阿拉伯死於一場交通事故。

對於憲政黨不給予支持而感到沮喪的塔哈爾．哈達德，早在工會解散前就已經退出了。西元一九二七年，他出版了一本名為《突尼西亞工人與工會運動的誕生（al-'Ummal al-tounisuyyun wa dhuhur al-haraka al-naqabiyya）》的書，其中討論了工人階級的苦難，並介紹了突尼西亞貿易總工會共同創辦人埃爾哈米的生平。哈達德想要點出一些潛在的結構性問題，包括突尼西亞對歐洲商品的喜好日益增長會影響在地手工業者的生計，以及憲政黨未能與突尼西亞貿易總工會結盟，又對工人階級興趣缺缺。

隨著塔哈爾・哈達德和其他人對憲政黨的保守姿態，以及非對抗性的做法越來越不耐煩，憲政黨內就越來越分歧。憲政黨的領袖們最後都不願意正面挑戰法國殖民勢力。憲政黨從成立之初基本上就沒有什麼影響力，在他們的帶領之下，民族主義運動在一九二〇年代經歷了一段不活躍的時期。憲政黨當時成立的背景，幾乎就決定了它傳統的組成分子和立場。憲政黨的幹部主要由突尼西亞首都的傳統城市人組成，他們是技術官僚、宗教領袖和知名人士。他們都只關心自己的利益，代表的也不過就是一場不關心工人權利的分裂主義運動。

但是也正是在這一個時期，新一代的領袖人物開始嶄露頭角。推行競爭性的全國性入學考試、獎學金和政府職位，意味著突尼西亞各地的年輕人都有機會加入新的精英階層。他們當中許多人在法國繼續深造，回到突尼西亞以後，就準備要用比他們要取代的那些前輩更激烈的方法對抗法國人。這批新的突尼西亞幹部普遍受益於殖民者提供的教育機會。但跟其他殖民地人民不同的是，突尼西亞人一方面能維持突尼西亞的特色，又擴大了西方教育對他們的社會影響。

這批新的精英階層把他們受過西方教育當作領導力的重要憑證，與早些時候曾做出如此宣稱的突尼西亞青年沒有什麼不同：「我們的新思維是法國思想的產物。我們已經全盤接收，都能為我們所用。」

哈比卜．布爾吉巴也是這批新興精英中的一員。布爾吉巴曾就讀於薩迪奇學院和卡爾諾高中，後赴巴黎索邦學院（巴黎大學前身）研讀法律和政治學。布爾吉巴在巴黎時，從盧梭、拉馬丁和雨果得到了政治上的啟發。西元一九二七年回國後，布爾吉巴成為一名社運人士，經常寫一些文章闡述突尼西亞人在法國統治下的不滿情緒。

布爾吉巴原本都在憲政黨的《突尼西亞之聲（La Voix du Tunisien）》發表觀點，但後來就與馬茂德．馬特利（Mahmoud Matri，西元一八九七至一九七二年）和塔哈爾．斯馬爾（Tahar Sfar，西元一九〇三至一九四二年）一起創辦了一份新的報紙《突尼西亞行動報（L'Action Tunisienne）》，上面刊載的觀點與保守派的憲政黨相左。

在見識到勞工運動的成功之後，布爾吉巴和一些志同道合的憲政黨員，正在尋找一個復興民族主義運動和凝聚群眾的機會。西元一九三〇年代初，法國人在不知不覺中給了布爾吉巴一個他垂涎已久的機會。原本大部分的突尼西亞人只是稍稍感受到經濟危機對國家的衝擊，但法國殖民當局卻犯了幾個嚴重的錯誤，觸動了民族和宗教情緒，等於直接做球給布爾吉巴和他的同伴。

第一個嚴重的大錯誤發生在西元一九三〇年，當時政府允許天主教會在迦太基舉行國際聖體大會，事實證明這個錯誤是復興民族主義運動的決定性事件之一。當時街上擠滿了打扮成十字軍戰士的天主教徒，他們派發鼓勵穆斯林民眾皈依天主教的小冊子。而且法國人可能覺得這樣做還不夠汙辱人，於是就在阿爾及爾被攻占一百週年之際，安排了「慶祝」阿爾及利亞人「被征服」的一場奢華又奢侈的公開慶祝活動。

但最終點燃民族主義運動火焰的問題，是西元一九二〇年代初期關於國籍歸化爭論的死灰復燃。在西元一九三二至一九三四年間，成千上萬的突尼西亞人舉行示威遊行，反對將已經歸化法國的突尼西亞人葬在穆斯林墓地，因為這是公開叛教的行為。而且其中許多取得法國籍的人都是法國當局的公務員，進一步加深了人們認為他們是通敵者的看法。穆斯林公墓成為了突尼西亞主權的象徵。

西元一九三三年，布爾吉巴和他的部分憲政黨同伴抓住機會，鼓吹突尼西亞人阻擋取得法國國籍的人被安葬在穆斯林墓地。他們利用這個話題，進一步散布了法國已經將權力觸角深入宗教領域的無端傳言，抹黑法國當局將下令發布「法特瓦（fatwa，伊斯蘭教令）」這種應由公認的宗教權威機構所發布的裁決，來幫忙給予入籍法國的人安葬權。民族主義運動利用喪葬問題來強調法國對突尼西亞事務的干預有多普遍。最後是突尼西亞穆斯林自己把這個問題一勞永逸地解決了。「法國穆斯林聯盟（Ligue des Français Musulmans）」於西元一九三六年發表了一封信，認為法國人與穆斯林這兩個身份是不相容的，並呼籲法國總統允許穆斯林撤銷他們及子女的歸化事實。

經過歸化危機以及公眾抵制的情緒水漲船高之後，法國人收緊了手中的權力，收掉了民族主義報紙，並暫停了憲政黨的活動。但當初並沒有參與反葬運動的高齡保守憲政黨領袖人物，接受了法國人的調停條件，所以憲政黨又被允許恢復活動。布爾吉巴因為參與了反葬運動而被法國當局逮捕。但在他被流放到突尼西亞南部之前，他於西元一九三四年三月在薩黑拉（Ksar Hellal）召開了一次代表大會，憲政黨裡曾帶頭重啟歸化運動的年輕又受挫的那一派，組成了一個新的政黨。

在成立新分裂的「新憲政黨（Neo-Destour）」的過程中，布爾吉巴又找了跟他一起創立《突尼西亞行動報》的兩位老戰友：馬茂德．馬特利和塔哈爾．斯馬爾一起合作。布爾吉巴被任命為新憲政黨的秘書長，而馬特利則被任命為新憲政黨的第一任黨主席。曾與布爾吉巴一同在卡爾諾高中就學，後來在巴黎獲得法學和公共財政學學位的巴赫里．吉加（Bahri Guiga，西元一九〇四至一九九五年）擔任財務長。要不是塔哈爾．哈達德在西元一九三五年就去世，也許他也會是新憲政黨的創黨元老之一。

布爾吉巴的另一位朋友穆罕默德．切尼克（Mohamed Chenik，西元一八八九至一九七六年）

提供了新政黨最需要的資金支援，並成為他們最終取代原本憲政黨地位的重要關鍵。身為一名富有的企業主，切尼克就跟其他大地主和農村商賈一樣與法國人合作，並曾兩次擔任保護國的總理。新憲政黨早期大部分的資金都來自於薩赫勒半乾旱地區的大地主，這些地區的大地主大部分都沒有受到歐洲殖民者的侵擾。因為這段早期的淵源，所以獨立後的突尼西亞和農村資產階級之間的關係也是緊密相連。

打從一開始，新憲政黨就和憲政黨的做法大相逕庭，採取更大膽、更激進的反殖民主義立場，並高度依靠宣傳工作來凝聚群眾支援。布爾吉巴在歸化危機期間所付出的努力中了解到，在農村地區，特別是受經濟蕭條影響的農村地區建立小據點的重要性。於是新憲政黨在各地農村建立起黨支部，負責招募和政治性地教育農民新的「解放軍」。

新憲政黨還採取了與突尼西亞青年類似的親西方觀點，因為黨裡面的許多成員都與新憲政黨的創始人接受同樣的教育。就某些方面來說，布爾吉巴是殖民勢力的產物，他曾在法國人的殖民學校學習，並形成了西方的思想觀念。他反抗法國人的壓迫，同時又採納了法國人的許多原則，而這些原則他一旦找到機會就會去執行。

布爾吉巴和其他新憲政黨的人認為，伊斯蘭教是實現民族認同的核心，他們利用宗教作為一種手段，將群眾凝聚到民族主義的目標，並灌輸他們反抗的精神，在他們反抗殖民者時，喚起關於殉道烈士以及上天賞賜的記憶。但新憲政黨也盡量包容，不讓突尼西亞人的分裂浮上檯面，並照顧到突尼西亞中為數不少的弱勢猶太人。

與極力譴責猶太復國主義（Zionism）的舊憲政黨不同，新憲政黨對這個問題採取了更細膩的手法處理，並小心翼翼地將猶太教和猶太復國主義區分開來。新憲政黨壓制猶太復國主義的媒體活動，同時堅持在突尼西亞絕對有猶太教，但不會有政治運動的生存空間。

大部分都已經歸化為法國公民的猶太人，因為在法國人的統治底下享有許多優惠而招人厭棄。西元一九三二年的夏天，突尼西亞猶太人和穆斯林之間的暴力衝突，在薩赫勒和突尼斯地區爆發。經濟上的不滿是這次衝突的主因，但也是由於突尼西亞猶太人的部分成員對猶太復國主義的同情。新舊憲政黨的領袖人物對這個問題的態度自然是截然相反的。新憲政黨的薩拉．邦．尤塞夫在西元一九三四年的一次示威活動中高呼「猶太人是我們的兄弟」；而在另一個極端，憲政黨的老領導阿卜杜拉齊茲．塔爾比，卻與不願妥協的巴勒斯坦民族主義領袖，以及耶路撒冷的穆夫提「哈芝（Hajj，完成伊斯蘭五功者的頭銜）」阿明．侯賽尼（Amin al-Husseini）有密切的聯繫，並幫忙散布反猶太人的宣傳。

隨著突尼西亞的女權主義在一九二〇年代開始成型，女性也走上了舞臺中心。女性為爭取自己的權利舉行示威遊行，為解放和反對頭巾而抗爭的女性也開始嶄露頭角。西元一九二四年，馬努比亞・烏爾塔尼（Manoubia Ouertani）在自己的女權主義演講中脫下頭巾，成為第一位在公開場合脫下頭巾的突尼西亞女性。她的如此特質使她成為其他人效法的對象，包括西元一九二八年的哈比巴・門查里（Habiba Menchari）。這些女性都以埃及女權主義運動之母胡妲・埃爾莎拉薇（Huda al-Sha’rawi）為榜樣。西元一九二三年胡妲在開羅的一個火車站戲劇性地摘下了她的頭巾，以示對女性壓迫的反抗。

後來鄙視女性穿戴頭巾的布爾吉巴，在西元一九二九年卻也反對女性揭開頭巾，並與其他國家領導人一起批評哈比巴・門查里和馬努比亞・烏爾塔尼在公共場合摘掉頭巾的做法。同年，布爾吉巴還在《突尼西亞標準報（L’Etendard Tunisien）》上發表了一篇嘲諷性的文章，質疑在當時的情況下，揭開頭巾的做法是否明智。在政治意義上，布爾吉巴認為伊斯蘭教的傳統，比如戴頭巾，是跟法國人有所區分的重要標誌。布爾吉巴在突尼西亞獨立前，一直拿著伊斯蘭教當神主牌，但當他成為自由突尼西亞的總統之後，他的態度有了一百八十度的大轉變。對他來說一切都是為了政治目的服務，只要最後達成解放的目標，中間任何有用的手段都是合理的。

一直要到西元一九三六年，突尼西亞的第一個婦女組織「突尼西亞穆斯林婦女聯盟（Union Musulmane des Femmes de Tunisie，UMFT）」才成立。該組織的創辦人碧琪拉・班・米拉德（Bchira Ben Mrad，西元一九一三至一九九三年）是宰圖納謝赫，穆罕默德・薩拉・班・米拉德

（Mohamed Salah Ben Mrad）的女兒。米拉德謝赫曾在西元一九三〇年代激烈且公開地反對哈達德關於女性的論文。在許多方面來說，突尼西亞穆斯林婦女聯盟的成立顯然就是為了反對塔哈爾·哈達德的思想。以伊斯蘭的精神促進女性受教育和融入社會的突尼西亞穆斯林婦女聯盟，並不主張男女平等，也不以改善突尼西亞的女性生活條件為目的。突尼西亞穆斯林婦女聯盟與新憲政黨走得很近，都有著共同的反殖民主義理論意識；布爾吉巴的侄女榭德利亞·布茲加魯（Chedlia Bouzgarou，西元一九一七至二〇〇五年），以及布爾吉巴未來的妻子瓦西拉·本·安馬爾（西元一九一二至一九九九年）都有加入突尼西亞穆斯林婦女聯盟。

在這一個時期，其他婦女組織也陸續成立。其中最突出的是「婦女領導（al-Qiyada al-nissa'iya）」，他們跟一些民族主義團體一起採用了一種日益流行的抗議手段：藝術。婦女領導協助婦女成立了自己的戲劇團體，而且和突尼西亞穆斯林婦女聯盟不同的是，他們宣導平等，只不過影響力不大。

突尼西亞的藝術界隨著民族主義運動的開展而蓬勃發展，因為突尼西亞人也在尋找保護自己文化和認同的方法。他們於西元一九三四年成立了拉希迪亞學院（Rashidiyya Institute），以保護原住民音樂並抗衡「法國音樂學院（Conservatoire Français de Musique，即現在的『突尼斯國家音樂學院』Conservatoire National de Musique de Tunis）」。

一群藝術家和知識分子，晚上會聚集在突尼斯老城區北邊蘇卡門（Bab Souika）附近的咖啡館裡。透過各種藝術表現形式交流思想：詩歌、小說、繪畫、雕塑和電影，並表達他們的政治觀點和反殖民主義情感。這群後來被稱為「城牆下（Taht al-sur）」的人，希望創造一個建立民族性格、譴責殖民主義，並促進社會和經濟正義的文學文化環境。突尼西亞最著名的詩人沙比就是城牆下的一員。他的詩歌〈生存意志〉成為茉莉花革命的口頭禪，也體現了城牆下的目標。對沙比來說，屈服和冷漠是死亡的同義詞，他譴責突尼西亞人在殖民壓迫面前的被動。突尼西亞學校教科書中至今仍在講授的〈生存意志〉，是沙比送給突尼西亞人的臨別禮物；他在寫完這首詩的一年後就去世了，年僅二十五歲。

西元一九四〇年，馬哈茂德·梅薩迪創作的劇本《水壩（al-Sudd）》也呼應了沙比對屈服和宿命論的譴責。馬哈茂德·梅薩迪後來擔任布爾吉巴任內十年的教育部長。《水壩》這部極具象徵性的戲劇，描繪了兩種相互衝突的意識形態：一種是對上帝的深刻信仰並對生活中無盡苦難的宿命屈服，另一種則是對個人命運的自由意志及掌握。該劇既是對宗教宿命論的挑戰，也是關於突尼西亞人抵抗法國人、展現人類韌性的一部寓言。和〈生存意志〉一樣，《水壩》也被納入突尼西亞的學校教材。

梅薩迪是突尼西亞在二十世紀最著名的作家，他的作品受到其他阿拉伯作家的高度讚揚。以語言使用的精妙和準確見長的梅薩迪，他的作品發人深思又具有實驗性，並揭露了傳統與現代之間的緊張關係。曾在薩迪奇學院、宰圖納清真寺和赫勒敦大學都學習過，也曾到法國索邦學院受訓的梅薩迪，是突尼西亞傳統教育和現代教育兩者混合的產物。遍歷過這兩種世界的梅薩迪，在回到突尼斯並成為民族主義運動中的重要人物之前，曾在法國的幾所大學教授阿拉伯文學。要說梅薩迪對突尼西亞人教育和文化的直接影響有多巨大，大概除了布爾吉巴之外，沒有任何人像他對突尼西亞後來之所以能避開其他阿拉伯國家在獨立後走上的道路還要有貢獻。

沙比和梅薩迪都呼籲他們的人民保持希望、抓緊機會，推進他們的民族主義抱負以及爭取自由。新憲政黨的領袖正是抱持著這樣的想法，於是在西元一九三六年，當法國的「人民陣線（Front Populaire）」上臺執政，他們看見了可能可以合作的希望曙光。

的確，反法西斯的社會主義者萊昂．布魯姆（Léon Blum，西元一八七二至一九五〇年）在擔任左派政黨聯盟主席時，就支持突尼西亞獲得更多的自治權。媒體和集會自由恢復原狀，布爾吉巴被流放時停止發行的《突尼西亞行動報》又恢復發行，並廣泛宣傳「法國穆斯林聯盟（Ligue des Français Musulmans）」譴責國籍歸化的決定。西元一九三六年四月，布爾吉巴和其他武裝分子被新任駐軍總司令阿爾芒．吉永（Armand Guillon）釋放，受到熱烈的歡迎並被當成英雄。布爾吉巴的流亡使他在全國人民心中成為革命烈士，並進一步使他的聲勢水漲船高。

布爾吉巴立即主動根據一八八一年《巴爾杜條約》當中，達成關於權力分享、讓突尼西亞能逐步取得更大自治權的協定，與人民陣線展開談判。但阿卜杜拉齊茲．塔爾比反對布爾吉巴的做法，並且公開反對與法國人合作。人民陣線的興起，正值阿拉伯人在巴勒斯坦因為日益增多的猶太人移民潮而發生叛亂。憲政黨於是公開懷疑人民陣線，在他們的黨報《突尼西亞憲章（La Charte Tunisienne）》上指責法國總理萊昂．布魯姆同情猶太人在巴勒斯坦的所作所為。布爾吉巴的企圖最終失敗了，法國宣布他們對突尼西亞的掌控力度不會改變。

布爾吉巴很謹慎地既不疏遠法國人，也不屈服於憲政黨想將新憲政黨置於民族主義暴風中心的硬派策略，因此他繼續採取法國－土耳其合作的模式，同時聲明他的最終目標就是即刻獨立。他在《突尼西亞行動報》中闡述了他的戰略；宣稱沒有法國的合作，獨立就不可能達成，而且「突尼西亞的獨立必須伴隨著一部條約，保證法國相對其他外國列強，在政治和經濟議題上至高無上的地位。」

布爾吉巴的戰略是在取得短期收益的同時，耐心並有條不紊地努力實現現實和明確的長期目標。布爾吉巴明白，美化過去、渲染受害者身份和採取指責的戰術，會削弱他的立場並適得其反。他也相信，否認突尼西亞社會尚未成熟的事實是沒有好處的。布爾吉巴的政治靈活性和努力贏得對手支持而不是打敗對手的策略，在他爭取獨立和治理獨立後突尼西亞的事務時都非常有用。「布爾吉巴主義（Bourguibism）」不只是簡單的「良好政治常識」，而是「外表看似簡單明快，內裡實則為非比尋常的政治意識」。這完全取決於布爾吉巴狡猾的韌性。

但是與法國人合作，並不意味著排除必要時必須採取武力取得獨立的手段。因此當西元一九三七和一九三八年，當法國殖民當局又逐步恢復法國籍的穆斯林可以安葬在穆斯林公墓，所導致的歸化問題的緊張局勢再次出現時，布爾吉巴又馬上反叛，並帶頭進行不配合徵兵和徵稅的公民不服從。人民陣線在巴黎倒臺時，被布爾吉巴煽動的示威者也在西元一九三八年四月九日走上街頭，並遭到法國人的殘酷鎮壓。官方報導的死亡人數是二十二人，但民族主義者對這一說法提出質疑，並認為實際死亡人數應該接近兩百二十人。布爾吉巴和他的幾個同僚隨後在法國被關進監獄，舊憲政黨和新憲政黨也都被解散。

也就是在這個時候，喜歡發號施令又很不會跟人家合作的布爾吉巴開始孤立同事。他開始與他的許多親信，包括馬茂德·馬特利和塔哈爾·斯馬爾鬧翻，扼殺了民族主義運動在政治上開花結果的機會。

第二次世界大戰爆發後，尚在獄中的布爾吉巴第一時間就呼籲突尼西亞人要支持法國，並採取無條件支持盟軍的立場。布爾吉巴利用他與法國人打交道時一貫的招牌雙管齊下手法；在表達支持法國的同時，又利用法國此時的無暇他顧而對稅收等事項採取拒絕態度。雖然戰爭的爆發似乎迫在眉睫，但經過一九三八年四月九日的事件之後，突尼西亞人對於起初支持法國人這個決定感到不安。為了激起突尼西亞人對盟軍的支持，布爾吉巴於是利用了因為大量義大利移民湧入，以及墨索里尼公開表示要把突尼西亞納入他「非洲帝國」的渴望而助長的反義大利情緒。

隨著西元一九四〇年納粹入侵和占領法國，並建立了維琪政權，法國政權的可信度遭受巨大的打擊，讓年輕的新憲政黨員都支持不下去。當時耶路撒冷的哈芝阿明．侯賽尼，也一再呼籲當地的穆斯林民眾支援軸心國。西元一九四二年十一月，當德國人進到突尼斯時，突尼西亞人對德國表示熱烈歡迎，認為這意味著法國殖民統治的結束，並且在西元一九四三年二月二十一日阿罕布拉戲院（Alhambra Cinema）的一場會議上，新憲政黨的青年宣布支持軸心國。

德國人認為布爾吉巴是一個潛在的政治資產，於是在西元一九四二年將他放出來，並允許他回到突尼西亞。而布爾吉巴也確實在西元一九四三年四月返回突尼西亞。布爾吉巴試圖充分利用這次的政治機會，並開始與德國人和義大利人談判結盟。為了回報他對軸心國的支持，德國人將解放突尼西亞。

突尼西亞名義上的統治者，海珊王朝的蒙塞夫貝伊（Moncef Bey，西元一九四二至一九四三年在位），利用德國一直持續到西元一九四三年五月的短暫占領，在沒有徵得法國當局的同意下進行了改革。他改組了宗教捐獻的行政機構並廢除殖民者紅利，讓當公務員的突尼西亞人，也可以跟那些外國籍的公務員領一樣多的報酬。

德國人的占領帶給對法國人的保護已經失去信心的突尼西亞猶太人致命的打擊。當時大約是十萬人的猶太人口，因為維琪法國頒布的歧視性法律已然深入突尼西亞而遭受了不利的影響。法國當局沒收了突尼西亞猶太人的財物，並接手了猶太人的一切。猶太人強制被戴上黃色徽章以示身份，多達五千名突尼西亞猶太人被迫在集中營工作，工作內容經常是製造武器和其他戰爭用品。針對猶太人的暴行包括西元一九四〇年的達加榭（Dagache）大屠殺和西元一九四一年的加貝斯（Gabès）大屠殺。

但德國人在執行可能威脅到已歸化猶太人的法律地位和經濟地位的措施時，也遇到一些阻礙。部分猶太裔突尼西亞人的社經地位很高，而且猶太人也受到突尼西亞社會中頗具影響力的非猶太人階層支持。為了保證猶太人在他的領導下會受到保護，蒙塞夫貝伊召集了一個由來自突尼西亞不同社群的猶太人所組成的代表團，並強調面對來自維琪法國有偏見的指令時，他們與所有其他突尼西亞人都是平等的。

突尼西亞穆斯林公民也向猶太人提供了保護。來自有權有勢富裕家庭的一位年輕人哈立德·阿卜杜勒瓦哈卜（Khaled Abdelwahhab），冒著極大的風險將一些突尼西亞猶太人家庭藏在他位於鄉下的農場裡，直到德國占領結束。他還在德國軍官的手裡，救下了一名差點被強暴的年輕猶太婦女。阿卜杜勒瓦哈卜是唯一一位被提名「國際義人（Righteous Among Nations）」殊榮的阿拉伯人，這項榮譽是專門留給在納粹大屠殺期間，幫忙拯救猶太人的非猶太人。

納粹對突尼西亞的占領一結束，民族主義者剛剛獲得的自由就又消失了。政黨再次被取締，並恢復了緊急狀態。法國人把蒙塞夫貝伊趕下臺，並由拉明貝伊（Lamine Bey，西元一九四三至一九五七年在位）取而代之。但隨著殖民勢力越來越脆弱，突尼西亞人爭取獨立的決心就越發強烈，突尼西亞的民族主義者對法國統治的態度也變得更加好鬥和不妥協。鑒於法國已經受到多年戰爭的摧殘，不得不把重心優先放在重建和法國國內及經濟的事項上，突尼西亞獨立這件事似乎已經是無可避免。

戰爭使突尼西亞的政治舞臺四分五裂，但布爾吉巴仍舊以民族主義運動無人匹敵的領袖，和對法國談判的最佳人選之姿嶄露頭角。布爾吉巴的策略是將新憲政黨變成突尼西亞唯一的民族主義政黨，以作為所有群眾組織的保護傘。新憲政黨需要與其他目標也是獨立的民族主義人選合作，因此合作對象包括了自己政黨的支持者以及舊憲政黨、共產黨和烏理瑪。布爾吉巴還與正在集結中的勞工組織結成聯盟。爭取獨立的民族運動將提供一個讓工會存在的政治框架。

西元一九四六年一月二十日，幾個工會在赫勒敦大學舉行了一次會議，會議的結果就是「突尼西亞總工會」的誕生。打從一開始，突尼西亞總工會就與支持階級鬥爭和蘇聯的共產主義無產階級國際運動保持距離。這種脫離社會主義或共產主義教條的做法在當時並不尋常，但卻強調了一種與新憲政黨意識形態一致的親西方世界觀。

當時的赫勒敦大學校長法德勒·班·阿舒爾謝赫主持了突尼西亞總工會的成立大會，並被任命為突尼西亞總工會的榮譽主席。班·阿舒爾發起了一場活動，需要突尼西亞人在他們共同的阿拉伯和穆斯林認同基礎上團結起來，並建立對突尼西亞總工會的支持。班·阿舒爾的參與肯定了突尼西亞總工會既非共產主義也不反對伊斯蘭教的立場，對於說服宗教機構將突尼西亞總工會視為民族主義運動的一部分是至關重要的。突尼西亞總工會的領袖知道，可以得到謝赫法德勒·班·阿舒爾這樣受人尊敬的宗教領袖表態支持，代表這場運動是所有突尼西亞人一起努力才可能誕生的結晶。他們認為突尼西亞總工會的成立和班·阿舒爾對工會的相挺，不光只是出於政治或勞工考量，也是要拯救突尼西亞文化認同的努力。

法哈德·哈謝德（Farhat Hached，西元一九一四至一九五二年）是突尼西亞總工會的第一任秘書長。在私底下和政治場合上，都與布爾吉巴和新憲政黨的親法派關係密切的哈謝德，把自己的一生奉獻給了突尼西亞的工會運動。他一直到西元一九四四年為止，都還是法國總工會突尼西亞分會的副秘書長。哈謝德後來自己也成立了幾個工會，其中一九四五年成立的「北方工人自治工會聯盟（Union des Syndicats Autonomes des Travailleurs du Nord）」，還是跟著突尼西亞總工會一起成立的三個主要工會聯盟之一。突尼西亞總工會的領導層主要也來自南方軸心的「加夫薩―司法克斯―克肯納」地區，為民族主義運動提供了更廣泛的地域基礎。

來自勞動階級的意見變得與民族主義鬥爭密不可分，而工人也被證明是新憲政黨重要的政治資產。因為工人一般生活在人口稠密的都市地區，比農村農民更容易在政治運動中被動員起來。學校教師、郵政勞工、醫療專業人員和電信勞工成為民族主義運動中最積極的成員。

當不斷受到法國人監視的布爾吉巴於西元一九四五年離開突尼西亞去了開羅，並自願在開羅流亡到西元一九四九年之後，法哈德·哈謝德就變成了突尼西亞獨立運動實際上的新領袖。哈謝德的名言：「人民，我愛你（uhibuka ya sha'ab）」，體現了他對獨立運動的豐沛熱情。

當哈謝德在國內處理民族主義問題時，布爾吉巴則成為突尼西亞獨立運動的海外發言人。他遊歷到中東和紐約的聯合國，為民族主義運動辯護。他會見了其他的阿拉伯民族主義者，包括新成立的阿拉伯國家聯盟代表。新憲政黨還在西元一九四七年，為在開羅成立的「阿拉伯馬格里布辦事處（Bureau du Maghreb Arabe）」出一分力，讓摩洛哥、阿爾及利亞和突尼西亞的民族主義者齊聚一堂。

當西元一九五一年，工會領袖被邀請到舊金山參加美國勞工聯合大會時，哈比卜·布爾吉巴和法哈德·哈謝德一起在美國宣傳了他們的共同目標。因為樹立了突尼西亞總工會這個非共產主義勞工運動的典範，而備受西方讚揚的布爾吉巴和哈謝德，利用這次的大會作為一個平臺，讓美國大眾更了解突尼西亞的民族主義訴求。

新憲政黨和突尼西亞總工會這兩個組織，到了西元一九五二年的時候已經非常盤根錯節地聯繫在一起，有百分之八十的工會成員同時也是新憲政黨的黨員。新憲政黨的組織人數比較多，但突尼西亞總工會的成員中有比較多運動人士。雖然政治目標一致，但突尼西亞總工會和新憲政黨在結構上還是保持獨立。希望這兩個組織維持分離的布爾吉巴，卻對突尼西亞總工會的獨立性有所顧忌，因此他又經由新憲政黨的指示，多成立了兩個新的組織：「突尼西亞工業貿易暨手工業聯合會」和「突尼西亞學生聯盟（Union Générale des Étudiants Tunisiens）」。

婦女組織也紛紛響應工會派和民族主義分子的訴求。許多人成立了共產主義組織，譬如西元一九四四年成立的「突尼西亞婦女聯盟（Union des Femmes de Tunisie）」，以及西元一九四五年為年輕女性成立的「突尼西亞女青年聯盟（Union des Jeunes Filles de Tunisie）」。這兩個聯盟在成立之初，成員都只有法國人、義大利人和猶太裔的突尼西亞人。穆斯林阿拉伯女性很晚才趕上這個流行，也沒有馬上認可他們的目標。但從西元一九四六年開始，這兩個組織透過吸引憲政黨的女性黨員和原本沒有政治傾向的突尼西亞女性來擴大他們的成員基礎。隨著越來越多的穆斯林女性加入，到了西元一九五一年，一名突尼西亞的穆斯林女性納比哈·本·米萊德（Nabiha Ben

Miled，西元一九一九至二〇〇九年）成為了突尼西亞婦女聯盟的主席。

突尼西亞婦女聯盟和突尼西亞女青年聯盟，都提供法語和阿拉伯語的識字課程，並鼓勵女性在勞動力市場和財務解放的經濟參與。跟其他宗教傾向的婦女組織不同，共產主義組織更強調的理念是女性透過工作而獲得自由的權利。

新憲政黨對婦女團體的支持很保守。然而隨著解放之日漸近，原本小心翼翼地闡明民族問題是首要之務的新憲政黨，在西元一九五〇年成立了一個黨內正式的女性主義組織。新憲政黨了解到在民族主義奮鬥的脈絡之下，女性群體當中蘊藏了許多突尼西亞認同、民族價值和需要被保存的傳統風俗。

因為女性轉而加入了新憲政黨，所以突尼西亞婦女聯盟和突尼西亞女青年聯盟在一九五〇年代中期開始失去勢頭。獨立之後，制度化的女權主義興起，爭取女權的抗爭現場，轉移到國家主導的《個人地位法》和西元一九五六年「突尼西亞全國婦女聯盟（Union Nationale de la Femme Tunisienne）」的成立。

布爾吉巴於西元一九四九年自開羅返國後，仍然堅信突尼西亞與法國合作的必要性。西元一九五〇年，他向法國提出了突尼西亞的獨立規劃。布爾吉巴希望突尼西亞成為一個由全突尼西亞人組成的政府治理的主權國家，並要求廢除法國憲兵隊、法國駐軍首領和技正督察等職務。布爾吉巴的計劃也要求建立一個由全民普選產生的國民議會，首要任務就是起草一部民主憲法；還要建立民選的地方市級政府，包括在法國人占多數的城市中選出代表法國利益的民代。按照布爾吉巴典型的兩面手法，他向突尼西亞人表示和法國之間的共生關係：「我們認為我國的軍事力量太弱，但我們的戰略太強；如果沒有一個大國（法國）支持是無法達成的，只要法國承認我們需求的正當性……我們隨時準備在人民與人民之間平等的基礎上與法國合作。」

新憲政黨早在西元一九四五年就提出了《突尼西亞陣線宣言（Manifeste du Front Tunisien）》，要求在君主立憲的前提下實行自治，但法國沒有對這份宣言做出適當的回應。可是布爾吉巴在西元一九五〇年提出請願的時機是正確的。法國當時在中南半島遭遇了嚴重的軍事損失和屈辱，正忙於保住他們在中南半島領土的控制權。當時第二次世界大戰的傷疤還未消退，法國已經在考慮放棄他們撒哈拉以南的非洲殖民地，也放棄他們在突尼西亞和摩洛哥成立的保護國，不過想要留著阿爾及利亞。

法國同意突尼西亞獨立的原則，並於西元一九五〇年六月任命了一位新的駐軍將領路易・佩里耶爾（Louis Perillier），責成他開始政權轉移的工作。一個新的談判型政府於是成立，成員包括法國人和突尼西亞人。新憲政黨的黨員擔任該政府的要職，包括穆罕默德・切尼克擔任內閣總理，但法國並不願意完全放棄他們的權力，所以駐軍將領仍舊對政府最後的決定具有否決權。

布爾吉巴和新憲政黨的領袖因為和法國人合作，而受到包括阿拉伯聯盟在內的泛阿拉伯和泛伊斯蘭支持者的嚴厲批評。於是舊的憲政黨就與新憲政黨劃清界線，並於西元一九五一年二月創辦了《獨立報（Indépendance）》，強烈反對談判政府和新憲政黨的合作策略，認為這是對突尼西亞人民的背叛。舊憲政黨及其泛阿拉伯支持者所採取的立場，亦成為往後幾個世代阿拉伯政治的一個關鍵特色：拒絕合作和妥協的機會，就必然導致了現狀的惡化。

由於受到底下殖民主的壓力，並且缺乏一個強而有力的統一制衡力量，法國當局不願意實施他們在西元一九五一年提出的立法改革。他們撤換了作為法國—突尼西亞合作象徵的路易・佩里耶爾，並派了更沒有合作意願也更加殘暴的尚・德・奧特克洛克（Jean de Hauteclocque）取代他的位置。西元一九五二年一月，以穆罕默德・切尼克為首的突尼西亞民族主義者，向聯合國安理會發出請願書，向法國人施壓接受突尼西亞人的要求，但安理會最後決定不把突尼西亞問題放進議程裡。當突尼西亞全國各地都爆發示威時，尚・德・奧特克洛克命令維安部隊進行干預，並將布爾吉巴軟禁起來。

由於知道布爾吉巴已經受到某種程度的控制，而且法國人知道他們總是可以讓布爾吉巴妥協，於是他們就將注意力轉向法哈德・哈謝德，因為他們認為他是阻礙法國利益的主要威脅。在西元一九五二年五月十六日發給法國總統的電報中，尚・德・奧特克洛克斷言：「法哈德・哈謝德和布爾吉巴一樣危險，」還說「只有消滅法哈德・哈謝德，我們才能恢復秩序。」於是就在法國人的指示之下，他們透過一個殖民者組織的恐怖集團「紅手（La Main Rouge）」，在西元一九五二年十二月五日暗殺了法哈德・哈謝德。哈謝德在突尼西人的集體記憶中，被視為民族主義運動的宣揚者，並且是在突尼西亞事務中發揮了至關重要作用的組織背後象徵，獨立之後他的形象也繼續影響著突尼西亞。

一直到激進的社會主義者、猶太人出身的皮埃爾・孟戴斯—弗朗斯（Pierre Mendès-France）當選法國總統以後，才恢復了談判並朝獨立邁進。在西元一九五四年七月三十一日被稱為《迦太基演說（Discours de Carthage）》的演講中，孟戴斯—弗朗斯宣布法國打算給予突尼西亞充分的內部自治，同時會保護突尼西亞境內法國人及其子女權利的意願。在他短暫的總統任期內（西元一九五四至一九五五年），孟戴斯—弗朗斯終止了法國對中南半島的干涉，並為突尼西亞的自治鋪好路。

西元一九五四年九月四日，法國與突尼西亞的談判在突尼斯展開，並協議出六項條約於一九五五年六月在巴黎簽署。法國國會於八月批准了這些協議，標誌著法國對突尼西亞國內事務的干涉終結。不過一九五五年的公約沒有給突尼西亞帶來完全的獨立，只給予突尼西亞內部事務的自治權，並設定了為期兩年的過渡期；在這段時間法國仍舊負責維持突尼西亞的公共秩序。由愛德格．富爾總理領導的法國政府，將賦予突尼西亞人內部自治視為突尼西亞人所希望獲得的最終目標；但接受了一九五五年公約的布爾吉巴，卻堅信這些公約只是讓突尼西亞走向完全獨立的中間過程。

西元一九五四年，布爾吉巴雖然是與法國談判的中心人物，但民族主義運動已經出現了分裂。在布爾吉巴擔任黨主席時，擔任新憲政黨秘書長的薩拉．邦．尤塞夫，反對與法國人結盟並斷然拒絕布爾吉巴的和解路線。布爾吉巴竭力爭取與法國建立儘管是重新定義過但卻很牢固的關係，但他先前的戰友與新憲政黨創始人之一的邦．尤塞夫卻比較支持泛伊斯蘭勢力，並認為重振新憲政黨與宰圖納的聯盟對新憲政黨的發展至關重要。布爾吉巴當時已經在推動政教分離，而且在獨立指日可待之際，他堅持要讓新憲政黨與宰圖納保持距離。

隨著兩人的世界觀越來越分歧，他們之間的敵意也越來越強烈。彼此間的競爭也變成了「選民間的衝突」。布爾吉巴得到了來自薩赫勒地區的中下層商人、地主以及突尼西亞總工會的支持，而邦．尤塞夫則得到了宗教權威和社會上對法國人的任何妥協都抱持懷疑態度的保守宗教分子的支持。布爾吉巴對新憲政黨的嚴密控制，以及他與法國人的聯盟，加上背後強大的突尼西亞總工會的支援，最終使得邦．尤塞夫試圖對他施加的反制徒勞無功。

邦．尤塞夫於是轉而尋求暴力手段，找上了一群與突尼西亞總工會有關係的失業工人「費拉加（fellagha）」，這個稱呼字面上的意思就是「土匪」，原本是用來稱呼法屬北非地區的民族主義遊擊兵。在整個一九五四年間，費拉加襲擊了法國人的農場和警察局，特別是在突尼西亞的南部和西部地區。民族主義運動於是考慮起將費拉加變成突尼西亞「解放軍」和國家軍隊的可能性。表面上新憲政黨一再譴責費拉加進行的「恐攻行動」，但私底下新憲政黨的某些領袖人物，起初還鼓勵甚至幫忙他們組織襲擊行動，並藉此向法國施壓，迫使法國給予突尼西亞更大的自治權。來自法國和新憲政黨內部的壓力，最終促使布爾吉巴決定赦免願意上繳武器的費拉加。

布爾吉巴在新憲政黨內邊緣化邦．尤塞夫，最終於一九五五年十月將其開除黨籍。他還透過一些手段限縮邦．尤塞夫在黨內的影響力，比如限制邦．尤塞夫支持者，也就是所謂「尤塞夫主義者」參加一九五五年在斯法克斯舉行黨代表大會的人數。

布爾吉巴對阿拉伯民族主義和宗教在政治上的角色感到厭惡，與邦．尤塞夫對一個獨立突尼西亞的願景，是融入阿拉伯和伊斯蘭世界，並與埃及總理（後成為總統）納瑟的泛阿拉伯主義同路的想法大相逕庭，最終也是布爾吉巴贏得了勝利。薩拉．邦．尤塞夫於一九五五年離開突尼西亞，在流亡中度過餘生。西元一九六一年薩拉．邦．尤塞夫在法蘭克福遭人暗殺。

如果邦．尤塞夫在與布爾吉巴的鬥爭中獲勝，那麼突尼西亞就可能走上一條完全不同的道路。突尼西亞極有可能轉向東方靠攏，並採納更強大的阿拉伯和穆斯林認同。納瑟主義的政治意識形態很可能已經生根發芽，而突尼西亞也會捲入代價高昂的對抗和仇恨這類阿拉伯世界現實政治的特色之中。然而這一切或許都會因為改革方面的成就，而有可能助於創造某種平衡。也許甚至可以說，突尼西亞因為改革帶來的啟蒙之路，有助於布爾吉巴戰勝邦．尤塞夫，並讓他獲得多數人的支持。

布爾吉巴曾承諾在獨立後會維持對法國的優惠待遇，而法國也擔心尤塞夫主義提出的方案可能會增加變數，於是加快了突尼西亞獨立的進程。西元一九五六年一月三十一日，法國總理居伊．摩勒（Guy Mollet）在國民議會上承認了突尼西亞的獨立權。突尼西亞也受惠於西元一九五五年十一月六日的一份聲明，標誌著法國在摩洛哥保護國的終結，並預計摩洛哥將在一年後獲得全面獨立。

西元一九五六年三月二十日，突尼西亞成為一個獨立的共和國。

民族主義運動以及布爾吉巴在其中的角色，在一九五六年之後的很長一段時間裡，繼續界定著突尼西亞的認同。幾十年來，爭取獨立的抗爭占據了公共事務的話語權，包括學校課程和國家贊助的藝術形式。

與北非其他地方的獨立運動不同，突尼西亞的獨立運動基本上是本土自發且非暴力的。相比之下，利比亞的「解放」則需要聯合國和歐洲國家的大力參與。利比亞的三個主要地區：的黎波里塔尼亞、費贊和昔蘭尼加，一直要到一九二九年才統一為義大利統治的一個殖民地。他們從來沒有過統一的本土獨立運動。利比亞的獨立是隨著義大利在第二次世界大戰中戰敗而自然發生的，新國王伊德里斯・塞努西（Idris al-Sanusi，西元一八九〇至一九八三年）是受到英國庇護才上臺的，在他家鄉昔蘭尼加以外的地方幾乎都不支持他。

阿爾及利亞反而被視為法國國土的一部分，而不僅僅是一塊殖民地，有超過一百萬名的法國人在那裡定居。就在突尼西亞還在爭取獨立之時，西元一九四五年五月八日，就在歐洲勝利慶祝活動結束後的一個早晨，一萬名穆斯林聚集在阿爾及利亞東部的一個小鎮塞提夫，並展開了一場血腥而代價高昂的戰爭。這場示威活動開始時是和平的，穆斯林們要求平等及殖民主義的終結，但後來當一名舉著阿爾及利亞國旗的年輕人被一名法國警官上前搭話，示威活動就演變成了暴力事件。傳出爭吵聲和槍響之後，二十六歲的男子「從遊行隊伍中搖搖晃晃地走出來，渾身是血抱著阿爾及利亞的國旗，倒在地上，中槍身亡」。這場戰爭持續了五天，期間有一百多名歐洲人在塞提夫和鄰近城鎮被殺害，無數婦女被強暴。屍體被詭異地肢解，雙方都犯下了可怕的暴行，「彷彿一百多年來累積的憤怒，在這次暴力的發作中得到了釋放」。當局直接的反應是就是在幾週內殺害了六千名穆斯林，不過阿爾及利亞人認為真正的死亡人數應該是開羅電臺報導的四萬五千人。等到一九六二年阿爾及利亞宣布停火並取得獨立時，歷經二十年的屠殺已經奪去走了約一百萬名阿爾及利亞人的性命。在歐洲方面，估計有一萬八千名法國士兵和一萬名法國移居者被殺害。隨後，約有一百三十五萬名「黑腳（pieds-noirs，生活在法屬阿爾及利亞的法國或歐洲公民）」逃回歐洲，堪稱是歷史上最大規模的移民潮之一。

當摩洛哥於一九五六年實現獨立時，既擺脫了統治北部和西南部各省的西班牙人，也擺脫了將摩洛哥剩餘地區視為保護國範圍的法國人。叛亂、暴力和被流放的蘇丹穆罕默德五世（於一九五七年登基為王）的回歸，標誌著殖民統治的最後時光。西方人和後來波灣阿拉伯人的遊樂場丹吉爾，則成為了法國、西班牙和英國共管的國際區域。

英國的陰謀和沙烏地王室部落的征服，最終導致一九三二年沙烏地阿拉伯王國的建立。起源可追溯到十八世紀中葉的沙烏地王室與穆罕默德・伊本・阿布多瓦哈比追隨者之間的聯盟，強調了新國家的建設。沙烏地部落的先祖伊本・沙烏地（Ibn Saud）曾在一七四四年與伊本・阿布多瓦哈比聯手，各取所需。在伊本・阿布多瓦哈比激進的教義和聖戰理念中，伊本・沙烏地找到了握緊權力的機會，以及對「異教徒」使用武力和征服更多土地、擴大部落霸權的藉口。而伊本・阿布多瓦哈比則在聯盟中尋找機會，塑造後來被稱為瓦哈比教條的學說，並試圖將本・泰米葉對伊斯蘭社會的想像付諸實踐，特別是針對什葉派的不容忍和苛刻。沙烏地部落王室控制了政治、軍事和財政事務，而伊本・阿布多瓦哈比及其後裔則接管了宗教和司法領域。這就是十八世紀下半葉的情況，而二十世紀現代沙烏地的國家情況依然如此。

隨著沙烏地阿拉伯宣稱要領導伊斯蘭世界的其他國家，特別是在一九三〇年代發現石油之後，沙烏地阿拉伯當局對瓦哈比教派的財務支持成為國家的首要之務。瓦哈比教派在二十世紀時，從充滿發動革命聖戰意識形態的組織，轉變為一個接受沙烏地王室贊助的保守機構，並將其極端主義的觸角伸向世界各地，一路延續到二十一世紀。

瓦哈比主義幫忙塑造了穆斯林兄弟會的意識形態，穆斯林兄弟會的前身是哈桑・班納（Hassan al-Banna，西元一九〇六至一九四九年）於西元一九二九年在開羅成立的「穆斯林兄弟結社（Society of the Muslim Brothers）」。他們這個社團的政治綱領是要求消除一切的西方影響，尤其是在教育領域，並將伊斯蘭社會的進化視為獲得救贖的唯一手段。班納的追隨者賽義德・庫特布（Sayyid Qutb，西元一九〇六至一九六六年）的名著《路標（Ma'alim fi al-Tariq）》成為伊斯蘭基本教義派的宣言。

埃及於一九二二年實現了名義上的獨立，但繼續受到英國的管轄，因為英國建立了一個傀儡君主制，後來又將埃及拖入第二次世界大戰，使其成為英國軍隊的基地。埃及最大的政黨「瓦夫德黨（Wafd）」因在戰爭期間與英國人合作而失去了民心。埃及人轉而加入了受法西斯主義啟發的極端民族主義團體，比如後來更名為「伊斯蘭社會主義黨」的「青年埃及黨」。穆斯林兄弟結社會進行暴力攻擊和政治暗殺。西元一九五二年，「自由軍官政變（The Free Officers Coup）」推翻了法魯克國王（King Farouk，西元一九二〇至一九六五年）的統治，軍事獨裁統治於是在往後延續了六十年之久。

英國外交官馬克・賽克斯爵士（Sir Mark Sykes，西元一八七九至一九一九年）與法國前駐黎巴嫩領事弗朗索瓦・喬治－皮科（François Georges-Picot，西元一八七〇至一九五一年）於西元一九一六年簽署的條約，人為地將前鄂圖曼帝國的敘利亞和美索不達米亞省劃分為各自的勢力範圍。西元一九二〇年的「聖雷莫會議（Conference of San Remo）」給予了新國家獨立的權利，但在他們「政治成熟」之前，必須接受英國和法國強制權力的管轄。原本沒有國家的地方，於是誕生了新的國家。

在鄂圖曼帝國的敘利亞省，出現了三個新國家：黎巴嫩、敘利亞和巴勒斯坦。黎巴嫩建國於西元一九二六年，但一直要到西元一九四三年最後一位在位的法國殖民地高級專員離開後，黎巴嫩才獲得獨立並舉行選舉。敘利亞於西元一九二〇年宣布建國，西元一九四六年獨立。英國於西元一九二〇年建立了巴勒斯坦託管地，目的是要實現他們在西元一九一七年《貝爾福宣言（Balfour Declaration）》中做出為猶太人建立民族家園的承諾。

伊拉克是從由美索不達米亞省分裂出來的，英國人於西元一九二一年立了哈希姆王朝

（Hashemite）的費薩爾（Faisal，西元一八八五至一九三三年）為王，並在西元一九三二年讓伊拉克獨立。外約旦大公國是在西元一九二一年成立的，英國人任命費薩爾的哥哥阿卜杜拉（Abdullah，西元一八八二至一九五一年）為外約旦的埃米爾。西元一九四六年約旦成為獨立王國。

與沙烏地阿拉伯相比較小的波灣國家，是在往後數十年裡從英國人手中取得獨立之後才陸續出現的。科威特於西元一九六一年率先取得獨立，隨後是阿曼於西元一九七〇年獨立，巴林、卡達和新成立的阿拉伯聯合大公國則是在西元一九七一年取得獨立。

隨著殖民勢力從這個地區離開，許多民族非但沒有成為一個國家，反而大部分的情況是國家在找尋自己的民族。許多國家都是在沒有考慮到那塊土地的歷史、人民和地理因素的情況下被建立起來的。前殖民者和「保護者」只留下了君主政體和家族王朝統治的影響，除了阿爾及利亞、突尼西亞、敘利亞和黎巴嫩以外。

新一代的阿拉伯領導人中，已經很少有人參與過爭取獨立的民族鬥爭，他們依靠著反殖民主義情緒和伊斯蘭價值觀中的民粹主義，合法化自己統治的權威性。某些人在軍事獨裁和極權主義的模式中找到了構建民族論述的途徑，暫時壓制了國內教派和部落的分歧。為了培養一種排外和不容忍的態度，他們提供國內民眾品質低落的教育，阻礙了公民為自己著想的能力。當西元一九四八年阿拉伯軍隊在對以色列的戰爭中失敗，阿拉伯世界因此陷入了長達數十年的以阿衝突時，反西方的言論與宗教和民族狂熱一起，更加確保了阿拉伯公民只會了解唯一一種的絕對真理。

III 那學校、那女性、那世俗性

十一、突尼西亞之父

當突尼西亞終於從法國人手中取得了獨立，布爾吉巴馬上將注意力轉向握緊手中的實權，並為他的建國計劃鋪路。他沒有浪費任何時間。他的第一項任務，是迫使又虛弱又衰老的拉明貝伊簽署一項法令，以成立一個制憲議會。這將掃除新憲政黨建立的治理實體，並啟動憲法起草的程序。

就在獨立議定書簽署僅僅五天後的一九五六年三月二十五日，突尼西亞就舉行了選舉。由新憲政黨、突尼西亞總工會、突尼西亞農民總會（Union Générale des Agriculteurs Tunisiens）和雇主組成的「全國憲政陣線（Front National Destourien）」，贏得了制憲議會百分之八十的選票，並且布爾吉巴被任命為陣線主席。制憲議會將有權力徹頭徹尾地塑造這個年輕國家的未來。

四月時，貝伊任命布爾吉巴為總理，並責成他組建政府，貝伊的這一道指令也就是他身為貝伊的最後一道指令了。

布爾吉巴只接受絕對的權力。組成他政府的十七位部長中，有十六位是新憲政黨的黨員。全國憲政陣線的多元性，有助於他獲得能夠控制制憲議會所需的民眾支援，但一旦握緊實權，他就對多方參與的治理手段毫無興趣。

建設一個國家的艱鉅任務因此展開了。與許多沒有什麼民族歷史的阿拉伯國家相比，突尼西亞一路走來的經驗豐富許多：透過政黨和工會實現的程序民主經驗；曾經實行過憲法所遺留下來的影響；曾有地方文官治理的正常運作國家制度主義；以及從知識分子改革運動中受過教育而成長茁壯的政治領袖。早在十九世紀中葉和貝伊哈邁德統治時期，突尼西亞就已經具備了一個新興民族國家的許多特徵。

第一屆制憲議會的會議於西元一九五六年四月八日舉行。會中成立了五個專門委員會，以審議行政和立法權力的行使條件。就跟起草二〇一四年憲法的情況一樣，關於宗教在突尼西亞社會中的定位，以及女性的角色和權利的意見分歧馬上就浮上檯面。但也跟二〇一四年一樣，最後是更自由派的聲音獲勝。

議會面臨到的第一個問題，就是關於突尼西亞應該採取哪種政府形式。議會就君主立憲制進行了辯論，但得出的結論是，突尼西亞必須是一個共和國。他們還通過了一項法令，將貝伊家族置於國家的管轄之下，而貝伊也失去了選任總理的權力。

新憲法某種程度上也參考了西元一八六一年的憲法。兩部憲法都沒有用伊斯蘭教法作為其法源依據，而且兩者都建立了民事、商業和刑事法庭以及支持這些機構的法律法典。此外新憲法還堅持建立一個獨立的司法機構，和一個可以審判政府官員的最高法院。在這一點還有其他許多方面來說，突尼西亞遠遠領先了其他阿拉伯國家，而且某種程度上也是領先那個時代。

要透過新憲法將突尼西亞定義為一個民主國家，並堅持行政、司法和立法的三權分立，西方的憲法，尤其是美國的憲法，就成了突尼西亞的靈感來源。憲法要求設立一個參照國民議會形式的國會，之後並將取代制憲議會，而且每五年就由民眾投票選舉改選。國民議會將擁有立法權和財政責任，但憲法條款明定了總統可以被賦予立法權的情況。行政權將交給總統行使，總統是由民選產生，任期五年且有三屆的任期限制，這條條文也就是布爾吉巴和班阿里日後為了延續他們的權力而必須修改的條文。

然而政教分離這件事情卻沒有那麼明確地被劃分開來。他們對宣布伊斯蘭教為國教這個想法有所保留，部分原因是擔心會因此疏遠非穆斯林的社群，可是建議突尼西亞維持一個公民非宗教國家的想法，又面臨制憲議會當中保守派的強烈反對。最終，正如二〇一四年憲法所呼應的情況，伊斯蘭教被描述成一個突尼西亞人的宗教，卻沒有明說伊斯蘭教就是國教，從而確定了伊斯蘭教法沒有被當成國家法律的可能性。二〇一四年的憲法更進一步地將突尼西亞明定為一個公民非宗教國家。

其他還有一些二〇一四年憲法裡為人所稱頌的創新想法，但實際上其實早在這部獨立後的憲法裡就已經確立。思想自由受到憲法保護的想法，可以追溯到布爾吉巴憲法。西元一九五九年的憲法在法文版中明確包含了關於思想自由的字句，但是在阿拉伯文版本裡卻只談到了宗教自由。二〇一四年獨立後的憲法在兩種語言的版本裡，都確保了思想自由能夠受到保護。在這方面，突尼西亞成為唯一一個就算不信教的人都能受到法律保護，而且不能因為叛教而被起訴的阿拉伯國家。突尼西亞至今仍是整個阿拉伯世界裡，唯一做到這一點的國家。

關於是否應該給予包括婦女在內的所有突尼西亞公民投票權，意見並不統一。思想比較前衛的人，比如《突尼西亞行動報》的創辦人兼新憲政黨第一任黨主席的馬茂德．馬特利就認為，女性應該擁有選舉權，因為她們和男性一樣都受過良好的教育。但主要來自內陸地區的男性傳統主義者則表示反對。

但布爾吉巴早在一九五七年就已經開了先例，在市政選舉中賦予女性投票權。公民普選權隨著憲法的通過而被鞏固，憲法中有一條如是規定：「所有公民享有平等的權利和義務，法律之前人人平等。」

西元一九五九年六月一日，制憲議會通過了突尼西亞獨立後的第一部憲法。

突尼西亞在一九五九年十一月八日舉行了兩場選舉：總統大選和國會大選。百分之九十一的突尼西亞合格選民都去投票了。布爾吉巴不出所料地當選總統，畢竟他沒有競爭對手。新憲政黨帶領的全國憲政陣線贏得了新國會的全部九十個席次。其中女性占了一席，猶太人也占了另一席。

突尼西亞已經轉變為獨立的共和國。可是殖民時代的餘音仍在繼續迴盪。法國仍然是突尼西亞最大的交易夥伴，就像獨立後的摩洛哥和後來的阿爾及利亞也是如此。但是法國繼續干涉他們留在突尼西亞境內的殖民勢力就產生了許多問題。法國軍隊的持續存在（特別是在比塞大這個地方），還有突尼西亞對阿爾及利亞叛亂分子的支持，成為兩國之間最棘手的問題。

阿爾及利亞的民族主義者於一九五四年建立了「民族解放陣線（Front de Libération Nationale，FLN）」。在老百姓的支持下，隨後爆發的一場游擊戰使法國軍隊疲憊不堪，並對殖民者的農場和設施造成了毀滅性的破壞。剛剛獨立而且民眾也相當支持阿爾及利亞革命的突尼西亞，因此向民族解放陣線提供了支援。

布爾吉巴當時就像是走在一條鋼索上。他呼籲阿爾及利亞採取和平手段走向獨立，但又允許民族解放陣線的遊擊隊在突尼西亞境內建立營地，讓他們在勢力被削弱時可以有地方重新集結。這就導致了法國人在突尼西亞境內處處針對阿爾及利亞人。而且突尼西亞境內有法國軍隊的存在，布爾吉巴又批准阿爾及利亞人在境內建立營地，就造成了一種不穩定的局面。突尼西亞就像同時是戰爭雙方的飛彈發射台，因此很自然地有時也有暴力不小心在境內蔓延開來的情況。

法國軍隊留在突尼西亞是獨立協議中講好的一個條件。法國認為，鑑於他們在阿爾及利亞所做的戰爭準備，在鄰國的突尼西亞駐軍具有重要的戰略意義。法國總統戴高樂於一九五八年同意法國撤軍，但堅持保留法國境外最大的地中海基地，比塞大空軍基地。戴高樂希望確保阿爾及利亞邊境的安全，並緊盯法國在南方約略是撒哈拉沙漠地區的石油利益。

西元一九六一年，法國在比塞大駐軍所引發的衝突升溫成一場危機，最終導致了法國人撤離；但過程中依舊造成了嚴重傷亡，大多數受害者都是突尼西亞平民。

西元一九六一年七月四日，布爾吉巴以法國人非法擴大比塞大空軍基地（目測大概是增加兩公尺）為理由，指示突尼西亞的自願者潛入基地並進行封鎖。當軍隊向任何試圖走出基地的法軍人員開火時，場面變得十分暴力。戴高樂在阿爾及利亞的戰爭中節節敗退，因此更不能在此時示弱，於是派了幾千名傘兵和四艘軍艦趕到現場。

突尼西亞青年組織、學生、婦女聯合會、工會，甚至是孤兒院「布爾吉巴之子」，都加入了一場精心策劃針對比塞大基地的「自發性示威」。經過阿爾及利亞暴力事件之後，態度轉趨強硬、憤世嫉俗的法軍，不分青紅皂白地向遊行群眾開槍。這場抗爭持續了整整三天。等到一切落幕時，有一千三百名到兩千名突尼西亞人喪生。法國撤出了在比塞大加派的軍隊，但於西元一九六一年九月二十九日卻又把多餘的兵力放回比塞大。

值得注意的是，布爾吉巴內心其實是非常希望法國勢力繼續留存的，因為他非常依賴突尼西亞學校裡面法國老師提供的教育，而他想確保這個情況不受影響，特別是在新學年一開始的時候。法籍教師則是在復課前要求政府保證他們的安全和保障。對布爾吉巴來說，他的教育政策比什麼都重要。

西元一九六二年法國人終於從阿爾及利亞撤出，以及隨後在一九六三年十月從比塞大也撤離後，突尼西亞與法國人的緊張關係有所緩和，而且兩國往後的關係，常常比法國與其他前殖民地之間的關係還要好。突尼西亞仍舊是法國旅客想去又安全的旅遊地點，而在經濟機會的驅使下，許多突尼西亞人也移民到法國。

在突尼西亞努力重新定義與前殖民母國關係的同時，布爾吉巴也積極向外展示他在國內建立的國家認同。布爾吉巴的精明、個人魅力和外交技巧，使他能夠將突尼西亞推向世界舞臺，並常常在區域和國際事務上與其他強國分庭抗禮。

但他堅守不干預他國的立場，而且他對突尼西亞發展的野心並不包含領土擴張或區域霸權的念頭。西元一九七二年，布爾吉巴在突尼斯的「棕櫚戲院（Palmarium Theater）」發表了一次著名的演講，針對利比亞的格達費提出兩國結合的建議，他說：「每個國家都有自己的制度。如果一個國家想要改變自己的制度，那應該由這個國家自己去改變，而且是為了變得更好才去改變。我們不該干涉不屬於我們的制度，也不應該鼓勵革命或贊助武器。」

布爾吉巴是個不折不扣的親西方派。在一些阿拉伯領袖因為美國及其對以色列的支持而不信任歐美陣營，並選擇與冷戰時期的蘇聯結盟時，布爾吉巴大膽地反對蘇聯。他公開冷落泛阿拉伯運動，而且最初還拒絕讓突尼西亞加入「阿拉伯國家聯盟（League of Arab States）」。布爾吉巴與阿拉伯國家聯盟的關係始終是脆弱的，就像他在西元一九六八年為了抗議他認為阿拉伯人對蘇聯的種種默許，而杯葛了阿拉伯國家聯盟一樣。

在獨立不到一週時，布爾吉巴就在《紐約時報》上發表了一篇文章，表達突尼西亞對西方的明確支持，並希望能讓突尼西亞加入北大西洋公約組織。在西方外交政策的期刊上，他發表了親西方的文章，譬如一九五七年的一篇〈民族主義：共產主義的解藥（Nationalism: Antidote to Communism）〉還有一九五八年的另一篇〈我們選擇西方（We Choose the West）〉。

美國是第一個承認突尼斯西亞獨立的大國。在一九五七年承認突尼西亞之後，美國向突尼西亞提供財政援助，這種援助在一九六〇年代已經占突尼西亞經濟成長的六分之一。美國的援助也適時彌補了法國在西元一九五七至一九六三年間，為了報復突尼西亞對阿爾及利亞民族解放陣線的支持，而撤銷補貼造成的損失。

布爾吉巴與美國人之間的關係變得更密切，他曾到美國進行國是訪問，美國官員也曾到突尼西亞訪問。

西元一九五九年十二月十七日，當美國總統德懷特・艾森豪訪問突尼西亞時，他問布爾吉巴美國可以怎麼幫忙。布爾吉巴的回答是，不要給他們武器，請提供他的人民食物、教育和住所。布爾吉巴要求在美國已經給予突尼西亞的四萬噸小麥之外，再增加八萬至九萬噸小麥，並希望能給予他們增加學校教師的管道，以及技術人員和工程師的培訓機會，還有幫忙資助國民住宅的興建。

布爾吉巴在西元一九六一年五月三日至五日，前往美國進行了第一次的國是訪問，並在紐約稍做停留，他在那裡受到了群眾的熱烈歡迎。甘迺迪總統為表這位突尼西亞領導人帶領國家獲得獨立的貢獻，將他比擬為美國國父喬治・華盛頓。

美國因為看見一個可以從法國手中增加自己影響力的機會，於是在一九四七年杜魯門主義的框架之下，在政治、軍事和經濟上，援助那些受到蘇聯侵略威脅的民主國家。美突之間的合作，包括向美國第六艦隊開放突尼西亞港口。西元一九七三年，美國海軍直升機在美哲達河谷（Majerda Valley）的一個大壩破損後，營救受傷和受困的突尼西亞平民的場面，也證明了美國這個超級西方大國，與突尼西亞這個北非小國之間特殊的關係。

美國將突尼西亞標榜為民主的楷模，尤其是對其他非洲國家而言，他們的國家領導人很快就以布爾吉巴的舉措作為樣本，規劃自己國家獨立後的計劃。在西元一九五七年出版的《哈潑雜誌（Harper's Magazine）》裡有一篇文章，把布爾吉巴描述為「代表了比歇斯底里的納瑟更友好、更理性、更有遠見的遠東印象，而且突尼西亞對美國來說更是一個無比重要的試金石。」

布爾吉巴與西方站在同一陣線的選擇，符合他意識形態上要獨立於當時阿拉伯世界的其他地方在流行的意識形態，其中最主要的就是遠離「阿拉伯復興主義（Ba'athism）」和納瑟派的泛阿拉伯主義。

阿拉伯復興主義的意識形態起源於阿拉伯學生，比如曾在巴黎學習、來自大馬士革基督徒家庭的米歇爾・阿弗拉克（Michel Aflaq，西元一九一〇至一九八九年）。阿弗拉克和他的同儕受到正在興起的共產主義和社會主義運動當中，反西方和反帝國主義的立場所吸引，他們不顧當時的帝國主義壓迫而尋求改革阿拉伯社會的再生過程。他們和突尼西亞未來的新憲政黨成員是同學，許多新憲政黨的成員也曾於一九二〇年代和一九三〇年代在巴黎的索邦學院和其他精英學院就讀；但他們與那些來自大馬士革的同儕不同，他們回國後從西方汲取靈感，並貢獻給突尼西亞堅定的反殖民主義運動。

懷抱著泛阿拉伯抱負的「阿拉伯復興社會黨（Arab Socialist Ba'ath Party）」成立於西元一九四七年，其成員不分宗教、教派或族裔，只需要對當時國家民族主義的存在有意義就好。這場運動有馬克思主義的基礎並吸引到了共產主義者，卻缺乏一個明確和一致的宣言。他們是世俗主義，卻有伊斯蘭教的色彩：因為阿拉伯復興主義的基礎，是建立在伊斯蘭教一脈相承的純正血統上。

西元一九六三年，敘利亞在文官領袖不知情的情況下，被阿拉伯復興社會黨的軍事分部成功發動政變，開啟了阿拉伯復興社會黨在敘利亞將會持續很久的專制統治。西元一九六八年，阿拉伯復興社會黨的伊拉克地區分部透過軍事政變上臺，薩達姆・海珊（Saddam Hussein）的統治一直維持到二〇〇三年，美國入侵伊拉克才劃下句點。

當阿拉伯復興主義在敘利亞和伊拉克站穩腳跟的時候，一個比較不那麼意識形態，但更有野心、更霸道、更教條式的阿拉伯民族主義運動，在一九五〇年代的開羅開始萌生。這場運動的領導人物納瑟和布爾吉巴一樣，都是在取得獨立後走馬上任的明星級民族主義領袖，並帶領「自由軍官（Free Officers）」於一九五二年推翻了埃及國王法魯克（King Farouk），在一九五四年成為埃及總理，一九五六年成為總統。

納瑟既迷人又有領袖魅力，操弄泛阿拉伯主義概念當中的浪漫主義，因此阿拉伯人產生了一種超越部落、種族和領土鴻溝的意識。納瑟採用了阿拉伯和伊斯蘭的認同，並希望使埃及成為一個更偉大的阿拉伯國族中心，並擺脫古埃及或法老式的祖傳特色。

納瑟試圖建立的偉大阿拉伯國家，是去復興一種幾十年前就已經被擱置的想法。無論是阿拉伯復興主義式的意識形態，還是納瑟式的論述方法，泛阿拉伯主義都起源於鄂圖曼帝國的衰落時期，並在第一次世界大戰前和大戰期間達到巔峰。在西元一九一六年帶頭發起了反抗土耳其的「大阿拉伯起義（Great Arab Revolt）」，而且兒子們後來成為伊拉克和約旦統治者的哈希姆王朝麥加埃米爾胡笙・伊本・阿里（Hussein Ibn Ali），就曾號召要建立一個阿拉伯國家，並將自己視為「阿拉伯人的國王」。

納瑟在他的廣播電臺「阿拉伯之聲（Sawt al-Arab）」上，播放他那充滿誇張幻想卻又精彩迷人的演說。阿拉伯之聲深入整個阿拉伯世界的每個家庭，擄獲了阿拉伯大眾的想像。埃及的教師也成了納瑟的傳聲筒。埃及教師不但人數眾多，而且在整個阿拉伯世界都是各國爭搶的人才，於是他們就以阿拉伯世界的教室為舞臺，成為納瑟主義的代言人。

納瑟的提案如此引人注目，而且放眼望去又沒有其他可行的替代方案，因此米歇爾・阿弗拉克和當時敘利亞的阿拉伯復興主義政府，就在西元一九五八年向埃及尋求統一。然而，這個希望將阿拉伯其他國家一起拉進來的阿拉伯聯合共和國（United Arab Republic）只維持了三年。敘利亞人很快就對埃及產生懷疑，認為阿拉伯聯合共和國在設計上根本就是帝國主義，行為模式也是在剝削他們的資源。納瑟的專制政策和開羅對阿拉伯聯合共和國的主導地位，促使敘利亞在一九六一年退出。雙方的不信任和指責日益增加，這個場面在後殖民歷史的大部分時間裡，都是中東地區區域整合政治的典型特徵。

布爾吉巴不贊成阿拉伯聯盟的概念，也不相信這個目標能夠實現。布爾吉巴給自己的國家帶來了獨立，所以相比其他阿拉伯領袖他顯得更有自信和成功。他不像其他人那樣，情感上還停留在懷念阿拉伯穆斯林偉大黃金時代的過往，也沒有對阿拉伯天下一家充滿幻想。

他在一九七二年著名的棕櫚演說中宣稱：「只有當人民的想法改變，並且理解我們所創造的民族國家的意義時，他們才能團結起來。」布爾吉巴談到了他與人民的聯繫，談到了他改變人民心態的決心，提醒人民注意他們民族認同的獨特性、豐富的遺產和世世代代的團結一心。在同一場演說中，他說：「為什麼是突尼西亞而不是阿拉伯世界？因為幾千年來，從迦太基時代開始，突尼西亞就有她自己的性格。我們一代又一代地生活在一起。阿拉伯世界從來都沒有像我們這樣團結在一起過。」

突尼西亞獨特的歷史和認同，是她與阿拉伯世界有所區別的一點。布爾吉巴更傾向於地中海認同和以歐洲為中心的政策，與現代土耳其國父凱末爾在一九二三年建國時，引導土耳其這個年輕國家的方式不一樣。布爾吉巴完全贊同西方的模式，並推動西方的現代化；但因為他受的教育和他在很大程度上是一個法國殖民主義的產物，所以也不是太奇怪。他很堅持要證明突尼西亞就現實面來說，是可以達到歐洲標準的。

布爾吉巴完全不信任納瑟，還認為他的泛阿拉伯意識形態對突尼西亞的國家安全造成威脅。自從埃及在一九五〇年代中期提供被突尼西亞流放的薩拉・邦・尤塞夫庇護以來，兩人之間的緊張關係就不曾中斷，而且在巴勒斯坦問題上更是越演越烈。除了西元一九六一至一九六三年間納瑟因為比塞大危機，所以聲援突尼西亞對抗法國時暫時好轉之外，兩位領導人之間的關係是公開而且激烈的針鋒相對。

西元一九六六年，當布爾吉巴試圖干預（雖然沒有成功）並阻止穆斯林兄弟會的領導人賽義德・庫特布，和一些他的合作者被處決時，兩國之間的嫌隙就更深了。布爾吉巴並不是同情穆斯林兄弟會，只是納瑟泛阿拉伯主義的民粹吸引力對他來說威脅更大。布爾吉巴的試圖干預就兩個方面來看其實很諷刺：其一是布爾吉巴之後就會開始在自己的國家鎮壓伊斯蘭主義者；其次是賽義德．庫特布反對布爾吉巴所代表的一切，他說過的一段名言就是，人世間的事務毫無疑問就是該歸上帝所「授意」的體系管轄。西元一九六六年十月，因為開羅電臺指責突尼西亞人與帝國主義列強合作，兩國最後就斷交了。

納瑟和布爾吉巴之間的對立，經常在阿拉伯國家聯盟上演。同樣覺得納瑟和他的泛阿拉伯主義教條是個威脅的阿拉伯國家，包括伊拉克、黎巴嫩、沙烏地阿拉伯和其他波灣國家，很自然地就將突尼西亞視為盟友。但是布爾吉巴在巴勒斯坦問題上的立場，還有他對以色列的妥協態度，都讓他很難在阿拉伯聯盟裡面維繫盟友。

在取得獨立前的幾年間，布爾吉巴利用巴勒斯坦贏得人氣，並在一九四六年寫信給負責調查巴勒斯坦問題的「英美調查委員會（Anglo-American Commission of Inquiry）」表示支持。他把以色列的存在定位成一種殖民主義，並把以色列的政策比作南非的種族隔離政策。然而布爾吉巴並沒有鼓吹對以色列的仇恨，他把「猶太」和「猶太復國主義」劃分開來。

布爾吉巴忠於他的務實和外交手段，後來很早地在一九五二年要求和以色列達成一項決議。他比任何其他阿拉伯國家都更願意和解，而且提出要在阿拉伯聯盟中幫忙調解這個衝突。就像他當初和法國人是怎麼處理自己國家的問題那樣，布爾吉巴也呼籲要用一種循序漸進且彈性靈活的方法，分階段地解決衝突。

西元一九六五年三月三日，布爾吉巴在耶利哥發表了一場極具爭議的演說，懇請巴勒斯坦人將接受以色列國作為起點。他建議採用他在突尼西亞已經成功實踐過的「階段性政策（siyaset al-marahel）」。他說：「在巴勒斯坦，阿拉伯人把妥協方案推掉。他們拒絕了分裂，也拒絕白皮書上的條款。他們當時就後悔了。如果我們突尼西亞在一九五四年就拒絕將內部自治作為折衷辦法，那麼我們這個國家到現在都還會處於法國的統治之下。」

布爾吉巴堅持主張分階段解決巴勒斯坦問題。他呼籲阿拉伯人接受一九四七年的《聯合國巴勒斯坦分治決議（United Nations Partition Plan for Palestine）》，將巴勒斯坦分為一個阿拉伯國家和一個猶太國家。他的論點其實是出於自身利益的考量：他認為如果阿拉伯人接受以色列的存在，他們就會在道義上獲得國際社會的支持，並創造出提出進一步要求的空間。他懇求阿拉伯人在巴勒斯坦問題上少一些感情用事，多一些務實，並摒棄空談。他宣稱：「光有熱情和激情的愛國主義示威並不足以取得勝利。」布爾吉巴在耶利哥之後去訪問了黎巴嫩，並在一場演講中，公開挑戰納瑟的意識形態，敦促阿拉伯領導人對其人民保持透明，而且不要宣揚將該地區的所有弊端都歸咎於西方的文化。布爾吉巴建議：「向前看並建設你們的國家，不要再怪罪過去。」

這些觀點中語氣強烈的譴責，不時會逼得布爾吉巴要表現歉意。在一九六五年四月給納瑟的一份照會中，布爾吉巴寫道，他與納瑟一樣希望巴勒斯坦獲得自由，但他也想幫助打破政治僵局，並為以色列未來的讓步鋪路。納瑟繼續譴責布爾吉巴和他的想法，把布爾吉巴描述為對阿拉伯人和泛阿拉伯主義志業的背叛。布爾吉巴在阿拉伯聯盟裡，受到除了黎巴嫩、摩洛哥、科威特和沙烏地阿拉伯以外所有成員國的譴責，幾乎害得突尼西亞要被驅逐出聯盟。不過正如舊憲政黨當初因為他與法國人談判突尼西亞的獨立問題所以指責他背叛，而事後卻證明他是正確的一樣，布爾吉巴比他的阿拉伯同僚更清楚該怎麼做。

雖然耶利哥的演說讓布爾吉巴疏離了阿拉伯的群聚效應，但卻打開了他與以色列檯面下的溝通管道。以色列外交部非常努力地想展現他們對布爾吉巴的支持，運作使他成為一九六六年諾貝爾和平獎的候選人，不過最後他沒有得獎。布爾吉巴在以色列內部的影響力，包括了以色列情報機構摩薩德（Mossad）在他一九六五年十一月出訪賴比瑞亞時，替他加強了維安計劃。

布爾吉巴的中立態度是堅忍不拔的。西元一九六七年以阿六日戰爭爆發時，阿拉伯國家和突尼西亞民眾向布爾吉巴施壓，要求他斷絕與美英的外交關係，但他拒絕了。當阿拉伯世界其他國家因為西方大國在一九六〇年代中期，持續向以色列提供武器而與他們斷絕關係時，突尼西亞和摩洛哥還是與西德保持著外交關係。

雖然突尼西亞國內有些人認為布爾吉巴很勇敢，但也有人批評他的外交政策，認為他過於大膽，甚至是魯莽。突尼西亞人未必都認同布爾吉巴對以色列的妥協立場，以及他的親西方偏見。一九六七年六日戰爭期間，突尼西亞全國各地爆發了反猶太復國主義的示威活動。布爾吉巴譴責針對猶太人與其財產的攻擊，包括打劫猶太人開的商店以及放火燒毀突尼斯的猶太大會堂等等。六日戰爭之後，突尼西亞的猶太人持續移出，突尼西亞的猶太人口跟剛剛獨立時相比減少了一半。

布爾吉巴的外交政策立場在一九七〇年代轉而對阿拉伯世界放軟。他在一九七三年的以阿戰爭中，派遣少量的突尼西亞軍力去支援阿拉伯人。但他支援背後的目的更多是為了作秀：他讓他的部隊在全國各地閱兵數日，然後再運往戰線，以避免真正參加到作戰的部分。

接著在一九七八年，因為埃及總統沙達特（Anwar Sadat，生卒於西元一九一八至一九八一年，於西元一九七〇至一九八一年間在位）與以色列簽署了《大衛營協定（Camp David Accords）》，所以阿拉伯聯盟的總部從開羅遷至突尼斯，於是突尼西亞與阿拉伯世界的關係就更緊密了。

但當西元一九八二年以色列入侵黎巴嫩時，在美國的幕後策劃之下，布爾吉巴非常不情願地讓「巴勒斯坦解放組織（Palestine Liberation Organization，PLO）」將其總部遷到突尼斯。布爾吉巴想讓他的國家遠離衝突，並擔心此舉會損害突尼西亞蓬勃發展的旅遊業。他意識到巴解組織是如何實際控制了黎巴嫩的大片國土，以及更早之前的約旦。

但諷刺的是，由於巴解組織在突尼斯的存在，突尼西亞與美國之間的關係在一九八五年達到了低點。當雷根總統公開批准以色列空軍轟炸位於突尼斯郊區的巴解組織總部時，布爾吉巴考慮要和美國斷絕外交關係。這場轟炸造成近百人死傷，其中很多受害者是突尼西亞人。但因為後來美國政府收回他們對這次襲擊的支持，所以布爾吉巴就被安撫了。

布爾吉巴的非常規外交立場，部分是出於他的信念，另一部分則是出於他的戰略和政治智慧。他想避免讓突尼西亞捲入衝突，也想避免讓巴勒斯坦問題占據政治和國內事務的全部，因為阿拉伯世界的大部分地區都是這樣的情況。他還認知到相對於以色列，安撫西方國家，特別是美國，對他來說有多麼關鍵。布爾吉巴渴望突尼西亞能獲得獨立前曾受到過的國際關注。布爾吉巴也希望能與納瑟在國際舞臺上的存在感比肩，因此常常會採取比較爭議性與戲劇性的立場。

到了七〇年代，布爾吉巴開始被人覺得太衝動。一九六七年第一次心臟病發作後，他的健康狀況開始惡化。一九七四年，他在突尼西亞傑爾巴島的一次會議上，與利比亞的格達費簽署了一份聯盟協定這件事，也讓突尼西亞人擔心不已。達成協定過程太輕率以致所有人都大吃一驚，更何況在一年多前布爾吉巴才說過：「格達費告訴我，他已經準備要把統治兩國的權力交給我……但利比亞應該先把自己的人民團結起來。這個國家一頭是的黎波里，另一頭是費贊在另一端，中間隔了一片沙漠……利比亞人生活的年代甚至還不是中世紀，應該是先知亞當的傳說時代吧！」

突尼西亞與利比亞之間的「聯姻」僅維持了二十四小時，直到宣布兩國結盟時正在旅行中的突尼西亞總理赫迪．努伊拉（Hedi Nouira），把這件事情擋下來。格達費為此遲遲不肯原諒布爾吉巴，兩國的關係在突尼西亞退出統一計劃之後急轉直下。利比亞於是在突尼西亞國內發動叛亂行動，突尼西亞官員指責格達費企圖顛覆政權。西元一九八〇年，受到利比亞和阿爾及利亞訓練以及支持的叛亂分子襲擊了加夫薩。

儘管掀出這麼多波折，但在「傑爾巴事件」的十年後，布爾吉巴還是重蹈覆轍，在飯店的便條紙上跟格達費簽下了聯盟章程。後來還是在美國和法國大使館的干預下，這次聯合才作罷；當時的美國大使覺得他們幫忙扭轉局面的決定反映了「布爾吉巴心理狀態的低點」。作為報復，格達費在一九八五年驅逐了三萬兩千名突尼西亞工人，將兩國逼到了邊界戰爭的邊緣，最後在阿爾及利亞的干預之下才避免了這場戰爭。鑒於突尼西亞軍隊的規模和狀況，如果戰爭真的爆發，突尼西亞很可能會被打敗。

突尼西亞的軍隊既沒有要交戰也沒有要參戰，所以不需要太龐大，布爾吉巴也從來沒有要花心思建立軍隊，只讓軍隊足以有效實現基本的國安目標和解決緊迫的問題。布爾吉巴外交政策的力度是來自他的外交技巧，而不是來自一支強大的軍隊；像埃及這些國家的外交就很靠軍隊。到了一九五〇年代末期，布爾吉巴的國家預算只有百分之十用在軍事，而教育支出則占了百分之十八，教育的支出到最後甚至達到政府預算的近百分之三十五。不知不覺中，布爾吉巴反而保護了革命後的突尼西亞，不受強大軍隊專橫和不民主的影響。

從一八五〇年代末期，貝伊哈邁德放棄了昂貴的軍隊現代化計劃之後，突尼西亞的軍隊規模就一直都很小。法國人維持了這個傳統甚至還發揚光大，不允許在保護國保護下的武裝力量發展到某個程度以上。布爾吉巴延續了法國的殖民政策，並故意讓軍隊保持弱小而且不碰政治，所以突尼西亞的軍隊幾乎沒有機會像其他阿拉伯世界的軍隊那樣發揮他們的影響力。

會這麼做的另一個動機，是布爾吉巴個人對軍隊有著極深的不信任。在災難性的比塞大衝突之後不久，有人策劃了要推翻布爾吉巴的陰謀，事後就發現是軍方內部的一些好戰分子和共產黨人在背後策劃的。在匆忙的法庭宣判和媒體直播宣判過程後，與暗殺陰謀有關的十個人被立即處決。布爾吉巴對軍隊的懷疑，標誌著他開始在內政部底下加強國內維安能力的執迷，將突尼西亞變成了一個警察國家。

但在一九八〇年利比亞主導的加夫薩攻擊之後，布爾吉巴啟動了一項軍事現代化計劃。一直到他總統任期結束時，布爾吉巴為了發展他的武裝部隊投入了大量資金，投入的開銷從一九八一年的一千八百八十萬美元，增加到一九八二年的一點二五億美元。如果這筆開銷沒有影響到經濟，或是威脅到政權穩定的話，這筆開銷預計到一九八六年將達到將近十億美元。

在國內方面，雖然突尼西亞的獨立是透過全國人民團結起來的民族主義鬥爭實現的，但要建立一個國家，仍然需要創造一個有凝聚力的突尼西亞認同，並融合不同的取向和階級分化。國內的緊張情勢往往是按照地理和地形的劃分所產生的：薩赫勒與內陸地區、城市中心與農村地帶、北方與南方。基本上這些對立也就是政治精英與非政治精英之間很自然而然顯現出來的差距；通常非政治精英的教育程度即使不是很差，也沒有到很好。布爾吉巴的追隨者與薩拉·邦·尤塞夫的追隨者，也就是尤塞夫派之間持續的競爭，也繼續造成國家的分裂。

在建立統一的後殖民時代突尼西亞認同時，部落主義如果某種程度上還存在的話，也是另一個需要考量的因素。部落間的分裂對國家的統一構成了威脅，就政治面和認同面都是如此。不過因為突尼西亞的部落歸屬遠不如北非和中東的一些國家那麼普遍，所以這個威脅對突尼西亞來說也沒這麼嚴重。

馬格里布各地的部落以往都可以自由管理自己的事務，不受任何中央權威的影響。利比亞在鄂圖曼帝國和後來的殖民統治下，部落與中央政府的互動就很少。但在突尼西亞，貝伊通過行政和軍隊對部落進行控制。在法國保護國政府時期，中央對部落事務的控制增強，將他們的權威拓展到內陸地區的部落，並以領土作為劃分基礎對他們進行了重組。法國劃分出三十六個稱為「其亞達（qiyada，省）」的行政單位，因此這些部落就改成用領土，而不是原本的部落隸屬關係來辨別。

新憲政黨在兩條互相競爭的戰線上，利用部落問題為自己謀取利益。一方面，他們利用部落裡面不滿的情緒，與各部落建立了保護關係，向部落提供服務和援助，以換取他們支持新憲政黨抵抗法國。但新憲政黨又進一步推動了法國人當初創下的政策。新憲政黨在全國各地沿著有時其實是跨越部落界線的地理輪廓建立黨辦事處，忽略了部落原本以親屬關係作為基礎的忠誠和競爭，並用黨辦事處取代了現有的部落結構。

在獨立後的突尼西亞，布爾吉巴尋求的是從部落和宗教凝聚轉向國家團結的轉型。他認為部落傳統上很普遍的家族內或氏族內通婚，是一種「不讓遺產肥水落入外人田的貪婪」。他指出了這樣的習俗對健康造成的潛在危害，以及會產生「畸形和智能障礙兒童」的危險。

布爾吉巴經常說部落結構是「過時的」，他實施了一系列旨在限制部落權力的改革。西元一九五八年的一項法律，廢除了部落土地的集體所有制，將土地重新分配給個人。其他改革，例如建立統一的司法體系和一九五九年對所有突尼西亞人實行的父姓制度，顯然是針對部落成員以往只按照父系家族長輩命名卻沒有姓氏的這個傳統，將有助於部落結構的進一步瓦解。在這一點上，就像其他例子也一樣，布爾吉巴大概是從凱末爾那裡得到了啟發。土耳其在一九三四年通過了一項類似的法律，要求所有土耳其公民採用土耳其姓氏，並禁止從鄂圖曼帝國繼承來的所有榮譽稱號或是部落稱號。

部落成員開始要先自我認同為突尼西亞人，而不是某個血緣群體的成員，並產生國家忠誠。但也有例外，特別是在比較不受中央影響，因此也比較沒有融入國家脈絡的未開發南部地區。

相比之下，摩洛哥的建國卻是建立在君主制對地方部落事務的有限干預，因為君主制需要農村精英的支援。於是部落蘊藏了獨立摩洛哥的傳統和伊斯蘭認同。透過土地重新分配計劃和分權協議，部落成為摩洛哥君主制和政治制度的骨幹，這種情況與後來在更東邊出現的國家，比如約旦的情況，並無多大區別。

布爾吉巴明白，建立一個現代民族國家和塑造突尼西亞特色的過程，必須剷除掉部落結構。事實證明，與周邊其他國家相比，這是突尼西亞在建國工作中，與其他國家最不同的區別要素之一。

突尼西亞在種族和宗教上相對單一的人口及其狹小的領土，有助於布爾吉巴實現國家內部民族整合的目標。布爾吉巴提倡的突尼西亞概念是「一個家庭，將團結成一個沒有缺陷的結構基礎單位」。在一九六一年的一次演講中，布爾吉巴把國家及其公民比作一個「體內各器官相互依存的人」。布爾吉巴了解到消除內部分歧，並用統一的國家觀念來超越這些分歧的必要。但他也抹去了國家對那些為獨立而戰、為獨立而死的人的記憶，將國家誕生的論述都集中在自己身上。

在政府贊助並被用作推動民族主義議程的藝術領域，布爾吉巴確保了自己處於民族主義論述的中心。布爾吉巴的形象在當代視覺藝術運動「突尼斯畫派（Ecole de Tunis）」的作品中非常突出。突尼斯畫派是由「黑腳（生活在法屬阿爾及利亞的法國或歐洲公民）」畫家皮耶爾・布謝勒（Pierre Boucherle，西元一八九四至一九八八年）在一九四七年創立，是許多突尼西亞、法國和義大利畫家的歸屬。突尼斯畫派與殖民時期有了明顯的區隔，試圖創造一種道地的突尼西亞風格，將突尼西亞起源的描述與現代主題混合在一起。

西元一九六二年，畢業於宰圖納、突尼斯法國美術學院（École des Beaux-arts）和斯德哥爾摩藝術學院的突尼斯畫派代表人物祖貝爾・圖爾基（Zoubeir Turki，西元一九二四至二〇〇九年），在布爾吉巴的家鄉莫納斯提爾一座現在已經拆除的「瑞巴特酒店（Hotel Ribat）」大廳裡，畫了一幅名為《志願戰士的隊伍（La Procession des Mourabtines）》的壁畫。在這幅畫中，圖爾基描繪了突尼西亞早期伊斯蘭歷史中的一幕：一支由志願戰士組成的宗教隊伍從八世紀莫納斯提爾的「瑞巴特（伊斯蘭堡壘）」出發，帶頭的人正是布爾吉巴。布爾吉巴作為一個二十世紀的人物被畫在八世紀的歷史場景中，使他自我宣傳為一個現代化力量的「最偉大戰士（al-mujahid al-akbar）」形象一下子生動起來。

為了鼓勵阿拉伯文的文化作品，新憲政黨在詩人沙比逝世二十年後，展開了將沙比尊為突尼西亞國家詩人的運動。新憲政黨將〈生存意志〉的前四句放入國歌，但這首國歌後來被布爾吉巴總統束之高閣，改用另一首歌頌他個人的新國歌，原本有沙比詩句的國歌要一直到班阿里上任後才又再拿回來用。

除了藝術之外，布爾吉巴和許多後殖民國家的建設者一樣，認為教育可以幫忙培養真正的民族認同。布爾吉巴還認為，教育是一種可以對抗那些反對或漠視他現代化計劃的突尼西亞人「思想結構（les structures mentales）」的手段。他相信學校會培養學生對黨的尊重，建立對他計劃的支持，並幫忙克服他覺得還不夠的民族團結問題。這些都可以藉由發揮社會功能的小學教育來實現，因此他開始實施全民普及的國民義務教育體系。

布爾吉巴希望創造一種專屬突尼西亞的論述，目的是展示過去的榮光並從歷史中培養民族主義運動。他覺得這將能抵消國家內部的分裂，並產生一種同質化的效果，提醒老百姓這整個國家是如何因為一個共同的目標而團結在一起。

在獨立後的幾年內，教科書中國家歷史的「布爾吉巴化」十分明顯。目的就是要圍繞著領袖布爾吉巴創造一個「作為集體記憶基礎的民族神話」。在一九三四年新憲政黨創黨的克薩赫拉大會之後，突尼西亞現代史中出現了一個人格化的過程，將布爾吉巴的個人歷史和國家歷史合而為一。教科書將突尼西亞的歷史分為兩個明確的部分：一九三四年之前的歷史和一九三四年之後的國家歷史。

文學作品雖然挑戰了布爾吉巴對獨立論述的壟斷，同時卻仍在強化民族主義運動在突尼西亞認同當中的中心地位。巴西爾・庫拉逸夫（Bashir Khurayyif，西元一九一七至一九八三年）的《枝上椰棗（Digla fi ʿarajiniha）》於一九六九年出版，是以一九二〇年代突尼西亞南部為背景，描述了突尼西亞勞工運動和作為獨立運動前奏的礦工血淚。穆罕默德・阿魯西・馬特維（Mohamed Laroussi al-Matwi，西元一九二〇至二〇〇五年）創作了兩部虛構作品，分別是一九六四年的《哈利瑪（Halima）》和一九六七年的《苦漿果（al-Tut al-murr）》，這兩部作品都描述了突尼西亞南部人的苦難和獨立運動的開端。這些作品和獨立後幾十年出版的其他重要文學作品，提供了另一種觀點的論述，強調身為一般市井小民的突尼西亞人在去殖民化的過程中發揮的作用。

與批評布爾吉巴的作品不同的是，許多作品其實替他的論述帶來強而有力的奧援，如奧馬爾・赫利菲（Omar Khlifi）一九六六年可以說是突尼西亞第一部的長片《黎明（al-Fajr）》，就記錄了民族主義者對抗法國人的故事，並以布爾吉巴從海外流亡英勇歸來作為結尾。赫利菲後來的一些作品，譬如一九六八年的《反叛者（Le rebelle）》、一九七〇年的《費拉加（Les Fellaghas）》和一九七二年的《嘶吼（Hurlements）》，都再現以新憲政黨和布爾吉巴為中心的官方國家歷史。

在布爾吉巴自己看來，民族主義運動和突尼西亞的獨立是他促成的，所以他無法想像除了他之外，這個國家還能由誰來統治。布爾吉巴最大的錯誤，就是不知道何時該退出政治舞臺。當他連續三屆的總統任期在一九七五年結束時，布爾吉巴宣布自己將成為終身總統，結束了人民任何的、甚至是對假民主形式政府的幻想。他不相信突尼西亞人能夠表現出正確的判斷力，他沒有想到隨著時間的推移，人民會開始質疑他的判斷力；也不相信人民已經成熟到可以建立一個完善的民主制度。「我們怎麼能相信眾人的決策能力呢？」他在一九七〇年的一次演講中提出這個疑惑。布爾吉巴完全要對突尼西亞的成功和失敗負責，因為他一個人控制著他所謂的「受控民主」。布爾吉巴認為，他就是國家，國家就是他。他認為自己凌駕於法律之上，實際上，他還認為自己就是法律。當被問及突尼西亞的政治制度時，他最有名的回答就是：「制度？什麼制度？我就是制度！」

布爾吉巴將自己視為國家的救星和教育者，塑造了一個道德高尚的人格形象：他理性、能夠自我犧牲，因此有能力領導國家。他談到他在巴黎當青年學生時，受到索邦廣場（Place de la Sorbonne）上法國哲學家奧古斯特・孔德（Auguste Comte）雕像上的題詞「為他人而活（Vivre pour Autrui）」的啟發，使他將自己的一生奉獻給了突尼西亞。他還提到他在法國的時光讓他對法國人有更多的了解，因此有助於他後來知道要怎麼跟法國人談判並達成他的目標。布爾吉巴吹噓他在法國的經歷對突尼西亞的獨立至關重要，他說：「在法國學習、旅行和生活了三年之後，我越發明瞭自己的生存之道。我學到了他們的弱點和他們的長處。」

布爾吉巴為了讓自己看起來好親近、接地氣，於是定期到突尼西亞各地旅行，向當地民眾發表談話。他經常在演講中使用突尼西亞阿拉伯語夾雜著正式的阿拉伯語，以拉近與民眾的距離，博取他們的好感。突尼西亞人被他的人格魅力和口才深深吸引。他說他走向群眾是為了「用人民的語言直接對人民說話，以便教育他們、組織他們，使他們成為自己命運的建築師。」但他打算讓這些建築師建造的東西並不包括民主治理，至少在他還坐在總統大位的時候沒有這個打算。

布爾吉巴的威權主義是圍繞著他為自己樹立的人格崇拜而建立的。他的身影氾濫在公共領域，比如廣播、電視和印刷品上，他的肖像也掛在各處。他的虛榮心和對自己形象細節的關注，自然而然地延伸到了他的衣著上。他總是穿得一塵不染，喜歡穿深色的條紋西裝，戴著標誌性的圓形雙光眼鏡框住了他那雙充滿活力的藍眼睛。他是個愛炫耀的人，以自己的身體健康為榮；事實上，每天晚上的全國新聞節目開場鏡頭，有時候就會放布爾吉巴每日例行在地中海游泳的畫面。他認為自己是所有事情的權威，甚至在廣播和電視上播放的演講中提供突尼西亞的家庭主婦烹飪技巧。記者安德魯・博羅威奇（Andrew Borowiec）將布爾吉巴與另一位自我陶醉的建國之父進行比較，評論道：「凱末爾喜歡自己的腳，所以在接待外賓時經常光著腳丫子四處走動，但布爾吉巴喜歡的是他自己的所有一切。」

布爾吉巴會說出他生活中的私密細節，分享的一些細節私密到常常讓突尼西亞人覺得尷尬。關於他私生活的大部分資料都是他給的，很多都集中在他的童年時光和獨立前的那段時間，然後再讓他的故事有個圓滿的結局。布爾吉巴談到他五歲時如何從莫納斯提爾被送到突尼斯讀小學。他經常說起他在這麼小的時候就與母親分離的悲傷。在提及他的人生時，布爾吉巴強調了他的教育，他耗費在薩迪奇學院、卡爾諾中學和索邦學院學習的那段時光，以及在卡夫省受他哥哥（他形容哥哥很殘忍）照顧時，從肺炎中恢復過來的那段時間。關於比他大十四歲的第一任妻子以及他的兒子小哈比卜的母親瑪蒂爾德（Mathilde），布爾吉巴提到他如何不顧朋友們的勸阻，將她從巴黎帶回突尼西亞。

他的威權主義越是深入人心，他的非理性和反覆無常就越嚴重，他的一些自我論述也越是離奇。在一個不公開討論私人問題的社會，布爾吉巴常常有一些驚人之語，比如他在電視採訪中透露，他只有一個睪丸，他這樣說的目的很可能只是吹噓說其他領導人都有兩個，但他只有一個就可以建立一個國家，所以他比別人偉大兩倍。

布爾吉巴在放棄了延續一九六〇年代大部分時間的失敗社會主義實驗後，在尋找確保他權力基礎的方法時，行動變得越來越陰晴不定。隨著健康狀況的下降，布爾吉巴的領導能力也開始受到質疑，尤其是在他一九七四年宣布與利比亞結盟之後。在許多人看來，傑爾巴事件是一個轉捩點，是布爾吉巴最後日子的倒數開始。

就在那個時候，他的第二任妻子瓦西拉．本．安馬爾把布爾吉巴比喻成「原本有一百根蠟燭的燭臺，但其中有七十根已經熄滅了」，一位瑞士心理學家警告總統的顧問，像傑爾巴這樣的事件很可能還會出現。在他擔任總統的最後幾年，那時候的人都說他是一個吃藥吃壞掉，而且常要花好幾個月在國外接受治療的總統。關於他的症狀是什麼時候開始的有很多說法，但他們也說儘管如此，布爾吉巴還是時不時會表現出非凡的協調性與雄辯口才。

布爾吉巴的情況越是糟糕，總統府內發生的陰謀就越多。貪腐、操縱和逮捕都很猖獗。獨立後給予新聞、工會和司法機構的自由被限縮。正常化的機制式微，取而代之的是排斥以及壓制那些被認為對政權有威脅的任何異議。布爾吉巴對政治場上的反對派或威脅到他統治的對象從來就不怎麼容忍；仰仗法國軍隊鎮壓尤塞夫派的抗議以及隨後暗殺薩拉．邦．尤塞夫等等，都是在獨立後的頭幾年最明顯也是最黑暗的例子。

在整個總統任期內，布爾吉巴確保自己身邊有值得信賴的夥伴，從薩赫勒和他的家鄉莫納斯提爾為他的政黨和政府機構招募了大量人員。布爾吉巴自己會選出他要任用的部長，並確保將自己黨內的人都放在有權有勢的位置上。憲法賦予總統的偌大權力，使他可以大範圍地以他為圓心畫出一個政治生態圈。

布爾吉巴把自己打造成所有人「政治生涯的主宰」，他可以隨心所欲地任免政治人物。政府當局和新憲政黨形成了一種共生關係，兩者之間的職能和人員相互交錯，並由布爾吉巴同時領導。他允許其他政黨的成立，但直到一九八一年才使新憲政黨之外的其他政黨合法；他單方面制定政策，並認為任何形式的不配合都是在煽動叛亂。

威脅到民族主義論述的意識形態或是不符合黨的路線都無法被容忍。布爾吉巴領導的政府打擊了從開羅、大馬士革和巴格達歸國，並懷抱著阿拉伯民族主義理想的學生，最早最早從一九六三年就在集體逮捕這些人。被拘留的人會被當局施以酷刑拷問情報，當局並以此打擊泛阿拉伯主義意識形態的傳播。

布爾吉巴統治下的侵權行為包括長期隔離拘留、監視和電話竊聽以及警察暴力。他創建了阿拉伯世界第一個獨立的人權組織，以回應卡特總統的人權運動，但卻被認為只是一場騙局。布爾吉巴從不質疑人權的原則和有效性，只要不要干涉到他政權的目標就好。

共產黨人尤其被針對。贊成與法國人合作但沒有參與民族主義抗爭的「突尼西亞共產黨（Parti Communiste Tunisien）」，在突尼西亞獲得獨立之後就被排擠。布爾吉巴於一九六三年中止了突尼西亞共產黨的活動及出版物。突尼西亞共產黨的領袖人物，因為被指控與尤塞夫派密謀合作推翻新憲政黨和布爾吉巴而被拘留，儘管他們一九六三年一月在《世界報（Le Monde）》上曾經譴責尤塞夫派。

至於鎮壓共產黨的動機，是因為共產黨在突尼西亞的學生和工人中很受歡迎，對布爾吉巴的政治壟斷權力造成了威脅。一九六〇年代初，一些左傾的學生和知識分子聚在一起，成立了「突尼西亞社會主義研究和行動小組（Groupe d'Études et d'Action Socialiste Tunisien）」，一般人就叫他們「觀點派（Perspectives）」。他們批評布爾吉巴的親西方傾向，批評他不照顧社會主義政策而施行國家資本主義。布爾吉巴的策略總是很微妙，他與左派團體保持對話，試圖以說服的方式來影響他們的方向。但當一九六七年和一九六八年的示威活動爆發時（與此同時，世界各地也發生了類似的抗議活動），布爾吉巴對觀點派和其他學生左派組織，以及年輕的專業人士進行了暴力鎮壓。鎮壓方式包括了綁架、監禁和酷刑，目的都是為了阻撓更進一步的抗議運動。

左派傾向也是突尼西亞總工會的基礎，但布爾吉巴不能像對待突尼西亞共產黨或觀點派那樣壓制或解散工會。對布爾吉巴來說，突尼西亞總工會必須成為國家建設計劃的一部分，特別是考慮到許多工會成員也是公務員。

布爾吉巴非常謹慎地對待突尼西亞總工會和任何有關突尼西亞總工會的決定。他確保了他的政黨對於突尼西亞總工會會務的主導地位，並將新憲政黨員安排在工會的關鍵職位上，並和工會領袖玩起了大風吹。在突尼西亞總工會主管過於強勢時就將其撤職，覺得他們好像已經贖完罪了又再將他們復職。

但是布爾吉巴也給了突尼西亞總工會一定的空間辦選舉，並在他不覺得受到威脅的時候，給他們選擇自己領導階層的自主性。作為為數不多民主透明的機構之一，對布爾吉巴來說讓工會成為突尼西亞社會的一個辯論、分歧和異議的宣洩管道是非常重要的一件事。這種微妙的平衡也是班阿里後來努力想要實現的。儘管心不甘情不願，但布爾吉巴和班阿里都勉為其難地維持了勞工運動和一個充滿活力的公民社會。

關於突尼西亞總工會的領導層是如何前一秒備受恩寵、下一秒就被打入冷宮，哈比卜・阿舒爾就是一個典型的例子。阿舒爾當時是突尼西亞總工會的秘書長，也是執政的「社會主義憲政黨」的政治局成員，但是因為國際貨幣基金組織引發的突尼西亞第納爾貶值，和隨之而來的名義工資下降危機並導致抗議活動，阿舒爾於一九六四年第一次被捕。一九七〇年，阿舒爾被重新任命為秘書長，一九七八年他又因為安排「黑色星期四」罷工而再次被捕。阿舒爾的第三次監禁發生在一九八五年，原因是當時突尼西亞總工會拒絕了世界銀行和國際貨幣基金組織強加在突尼西亞政府的計劃。

但也許沒有人像哈邁德・本・薩拉（Ahmed Ben Salah）如此享受布爾吉巴賦予他的權力與憤

怒。

已經高齡九十歲、身體虛弱，但機智敏銳、舉止愉悅的哈邁德・本・薩拉，似乎很高興向我講述他與布爾吉巴之間的愛恨情仇。在他位於突尼斯近郊拉迪斯市法蘭西大道的簡陋別墅裡，客廳裡的傢俱和環境為我們的談話主題提供了完美的歷史情境。值得注意的是，在牆上裝飾的相框照片中，最顯眼的是法哈德・哈謝德的照片，哈邁德・本・薩拉很快就把法哈德・哈謝德說成現代突尼西亞發生過的最好的事情。

西元一九四六年法哈德・哈謝德創辦突尼西亞總工會的時候，哈邁德・本・薩拉還正在巴黎讀書。本・薩拉出生於薩赫勒地區莫克奈的一個小家庭，他從薩迪奇學院畢業後就前往巴黎繼續學習法國和阿拉伯文學。西元一九四八年從巴黎回國，也已經是新憲政黨成員的本・薩拉加入了突尼西亞總工會。他在蘇塞成立了突尼西亞總工會的分會，然後被派往布魯塞爾擔任突尼西亞總工會駐「國際自由工會聯合會（International Confederation of Free Trade Unions）」的代表。

隨著法哈德・哈謝德在一九五二年被暗殺後，本・薩拉於一九五四年當選為突尼西亞總工會的秘書長。在他任職期間，本・薩拉推動了他在布魯塞爾根據經濟學研究創立的社會主義經濟方案。本・薩拉認為自己是法哈德・哈謝德的繼承人，所以他有責任要確保突尼西亞的社會人人平等。他反問道：「如果我們不照顧自己的人民，那獨立有什麼用？」

由於缺乏自己版本的經濟計劃，新憲政黨在一九五五年的斯法克斯大會上，非常猶豫地採納了本・薩拉的社會主義計劃。據本・薩拉所述，當布爾吉巴第一次看到這份計劃時，布爾吉巴向他揮舞著計劃，並大喊：「我辦不到！這是一個共產主義的計劃！」本・薩拉反對布爾吉巴指控他有共產主義的傾向。他聲稱自己曾試圖——雖然最後也是徒勞無功——想讓埃及勞工運動遠離共產主義，並加入國際自由工會聯合會。本・薩拉向我描述他的第一次埃及行是一個「悲哀」的場合，因為他接觸到的工會領導階層太重視階級、「落後」、組織結構就像「軍隊」，與法哈德・哈謝德創立的突尼西亞草根運動形成鮮明對比。

最後，布爾吉巴對本・薩拉推行的社會主義經濟計劃越來越不耐煩，導致他於一九五六年九月贊助哈比卜・阿舒爾成立了「突尼西亞工會（Union Tunisienne du Travail）」。西元一九五六年十二月，布爾吉巴更進一步解除了哈邁德・本・薩拉的突尼西亞總工會秘書長一職。本・薩拉告訴我，這個消息他還是在訪問摩洛哥的拉巴特時，從廣播中得知自己被解職的。然後，布爾吉巴找來了新憲政黨政治局的成員阿邁德・提利利（Ahmed Tlili，西元一九一六至一九六七）取代本・薩拉。

把本・薩拉趕走之後，布爾吉巴於一九五七年九月二十二日調停一場統一大會，要將突尼西亞總工會和哈比卜・阿舒爾分裂出去的工會再合在一起。布爾吉巴提出的條件是，突尼西亞總工會要停止再想將他們的社會主義議程強加於政府政策之上。但布爾吉巴仍舊缺乏任何的經濟計劃，他也沒什麼人可以信任或是求助，有的話也早就被他剷除了。

按照布爾吉巴典型的做法，在歷經了多年的冷凍期之後，本・薩拉幾乎是像他當初跌落政壇一樣迅雷不及掩耳地又再度出現在眾人眼前。但在接下來的十年裡他爬得實在是太高了，以至於最終他註定要跌落的時候，摔得可重了。

一九六〇年，本・薩拉被安排負責國家的公共衛生和社會福利；次年，他被任命為規劃與財政部長。他在一九六〇年代累計擔任的職務多達五個部會，堪稱是突尼西亞的「第一人」。

負責經濟的本・薩拉，立即著手實施一項貫穿整個突尼西亞一九六〇年代的社會主義十年計劃。該計劃引入了一項將土地國有化的集體主義政策，其中一些土地以前是法國殖民者擁有的，這個計劃就將這些土地變成農民的合作社。該計劃旨在透過給予小農土地和教授他們現代農業方法，來提高小農的地位。到了一九六八年，百分之二十七的農村人口，也就是七十五萬名農民在合作社工作。

但在經濟方面，農業部門的生產率仍然很低。一九六〇至一九六七年全國農業的年增長率為百分之三點三，而原本預期的增長率為百分之六。幾次的歉收對農業生產造成了不利影響。對農民需求不敏感的城市精英所掌控的官僚體系也受到指責。儘管有人擔心本・薩拉的計劃會對資產階級構成威脅，但受其影響最深的還是普通農民。

一九六九年一月，薩赫勒地區的小地主發生暴動，社會主義實驗被宣布徹底失敗並被放棄，於是本．薩拉就被迫要背黑鍋。一九六九年九月，他就被開除了。他被指控犯下財務管理不善和叛國罪，在受審後被判處十年勞改。西元一九七三年，哈邁德．本．薩拉越獄逃往瑞士。他只告訴我，他的兄弟穆罕默德幫忙安排了他的逃亡。

儘管本．薩拉表面上是失敗了，但在他任內還是對實體基礎設施的建設做出了貢獻，包括橋梁和道路以及森林和人工湖。正如與本．薩拉差不多時期的突尼西亞歷史學家阿卜杜勒吉勒．特米米（Abdeljelil Temimi）所堅稱：「本．薩拉從不承認自己的錯誤。」他反而會覺得，是這個國家還沒有準備好接受他所提出的進步社會主義思想。

一九六〇年代失敗的社會主義實驗，使原本就不好的經濟形勢更加雪上加霜。一九五〇年代因為成功的農業增長所產生的希望破滅了，等到一九六〇年代結束時，經濟已經處於危急狀態，穀物產量的下降使情況變得更糟。土地集體化伴隨著部分產業的快速國有化政策一起實施，造成了工業部門的動盪。法國技術人員和工程師在獨立後的離開，也造成知識和能力的流失，從而削弱了製造業部門的能力。

這些情況都發生在國家財政不景氣的背景之下，也導致了一九六四年的貨幣貶值。在獨立之初，突尼西亞的外國直接投資在一九五三至一九五七年間已經減少了百分之十以上。法國公民的出走意味著他們的資本也開始撤出，而當地居民的低購買力也讓投資者望而卻步。美國從一九五〇年代末期開始提供的援助，並沒有充分抵消法國因為突尼西亞支持阿爾及利亞游擊隊叛亂分子而中斷的財政援助。

政府的政策在一九七〇年代普遍偏向於農村資產階級，也就是那些一九六〇年代被排除在土地國有化之外的大地主，他們因此得到政府給予他們大量的土地和農業信貸。不過很多時候，國家提供的貸款沒有得到償還。

在社會主義失敗後，政府採取了「開放政策（infitah，即經濟自由化）」。為了吸引外國投資，政府維持了低廉的工資，但事實證明這樣做也還不夠。經濟自由化導致了貿易不平衡，因為廉價的法國商品充斥著突尼西亞市場，甚至連突尼西亞傳統的帽子（sheshiya）都是從法國採購，還比突尼西亞便宜。突尼西亞的採礦業面臨摩洛哥的激烈競爭，也在衰退。政府鼓勵旅遊業，並以佛朗哥獨裁時期的西班牙為榜樣發展旅遊業，專門做廉價、大眾化市場的產品，讓歐陸觀光客想來突尼西亞尋求陽光。但旅遊業不能立即成為經濟的支柱，因為飯店需要一段時間，管理和服務才能真正上線。

雖然突尼西亞的國內生產毛額在一九七〇至一九七六年間每年增長百分之九，但一九七七年經濟增長率卻下降了百分之五十，失業率翻倍。據世界銀行統計，到了一九七〇年代末期，突尼西亞有百分之三十的人口被認為是窮人。

布爾吉巴在經濟方面的失敗，與他在社會領域取得的成功形成鮮明對比。在獨立後的幾年裡，布爾吉巴使突尼西亞走上了以社會自由化和主要是世俗啟發作為基礎的現代化道路。他打算改造他的國家，並像他常掛在嘴邊說的，要「文明化」自己的國民，就為了讓突尼西亞成為一個先進的國家。布爾吉巴對教育和法律的理解，遠勝於他對經濟事務的理解。

「人民有必要……追求穿得更好、吃得更好、好好地養家糊口、教育子女、照顧自己，總之，要像先進國家那樣有尊嚴地過生活，」布爾吉巴在一九六一年六月二十四日的一次演講中如是說。他的演說經常談到加快突尼西亞的腳步，並誘導他的人民踏出邁向進步的重要第一步。

布爾吉巴認為他還需要帶動一場心態革命，才能改變他覺得普遍存在的「落後」心態。他自視甚高的輕蔑毫不遮掩，他甚至把他所遇到的一些人拿來與動物相比，讓他要「教化」這些人的使命變得更加必要。布爾吉巴所要實現的革命，需要向突尼西亞人灌輸國家發展的必須價值觀：理性、公民、責任和道德。為此，他認為必須將宗教置於國家控制之下，並除去宗教權威對道德指導的壟斷。

布爾吉巴替他的人民所設想的文明化使命，擴及改善公共衛生狀況並為全體人民提供健保服務。布爾吉巴確保公共衛生保健的服務和設施都在各地普及。國家改善了乾淨水源的供應，並解決了結核病、沙眼和瘧疾等地方性的健康問題。在全國各地建立了社區診所，幫忙緩解醫院人滿為患的情況。

把公共衛生條件和醫療服務的改善當成第一要務得到了回報。從一九四〇年代末到二〇〇四年，突尼西亞人的平均壽命從三十七歲增加到七十三歲。布爾吉巴比他自己國家的平均壽命還多活了三分之一，活到了九十七歲；他的人生幾乎貫穿了整個二十世紀。到了一九八七年他在醫生政變中被迫下臺的時候，八十四歲的布爾吉巴已經統治了突尼西亞三十年，而且在獨立前的二十多年裡，一直都是主要的民族主義領導人。

布爾吉巴是一位狡猾又精明的政治家，他既有魅力又自戀，他還是一位走在時代前端的思想家，並有著傑出的遠見。但他也濫用他的權力，他的方法經常包括濫用人權、酷刑、處決和侵犯司法。無論從哪個角度看他都傲慢無情，是一個威權者和獨裁者。但布爾吉巴也透過深入的立法改革保護了某些教育、醫療和女權等領域人權。到頭來，人們會記住他的主要原因，是他的優點，和他帶領突尼西亞所走上的正向道路。

也許布爾吉巴最深遠的影響，是他對婦女的解放。《個人地位法》重塑了宗教與社會的關係，繼續賦予突尼西亞女性比阿拉伯世界任何其他地方女性更多的權利。女性成為核心家庭當中開始表達和辯論的文化支柱，成為突尼西亞的社會特色，並使突尼西亞社會與阿拉伯世界其他地方有所不同。

布爾吉巴第二重要的成就是在教育領域。在布爾吉巴的領導下受教育的突尼西亞人，比阿拉伯地區其他地方的人更有準備能面對現代世界的挑戰。主要是世俗的教育，並深深扎根於人性和人文學科，但也有很強的科學實力的突尼西亞教育，在廣度和深度上讓突尼西亞得以成為阿拉伯世界中，獨一無二、真正能轉型成民主的國家。布爾吉巴完成了他的啟蒙使命：突尼西亞在他的領導下，成為一個有修養、有文化、公民受過良好教育的國家，人民的思想比阿拉伯地區的其他老百姓更加自由。

透過在這兩個領域進行的工作，布爾吉巴改善了宗教在突尼西亞社會中的角色，遏制了宗教開始滲入整個阿拉伯社會難以招架的存在。他幫助突尼西亞擺脫阿拉伯世界其他國家一直因此付出沉重代價的下滑螺旋。

布爾吉巴將自由主義改革，無論是關於女性、教育還是宗教的改革，制度化與法條化。這些改革的想法是宗教機構內外的知識分子，將近一個世紀以來所一直宣揚，而且其實是建立在更悠久的自制和現代性的歷史基礎之上。布爾吉巴將思想轉化為現實，並成為活生生的事實。

在半個世紀的間接和直接統治之下，「突尼西亞之父」使國家走上了很難回頭的道路。布爾吉巴受益於突尼西亞悠久的歷史、得天獨厚的地理環境和比他更早就已經存在於突尼西亞人民身上的堅韌認同。在其他地方，宗教很快就成為民族認同的象徵，因為領土或意識形態的民族主義概念，都無法獲得任何長久的吸引力。

在哈比卜·布爾吉巴大道這條突尼斯的主要通道，以及令班阿里下臺的抗議活動地點上，矗立著兩位突尼西亞偉人的雕像遙遙相對。一座是伊本·赫勒敦，另一座就是哈比卜·布爾吉巴，以凱旋之姿騎在馬上，從突尼斯的古城遠眺現代的布爾吉巴大道。布爾吉巴的雕像在一九八七年被深深忌妒他的班阿里移到拉古萊特之後，一直到二〇一六年才被放回原處。

兩座雕像最初的位置也是經過深思熟慮的。伊本·赫勒敦的雕像是在一九七八年豎立的，目的是要肯定布爾吉巴的改革政策，而且還有一層強烈的暗示是，伊本·赫勒敦這個過去的人物，當初也非常關注突尼西亞的未來。把這兩個人並置的目的，就是希望將伊本·赫勒敦的影響，當作布爾吉巴正在建造的突尼西亞的浪漫化象徵。

十二、宗教歸宗教

布爾吉巴認為宗教是一把雙面刃，於是他巧妙地將宗教帶給他的難題轉化為自己的優勢。一方面，他認知到宗教在突尼西亞社會中的根深柢固，所以伊斯蘭教可以成為正當化獨立運動和動員人民的要素。另一方面，他又將宗教邊緣化，因為他認為宗教可能會延緩現代化變革的步調，而現代化變革正是他對他正在建立的這個年輕國家的核心願景。

因此，布爾吉巴小心翼翼地取得了恰到好處的平衡，既允許了宗教的空間，同時也從中努力地促進宗教在現代和改革後的應用。他很謹慎地不去將宗教從人們的日常生活中移除，也不希望根除宗教信仰。他反而是想要推廣改革後的宗教，讓伊斯蘭教將人們從他認為落後的習俗和心態中解放出來。他找出宗教實用的一面，希望去確保伊斯蘭教不會阻礙反而是促進國家的發展。他認為，除非理解宗教真正的目的，否則與宗教本身無關的錯誤推論將會造成國家的衰退。

布爾吉巴的精神革命和「知識之光（nūr al-ʿilm）」的計劃，意味著一場試圖跟上西方腳步、以理性和技術進步為前提的阿拉伯穆斯林社會道德復興。布爾吉巴在一九五九年宣稱，「我們關注的重點是讓宗教恢復它應有的活力。」

為了達成他的目標，布爾吉巴開始採用一種教育學方法，向突尼西亞人闡明宗教的現代詮釋。儘管布爾吉巴沒有受過宗教教育，而且他又是一個不可知論者，但他大膽地把自己描繪成一個伊斯蘭的改革家和「伊智提哈德的實踐者（mujtahid）」，也就是一個能夠透過理性去獨立解釋《可蘭經》和聖訓中伊斯蘭教義的權威。

布爾吉巴的思想建立在十九世紀阿拉伯文化復興運動的改革者所提倡的伊智提哈德的基礎上，注入了理性推理、理性主義和實用主義的元素。布爾吉巴對伊智提哈德的運用與里法．巴達維．拉斐．塔哈塔維、賈邁勒丁．阿富汗尼和穆罕默德．阿布都的論點相呼應，都認為伊斯蘭教法應該與時俱進，才能帶領著伊斯蘭教和穆斯林社會進入到現代世界。

儘管布爾吉巴可能沒有公開表彰過其他人的功勞，但他無疑也是靠著這些突尼西亞的前人，在某種程度上替民眾做好準備去接受他即將推行的改革。曾主張在伊斯蘭教內部解放女性的突尼西亞改革者們，最著名的是塔哈爾．哈達德，還有穆罕默德．塞努西和阿卜杜拉齊茲．塔爾比，他們的努力對布爾吉巴的現代化計劃非常有價值。

等到布爾吉巴坐上有能力推行改革的位子時，伊斯蘭教已經嘗試著要為合理化女性解放找到理由。《個人地位法》是布爾吉巴現代化計劃的主要支柱，該法呼應了塔哈爾．哈達德一九三〇年的論文《婦女在伊斯蘭法律和社會中的地位》。布爾吉巴實際上延長了早期辯論的時間，而且他現在有權力，為他堅信但在殖民時代因為政治原因而被擱置的改革訂定法律。

新憲政黨當初不希望引起不必要的辯論，因為擔心當時的突尼西亞社會要對抗法國殖民統治，所以不想在需要民族團結和堅持地方價值的時候製造分裂；他們認為促進女性權利是獨立後才需要做的工作。這一點從布爾吉巴自己在一九二九年對婦女摘下頭巾的譴責就很明顯可以看出來。在哈達德被稱為異端遭受抹黑和放逐之後，突尼西亞社會關於女性解放的辯論就完全噤聲了。

然而，隨著突尼西亞的獨立之日越來越近，布爾吉巴和新憲政黨開始透過新憲政黨的出版物公開他們的立場，這些出版物比他們的對手邦．尤塞夫和舊憲政黨這些更保守的黨派，用更自由派的說法討論女權、就業和教育。一九五〇年，新憲政黨內成立了一個女性主義部門，也就表明了他們正式將女權納入他們的目標。

布爾吉巴明白實現現代化的第一步，就是必須賦予女性應有的權利。這本身就是一個很重要的目的，但也是布爾吉巴想要推行進一步改革的先決條件。在他推動宗教與社會的關係調整時，被解放的女性成為了支持他的中堅力量。

女性在布爾吉巴的經濟發展計劃中舉足輕重。讓她們必然會邁向解放的教育，也對國家的經濟和社會發展至關重要。經濟需求導致法國人離開後留下的行政工作空缺，由突尼西亞的男性以及女性「共同」來填補。

布爾吉巴了解到他的改革必須得到可信度高的伊斯蘭教專家背書，於是就努力爭取當代伊斯蘭學者和法官的支持。當他準備推行《個人地位法》時，他也確保這些專家學者和法官都參與其中。在這一個緊要關頭，幸圖納受人尊敬的謝赫塔哈爾．班．阿舒爾的認可對布爾吉巴來說至關重要，他必須確保班・阿舒爾會給予這部法典伊斯蘭的核可。布爾吉巴宣稱：「我與哈爾・班・阿舒爾一起制定了這部法典，這部法典也並不會與伊斯蘭教義產生矛盾。」

另一件同樣重要的事情是，布爾吉巴爭取到了當時伊斯蘭教瑪利基派的謝赫穆罕默德・阿卜杜勒阿齊茲・賈伊特（Mohamed Abdelaziz Dja'it，西元一八八六至一九七〇年）的支持。因為布爾吉巴想讓《個人地位法》得到伊斯蘭的支持，於是他聲稱該法典與謝赫賈伊特一九四九年的《雜誌集（Majalla）》相似，就是一部針對家庭法和女性權利問題的答案合集。布爾吉巴還希望賈伊特贊同該部法典的文字，但據說這部法典在謝赫賈伊特當初核可過以後內容就更動了，所以謝赫在一九五六年九月就發布了一個「法特瓦（伊斯蘭教令）」反對這部法典，認為這違反了《可蘭經》的原則和宗教傳統。不過賈伊特最終還是回心轉意，並被任命為新成立共和國的穆夫提，他從一九五七至一九六〇年一直都擔任這個職務。

布爾吉巴將該法典置於伊斯蘭教的法理範圍之內，認為他是利用伊智提哈德和他自己的批判性思考，去對伊斯蘭教進行適當的重新詮釋。他將這部法典設定成將伊斯蘭教法從過時的誤解中解放出來，並恢復伊斯蘭教真正本質的必要步驟。布爾吉巴認為這樣的改變「代表了我們腦海中一個有利於進步的選擇，」並呼籲要「終結一個野蠻的時代，再開啟一個社會平衡和文明的時代。」

布爾吉巴不僅談到了權利平等，也談到了對女性的平等尊重。他說：「突尼西亞人民無論是女性、男性或是兒童，都必須有尊嚴。女性應該和男性受到同等的尊嚴、尊重和欣賞。我認為宗教，所有的宗教，目的都是希望改善人類的生活，尤其是伊斯蘭教，不管在哪一天或哪一個時代都是這樣的。宗教不能違背或阻止社會的發展。」

《個人地位法》與其說是要把女性從男性手中解放出來，不如說是要把女性從自身和她們已經習慣的枷鎖中解放出來。布爾吉巴解釋說：「在改變人們心態的這項任務，不但對男性是一個挑戰，而且對女性本身也是一個挑戰，因為女性太習慣這種奴役、頹廢和束縛的狀態，就好像她們覺得她們在這個世界上應該過這樣的生活。」布爾吉巴在這一點受到了凱西姆·艾敏和穆罕默德·阿布都的觀點啟發，與他們一樣都認為這並不是先知的本意。

事實上，解放了突尼西亞女性的是男性。沒有任何女性主義的草根運動要求過《個人地位法》替女性權益帶來改變。積極參加民族主義抗爭的女性，還沒有開始就女性問題發表意見。在爭取獨立的過程中，婦女組織與新憲政黨合作，但她們爭取的權利主要集中在經濟參與和經濟解放上。到最後是男性提出了《個人地位法》，並從上而下地立法執行。「女性革命」既不是一場革命也不是由女性所領導，而是哈比卜·布爾吉巴精心策劃並執行的決策。

《個人地位法》犧牲了更保守的部落社會結構去鞏固國家的權力。例如當時的一個習慣是一般人，尤其是女性，在很年輕的時候就會結婚。但《個人地位法》卻規定女性的最低結婚年齡是十五歲，男性是十八歲。後來證明這樣還不夠，所以一九六四年這條法就被修訂，將最低的法定結婚年齡提高到女性十七歲，男性二十歲。後來又到了二〇〇七年修正案就將男女最低結婚年齡都定為十八歲。

不過在阿拉伯世界其他地區，這方面的進展就比較慢或是根本完全沒有進展。在埃及，最低結婚年齡為十六歲。約旦的法定結婚年齡在二〇〇二年時才從十五歲提高到十八歲。在沙烏地阿拉伯和葉門等地，至今都還沒有最低結婚年齡的相關規定。

為了進一步阻止早婚，該法並不鼓勵媒妁之言、父母之命，而是主張由結婚雙方自己決定。該法規定，結婚時雙方都必須在場，並要確認女方有明確表示同意締結婚姻。而且強制規定婚姻必須向國家登記，以便確認女方的法定年齡和對婚姻的同意表示。該法並取消了父親或監護人無論在女性同意或不同意的情況下，將女方嫁出去的權力，這也代表了對當時普遍做法的一種革命性改變。在一些阿拉伯國家裡，女性結婚仍然需要得到男性監護人的許可。

但是《個人地位法》最具革命性的地方，大概是廢除了長久以來的一夫多妻制，一夫多妻制在阿拉伯世界其他地方依然是合法的。布爾吉巴的法典甚至立下了違法男性將會面臨的懲罰：一年的監禁和相當於約五百美元的罰款，這可是當時突尼西亞人一年的平均收入。

在海珊王朝的貝伊哈邁德宣布奴隸制違法後的一個世紀，布爾吉巴用同樣的宗教論點來反對一夫多妻制：雖然伊斯蘭教允許一夫多妻制，但對於要公平對待所有妻子的這個條件是不可能實現的。布爾吉巴甚至建議，本著公平的精神，如果允許一夫多妻制，那應該允許女性在其丈夫不孕的情況下一妻多夫制。

布爾吉巴的法典還將離婚問題法制化，要求離婚要在法院進行。新的法律規定不論是丈夫或妻子都可以申請離婚，而且必須經由雙方同意。

儘管先知譴責離婚，而且四個法學流派全都認為只有在「必要」的情況下才允許離婚，而且一旦離婚之後不能和解或破鏡重圓；但在伊斯蘭教中，如果丈夫真的要離婚的話，離婚其實是再容易不過的事情。要離婚，也就是「塔拉克（talaq）」的話，丈夫只需宣布他要解除婚姻關係，然後經過三個月的等待期（iddah）就可以了。在這段等待期內，妻子不允許與任何男性接觸，除非是不可能跟當事女性結婚的女方男性親屬（mahram）；這段時間主要是讓當事人重新考慮要不要休妻並確認妻子沒有懷孕。一般來說，關於女性主動提出離婚的預設法律立場就是，「她沒有提出離婚的權利」；婦女只有在非常特殊和嚴格限制的情況下，才會被賦予離婚權。

女性在家庭中的權利進步，包括在與小孩的父親離婚或死亡的情況下，將子女監護權授予母親；而在小孩母親死亡的情況下，則優先由娘家的親屬監護。雖然父親在子女達到一定年齡（男性為七歲，女性為九歲）的時候保有請求監護權的權利，但一九九三年的一項修正案讓法院有權力根據子女的最佳利益判定監護權歸屬。

但在某些方面，父權階級制度仍然主導突尼西亞社會。例如，如果女性再婚，她就失去了對子女的監護權。此外，與阿拉伯世界其他地方的情況一樣，即使監護權在母親手中，父親或在父親死亡或無行為能力下的父系親屬，仍然是小孩的法定監護人。然而，二〇一五年十一月通過了一條重大突破的法律，允許突尼西亞媽媽可以在不經過小孩父親的許可下，帶著未成年子女外出旅行。

《個人地位法》一反另一股在阿拉伯國家仍舊是常態的男性沙文主義趨勢，將突尼西亞國籍擴大到所有突尼西亞籍的母親和外國父親在突尼西亞所生的小孩，改變了一九一四年規定突尼西亞國籍僅限於父親是突尼西亞人的法令。二〇一〇年《國籍法》的一項修正案規定，賦予與非突尼西亞公民結婚的突尼西亞婦女將其國籍傳給其子女的權利，即便該子女是在國外出生。

相比之下在約旦，國籍主要還是依照父親的身分作為判斷標準。例如與不是約旦公民的巴勒斯坦丈夫結婚的約旦女性，就不能將其約旦國籍傳給子女。約旦民間對於修改該條法律以促進公民平等權利的運動也遭遇強烈的反對。

不同信仰間的婚姻也是男性才能享有的特權，因為根據伊斯蘭的準則，只有男性才能跟非穆斯林結婚。另一項《個人地位法》裡面給予女性的平等權利，突破了受人尊敬的伊斯蘭傳統，是允許穆斯林女性與非穆斯林男性結婚。西元一九七三年流通的一份備忘錄，禁止法官和文職官員為穆斯林女性和非穆斯林男性舉行婚禮，但法律裡面卻保留了一個漏洞：如果這對信仰不同的夫妻在國外完婚，那麼他們的婚姻在突尼西亞就是合法的。

另一個法律和伊斯蘭教義的重大區別，是突尼西亞在一九五八年的修正案裡允許家庭收養子女。只要希望能收養小孩的養父母具有一定的生理、精神和經濟能力，她或他就可以收養小孩。更進一步的是，原本要求收養父母必須已婚的條件，在一九五九年的修正案中被放寬，所以鰥夫寡婦或離婚者就不用滿足已婚的這個要求也可以收養。布爾吉巴自己就做了一個示範，他和他的第二任妻子瓦西拉·本·安馬爾收養了一個年輕的女孩哈潔·布爾吉巴（Hajer Bourguiba）。

在阿拉伯世界的其他地方，根據伊斯蘭教法，可以透過「卡法拉（kafala，監護制度）」讓一個家庭可以撫養一個非親生的孩子，但養子女就不能冠上這家的姓氏，也沒有財產繼承權。除了突尼西亞之外少數幾個例外的國家是索馬利亞（如果索馬利亞可以當成一個阿拉伯國家的話），以及黎巴嫩，在那邊收養是合法的，但只限於基督宗教的公民才能這麼做。

布爾吉巴讓步給烏理瑪而沒有賦予女性的平等權利，就是關於女性在繼承方面的權利，他讓伊斯蘭教法成為法典內的主要原則。《個人地位法》忠於瑪利基派的法學和以此為準的做法。法典中將死者親屬的預留份，按照男女之間二比一的比例優先留給父系親屬。不過突尼西亞確實在法庭上將女性的證詞看成跟男性的證詞平等，讓突尼西亞和阿曼是唯二兩個阿拉伯國家，女性證詞的效力不是只有男性證詞的一半。

布爾吉巴想要改變繼承權以實現平等的企圖，在當時和後來都遭到了烏理瑪的抵制，因為他們認為這件事情在《可蘭經》的內文是沒有任何解釋空間的。據亞德・班・阿舒爾所言，當布爾吉巴一九七三年試圖引入男女可以平等繼承的概念時，頗具威望的謝赫穆罕默德・薩拉赫・恩納費（Mohamed Salah Ennaife，西元一九〇二至一九九三年）就擺明了提醒布爾吉巴，他和其他烏理瑪願意順應法典已經是很大的讓步了。擴大繼承權平等的企圖一直沒有停歇，包括在二〇一六年夏天，當時國會有討論了一項想要修改法律的提案，雖然最後還是以失敗告終。

可是《個人地位法》在繼承問題上，還是賦予了突尼西亞女性比阿拉伯世界其他地方女性更公平的待遇。一九五九年的一項修正案削減了親屬特權，給予女性配偶更多的繼承權，並使一些女性親屬的地位高於男性親屬；例如，女兒和孫女的優先順位就高於死者的叔叔和兄弟。讓無論男女的直系子孫優於旁系親屬、配偶又更優於其他子孫，《個人地位法》在這方面的成就是具有革命性的。由於宗教捐贈的消除，女性在繼承方面的運氣也進一步得到改善。以往常常允許男性將財產捐給宗教用途，並以此作為排除女性繼承人的手段。但隨著宗教捐贈的取消，這一個漏洞就被牢牢地堵住了。

儘管這部法典非常進步，但它本質上仍然維持保守的基調。雖然要求配偶雙方互相善待和互相尊重，但丈夫依舊被定為一家之主。

在這些方面，布爾吉巴與塔哈爾・哈達德的立場一致，對女性的解放仍然只局限於傳統的性別規範。女性仍然從屬於男性，女性的主要職責是對丈夫和家庭負責。該法典沒有解決單身母親的地位問題，也不承認非婚生子女。

但布爾吉巴清楚地知道，他的法典仍舊是超前當代，並將其作為一種理想願景呈現給突尼西亞人，因此他承認這個法律「可能超前於公民適應與應用法律的能力」。所以他呼籲公共機構教育民眾，並透過研討會和工作坊向社會闡明新法律的應用範圍。

民眾當然沒有馬上遵守新法典當中的規範，尤其是在比較保守的農村地區。一些法官因為該法的頒布而辭職，新聞界也提出了批評。最堅決的反對是來自國內外的保守派和宗教精英，他們認為該法違反了伊斯蘭準則。一些人認為該法典公然侵犯了阿拉伯文化和伊斯蘭教的管轄範圍。雖然一夫多妻制本來就沒有被廣泛實行，但明文禁止一夫多妻制引起許多伊斯蘭學者的關注，他們認為這違背了《可蘭經》的教義。薩拉・邦・尤塞夫在埃及呼籲突尼西亞人民起來反抗改革和布爾吉巴，並稱布爾吉巴是「禁止了真主所授予的權利，授予了真主所禁止的權利」。

但是在突尼西亞人的觀念裡，這部法典還是伊斯蘭傾向的。《個人地位法》採用了定義突尼斯伊斯蘭教的溫和伊斯蘭價值觀，依靠的是二十多年前塔哈爾．哈達德在伊斯蘭教內部提出並捍衛的論點。

這部法典花了一些時間，最終還是得到了幾位宗教大老的認可。在一九四〇年代和一九五〇年代初，宰圖納在謝赫塔哈爾．班．阿舒爾的帶領之下進行的現代化建設，緩和了一開始宰圖納對該部法典的抵制。接受這部法典是一項具有里程碑意義的成就，畢竟該法典是受到世俗價值觀的啟發，而且在法典中找不到答案的問題上，也沒有留給伊斯蘭教法一個諮詢和介入解釋的機會，除了關於繼承權的問題。

西元一九五九年的法典修正案，反映了在該法實施過後的一些改進和學到的經驗。隨後，現代化的習俗更受人民接受也更加普及，就如一九六二年布爾吉巴和瓦西拉．本．安馬爾結婚時，在婚禮上給予了象徵性的一第納爾而不是強制性的「麥亥爾（mahr，嫁妝）」的做法。

當一九八七年班阿里上臺後，他成立了一個委員會全面審查《個人地位法》。審查的結果是在一九九三年提出了一套修正案。除了更新有關兒童監護權的法律外，修正案還處理了未成年婚姻、家庭暴力和丈夫與妻子之間的相互義務。

突尼西亞的《個人地位法》清除了親屬關係和部落主義的保守社會結構，而摩洛哥後殖民時期的《個人地位法（Mudawwanat al-ahwal al-shakhsiya）》則是加強了這些結構；但這也難怪，因為摩洛哥的國王穆罕默德五世（生卒於西元一九〇九至一九六一年，於西元一九五六至一九六一年間在位）就是經由一些部落的聯盟才上位的。一九五七和一九五八年起草的摩洛哥《個人地位法》基本上就是編入現有的瑪利基家庭法，並將父系關係制度化。它不要求女性明確表示合意才能結婚，簽署婚約的時候也不要求女性在場，由其監護人代簽即可。因此婚姻仍然是兩個家庭的男性代表之間的事情。不過監護人在違背女方意願的情況下（譬如因為失去童貞等「不良行為」）將其嫁出去的權利被取消了，並在二〇〇四年將男女的結婚年齡都定為十八歲。

阿爾及利亞在一九六二年實現獨立後，還花了二十多年的時間才在一九八四年推出《家庭地位法》。在這段期間，他們曾多次嘗試編纂該法，但派系之間的糾紛和阻力阻礙了他們的努力。在該法典通過之前，由於反殖民主義和伊斯蘭主義的情緒高漲，出現了一些法律，使女權在法國人統治下取得的成果付諸東流。西元一九七三年，法國統治所遺留下來的所有影響全面被推翻，法官有權按照伊斯蘭教法來決定家庭事務。

最終於一九八四年實施的法典進一步降低了女性的地位，因為該部法典旨在安撫正在興起的反政府伊斯蘭運動。法律規定女性結婚必須獲得監護人的批准，一夫多妻制和休妻制也被核准，但至少現在要這麼做必須向法官登記。與其他地方一樣，丈夫僅在法律上有義務讓妻子或妻子們知道他要與另一個女人結婚的決定。

阿拉伯世界其他國家的個人地位法與阿爾及利亞和摩洛哥實行的個人身份法差不多，並緊緊貼合伊斯蘭教法的基礎。埃及甚至沒有制定個人地位法；法律解釋的任務完全留給保有宗教事務壟斷權的神職人員。

伊拉克一度是個例外，一九五九年通過的家庭地位法宣布一夫多妻制不合法、修訂了繼承法，並將最低結婚年齡定為十八歲。但是到了持續整個一九八〇年代的兩伊戰爭造成男性人口銳減之後，男性就被允許再多娶寡婦為妻。

黎巴嫩有十八個獲得承認的教派，在一九三六年建立了一個由十五部單獨的個人地位法組成的去中心化體系。這些法律由獨立的宗教法院各自執行和解釋，除了少數需要政府審查並批准提交的法律，以及為確保法條合憲性而進行的審判程序之外，政府很少干預。當基督教和猶太教的教派遵守規定，但遜尼派不遵守規定時，政府又頒布了一項法令，讓穆斯林法院不受國家監督。

突尼西亞女性在家庭事務中被賦予的平等權利，在《個人地位法》中得到了體現，這對布爾吉巴來說是一個重要的里程碑，他也繼續採取其他措施，進一步改善女性的各項條件，包括在生育健康方面。布爾吉巴會注意到這方面也是出於經濟考量；在一九六〇年代，突尼西亞婦女的生育率為人均七個孩子。控制生育以抑制人口增長成為國家的首要目標。

政府開始了包括提高女性自我意識和提供指導課程的計劃生育措施，鼓勵婦女避孕，並且便利化避孕器材或藥品的取得管道。到了一九六〇年，突尼西亞全國婦女聯盟全國一百一十五個分會總共一萬四千名的會員，在提高女性生育控制意識的方面發揮了關鍵作用。一九六八年成立的「突尼西亞計劃生育協會（Association Tunisienne pour le Planning Familial）」和一九七三年成立、由政府和世界銀行資助的「全國家庭和人口辦公室（Office National de la Famille et de la Population）」為生育控制的努力做出了貢獻，並監督全國各地的計劃生育中心。

宗教領袖、研究機構和媒體也幫了不少忙。不像在其他穆斯林國家，計劃生育被認為是褻瀆神明，節育更是一個禁忌的話題，而突尼西亞的一些烏理瑪反而支持這些新政策，理由是這些政策與伊斯蘭的教義並不衝突。

反對聲浪反而來自左派。據薩爾瑪．哈吉里（Selma Hajri）所說，她目前還在經營一個以阿拉伯世界第一批女醫生之一的特薇達．本．謝赫（Tawhida Ben Cheikh，西元一九〇九至二〇一〇年）之名命名的婦女健康組織。她說自由派反對計劃生育政策對自由造成的侵犯。尤其有疑慮的是強制替生育四個小孩以上的婦女進行輸卵管結紮的做法。

在一九七三年墮胎合法化的幫助下，突尼西亞婦女的生育率在一九八四年下降到四點七，一九九四年下降到二點九，二〇〇四年下降到二點〇二。隨著生育率的下降，新生兒的死亡率也在下降，自從獨立以來，新生兒的存活率提高了十倍。

社會態度的另一個重要變化是，大家可以接受女性在婚前出去工作，通常是從事政府部門的行政工作或去當老師。《個人地位法》和布爾吉巴對解放女性的全面宣導，讓更多的婦女開始從事以前被認為只有男性才能從事的工作。新資產階級開始接受勞動婦女的概念。隨著突尼斯的小女孩開始上學甚至上大學，城市人對女性出現在工作場所的態度最終也擴散到了農村地區。大家也越來越能接受農村女性到市中心找工作，她們雖然離鄉背井來到都市，但通常會跟親戚一起住。在農村地區，婦女抓住了許多為產業工人和職員創造的新工作機會。

雖然突尼西亞女性的經濟解放並沒有馬上就發生，但確實以相對較快的速度進展，尤其是以阿拉伯地區的標準來看，其他地區的女性勞動參與情況仍然很落後。

布爾吉巴到處推動女性解放，而他的努力也得到了回報。他宣導女性的社會問題，並藐視原本社會大眾普遍接受的規範。布爾吉巴越來越能夠掌控傳統上專屬於宗教權威管轄的社會事務。他打算削弱保守派烏理瑪支配社會價值觀的能力，並採取了能讓國家管理宗教的措施。

布爾吉巴在解散可蘭經和猶太教法庭時，對宗教當局的獨立性造成了巨大的打擊。這大概就跟《個人地位法》通過的時間差不多，是將宗教置於國家管轄範圍內的重要一步。透過統一的司法機構，布爾吉巴還確保所有突尼西亞人無論其信仰或信念為何，從此都將接受同樣的法律程序。

布爾吉巴將宗教置於他的控制之下後的下一步行動是，透過一九五七年頒布的兩項法令，將宗教捐獻國有化。這樣做的結果是耗盡了包括宰圖納大清真寺在內的宗教機構財政能力，使它們依賴國家，從而受到國家控制。

下一個戰場是在宗教教育。布爾吉巴採取了一些措施，中斷了清真寺的百年傳統。首先，布爾吉巴在一九五六年將宰圖納轄下的所有可蘭經宗教學校收歸國有，並置於教育部的控制之下。然後在一九五八年，將這些可蘭經宗教學校全部關閉。布爾吉巴還將宰圖納的所有小學後教育學院置於國家的控制之下，並開始了課程世俗化的進程。一九六一年，布爾吉巴關閉了宰圖納的這些學院，並將學院中的一些神學家併入一九六〇年成立的突尼斯大學。其他人則被降級為學校老師，去教阿拉伯語和伊斯蘭教。採取這些步驟之後，布爾吉巴完成了他削弱宗教教育的工作，並縮小兩個不同群體，也就是信教的人和基本上接受過世俗教育的人之間的差距，因為他認為這種分化會威脅到國家統一。

一個全新的宗教事務局隨後於一九六七年成立，負責管理宗教建築和宗教領袖。宗教事務局會任命、培訓並支付伊瑪目和傳教士的報酬，所以他們完全成為受國家管轄的公務員。事務局還制定了宗教教育課程，並控制著公開信奉宗教和傳播宗教的所有禮儀。

把宗教機構在教育、慈善和司法方面的保護網撤掉，布爾吉巴就確保了突尼西亞的發展軌跡，不會受到規範其他阿拉伯和穆斯林社會的宗教霸權影響。布爾吉巴敢於去做其他阿拉伯領導人沒有勇氣或遠見去做的事情。當然布爾吉巴在上位前和在位期間，都受益於突尼西亞宗教領袖的進步傳統。他也在任職初期就採取了這些措施，並在他有餘力為自己這個年輕的國家定調時好好利用這難得的時機。布爾吉巴不需要去說服不同意見就能夠由上而下地推行他的改革。他在這方面的領導能力也證明了對突尼西亞具有決定性的意義。

就如同在他之前的凱末爾一樣，布爾吉巴也在尋求他自己版本的「雅各賓派（Jacobin）」國家與宗教關係，或說「世俗主義（laïcité）」模式，這種模式源於法國革命，是法國第三共和國所追求的狀態，要將宗教置於國家之下。但布爾吉巴想要對他當時所身處，並需要時刻小心不要招致負面反應的突尼西亞環境保持高度敏銳。他維持了一種靈活而穩健的方法，在公共領域對宗教的管理也沒有像土耳其或法國那樣太過頭。對土耳其和法國來說，世俗主義意味著激進的世俗化，但對布爾吉巴來說，世俗主義則是調和宗教在社會中作用的一種手段。

布爾吉巴確實與凱末爾對宗教抱有類似的態度，也同樣對透過「強制邁向現代化」來建設國家的方式有著明確的願景。但是當凱末爾完全拒絕伊斯蘭教並與宗教對抗的時候，布爾吉巴卻維持著一種微妙的平衡，從伊斯蘭教內部主張溫和節制，並在將宗教置於他的控制之下時呈現出一個伊斯蘭人格。布爾吉巴展示給突尼西亞人民看到的形象並不是一個世俗化的現代改革者，而是現代派的伊斯蘭教改革者。他留了一些位置給伊斯蘭教，包括在學校；他也允許伊斯蘭教法在這個相對來說文明的國家中介入跟繼承有關的問題。

然而，布爾吉巴和凱末爾想做的事情有許多共同之處。他們都廢除了伊斯蘭機構和法院、關閉了可蘭經宗教學校、使教育世俗化，並設立了宗教事務局以控制公開的宗教活動。廢除一夫多妻制、核准收養子女和擴大女權也是兩位領導人很重要的共同點。

在很大程度上，布爾吉巴追隨了那些他在突尼西亞獨立前批評過的前人腳步，因為他開始需要伊斯蘭教來激勵民眾，並建立自己的聲望。一九二九年在《突尼西亞標準報》他蔑視女性脫下頭巾的同一篇文章中，布爾吉巴就說，作為回應那些拿他和凱末爾所做的比較，他無意成為突尼西亞版本的土耳其領導人。布爾吉巴指責凱末爾過於脫離社會、太過西化，而且沒有將伊斯蘭教納入他的改革之中。

最終，布爾吉巴聽從了自己對凱末爾的告誡，確保他在獨立後的做法都有所節制而且平衡，使他至少在一開始能夠成功地和反對他改革的人談判，並避免像土耳其建國一個世紀後，一直在撕裂他們國家的兩極分化。布爾吉巴在如何應用世俗主義這方面是經過選擇的。他確保了突尼西亞是一個公民國家，也禁止宗教干預政府事務，但他也了解宗教在突尼西亞脈絡下的重要性，並在他的控制下保留了宗教要扮演的角色。

突尼西亞並不是以一個純粹的世俗國家之姿現身，也就意味著突尼西亞沒有讓清真寺和國家完全分離；國家既不會宣傳宗教，宗教團體也可以在不受國家干預的情況下實行自決。突尼西亞也不是像法國或凱末爾土耳其那樣的世俗主義，因為突尼西亞征服了宗教但並沒有想要趕盡殺絕。布爾吉巴創造了一個他自己的版本、主要也是世俗主義的國家。他在凱西姆．艾敏宣揚的政教分離找到了共通點，但他更該說是將宗教置於國家之下，接受宗教是國家的一部分，以便控制宗教。他一直想找到一種國家認可的伊斯蘭教形式，並透過強硬規定他那個版本的所謂正確宗教信仰和做法，來加強他的政治和道德上的權威地位。

國家對宗教事務的控制，也擴及到了突尼西亞的宗教少數。猶太教和基督教的神職人員也由國家任命和支付工資酬勞。獨立前成立的基督教組織被國家正式承認，為不同基督教派服務的十四個教堂也得到國家的承認。布爾吉巴在獨立後立即設立了共和國穆夫提的職位，並以同樣的方式任命了突尼西亞的首席猶太教拉比。

但是猶太人擔心國家對宗教象徵和機構的壟斷，也擔心他們的身分會消散。因為他們大多數人都講法語，所以會擔心要被置於施行阿拉伯化政策的司法體系之下。他們將自己的處境對照摩洛哥猶太人，摩洛哥猶太人的猶太教法庭和宗教協會都保留了獨立前的地位。

一九四〇年代末期，居住在突尼西亞的十萬名突尼西亞猶太人，在社會經濟和各方面同質性都很低。許多人有法國或義大利的血統，但往往比較富裕，而且看法也比較偏向法語圈和西方世界。這群人在法國人離開後就很擔心自己的安危，所以許多人就移民了，主要是去了法國。在以色列建國後不久，也有約兩萬名的突尼西亞人因為當地局勢而移民他國。

為了緩解突尼西亞猶太人對殖民時期的懷念，布爾吉巴推廣與猶太社群成員的對話。他訪問了突尼西亞重要的猶太人遺址，並與猶太人居民接觸。西元一九五七年，他拜訪了突尼斯的哈拉區，並在一九六六年到傑爾巴島的拉格里巴猶太會堂（al-Ghriba Synagogue）致敬。猶太民族主義者亞伯特·貝西斯（西元一八八五至一九七二年）在獨立時被安排負責城市規劃和突尼西亞的住房問題，他一直擔任國會議員直到一九六九年。亞伯特·貝西斯的孫女索菲·貝西斯告訴我，許多像他們一樣的家庭選擇留在突尼西亞，是因為他們覺得在布爾吉巴的統治下，突尼西亞的環境對他們越來越包容。他們感受到立法對他們的保護，例如一九六八年的法律就規定，在招聘和晉升公務員時，任何基於宗教的歧視都是非法的。

基督徒在布爾吉巴的想法中並不需要特別的考量，因為他們跟當初的殖民者基本上沒有太大的區別，大多數留在突尼西亞的基督徒都是歐洲人。一九三〇年迦太基聖體大會所導致的負面印象，已經深深烙印在人們的腦海中。在後殖民時代的馬格里布，基督教徒的人數已經減少到只剩下數千人。

布爾吉巴在一九六二年接受《基督教科學箴言報》的採訪時宣稱，七世紀穆斯林入侵北非，消滅了突尼西亞當地的基督教人口。他還說：「我很遺憾地說從那時候開始，基督徒就跟殖民者劃上等號。在我們的歷史上，基督徒一直想傳福音，想要基督化並再基督化北非地區。」布爾吉巴預言：「在殖民主義最後剩餘的影響消失那一天，我們與基督教會的關係才會是模範和理想的狀態。」

雖然布爾吉巴尊重個人自由，並允許在私人領域信奉和表達不同的宗教信仰，但他直言不諱地反對那些他認為落後的宗教傳統，有時甚至為了表達自己的觀點並想要抵制宗教潮流而限縮部分的自由。戴頭巾就是布爾吉巴厭惡宗教象徵的一個典型例證。他非常不鼓勵一切形式的傳統服飾，聲稱「老派的服裝會帶動老派的思維和行為模式。」布爾吉巴借用阿卜杜拉齊茲・塔爾比和塔哈爾・哈達德提出的論點，認為伊斯蘭教對女性服儀要求的標準並不包含戴頭巾。他把戴頭巾說成是一種外來「習俗」，是「對《可蘭經》經文的誤解」所造成的。他堅持認為，脫掉頭巾才是突尼西亞的真理，並且在推廣他的不戴頭巾政策時也像往常那樣，援引腓尼基人留下來的文化影響作為佐證。

布爾吉巴將道德的重擔同時放在男女身上，他說，「我們用頭巾在女性的脖子上打了一個結，就假裝我們沒有不知羞恥：然而要真的沒有不知羞恥，就必須兩性一起努力；但我們並沒有將同樣的原則適用在兩性當中的另一性，也就是男性的身上。」布爾吉巴還把讓突尼西亞社會擺脫頭巾的責任放在父母身上。他說：「如果我們理解中年婦女不願放棄一個舊習慣的態度，那我們只能對繼續強迫自己孩子在學校戴頭巾的父母的固執感到痛惜。我們甚至還看到公務員戴著那件可惡的破布去上班。這跟宗教一點關係也沒有。」

布爾吉巴沒有完全禁止頭巾，但他確實禁止女性戴頭巾上學。突尼斯的一位中年律師莫妮雅．布瓦利（Monia Bouali）後來回憶說，一九八六年她十五歲的時候，因為戴頭巾上學而被關了兩個星期。隨著一九七〇年代伊斯蘭主義的復興，特別是一九八一年「伊斯蘭回歸運動（Mouvement de la Tendance Islamique）」正式成立為一個伊斯蘭組織，國家對於反對戴頭巾的行動變得更加激烈。一九八一年，政府公告將限制在公共場所佩戴頭巾；一九八五年限制範圍擴大，到了一九八七和一九九一年的班阿里時期，這一點又反覆被重申。

布爾吉巴還試圖限制穆斯林齋戒月期間的禁食規定。他在一九五六年宣稱齋戒月這個活動應該暫停，因為這妨礙到了國家的經濟發展。在一九六〇年的一次演講中，布爾吉巴說：「在齋月期間，大家會停止工作。此時此刻我們的國家為了增加生產而不斷挑戰著不可能，我們怎麼能甘心就這樣看著生產價值停擺然後下滑到接近於零呢？」在認定貧窮也是需要被征服的隱形敵人後，他引用了一段據稱先知曾對他同伴們說過的聖訓：「吃吧！這樣才有力氣對付敵人。」為了把他反對齋戒的立場表示清楚，布爾吉巴曾在齋戒月期間的一次電視直播中喝了一杯柳橙汁。

雖然布爾吉巴很謹慎地表示他並沒有完全反對禁食，僅是建議只在節日放假期間禁食，但他在這個問題上的立場還是令許多人認為他是在反對伊斯蘭教，並引起了烏理瑪的激烈反對。曾反對實行《個人地位法》的謝赫穆罕默德·阿卜杜勒阿齊茲·賈伊特發布了一項法特瓦宣稱：「除非是生病或是處於軍事聖戰，否則禁食仍然是一種宗教義務。」賈伊特因此從共和國穆夫提的職務被免職。布爾吉巴在宰圖納的重要盟友謝赫塔哈爾·班·阿舒爾也反對布爾吉巴要求穆斯林在齋戒月期間不要禁食的呼籲。

布爾吉巴公開批評伊斯蘭教歷史上的暴力面向，以及這段歷史中伊斯蘭教的內部分裂。他注意到怎麼會「四個正統哈里發裡面有三個是被謀殺的」，以及「伊斯蘭教瓦解成許多不同的團體……並歷經了一段充斥著為了爭權而大動干戈的時代」。布爾吉巴宣稱：「即使在先知死後，穆斯林也在尋求權威的過程中被分成『遷士（Muhajirun，伊斯蘭教的早期信仰者，並追隨先知從麥加遷徙到麥地那的移民）』和『輔士（Ansar，麥地那的穆斯林）』。」

布爾吉巴在宗教問題上所採取的爭議立場也引起了國際上的反彈，譬如一九七四年他在突尼斯的「國際教師大會（Congrès International des Enseignants）」上的演講中，指出了《可蘭經》裡面一些不一致的地方。麥地那伊斯蘭大學的校長、後來成為沙烏地阿拉伯大穆夫提的謝赫阿卜杜拉齊茲・本・巴茲（Abdelaziz Ben Baz，西元一九一二至一九九九年）就稱布爾吉巴為叛教者，並威脅要叫沙烏地政府與突尼西亞斷交。穆斯林神學家、穆斯林兄弟會成員、半島電視臺關於伊斯蘭教的前代言人謝赫尤塞夫・卡拉達威（Youssef al-Qaradawi）也對布爾吉巴提出指控，稱他為叛教者和伊斯蘭教的敵人，並將他逐出烏瑪。

布爾吉巴也忙著在自己的國家執行著驅逐令。他懲罰那些反對他和拒絕遵守他指令的烏理瑪。烏理瑪經常覺得被羞辱和疏遠，他們之中的某些人因此轉而投入基本教義派。周遭地區的伊斯蘭復興運動、鄰國阿爾及利亞伊斯蘭主義的興起以及伊朗的伊斯蘭革命，都使突尼西亞人對布爾吉巴的政策和突尼西亞政治伊斯蘭的興起更加擔憂。

伊斯蘭回歸運動的建立，讓宗教反對派和政治上對布爾吉巴及其現代化計劃的批評有了聲量。拉希德・加努希譴責布爾吉巴的宗教手段，宣稱他的世俗化和現代化計劃是建立在錯誤的觀念之上。他認為布爾吉巴的現代化思想並不鼓勵科學或理性的發展，而是建立在否定突尼西亞的阿拉伯和伊斯蘭認同之上。

將宗教排除在公共領域之外，並壓制伊斯蘭學術研究也產生了不良的後果。當可蘭經宗教學校被國有化並勒令關閉，還有更重要的是，作為主要宗教學術研究中心的宰圖納被解散之後，反動思想開始填補了這一塊空缺。

但是數十年下來的民族主義政策，也迫使公民社會中的伊斯蘭主義者和宗教分子必須更新他們對伊斯蘭教的解釋，並去適應這個社會的現代脈絡。伊斯蘭團體慢慢認識到社會和政治改革的正面影響。原本反對《個人地位法》的伊斯蘭回歸運動，最終也接受了該法的全部內容。

在長期的自制與改革基礎之上，布爾吉巴確保突尼西亞避開了其他阿拉伯世界國家讓宗教和政治伊斯蘭，成為塑造社會和政體主導要素的道路。突尼西亞躲過了某些新獨立國家因為無根無依，於是為了建立民族認同而用伊斯蘭教作為一種榮譽護身符的一段辛苦過程。突尼西亞不需要伊斯蘭教來界定他們的認同。國家對宗教事務的壟斷，無論好壞，都讓政府能夠控制宗教論述，並灌輸民眾世俗主義、多元化、性別平等和個人信仰自由等現代的價值觀。

布爾吉巴重新定義了宗教與社會的關係；他的下一個戰場將會是「教育」。

十三、教育整個國家

當我們還是反對派的時候，突尼西亞是別人的，不是我們的；我們有計劃而且已經下定決心，一旦我們的國家獨立，而且國家機器掌握在我們手中的時候，我們第一個要解決的就是教育問題。

——哈比卜·布爾吉巴，一九五八年六月二十五日

為了使突尼西亞擺脫未開發的狀態並推動社會發展，「知識之光」成為布爾吉巴的指路明燈。他不斷地提到人民的「灰質（matière grise，大腦皮質）」，意思就是智力：「我們沒有自然資源，但我們有『灰質』；這會是我們的成功所在。」

布爾吉巴堅持認為：「我們需要年輕人去學習帶給歐洲力量和知識的科學。」在提到整個阿拉伯穆斯林世界時他說：「很久很久以前，我們曾經比歐洲強盛。後來慢慢地，他們把我們從安達盧西亞趕回來，然後來到我們所在的非洲和亞洲土地。為什麼呢？因為我們太慢才改變心態，太慢才開始成長與發展。」

布爾吉巴哀嘆在更遙遠的東方，伊斯蘭思想的復興失敗，他認知到阿拉伯大眾還停留在對往日榮光的虛幻緬懷之中。他理解穆罕默德·阿布都認為只有透過教育，才能使伊斯蘭世界從衰敗中恢復過來的想法；也理解塔哈爾·班·阿舒爾公開評論伊斯蘭烏瑪因為教育情況惡化而衰落的用意。但布爾吉巴也明白，突尼西亞的現代史遵循的是不同的軌跡，這種軌跡是靠宗教和教育領域持續和長久累積下來的改革所支撐起來的。

布爾吉巴是一個很有頭腦的人。他是受到突尼西亞和法國最優秀學術機構影響所誕生的產物，他從國內的知識改革者和歐洲文藝復興時期的偉大人物身上得到啟發。

布爾吉巴或許比任何一個跟他同時期的後殖民時代阿拉伯人或是建國者，都更了解教育和批判性思考的價值。格達費畢業於利比亞的一所軍事學院，也算是傳統伊斯蘭教育下的產物。阿爾及利亞的胡阿里·布邁丁（Houari Boumediène，西元一九三二至一九七八年）曾在艾資哈爾清真寺大學和宰圖納念書，後來加入成為民族解放陣線的鬥士。

埃及的納瑟沒有受過很好的教育，他的父親在埃及的郵政部門上班，因為常常輪調所以常常要搬家轉學。納瑟在開羅的納赫達中學獲得文學部的畢業證書後，曾想要申請進入精英軍事學院，但因為學歷不高又喜歡從事政治活動而沒被錄取。他後來在一九三六年十月考進開羅大學法學院（當時還是埃及大學），但他讀了半年就退學。接著他又重新向軍事學院提出申請，並於一九三七年底被錄取，不久後就在一九三八年七月畢業。

當其他阿拉伯領導人心心念念要建立自己的軍事機構時，布爾吉巴的優先事項是教育。在保護國時期，國家對教育的預算撥款已經相當可觀，一九五〇年時教育占政府預算的百分之十四。布爾吉巴立即增加開支，於是在一九七一年教育開支已經達到了政府預算的百分之三十四點五。即在布爾吉巴任內以及班阿里執政期間，教育一直維持著占政府總支出百分之二十以上的標準。即使在二〇一一年革命後支出有放緩，但突尼西亞在教育方面投入的資源，仍然高於其他阿拉伯國家。

布爾吉巴在一九五八年提出的綜合計劃，將確立和啟動影響突尼西亞未來好幾個世代教育體系的政策。這個計劃反映了布爾吉巴的遠見卓識，但這個計劃的另一個幕後功臣是劇作家、詩人兼學者馬哈茂德．梅薩迪，他是布爾吉巴政府一九五八至一九六八年的教育部長，後來也擔任一九七三至一九七六年間的文化部長。梅薩迪與布爾吉巴的計劃息息相關，因此這個計劃經常被稱為「梅薩迪計劃」。

這個計劃還包含一項小學教育的十年計劃。獨立後突尼西亞的小學教育有助於國家建設，並有益於激發民眾對布爾吉巴現代化計劃的支持。教科書也在宣揚他的社會改革理念，包括健保和賦予女性選舉權等等。

雖然競爭激烈，但並不專屬於精英階層的中學教育和高等教育才符合國家的經濟利益。布爾吉巴積極在國內打造可以讓國家度過經濟困境的必要勞動力，並填補歐洲人離開後留下的空缺。他把消除貧困稱為「第二戰場」，與趕走法國人同樣重要，並認為在技能學習上擴大政策規模和範疇的廣度以及深度，是重新建構這個年輕國家社會和經濟平臺的根本。

在語言方面，布爾吉巴繼續依賴法語，包括在教育上。幾乎所有政府官員和精英階層的成員都受過法語教育。政府的親西方導向與開放和進步文化之間的密切聯繫，使布爾吉巴更輕易鼓勵法語的使用，並以法語當作現代認同和崇高地位的關鍵。哈邁德・本・薩拉在一九五六年說：「我們必須保留阿拉伯語，要保留我們國家的特色，也要保留非洲和阿拉伯社群的特色……以及我們在地中海背景下的特色。但是在保留這些特點的同時，我們也必須向世界開放、擁抱進步……教育體系本身應該去適應我們想要在這個國家建立的經濟和社會結構。」

雖然阿拉伯語是突尼西亞的國語，但布爾吉巴認為法語的使用可以確保教育的整體品質，所以他堅持雙語教學，並加強了他和突尼西亞大多數精英在薩迪奇學院所接觸到的教育體系。當時包括伊瑪目在內的教師都被要求要能夠用法語和阿拉伯語雙語授課。小學頭兩年的教學必須使用阿拉伯語，但從三年級開始，法語就成為主要的教學語言。法語也是中學的主要授課語言。

對於一個新獨立的國家來說，想要恢復自己本土的語言是很自然的事情，所以突尼西亞社會當時對於是否應該要開始進行教育的「阿拉伯化」，仍有許多討論。但與阿爾及利亞和摩洛哥不同的是，阿爾及利亞和摩洛哥的反殖民情緒推動了快速和全面的阿拉伯化教育，然而語言在突尼西亞則不是那麼具有政治性的議題。事實上，人們對採用阿拉伯語作為國家官方語言並沒有太大的熱情，所以阿拉伯語就只是傳統和私下才講的語言。最終，由於對阿拉伯化的實施和品質有太多疑慮，而且出於種種經濟考量，阿拉伯化的計劃就被推遲了。

布爾吉巴對阿拉伯化的反感其實是很實際的。真的要阿拉伯化的話，需要兩個並不是非常容易滿足的條件：用合適的阿拉伯語課本取代法語課本，然後要找到符合資格的突尼西亞人取代法國教師。布爾吉巴還認為，將法語作為一種語言工具，才有機會讓突尼西亞人接觸到現代學科和西方思想，並減輕課程中阿拉伯穆斯林的影響。

但雙語制度還是產生了一些負面影響。對法語作為教學語言的依賴，後來導致了小學的高輟學率，輟學率在一九六〇年代達到百分之四十六，背後往往也是受到經濟要求和嚴格學齡政策的影響。對於那些在家裡不講法語的孩子來說，融入教育體系是很困難的，他們當中的許多人都是農村或半游牧家庭的小孩。雙語制度在實施的早期階段產生了意想不到的負面後果，使社會的貧困階層處於更不利的地位。

確保高品質教師的穩定提供，對於布爾吉巴預計要在一九六六年讓所有六歲學童入學的打算至關重要。法國教師已經掌握了建立在最佳教學實踐上的教學方法，能促進學生主動學習。由於結構上的不平等以及保護國時期教育體系的精英本質，突尼西亞在獨立時缺乏符合資格的突尼西亞本地教師。大多數老師都是法國人，突尼西亞人在突尼西亞或國外，都沒有獲得跟法國教師相等的培訓機會。布爾吉巴選擇留下法國教師，直到一批新的突尼西亞教師被培訓出來為止，因為他知道即使已經投注了資源，有些事也急不得。

突尼西亞教師群的突尼西亞化是逐步發生的，一直要到一九七〇年代末才完全完成。在雙語教育政策的幫助下，這種務實和漸進的做法減輕了國家的壓力，並確保了突尼西亞教師的聘用和培訓不是倉促完成的。在此同時，法國和突尼西亞之間對外援助協定的一部分內容，就是讓法國外援人員（**coopérants**）在突尼西亞的學校任教。布爾吉巴循序漸進的做法確保了突尼西亞以後能有一群受過良好教育，而且主要是受法式培訓的突尼西亞教師可以依靠。

在布爾吉巴推動的教育政策中，讓女孩接受教育，並讓她們能夠在社會中占有一席之地，而且未來在經濟發展有所貢獻是最重要的。雖然教育不一定會產生預期的就業結果（至少不是馬上或明確地發生），但對女孩來說，讓她們與自己的認同互動，並賦予她們權利以確立自己的社會地位是非常重要的。布爾吉巴將一個多世紀前里法．巴達維．拉斐．塔哈塔維，以及前幾十年凱西姆．艾敏、阿卜杜拉齊茲．塔爾比和塔哈爾．哈達德提出讓女孩接受教育的呼籲變成法條。

決策者最關心的是女學生的入學率很低。一九六〇年，百分之五十七的學齡男孩上了小學，但學齡女孩上小學的比例只有百分之二十七；突尼西亞小學生當中只有百分之三十二是女孩。還要經過好幾十年的時間，突尼西亞中小學和大學的女生入學率才追上男生。

突尼西亞的學校無論是小學或中學，都是男女混校，這在阿拉伯世界基本上是一項非常特別的政策。女生和男生因此並排坐在教室課桌椅上，從小學會兩性平等互相尊重。女生長大後變成女人，就會是從小習慣兩性平等，並可以與男性平起平坐的伴侶。要讚賞突尼西亞社會中的女性，無論是在公領域或私領域都能扮演這麼自在的角色，就要了解自一九五〇年代以來的男女混校混班的教育，對突尼西亞文化時代精神的影響。

我去訪問內陸城鎮加夫薩的一所中學時，我觀察了一節用阿拉伯語向即將畢業的高年級學生講授的歷史課。當我靜靜地坐在教室後面時，我立刻意識到這些年輕的男女，無論女生是否戴著頭巾，是如何在看來非常自然和諧的情況下，與男性共同分享學習的空間、筆記和思想。這個場景讓我想起了一九七〇年代，我在相對世俗許多的安曼私校上學的日子。這與我後來在安曼和其他阿拉伯國家首都的公立學校所看到的情況形成了鮮明的對比。與我在周遭地區其他類似的社會經濟環境中，觀察到罕見的男女混校混班的情況相比，突尼西亞學生之間簡單而流暢的互動似乎是健康得多。

在我採訪的三名學生中，班上看起來就是有在踢足球校隊的運動員學生奧馬爾告訴我，他想成為像球王梅西一樣的傳奇突尼西亞足球明星。另一個男孩想成為一名英語教師，他想要把英文說得像他住在英國的親戚那樣流利。他的英語在三人中說得最好，即便如此還是有一些不足之處，且必須說他們之中沒有一個人的英語，說得像法語或阿拉伯語那樣流利自如。戴著頭巾的年輕女孩是三個人中最有自信的，當她那位想當英語老師的同學被某個單字或念頭卡住轉不過來的時候，她會幫忙他表達出來。她告訴我，她想成為一名律師。

當我驅車橫越突尼西亞各地時，我在連接斯法克斯、加夫薩和凱賽林等城市的道路上，看到小村莊的男學生和女學生放學。他們就跟一般學生平常那樣，拖著背包、成群結隊地走著，男孩和女孩有時是一起走，有時是分開走；沒有戴頭巾的女孩和戴頭巾的女孩看起來都很融洽很自在。每個小鎮上最大的建築就是學校。小鎮也都一定會有一個衛生診所和一座清真寺，大部分是一個簡陋的小建築，很顯眼但不至於張狂地配有一個祈禱大廳，且不一定每座清真寺都有尖塔。

在突尼西亞，男女共學從一開始就是常規。自獨立以來，在各級教育都實行男女共學的阿拉伯國家，全部都是法國的前殖民地：突尼西亞、摩洛哥、阿爾及利亞和黎巴嫩。

男女共學是法國人遺留下來的影響的一部分，但突尼西亞人做得更快、想得更遠。法國自己在男女共學制度真正被確立之前，花了將近一個半世紀的時間，嘗試在學校裡讓不同性別的學生混合著上課。一八三〇年代，法國的小學首次實行男女混班，特別是在沒有女子學校的地區。從一八三三年首相基佐首次立法實施初等教育，到一八四八年的革命期間，進步思想家們才開始在全國各地圍繞著男女共學的制度化展開辯論。不過一直要到一九二〇年代，中學才開始出現男女混班，雖然仍面臨天主教會的激烈反對。從一九三四年開始在小學、一九五七年開始在中學，基於經濟動機而減少建校，催生了使男女共學更為普遍的法律。直到一九七〇年代中期，各級教育體系男女共學的規定才在一系列立法中被編入法條。

法國在突尼西亞教育遺留下來的影響，不僅僅是語言和男女共學制度而已。在保護國的最後幾年，法國行政官員為突尼西亞的教育體系制定了一個二十年計劃，即「公共教育發展計劃（Plan de Développement de l'Instruction Publique，西元一九四九至一九六九年）」。該計劃的目的是在十年內普及初等教育，並在中學建立不同的升學管道。但由於執行結果並不理想，尤其是小學入學率遲遲沒有提升，於是該計劃被迫中斷，但這項計劃仍然為布爾吉巴和梅薩迪的教育政策奠定了基礎。

然而一九五八年的教育改革在某些方面開始與法國的制度不同，最明顯的是小學的就學年級數從七年減至六年。每週上課時數減少到法國規定的三十小時以下。由於學生人數的迅速增加，以及當時的標準是只有訓練有素的老師才能執教鞭，所以這些削減都是必要的。將小學就讀年限減少到六年，國家就能雇用比較少的老師，並控制必須建造的學校數量。就讀年級數和上課時數減少的不利之處在於，更多的教學內容不得不被塞進更少的授課時間裡，隨著時間的推移，教學品質因此受到影響。

但一九六七年梅薩迪成立的一個委員會，將小學和中學的學年各自從六年增加到七年，並從小學二年級開始學法語，而不是三年級。這些改革旨在減輕教師的負擔，並提高整體的教學品質；與此同時，政府還設立了更多的教師培訓中心。當時教育政策的特點是受到當局密切的監督，並在必要時就進行適當調整。

小學的課程設計豐富而多樣，包括阿拉伯語、法語、數學、歷史、地理、公民、繪畫、唱歌和體育。有些課程完全用法語或阿拉伯語講授，有些則是雙語一起進行。

學生們在小學畢業時要參加一次全國聯考，考試成績有助於決定未來的升學途徑。參加考試的學生中，只有大約百分之四十的人通過並獲得證書，即「初等教育證書（certificat d'études primaires）」；對某些人來說，這張證書是他們的學業頂峰，但對其他人來說，這張證書可能代表了他們可以繼續接受中等教育的門票。為了讓更多人接受中學教育，梅薩迪在一九六七年成立的委員會將中學的入學錄取分數砍了一半。

在完成小學教育後，學生可以選擇進入提供商業、工業和普通培訓的中繼中學（collège moyen）進行為期三年的教育。中繼中學是布爾吉巴一九五八年的教育改革中最有創意的創新之一，因為中繼中學為那些學習進度落後的學生提供了進一步自我發展的機會。如此一來小學後的教育就包括職業和技術培訓的選項，有助於創造一群訓練有素的勞動力。布爾吉巴曾斷言，習得技術能力對「我國的未來」至關重要。

順利完成前述三年的中繼教育後，畢業生可以在一些職業培訓中心（centres de formation

professionnelle）參加培訓課程，這些中心旨在滿足業界對於中高階技術工人的需求。中心的培訓內容包括工業、建築、農業和行政管理技能，而且根據具體行業的不同需求，培訓時間通常從六個月到一年不等。接著職訓中心的畢業生就會被安排到雇主那裡上班，這些雇主通常也必須配合政府要求為這些學徒保留的，從百分之二十到百分之四十不等的就業配額。到了一九七二年，已經累積有超過兩萬名青年在這些中心接受培訓，而且這個數字還在繼續增長，光是一九七四年就有兩萬四千人在接受培訓。許多職訓中心的受訓者並不是中學畢業生，而是小學的中輟生或沒有繼續往上深造的小學畢業生。

職訓中心由突尼西亞於一九六七年設立的「職業培訓和就業辦公室（Office de la Formation Professionnelle et de l'Emploi, OFPE）」監督，負責管理技職和在職培訓。當時這麼做的動機是因為經濟困難、失業率上升，以及需要確保就業市場的技能要求與技職教育之間能夠確實接軌。一九七二年，職業培訓和就業辦公室的業務拓展到包括替工人移居海外，或者回國後要重新融入本國經濟做準備。對於一些受過職業培訓的畢業生來說，在經濟困難的時候，移民是最好的選擇，特別是那些學工程或科學的畢業生。在本・薩拉垮臺以及他的農村合作社計劃失敗以後，農業學校的畢業生面臨的挑戰特別嚴峻；他們的職涯發展沒有多少選擇。

小學畢業生中成績比較優秀的會被錄取進入一般中學，包括我們所謂的國中和高中。突尼西亞的中學就類似法國的中學，是以法國的中學畢業會考制度為藍本，作為升上大學之前的中間教育。

學生在中學第一年都會上同樣的課程。一年級上完之後，要參加一次考試，該次考試將根據當前的經濟需要，決定他們在中學教育的剩餘幾年要往那個方向升學：普通高中部或技職高中部。在中學教育結束時，通過中學畢業會考的學生將獲得中學畢業文憑（diplôme de fin d'études secondaires），就能夠繼續往高等教育升學。攻讀技職高中職業應用課程的學生則將成為就業勞動力。

在獨立之前，關於伊斯蘭更進階的研究和指導，除了去宰圖納之外，幾乎沒有其他選擇。一九二〇年代所建立的語言、文學和法律研究院，主要都是給歐洲殖民者去念的。一九四五年，這些機構被併入高等研究院（Institut des Hautes Études）。這所新研究院隸屬於巴黎大學，最後就成為了現在突尼斯大學的核心。

突尼斯大學是參考了法國的高等專業學校（grandes écoles），這個由頂尖高等教育機構組成的校際網路，並由一九五八至一九六四年間建立的一些附屬學校聯合建立而成。這些附屬學校包括了工程、公共衛生、建築、商業和新聞等專業領域的學院，以及美術學院。

事實證明，布爾吉巴推動的教育改革是相當具有雄心的。官員們意識到，他們全民教育的目標不可能完全實現，至少在他們預期的時程內不可能。到了一九七四年，小學入學人數已達九十萬。一般中學入學人數從一九五八年的三千八百人增加到一九七四年的五萬人，而大部分的小學畢業生，將近十三萬人是進入中繼中學就讀。在高等教育的階段，一九七四年大學入學人數不多，約為一萬三千七百人，其中百分之二十五為女性。

重品質而輕數量，且為了滿足經濟需求而調整教育體系，讓國家對學齡學生全面就學的投入程度減少。隨後政府就將教育政策的重點轉移到使學校與就業更接軌，並擴大技術和職業培訓。為了解決中學和大學畢業生失業率不斷上升的問題，政府引導更多的學生進入中繼技職學校，或是往應用技職類的管道升學。

學校課程的設計，確保了所有學生無論在小學畢業後選擇什麼道路，都能接受扎實、全面的現代教育。中學在招生和通過畢業會考的資格方面，依舊保持著高標準。能從中學畢業並通過了畢業會考，確實是達成了學校教育的最高品質，並使一個人有能力接受一流的大學教育，以及在各種職業類別當中擔任領導階層。但是這並沒有排除其他接受了高品質技術和職業培訓的人參與經濟活動的資格。這兩種途徑都以進步的教育方法為基礎，使學生能夠接受現代社會並為之作出貢獻。

最重要的是，這樣培養出社會上一種尊重包含技職教育在內的各種教育模式的文化。人們已經很平常地會認為「傳統」教育途徑不一定適合每一個人。職業培訓的機會在這個部分，發揮了關鍵作用。

確立了突尼西亞教育體系的一九五八年的改革，最大的長期成就也許是限制了學校課程中宗教教育的比例。小學生每週只接受一到兩個小時的伊斯蘭教和《可蘭經》學習；而且他們只會在宗教和公民教育課程裡面學到這些內容。一九五八年最初的教育改革根本沒有將宗教教育納入中學教育，這讓抗議宰圖納中小學教育功能被剝奪的烏理瑪們非常失望。所以世俗主義最後還是不得不讓步，從一九六一年開始在中學課程中加入一些宗教教育，由來自宰圖納的神學家授課，不過每週只有兩個小時。

就像我們下一章會再談到的，以宗教構成課程的一部分來說，突尼西亞關於宗教的教學方式與其他阿拉伯國家截然不同。小學和中學的宗教課程都明確以伊斯蘭思想史為重點，其中一些課程甚至用法語授課。他們都確保會特別把重點放在歷史和社會學的脈絡下討論這些主題，並鼓勵學生形成自己的觀點，而不是單純地接受絕對的真理。普世性的團結和宗教多樣性的人文主義價值觀也被包含在宗教教育之內。

仔細審視當時的教科書，突尼西亞學生所學的知識，與我和我同時代的人在約旦一些最好的學校所學的知識相比，在教學方法上還是進步太多了。雖然說約旦在教育領域上已經比阿拉伯世界大多數國家更先進了。

一九五九年的突尼西亞中學二年級學生從用法文出版的一本歷史教科書中，分析式地學習伊斯蘭歷史，並接觸各種宗教團體和信仰。這本書對「雅特里布（Yathrib，麥地那的古稱）」的猶太人有很好的評價，因為他們當初收留了被迫從麥加來到此處的先知。課本當中還描述了什葉派及什葉派信仰，還有什葉派的法蒂瑪王朝。突尼西亞人的課本將一夫多妻制和奴隸制視為負面習俗，談到伊斯蘭教法如何不夠瞻前顧後地去構成一個完整立法框架的基礎，並討論了伊智提哈德和順應不斷變化的情況而做出宗教解釋的重要性。

突尼西亞學生學的伊斯蘭歷史，探討了先知的生平，並講述了他藉由建立宗教和政治統一，在阿拉伯半島上互相交戰的不同派系之間恢復了和平的領導作用。這樣的歷史教育拓寬了學生對阿拉伯國家之外穆斯林世界的了解，並勾勒出整個伊斯蘭的歷史，包括在非阿拉伯的穆斯林世界史。關於八世紀伍麥亞王朝征服西班牙的歷史，學生們了解到穆斯林是如何將當地居民從壓迫中解救出來，但同時也了解到伍麥亞王朝軍隊中對柏柏爾人的虐待，和柏柏爾人因此產生的反抗行動。

相比之下，我當初在學校學到的是狹義的修正主義歷史，抵制任何辯論也缺乏對遜尼派伊斯蘭教以外宗教派別的任何討論。無論是宗教還是歷史，絕對的真理都大量存在。伊斯蘭教早期的征戰（futuhat），以及他們的領導人都被美化。在大多數情況下，相關的歷史都是「伊斯蘭教的黃金時代」。

但要注意的是，突尼西亞的教科書中也有一些例外，儘管這些例外可能很少。一些用阿拉伯語編寫的教科書與阿拉伯穆斯林世界其他國家的學生所接觸到的教科書一樣，充滿了對宗教狹隘的、教條式的處理，而且完全沒有包容性，也不鼓勵批判性思維。一九六三年出版的一本突尼西亞歷史教科書，將阿拉伯人征服柏柏爾人描繪成一個正向的發展，因為這將兩個民族團結在同一個烏瑪之下。書中把先知時代和先知死後時代戰爭中的非穆斯林，稱為「卡菲勒（kuffar，異教徒）」。但這類的教科書並沒有流傳多久，後來就被其他促進包容和相互理解的教科書取代了。

當學生在學阿拉伯穆斯林文明時，突尼西亞在這一脈絡之下的獨特歷史有被強調。隨著課程內容的發展和變化，特別是在一九五八至一九七〇年的這段期間，主要是在梅薩迪的領導下，課程內容繼續傳達出一種明顯偏離傳統主義的觀念，也就是認為現代突尼西亞是隨著伊斯蘭教傳入北非而誕生的。從小學開始，歷史教科書就顯示出不同文明在突尼西亞歷史上的影響。馬哈茂德·梅薩迪很早就注意到突尼西亞參與了各種形式的交流，「從腓尼基人、希臘人、羅馬人開始，一直到後來的阿拉伯人、汪達爾人、土耳其人和法國人」。梅薩迪在一九六八年重申，突尼西亞人民的認同是由其阿拉伯穆斯林歷史加上早於伊斯蘭的地方認同形成的：「目前正在參與建國過程的年輕的、現代的突尼西亞，必須接受這種多層次的認同。」

一九七〇年代初推出的公民課本提出了布爾吉巴所提倡的具體突尼西亞認同。其中包括關於國家結構和國家機構以及民間社會組織的知識。中學三年級的學生在公民課學習突尼西亞的經濟，以及各種工會（包括突尼西亞總工會）和婦女團體的作用。

學生還會學到世界歷史和更廣泛的人類社會知識，都與個人主義和還原論的觀點不同。改革後的歷史課程與保護國時代的教學內容形成鮮明對比。當時的教學主要集中在歐洲歷史上，或像可蘭經宗教學校那樣只講伊斯蘭歷史。獨立後，課程裡面會開始討論去殖民化運動。

雖然歷史課本著重在北非解放的努力和突尼西亞的民族主義抗爭，但講的都是一九三四年之後和新憲政黨成立以後的事。一九六七年出版的末代小學歷史教科書中，把新憲政黨的創建完全歸功於布爾吉巴，也把他說成是國籍歸化危機的中心人物。書中甚至沒有提到「突尼西亞青年」；雖然課本裡介紹了阿卜杜拉齊茲・塔爾比和憲政黨，但也故意用很偏頗的立場說新憲政黨比「年輕人」的領導「更有組織」。書中介紹了馬格里布地區國家的民族主義運動，也強調了將突尼西亞得以與周邊地區聯合起來的宗教和文化聯繫。書中特別凸顯了突尼西亞與其他發展中國家的團結和不結盟運動。它描繪了第三世界的積極形象及第三世界的「凝聚力」與「和平」價值觀，並詳細介紹了一九五五年非洲和拉丁美洲新獨立國家召開的「萬隆會議（Bandung

Conference）」。

最重要的是，藉由哲學教育積極鼓勵批判性思維的培養，因為哲學是阿拉伯世界其他地方的課程裡面，在過去和現在都沒有的一門學問。在中學的最後一年裡，突尼西亞學生要讀一本三冊的法文哲學論文集，促使他們思考宗教、文化相對主義以及文化間的接觸和對話等問題。學生們會接觸到研究宗教當代意義的文章。學生也要對女性，特別是突尼西亞女性的處境，以及她們在社會和工作場所的地位有充分的了解。然而在學生們閱讀的近百篇課文中，只有少數幾篇是跟阿拉伯哲學家有關，比如有四篇課文是在講伊本．赫勒敦。對偉大的阿拉伯和穆斯林哲學家、改革家，包括那些參與突尼西亞現代改革運動的哲學家或改革家的介紹並沒有很多。這與集體主義學說壓倒性的存在形成鮮明對比，例如：八篇文章集中討論了馬克思資本主義框架內的異化理論。

但從一九七〇年代開始，因為在一九七〇年代三次擔任教育部長、然後在一九八〇年成為總理的穆罕默德．姆札利（西元一九二五至二〇一〇年）推動了阿拉伯化，這種情況開始發生變化。期間，在一九七三到一九七六年擔任教育部長的德里斯．吉加也短暫地對阿拉伯化有所貢獻。

姆札利在意識形態上支持更強大的突尼西亞阿拉伯認同；他曾是突尼西亞阿拉伯文學知識刊物《思想（El Fikr）》的編輯。他發起的阿拉伯化進程，一直到一九八二年被終止之前都有條不紊地貼合教育體系。諷刺的是，姆札利和其他支持阿拉伯化計劃的人都曾在法國的大學讀書，因此他們其實精通雙語並深受西方教育的影響。

阿拉伯化的倡議者以一九五九年憲法的第一條為依據，認為阿拉伯語就應該是突尼西亞的官方語言。阿拉伯化當時還被視為一種有助於阻止共產主義思想在大學生中傳播的工具，因為許多大學生受到法語團體的影響，並在學校的哲學課程中學習馬克思主義。為了對抗左派的政治對手，當局和伊斯蘭主義者之間已經形成了政治聯盟，伊斯蘭主義者還主張阿拉伯語應該在突尼西亞占有主導地位。當時他們還希望阿拉伯化能拉近突尼西亞與波灣國家之間的距離，從而使突尼西亞獲得他們其實很需要的外國投資。這股潮流的產生其實跟政府當時放棄社會主義的經濟議程，並採取「開放政策」的背景是背道而馳的。

但是企圖阿拉伯化學校課程和政府事務的計劃遭遇了嚴重的障礙。因為當時存在著形式差異相當大的阿拉伯語：古典語、現代標準語和突尼西亞阿拉伯語。古典語和現代標準阿拉伯語都不為突尼西亞人所熟知，儘管現代標準阿拉伯語在受教育階層當中理所當然會比較普及一點。這種以突尼西亞阿拉伯語用作日常溝通，但以現代標準阿拉伯語為官方語言的雙軌制，使阿拉伯化的實施變得很複雜。此外，精通阿拉伯語的合格教師也不多。

雙語主義在突尼西亞社會已經根深柢固，部分是出於布爾吉巴的鼓勵。通曉法語也成了接受大學教育的先決條件。一些高等教育機構也會要求精通法語，而不是阿拉伯語，才能入學。在政府單位找工作也需要精通法語。法語仍然是政府的工作語言；一九八九年，十九個部中只有三個部會，總理部、內政部和司法部會發行阿拉伯語的出版物。

儘管困難重重，但某些變化確實也扎下了根，儘管大部分都只是暫時的。文學科目和伊斯蘭文明，還有哲學也在這段時間被阿拉伯化，哲學教育現在納入更多阿拉伯和穆斯林的哲學家。歷史教科書也被阿拉伯化。改革後的課程更加凸顯了伊斯蘭教，但並沒有將突尼西亞完全鎖定在阿拉伯或伊斯蘭世界中。不過這種情況很快就改變了。

由於強調阿拉伯和穆斯林歷史的文本日益增加，突尼西亞的印刷廠已經無法負荷阿拉伯文課本的出版需求，於是當局就找上巴格達的印刷廠。作為突尼西亞認同特色的文明融合主義逐漸被排除在教科書之外，而阿拉伯穆斯林的論述比例卻上升。教科書更加強調伊斯蘭教的擴張及其對被征服土地上人民生活的正面貢獻。歷史教科書開始批判十九世紀的改革主義，認為改革主義是受到外國勢力的影響而且是狹隘的。教科書的內容越來越帶有意識形態的色彩。

在歷經阿拉伯化的階段之後，法語仍然是科學課程還有高等教育機構的主要教學語言，但在神學和阿拉伯語的專業領域則不然，法語在這些時候就會被當成第二語言來講授。

阿拉伯化的計劃最後在一九八二年被拋棄，隨後從一九八六年又開始扭轉之前阿拉伯化的影響。穆罕默德・查菲（Mohamed Charfi，西元一九三六至二〇〇八年）在一九八〇年代末和一九九〇年代初，他職業生涯很重要的教育部長任職期間，不僅要負責穩妥地恢復布爾吉巴和梅薩迪當時推行的精神，還要將過去沒有的自由和進步原則納入學校課程。正如我們在第十五章會介紹的那樣，查爾菲的改革將發揮決定性的作用，確保突尼西亞的教育體系指導並培養出恰恰就是布爾吉巴希望的——有思想、有知識並具有包容力的腦袋。

在突尼西亞人的集體記憶中，人們記住了布爾吉巴對國家知識和技術發展的貢獻。全民義務教育確保了所有突尼西亞人都有機會成為有知識的人。布爾吉巴還實事求是地強調了這樣一個重要思想：並非所有形式和類型的教育都同樣適合每個人。除了基礎的小學教育外，學生們還可以根據自己的性格、能力和才幹，選擇適合自己的升學管道。引入技術和職業培訓有助於緩解長期的失業問題和看不起技術活的自卑感，並支持不是只有大學畢業才能參與經濟活動的觀念，可惜後來班阿里卻狠狠地違背這一個原則。

布爾吉巴的教育政策鞏固了突尼西亞認同，並使學生接觸到歷代不同文明的多層次影響。教育改革是布爾吉巴漸進式改革的一部分，課程設計充滿了支持他整體目標的價值觀。男女共學不僅強調男女在突尼西亞享有平等和相互尊重的地位，而且消除了使整個阿拉伯社會停滯不前的無謂、有害的禁忌。

雖然過程中難免出現一些小插曲，但逐步實現普及教育和教師人力突尼西亞化的做法確保了當局對教育品質的投入。最初因為還在培訓突尼西亞教師所以依賴法國教師的做法，也就是為了達成維持一定教育品質的目的。

改革最大的貢獻之一是限制了宗教教育的空間，既限制了宗教教育的講授時間，又堅持了以雙語進行的教育制度。突尼西亞教育因此避開了以嚴格解釋伊斯蘭教義為基礎的教條主義學習方法。哲學教育的份量在中學階段增加到兩年的課程，培養學生產生一種批判性思考和辯論的文化。包容和接納深深扎根於突尼西亞人的心裡，使突尼西亞能夠更開明地走向民主化和自由，這樣的經歷在周遭其他地方可是不曾體驗過的。

十四、一條不同的道路

在獨立之後馬上就有許多以前從來不曾存在過的國家成立，阿拉伯領袖們也急著建立以前大多都不曾存在過的教育制度。當時的教育情況很糟糕。當時存在的少數幾所主要為精英服務的學校入學率都很低，國家的識字率通常也只有個位數。

人們普遍了解到，教育是進入現代世界和參與全球經濟的關鍵，而且國家有責任要提供教育。當時教育還有一個很實際的需要：替換在政府、軍隊和產業界的外籍勞工。教育的目的還要促進民族團結和塑造民族認同，而且大多數情況下都是從零開始。

在後殖民時期，強調國家建設的民族狂熱在教育體系中深深地擴散開來，而教育體系又成為強加國家推行的意識形態和軍國主義學說的工具。教室課堂往往成為放送好戰言論的場所，並藉此建立國家權威和民族團結。

灌輸民族認同感首先要對祖國有愛國心，祖國通常都是純粹透過領土範圍，以及共同的阿拉伯穆斯林歷史和信仰體系來定義。「真主、祖國和國王」，或是在某些情況下的「黨」就成為執政政權的座右銘。國家建設就意味著阿拉伯語作為一種語言，以及伊斯蘭教作為一種宗教，可以當成建國的支柱。

在伊拉克，阿拉伯復興社會黨建立了一個教育體系，後來成為阿拉伯民族主義的宣傳中心，提倡經過篩選的象徵和歷史記憶。教育成為灌輸狹隘民族主義理想的手段，該種民族主義支持遜尼派少數統治什葉派多數人和大量庫德族人口。國家通過教育制度穩定推動他們的政治目標；學校成為壓迫的手段之一，強迫洗腦教師和學生入黨，並將他們招募為無所不在的「國家情報機構（mukhabarat）」的工具。

但是，伊拉克也是一個罕見的國家案例，將一種排他性的民族認同強加在多樣化的宗教和種族人口之上，同時又將伊拉克人口從一群文盲，轉變為區域間最好、受教育最普遍的人口之一。儘管伊拉克在知識和技能領域是這樣，在容忍和包容的價值觀方面卻又是另外一個景象。

與其他地方一樣，伊拉克一直到二十世紀中葉，主要的教育制度都是依靠「伊斯蘭學校（madrassas）」，也就是可蘭經宗教學校。基督徒和猶太人有他們自己的學校。一九二一年鄂圖曼帝國滅亡，伊拉克被納入英國的「保護」時，伊拉克人的文盲比率高得驚人，識字率才不到百分之零點五。

英國人發起的掃盲運動獲得了阿拉伯復興社會黨的積極推動。阿拉伯復興社會黨甚至在一九七八年將掃除文盲變成具有法律約束力的國家優先要務。所有十五歲至四十五歲不識字的青少年和成人都必須參加為期兩年的識字班。

在一九五八年政變推翻了哈希姆王朝的國王費薩爾二世（Faisal II）之後，小學教育成為免費的義務教育。隨著石油工業的國有化，一九七四年開始免費教育擴及到中學和大學生，並且在兩年內將義務教育延長為十五歲以下都要接受國民義務教育。到了一九七〇年代末，幾乎所有伊拉克小孩都上過小學了。

阿拉伯復興社會黨還普及了女性教育。女性雖然被限制進入政治圈，但還是被鼓勵去接受教育。一九八〇年代，伊拉克女性占教師人口比例的百分之四十六，醫生人口的百分之二十九，牙醫人口的百分之四十六以及藥劑師人口的百分之七十。女性識字率也在穆斯林占多數的國家中，比例是最高的。

約旦的哈希姆王朝君主希望透過教育來幫忙建構國家認同。公民課本強化了對國家的忠誠，並列舉了支持實行君主制的證明，從先知的血脈到王室的歷史貢獻，包括當初發動了孕育現代阿拉伯世界的「大阿拉伯起義」。

讓這個新成立國家要建立民族認同這件事變得更複雜的是，他們的人口裡面絕大多數不是本地人，而且難民人口漸漸超越當地人的數量。首先是一九四八年和一九六七年來自巴勒斯坦的難民，晚近則是來自伊拉克和敘利亞的難民。成為人口多數的巴勒斯坦人與本土的「東約旦人」之間的認同緊張和競爭，使得維持一個單一民族認同變得困難重重。一直在整個動盪不安的區域來說相對穩定的約旦，仍認為有必要扶植民族主義運動，才能讓人民守著一個獨一無二的約旦認同。

埃及在一九五二年七月二十三日的「自由軍官政變」之後，軍方對所有事務的霸權專斷深入了教育體系。納瑟認為教育是讓他可以對埃及人宣傳阿拉伯和伊斯蘭認同，並將埃及置於一個偉大阿拉伯民族中心的工具。社會化成為公立學校的一個重要功能，伊斯蘭教、民族主義、阿拉伯主義和對政權的忠誠這些主題深深扎根在學校教育。伊斯蘭英雄被推崇、反殖民主義的言論充斥其中，被用來歌頌當局對抗殖民主義的勝利，他們並將一九五二年的政變描繪成一場革命。

在鄂圖曼帝國和英國人的統治下，埃及的教育長期以來被忽視，小學、中學和高等教育幾乎只為精英階層服務。不然所謂教育也只是在可蘭經宗教學校研讀《可蘭經》。十九世紀時雖然有人試圖建立被認為是現代性的世俗教育機構，但艾資哈爾仍是大眾教育的主要來源。

在一九二二年脫離英國獨立後起草的一九二三年憲法規定，無論男女都必須接受小學教育，但這一項政策從未落實。接著到了一九五三年，納瑟重新引入並實施了十二歲以下的免費義務教育。

納瑟特別著重在解決社會和區域的不平等問題，他把教育作為他現代化計劃的一部分。教育政策強調科學和技職教育，目的是培養一九五六年蘇伊士運河國有化以及外國技術人員被驅逐後，有資格能取而代之的埃及勞動力；人文學科不被重視，說實話，新興教育體系一般來說都不重視文科。

為了達成他的目標，納瑟將免費的全民教育延長到小學後的階段；一九六二年大學學費被免除，並保證大學畢業生可以進入公部門工作。男大生的兵役也被免除。但政治動盪、戰爭爆發和高昂的費用，最後還是讓這個野心勃勃的算盤打不下去。

隨著入學人數的激增（小學增加了兩倍多，大學增加了三倍），納瑟不得不放棄「每天都蓋一所新小學」的口號。基礎設施和對合格教師的需求，隨著學生入學人數的增加而成長。尤其是大城市的學校只能開始輪流開放。隨著對教育的需求迅速超出了國家能夠消化的量，而且國家資源也因為軍費開支（一九七四年達到國內生產毛額的百分之五十六）而變得越來越吃緊，公立教育體系的品質開始惡化並被忽視。埃及教育部的預算增長在一九六八年達到巔峰，但也只占國內生產毛額的百分之五，而且學生人數持續大幅增長。全民小學教育變得重數量而輕質量。

用意識形態、政治和急功近利的做法去建立教育體系，意味著不太考慮品質或實際的學習效果，比如去培養那些不僅僅是單純記憶、接受和反芻的能力。反殖民主義的情緒導致了對包括語言在內所有外來事物的排斥，以及對狹隘知識體系和過時教學方法的採納。埃及與中東和北非其他國家都是如此。

因為用《可蘭經》當作阿拉伯語的教材，迅速阿拉伯化的課程，以及用當地或國外聘來的教職員取代殖民時期的教師（儘管他們可能還沒準備好上陣）就成了當時的情況。這種情況很快讓宗教意識形態滲透進所有的科目，包括現代科目和表面上看起來是世俗主義的科目。

一九五六年摩洛哥獨立後，國王穆罕默德五世立即成立了一個皇家教育改革委員會，將教育體系的阿拉伯化當作首要任務。穆罕默德五世宣稱摩洛哥需要的教育制度類型將是「思想上屬於摩洛哥，語言上屬於阿拉伯，精神上屬於穆斯林」。

隨著阿拉伯化的實施，法語被定為第二語言，不過仍是當時數學和科學的授課語言。獨立後才一年，一九五七年小學一年級的課程就完全地阿拉伯化。到了一九九〇年，除了科學和技術科目之外，小學和中學課程的教學和內容都已經完全阿拉伯化。

阿拉伯化在一九六六年曾短暫中斷，因為當時的教育部長與雙語教育的支持者都認為，阿拉伯化並沒有提高阿拉伯語的標準和總體教育水準，而且學校必須使用法語教學才能滿足現代化的需要。在殖民時期，法語被強行作為公共管理的官方語言。獨立後的社會經濟環境，包括與法國密切的政治和經濟聯繫，使用法語是比較方便的。然而試圖破壞阿拉伯化的做法，遭到了保守派、君主派「獨立黨（Istiqlal Party）」等傳統主義團體的強烈反對，所以政策又被翻轉重回阿拉伯化的軌道。

私立學校和法國文化的教會學校依舊是以法語為導向。精英家庭（諷刺的是其中也包括親阿拉伯化的獨立黨成員）反而喜歡讓他們的孩子上法語學校。這種法語和阿拉伯語的雙語教育造成了許多不平等，因為公立學校的學生在進入以法語授課的大學時常常有銜接障礙。這種情況與突尼西亞在阿拉伯化階段的情況類似，許多不是在城市精英雙語家庭中長大的人，上大學的機會就受到限制。但不像突尼西亞的公立教育還是比較好的，摩洛哥的私立學校為付得起學費的摩洛哥人創造了一個平行於公立教育但是品質更好的教育途徑。

摩洛哥當時關於阿拉伯化的辯論，與突尼西亞沒有什麼不同。但在突尼西亞，布爾吉巴堅持雙語制，而摩洛哥的主事者則是做出相反的主張。當阿拉伯化的信徒終於在一九七〇年代的突尼西亞有了發言權時，結果還是與摩洛哥的情況不一樣：突尼西亞的阿拉伯化努力得縛手縛腳而且最後被削弱，而雙語制則繼續盛行。

雖然摩洛哥花了三十多年的時間才完全實現阿拉伯化，但一般還是認為這段過程太過倉促，尤其是考慮到當時仍然沒有足夠的教師接受現代標準阿拉伯語的培訓。到了一九六〇年代早期，百分之五十的摩洛哥小學教師本身也只受過小學教育。於是才從中東國家引入教師，試圖填補實施阿拉伯化所造成的落差。

隨著人口增長和學生入學人數迅速增加，為了阿拉伯化而產生的不明智做法，以及後續大量教師輸入的情況就發生了。到了一九八五年，學齡兒童的入學率從獨立時的百分之十七上升到百分之八十五。

阿爾及利亞推動阿拉伯化的力度和政治性比摩洛哥更強。

在獨立之前，阿爾及利亞當地居民的教育程度有限，與整個阿拉伯世界的情況類似。一九四四年，只有百分之八點八的阿爾及利亞學齡兒童入學。雖然法國人早在一八七〇年就為阿爾及利亞學生建立了法國—阿拉伯小學，但由於家長拒絕送孩子上學，這些學校不得不在一八八三年關閉。在一九一〇年代末和一九二〇年代初，當地人開設私立學校之前，由法國人管理的可蘭經宗教學校是唯一存在的學校。後來設立的新興私立學校採用法國的教學方法，但並不採納法國的課程設計，而是著重於向阿爾及利亞學生灌輸愛國主義的價值觀。

隨著在一九六二年獨立之後，阿爾及利亞官方的主要目標是先讓這個經歷長期的、暴力的獨立抗爭的國家休養生息。反殖民主義情緒和反對帝國主義強權的文化和語言統治，激發了文化和教育的阿拉伯化和恢復「失去的」認同的衝動。阿爾及利亞當局開始將法語這個「殖民異化的語言」，從阿爾及利亞社會完全消除。這項舉措被阿爾及利亞出生的學者賈米拉．薩阿迪莫克蘭（Djamila Saadi-Mokrane）稱為「語言滅絕」。獨立後的阿爾及利亞甚至透過一九六三年阿爾及利亞憲法第七十六條，將儘快全面實現阿拉伯化的願景寫入法律當中。

阿拉伯化引發了阿拉伯化支持者和雙語制倡議者之間的辯論，前者的論述以伊斯蘭教為基礎，後者則被譏諷為「法國黨（hizb fransa）」。就和摩洛哥一樣，阿爾及利亞在獨立後仍舊繼續保持著與法國的緊密聯繫，比如在石油探勘專案中或是有教師職缺的時候，都雇用法國公民成為勞動力，因此這就讓阿爾及利亞很難放棄法語。但最後還是保守派贏得了勝利，於是阿拉伯化馬上全面生效。當阿爾及利亞第一任總統艾哈邁德．本．貝拉（Ahmed Ben Bella，西元一九一六至二〇一二年）在一九六五年的政變中被推翻時，他的繼任者胡阿里．布邁丁就重申了阿爾及利亞的穆斯林和阿拉伯認同，並允許阿拉伯伊斯蘭價值觀主導整個教育體系。阿拉伯化計劃的大力實施，就包括了教育系統、公務員制度和公共領域的阿拉伯化。

小學很快就實現了阿拉伯化，小學一年級的阿拉伯化在一九六四年完成，二年級在一九六七年，三年級和四年級在一九七一年完成。到了一九七一年，三分之一的國中和高中科目都已經阿拉伯化。到了一九九〇年，整個阿拉伯化都已經完成，法語就僅僅是一門專門的外語學科了。

雖然在獨立後前二十年的大部分時間裡，阿拉伯化在阿爾及利亞的學校層級得到落實，但阿爾及利亞實行的其實是一種二元教育制度。與突尼西亞的綜合雙語制不同，阿爾及利亞學生根據學科內容被分為兩類，一類是使用理性和現代教學方法的法式教育制；另一種是深受意識形態內容影響、依靠死記硬背的中東傳統教育制。法國來的外來教員負責在法式教育制當中講授法語課程。至於用阿拉伯語教授的科目，其實能夠勝任這項工作的阿爾及利亞人很少，所以當局不得不從埃及、敘利亞、伊拉克和黎巴嫩引進老師。

僅在一九六四年，就有一千多名埃及人加入阿爾及利亞教師的行列，但他們並沒有受過恰當的教師培訓。當地阿拉伯人和柏柏爾人的學生也很難聽懂新老師的埃及方言，反之亦然。一直要到一九七六年教育體系標準化和義務教育的實施，對進口教師的需求才真的有所提高。一九七七年，學齡兒童的就學率比剛獨立時增加了近三倍，達到百分之七十一。師資短缺的問題依然存在，於是就繼續依賴外籍教師。由於教育工作者人手不足和準備不足，一代又一代的學生失去了接受良好教育的機會。

跨越阿爾及利亞邊境來到利比亞，格達費將教育視為讓人民屈服於他個人教條的手段。格達費希望向學生灌輸革命精神。他把自己的言論放進教育裡，於一九七六年啟動了他的「課程革命（tathwir al-manahij）」計劃。除了在所有就學階段都要學習伊斯蘭研究和阿拉伯語之外，每週還有好幾個小時的時間要專門研讀格達費的《綠皮書》。

被包裝成一本「政治哲學」但內容只是格達費滑稽虛偽宣言的《綠皮書》，提出了一個國家應該如何治理、經濟應該如何運作、社會應該如何建構的藍圖。書中討論了「民主」，但卻說像議會這樣的代議機構是如何變成「人民和行政當局之間的法律障礙」；又談到權力應該如何去中心化，並讓人民掌握這些權力。但諷刺的是，他本人就是一個集權統治者。這本書闡明，私有財產制應該只局限於房屋所有權。但這個理念當然不適用在格達費身上，他坐擁私人飛機和世界各地的豪華住宅，更別提他收藏的那些黃金和鑲滿寶石的槍支了。

格達費從他的革命委員會中招募老師，幫忙塑造以反美主義和反猶太復國主義為基礎，並致力於泛阿拉伯主義和解放巴勒斯坦的「憤怒的一代（jeel al-ghadab）」。利比亞的學校在假期期間還會辦「意識形態營」，以進一步改變學生的信仰。格達費將學校軍事化，並要求男女學生都接受軍事訓練，而且要穿著軍裝上學，並參加每日的軍事演習。

為了加強學生的民族認同感，從土耳其和巴基斯坦到伊拉克和埃及等國，普遍提倡團結一致對抗敵人（無論是以前的宿敵還是現在的勁敵）的軍國主義觀念。他們宣揚把自己放在受害者位置的論述，以及排他又不容忍異議的價值觀，無論是把伊斯蘭教誕生之初的過去敵人稱作異教徒，還是將近現代的西方和猶太復國主義視為敵人，他們最後往往都會導向發起聖戰相關的論述。

批判性的歷史分析從來不曾存在，而原本的論述也沒有人去非難，結果這些論述總是在對立阿拉伯人或穆斯林與他們的壓迫者（通常是西方壓迫者）。一旦批評阿拉伯和穆斯林的歷史人物就會被認為在褻瀆神靈，於是養成了學生不想要負責而且缺乏自我批判的想法。學生們長大後都變成陰謀論者，受害感和指責感讓他們把最平凡不過的事態發展，都會說成是西方國家的陰謀。

因為過去延續至今的苦難所導致情感上的是非判斷，培養了人們普遍面對衝突不妥協的態度。這種態度在教科書中最為明顯，教科書把所有的抗爭都描述為非黑即白，剝奪了學生考慮細微差異、辯論或找出其他說法的機會或能力。對死記硬背和灌輸當局說法的強調，也就代表課堂上不鼓勵討論。學生們沒有被教導要如何運用邏輯和推理，也沒有學到要如何針對某一個主題寫出有自己立場的文章。

保羅．弗萊雷（Paulo Freire）在《被壓迫者教育學（Pedagogy of the Oppressed）》中講到，那種教育是一種「存放」的行為：學生是「存放處」，老師是「存放者」。老師的任務就變成了用往往脫離現實的內容塞滿學生的頭腦，而在這種關係裡，老師是全知全能、學生是一無所知的。

在這種環境下，阿拉伯世界課堂上的特色就是，學生們學會不去質疑或批判性思考的文化，並且要去讚美作者、讚美老師和讚美領導者。他們對自己的處境發展出一種宿命論的觀念，在很小的時候就養成了服從和接受單一真理的習慣。再加上強調指揮和秩序的軍事教育，又更強化了這些習慣。

家庭環境也起到了輔助作用，並助長了這個惡性循環：在課堂上培養學生不去質疑的心態，強化了學生在家庭裡面的服從性，於是回到了課堂上就又更乖乖聽話。家庭和學校變得互為表裡。在農村地區和宗教上保守的環境當中，常見的教養方法包括壓制和僵化對孩童的提問、探索和自動自發的習慣，再加上學校採用的單向式教育哲學，更降低了孩童的獨立性，並破壞他們的自信心和社會效能，反而助長了他們的消極態度和做決定時的猶豫不決。

無論是在校園內還是學校外，都缺乏培養創造力、自我表達和對不同觀點保持開放態度的機會。學生們不是透過藝術和文學學會愛，也不是透過研讀哲學學會辯論和批判性思考，而是在不斷灌輸他們「我族與非我族類」之分的修辭當中學會仇恨。

儘管約旦在一九九四年的教育法改革明確指出，教育的目標是讓學生感受美學和藝術帶給生活的不同面向，但藝術只占課程設計的百分之一。藝術，尤其是戲劇和音樂，在學校裡常常被禁止，因為校方認為戲劇和音樂是伊斯蘭教的禁忌，會煽動欣賞音樂或戲劇的人沉溺於貪戀和享受。

國家對於宗教滲透到幾乎所有科目中的大力支持，以及對一神教絕對真理的堅持，產生了讓學生對宗教狂熱與毫無質疑能力的雙重效果。

僵化的教學方法是從宗教教育得到的靈感。死記硬背是伊斯蘭教傳統學習的特色，在伊斯蘭教學校中，幾乎完全只有在背誦《可蘭經》。課程最後的目標就包括「完成（khitm）」、「記憶（hifz）」和「完美背誦《可蘭經》（tajweed）」。這些階段性目標不一定要徹底理解文本或語言就可以達成。

對伊斯蘭教的嚴格解釋和對宗教的教條主義態度，滿足了壓迫人民的當局對紀律和控制的堅持。接受絕對的民族和地緣政治真理的同時，宗教教育在課程設計中占據了壓倒性的地位，統治當局也將伊斯蘭教當成一種政治工具。

摩洛哥國王哈桑二世（Hassan II，生卒於西元一九二九至一九九九年，於西元一九六一至一九九九年在位）在一九七一年和一九七二年歷經企圖推翻他的政變失敗後，於一九七〇年代採取了宗教教育，並進一步將伊斯蘭教研究納入課程，以此作為加強其宗教資歷的手段。國王畢竟擁有「穆民的指揮官（amir al-mu'minin）」這一個頭銜，因為王室自稱是先知的後裔。一九六六年，伊斯蘭教在摩洛哥課程設計裡面的占比已經進一步擴大，中學每週用於伊斯蘭研究的課堂時間增加了一倍，並在歷史、阿拉伯文學和公民課程中增加了宗教主題。王權統治利用伊斯蘭教育作為安撫宗教民族主義者反對聲浪的抵禦手段，同時也是一種加強伊斯蘭教徒對抗左派影響的戰略計謀。

埃及在一九五〇年代和一九六〇年代，也將伊斯蘭教納入教育當作一種政治工具。總統納瑟擴大了國有化的艾資哈爾宗教教育體系，以實現兩個戰略目標：首先，他需要艾資哈爾清真寺大學的支持，以對抗來自穆斯林兄弟會日益增長的反對聲浪。其次，他想要將埃及變成阿拉伯穆斯林國家的領頭羊，與沙烏地伊斯蘭教的影響一較長短。

納瑟沒有像布爾吉巴那樣將伊斯蘭教作為一門學科納入現代課程規劃，而是將現代學科納入了以艾資哈爾體系為基礎的既有中小學。艾資哈爾學院（ma'ahid azhariya）作為傳統學校的一種現代選擇，課程包括了數學、阿拉伯語和自然科學，以及伊斯蘭的研究和歷史。到二十一世紀初，有一百三十萬名五歲至十九歲的男女學童分別就讀艾資哈爾的男校及女校。

過不了多久，伊斯蘭教就開始主導所有學科的內容。阿拉伯語和阿拉伯文學的教科書變得伊斯蘭化，而且內容與宗教教科書越來越沒有區別。文學的文本被《可蘭經》節選所取代，阿拉伯語考試要求背誦《可蘭經》。在一個以宗教為導向的教育體系中增加現代的科目，意味著這些科目是從宗教的角度來教授的，這就與突尼西亞是在現代教育體系中增加宗教科目的情況不同。前者的模式已經成為一種趨勢，滲透到伊斯蘭教占主導地位的其他國家教育體系中。

在一九七〇年納瑟去世後上臺的沙達特的領導下，伊斯蘭教對埃及教育的滲透更加劇烈。沙達特與穆斯林兄弟會結盟，反對納瑟派和新興的共產主義潮流，將伊斯蘭教作為統治正當性的來源，並稱自己為「信教的總統」。沙達特修改了憲法，使伊斯蘭教法成為法律的主要來源，還授權伊斯蘭組織去影響教育和公民社會。沙達特最後在他統治接近尾聲時，因為穆斯林兄弟會的勢力太大，意識形態和策略也越來越極端，所以禁止穆斯林兄弟會進入大學校園。但也為時已晚了。

伊斯蘭教徒在穆巴拉克統治時找到了最大的機會乘虛而入，當時國家對教育的投資減少，而人口增長的繁榮加劇了教育資源的不足，不得不由私立學校來填補這個空缺。宗教團體看到了提供教育和家庭援助的機會，伊斯蘭學校也隨之蔓延。幼兒教育幾乎成了宗教慈善機構的天下。公立學校的《可蘭經》朗誦取代了國歌，課外活動都圍繞著背誦《可蘭經》和朗誦比賽在舉行。女孩們受到戴頭巾的壓力，逐漸被排除在任何形式的體育活動之外。穆斯林兄弟會編寫的教科書還告誡，背離伊斯蘭教會危害社會。二〇〇九年推出的公民課本，將所謂的良好公民定義與遵守伊斯蘭教儀式、崇尚美德、禁止邪惡劃上等號。

而納瑟當時為了對抗穆斯林兄弟會，加強了艾資哈爾的影響力和伊斯蘭教在埃及課程規劃中的比例；至於伊斯蘭教在約旦教育體系中的角色，則因為穆斯林兄弟會的影響而增加。穆斯林兄弟會於一九四五年以支持巴勒斯坦聖戰為藉口，在約旦建立了分會，也代表約旦政府對兄弟會的姑息態度，不過約旦政府同時仍有在密切關注他們的活動。

但政府的和諧方針，最終對往後幾代的約旦人產生了毀滅性的影響，因為兄弟會後來被允許將他們對國家的影響範圍拓展到教育部。一九七〇年代的大部分時間裡，穆斯林兄弟會的領導人兼前會長伊沙克．法爾漢（Ishaq Farhan）被安排擔任教育部長。在法爾漢的領導下，約旦的教育政策與兄弟會版本的伊斯蘭教義越來越一致。在穆斯林兄弟會掌握約旦教育部的幾十年間，兄弟會的成員滲透進教育部，確保他們能永久並完全掌控課程內容。他們的影響力顯露在教科書內容和主宰整個教育情境的教學方法中，以及對任何漸進式改革企圖的強烈抵制。

教育部在二〇一六年以前推行的小學教科書，描述和平共處這種行為是只存在於穆斯林對穆斯林之間的一種風氣，並表示尊重、正義和寬容等等是伊斯蘭教的價值觀。除了在宗教教科書之外，宗教的論述也充斥在阿拉伯語、公民和社會研究的課本當中。阿拉伯語的課程設計和教科書藉由《可蘭經》和聖訓的講授，繼續教導這樣的語言。

中學課本則是教學生要服從父母，以及透過聖戰傳播和捍衛伊斯蘭教是每個穆斯林的義務，其重要性僅次於對真主的崇拜。伊斯蘭研究的教科書還告訴學生，「每個穆斯林都必須參與聖戰」，參加聖戰的人可以直接上天堂。在一本高中課本裡面關於《可蘭經》文本的分析，提到穆斯林趕走麥地那的猶太人，得出的結論是：穆斯林要「警惕偽君子和猶太人，因為他們同樣都仇視穆斯林」。

八年級的伊斯蘭教育課本，甚至規定了丈夫在婚姻關係和家庭事務中的權威地位。聽說妻子未經丈夫允許不得離家，因為她離家可能會讓她無法對丈夫和孩子盡責。不過在非常危急的情況下，譬如發生火災或孩子生病時例外；但即便如此，她也不能噴香水或不把頭髮遮起來就出門。在二〇一六年之前出版的約旦教科書中，百分之九十的插圖裡面都有一名女性戴著頭巾。

約旦教育體系的官方「哲學」，首先是基於對「萬能的上帝」，接著是對「阿拉伯民族崇高理想」的信仰。它充分且毫無爭議地表明了，伊斯蘭教是知識和道德全然且終極的來源和嚮導；伊斯蘭教被定義為一個完整的系統，而意識就是從這個系統形成的。教育部在他們網站上對教育的定義，就建立在宗教和民族主義的基礎，而幾乎沒有知識學術的支持。

難怪伊斯蘭教可以主導每一門你能想像得到的學科課程設計和教科書內容；也難怪約旦學生

會被灌輸宗教的語言。舉例來說，在科學的教科書裡，《可蘭經》經文在每一課的開頭就會被提及，所以即便是最實證的科目也需要被放進宗教的框架脈絡裡面。

約旦政府在二〇一六年曾試圖要更新教科書，少一點宗教相關內容，並更大程度地包容約旦國內人數不多但意義重大的基督教少數派，不過這個想法卻碰上來自包括約旦教師工會內部的伊斯蘭派這些保守潮流的極力抗議。改革的支持者和反對者之間爭論不休，政府面臨的壓力越來越大，被要求收回已經實行的一些改革。最初的改革大多是良性的，反對聲浪凸顯了企圖實施任何徹底改革的困難。然而國家仍然致力於改革工作，在二〇一七年初更換了教育部長，並設立了一些審查機構來監督改革進程。

在沙烏地阿拉伯，教育體系從一開始就建立在宗教和對沙烏地王室的忠誠之上。宗教和王室密不可分，王室是宗教的守護者。教育政策是為了確保「正確的」伊斯蘭教義被傳授，以及讓人民知道沙烏地王朝的正當性是建立在宗教基礎之上。不忠於政權當局，就是不忠於真主。沙烏地的教科書上有一句話：「服從真主和他的先知以及權威之人。」

沙烏地阿拉伯自一九三二年建國後，花了二十多年時間，於一九五三年才成立教育部。幾乎又要再過二十年，才在一九七〇年實現了免費但非強制性的小學教育。可蘭經學校因為公立學校體系的建立而黯然失色，但新的體系卻包含了分量頗重的宗教教育。

一九六〇年，沙烏地史上第一所公立女子學校開學。女生與男生的上課內容相差無幾，但她們沒有體育課，取而代之的是家政課。女學生的教育由「女子教育總局（Presidency for Girls' Education）」負責，這是一個獨立於教育並由宗教當局控制的機構。二〇〇二年麥加一所學校發生火災，造成十五名女孩死亡，沙烏地阿拉伯的宗教警察「勸善懲惡協會（Committee for the Promotion of Virtue and the Prevention of Vice）」因為這些女孩沒有戴面紗而阻撓救援工作，女子教育總局才被併入教育部的管轄。

宣傳瓦哈比派意識形態並傳授排擠其他信仰和教派內容的伊斯蘭教育，是沙烏地阿拉伯各級教育的必修課。小學和中學每週有百分之二十至三十的課堂時間花在這門課上。除此之外，還有以宗教教義為主的歷史課和阿拉伯語課。在一九九〇年代初的大學階段，有四分之一的大學生是在伊斯蘭機構學習。

毫無意外地，在沙烏地阿拉伯無論是公立還是私立的學校和大學，男女共學都是違法的。只有幼稚園可以男女共學。二〇〇九年，沙烏地國王在為男女共學的阿卜杜拉國王科技大學（King Abdullah University of Science and Technology）舉行落成典禮時，還不得不為此建立一個經濟特區。在一個原本充滿性別歧視和宗教主導的壓迫性環境中，建立一所美式男女共學大學的概念，對沙烏地阿拉伯來說是異常激進的。國王遭到了保守沙烏地神職人員的嚴厲批評，尤其是針對該所大學既沒有實行性別隔離，也沒有規定女學生的穿著這件事。

當男性和女性學者聚集在一起參加研討會或會議時，他們通常是會依照性別分開來進行。我自己曾在利雅德阿卜杜拉齊茲國王大學（King Abdelaziz University）的一次學術會議上親身經歷這件事。我和我的男同事們，是在一個全部都是男性的建築裡。女教員則是被放在另一個全女性的場地，透過語音電話的會議技術將她們的聲音傳送到我們所處的會議室。他們可以通過視訊電話會議的功能看到我們，但我們看不到她們。

另外有一次是我去訪問吉達一所女子大學的校長時，當我在一個男性專用的等候區登記完以後，有一位躲在門後等待，且刻意保持距離的女性來接待我。我們走在通往主建築的庭院裡時，她走在我前面。她越走越快，於是我也快步跟上她。結果她就跑了起來，所以我也只好用跑的以跟上她的腳步。我完全不明白她為什麼要在身後刻意跟我保持一個固定的距離。一直等到她匆匆進樓，大聲宣布有男人來了，我才恍然大悟。「有男人，有男人」，她大喊一聲，那些本來露臉的女性馬上直覺反應地把整顆頭都遮起來。

男女混合社交（ikhtilat），在沙烏地阿拉伯是被嚴厲禁止的。神職人員警告說，這可能會導致「非婚性交、通姦、家庭破裂、非婚生子女和社會的全面崩潰」。當沙烏地「宗教警察」的前成員阿梅德・卡希姆・加姆迪（Ahmed Qassim al-Ghamdi）公開挑戰包括男女混合社交在內，生活各方面什麼可以做什麼不能做的規定時，他收到了匿名的死亡威脅，並遭受排擠。教士們譴責他，要求對他進行懲罰和酷刑。

在學校和整個社會中實施性別隔離，讓阿拉伯世界的女性更加服從、地位低下、權利被剝奪。統計指出阿拉伯女性透過教育讓地位有所提升的這一說法有誤導之嫌。雖然在中小學和大學的入學率已經實現了性別平等，甚至女性人數往往還超過男性，但這並不等於提升女性權利和平等的地位。女性在就業方面也與男性存在著極大的差距。在十五歲至六十四歲符合勞動條件的男性中，有百分之七十五的人投履歷之後能夠找到工作，而女性如法炮製找到工作的比例只有百分之二十二。

在沙烏地阿拉伯內部要求扭轉宗教在公共領域霸權地位的同時，土耳其卻是反其道而行，讓我們見證了凱末爾當初推行後，變成土耳其不可分割特色的世俗主義（laïcist）教育制度是如何惡化。

一九二三年土耳其建國時，凱末爾宣稱教育的目的是為了培養民族主義、共和主義和世俗主義的公民。他堅信一個國家最重要的支柱是一國的軍隊和人民的教育。兩者往往互相交疊，所以男女學生從高中二年級開始就要上必修的軍訓課。

當新獲得主權的阿拉伯國家急於將他們新建立的教育體系阿拉伯化，而且很多時候甚至是伊斯蘭化的時候，凱末爾卻把土耳其帶往另一個截然不同的方向。現代土耳其的創建者完全不碰阿拉伯世界和伊斯蘭教，將阿拉伯字母改為拉丁文字母，並限制獲取包括《可蘭經》在內宗教文本的管道。

一九二四年實施的教育統一法，取消了土耳其公立學校裡所有的宗教教育，並導致四百七十九所可蘭經宗教學校的關閉。但凱末爾也知道他還是需要培育宗教官員。因此在政府及其世俗主義（laïcité）計劃的掌控之下，他們為宗教人員建立了宗教學校（Imam-hatip）。宗教學校被當成伊斯蘭的技職學校，負責培養伊瑪目和傳教士，他們將以不威脅國家共和價值的方式，向民眾傳播國家所認可的伊斯蘭知識。

隨著接踵而來的軍事政變，聯合政府意圖向伊斯蘭教徒尋求穩定和休兵，宗教於是在一九五三年重新返回校園，並藉由從一九五〇年代開始、在一九七〇年代和八〇年代加快速度的一系列改革站穩腳步。一九七〇年，宗教學校變成中學，所以畢業生能夠進入大學就讀。當一九七六年開放女學生入學，且一九八〇年開始宗教學校畢業生進到大學能修習所有學科時，宗教學校基本上就成為標準教育體系中的另一條升學途徑。到了一九九七年，百分之十三的土耳其高中生在宗教學校就讀，這些宗教學校被視為是新興伊斯蘭政黨的「後院」。

自從本身也是宗教學校畢業生的雷傑普・塔伊普・艾爾多安（Recep Tayyip Erdogan）和他的

「伊斯蘭正義與發展黨」於二〇〇二年上臺以來，進到宗教學校就讀的學生人數增加了百分之九十。根據估計，十歲至十八歲的宗教學校學生總共有一百多萬人，宗教學校的開課率是標準公立學校的兩倍。在推動政黨宗教議程的過程中，伊斯蘭正義與發展黨將「宗教事務部（Diyanet）」納入國家教育體系，並逐步推行要求進行更多伊斯蘭教育，包括向年僅五歲的兒童傳授完全來自《可蘭經》和聖訓的道德及倫理的政策。

艾爾多安公開表示，他努力擴大宗教學校是他培養「虔誠的一代」土耳其公民所做的部分努力。他的政府已經控制了全國最好的一百七十四所學校，並接管了校長的任命權，還用一批政府認證過的年輕教師取代了數千名長期任職的教師。學生的課外活動也受到了影響，許多活動都被宗教相關的活動所取代。

伊斯蘭正義與發展黨要求要以更強的國族視角教導土耳其的歷史，強調「道德價值」，並讓遜尼派伊斯蘭教作為土耳其認同不可分割的一部分。在伊斯蘭正義與發展黨的帶領之下，宗教在社會、政府治理和教育中的作用越來越大，加強了土耳其建國時就試圖建立排他性認同的民族主義理想。

在凱末爾將宗教從公立學校趕出去的同時，他還展開了人口同質化的運動，開始抹殺少數民族的文化、語言和歷史。他的目標是建立一支獨特的民族，使用單一的母語，並抱持標準的信仰。一九二四年的統一教育法還關閉了原本為敘利亞人和庫德族人等少數民族服務的學校。老師被聘來向庫德族學生灌輸土耳其的文化，要讓他們「文明」起來，並融入土耳其主流社會。剷除庫德族語的方式非常嚴厲，學生們經常因為在課堂上說庫德族語而挨打。庫德族孩童也被送到寄宿學校，以加速同化並徹底消滅他們的文化。

排他政策並非土耳其獨有，土耳其也不是標新立異，因為這種做法在阿拉伯世界已經行之有年。

還原論的阿拉伯認同的形成，有利於對「他者」採取有偏見、宗派的、排他和不包容的觀點，或者也就是法籍黎巴嫩作家阿敏．馬盧夫（Amin Maalouf）所定義的「認同的部落觀念」。誰是「他者」的定義一直是多層次又混亂的。在最廣泛的意義上，它被西方殖民主義和猶太復國主義列強擬人化。在區域層級，他者的定義往往是根據國家利益或教派分歧來區分（最明顯的就是遜尼派和什葉派之爭），或者兩者一起拿來當作標準。在國家內部，種族、部落或宗教歸屬的多重性也放大了「他者」的差異。

在少數的遜尼派政權統治什葉派多數人口的巴林，宗教教育的課程設計完全以遜尼派伊斯蘭教為主軸，完全沒有什葉派伊斯蘭教的「賈法里派（Ja'fari）」傳統。什葉派學生有機會進入唯一一所只招收一千兩百名學生的什葉派學院學習。雖然所有穆斯林學生不分教派都必須修習伊斯蘭教，但公立學校並沒有為非穆斯林開設的宗教課程，雖然他們還是可以選擇加入關於伊斯蘭教的課程。

伊拉克的什葉派，一直要到二〇〇三年薩達姆·海珊下臺後修訂的學校課程規劃當中，才被承認為是一個教派。但由於有人指責教科書助長了對遜尼派的教派偏見，因此不得不收回並再次修訂教科書。在歷史教科書中，頌揚遜尼派英雄的勇猛是一個行之有年的特色，而且往往與狹隘的民族主義理想相結合。小學課程並不承認伊拉克的許多宗教少數群體。在什葉派和基督教占多數的地區開設學校和教師培訓機構的呼聲也被拒絕。

雖然埃及公立學校都講授遜尼派伊斯蘭教和基督宗教（學生會根據父親的宗教信仰被分配到不同的宗教課堂上），但埃及的課程內容會讓穆斯林學生認為遜尼派伊斯蘭教才是唯一真實的伊斯蘭教。學生們學習各自的宗教，被教條式地指導卻沒有標的互相參考，為往後的排他埋下了種子。

在阿爾及利亞，以柏柏爾語為母語的人占總人口的百分之二十，但柏柏爾人的身份認同花了三十三年的時間才被正式承認。又過了二十年，柏柏爾語才在二〇一六年三月成為阿爾及利亞的第二官方語言。

提到要在具有宗派傾向的多元人口之間培養包容性會遇到的挑戰，黎巴嫩是一個有趣的例子。黎巴嫩在一九四三年承認脫離法國獨立後，國家的教育目標是建立一種跨越教派分歧的共通認同，和支持宗教自由以及宗教自治的普遍公民意識。因此國家允許宗教團體在決定自己的課程規劃時有一定的空間。

各個宗教體系可以自由設計關於他們各自信仰的課程規劃，學生每週有一小時要接受宗教教育。這意味著不同教派都會研究各自的信仰體系和歷史論述，卻對別的宗教不感興趣。

在一九七五至一九九〇年因為教派引發的內戰結束之後，國家於一九九七年實施了強調民族團結價值觀的全新統一課程。然而由於各個宗教團體感到他們在新課程規劃裡面的代表性不足，於是向當局施加壓力，結果最後政府直接廢除宗教教育；不過同時允許私立學校（當時有一半的黎巴嫩學生是讀私校）繼續提供各自教派的宗教教育。因此黎巴嫩兒童培養多元化精神的機會就被排他性的宗教教育所取代，所以未來新一代人就可能重新出現以往的教派分裂。

被排外言論和宗教論述所主導的阿拉伯教育體系，必然的結果就是，好幾代阿拉伯人被剝奪了接受良好教育的權利。整個阿拉伯地區約有百分之五十六的小學生和百分之四十八的國中生被認為沒有學會基本的識字和計算能力。

還有一個大問題是有些孩童沒有接受任何形式教育的機會。阿拉伯地區的戰爭和衝突剝奪了好幾代兒童上學的機會。根據估計，中東—北非地區有兩千一百萬兒童和青少年失學或面臨輟學危機。

過去幾十年來，由於人口爆炸性增長，教育水準低下的問題更加嚴重。阿拉伯地區的人口在二十世紀初達到六千萬之前，數百年來一直在三千萬左右徘徊，但他們的增長速度比世界上任何其他的主要區域都還要快，在二十世紀下半葉幾乎翻了四倍，從一九五〇年的一億增加到二〇〇〇年的三點八億。根據估計到了二〇三〇年，預計還會有七百七十萬名學生需要住在小學宿舍。到時候所需的額外教師總數大概只比五十萬少一點點。在這方面，他們只比撒哈拉以南的非洲好一點而已。

突尼西亞也未能倖免於困擾著後殖民時代阿拉伯世界教育體系的一些問題。在布爾吉巴執政期間，國家面臨的挑戰包括學校人滿為患和合格教師短缺。在班阿里時代，這些問題更加嚴重，因為在班阿里時期不但標準惡化，上學和上大學還變得沒有門檻，這一點我們到下一章再談。

但突尼西亞很大程度上避開了讓其他國家教育體系走向深淵的大陷阱。布爾吉巴的課程政策及其開創的先例，保護了突尼西亞學校不被席捲阿拉伯地區的分裂所影響。

雖然布爾吉巴也依靠教育來促進突尼西亞的民族認同，並以他本人去建立民族主義的論述，但在連續性、領土完整和國家歷史合法性方面他確實有靠山。透過幾十年來對突尼西亞獨立目標的支持，他擁有阿拉伯其他領袖所缺乏的信心和信譽。突尼西亞的殖民歷史並不像一些鄰國那樣激烈或暴力。因此在突尼西亞，推動阿拉伯化的力度沒有那麼大。雙語教學得以持續，這有助於避免宗教對幾乎所有科目的滲透。布爾吉巴的教育政策也是社會現代化和世俗化綜合戰略的一部分。布爾吉巴帶入教育的方法與他的《個人地位法》是一致的。到頭來，他的方法更巧妙，因為在培養民族主義的同時，也注重更廣泛的自由主義和富有遠見的教育議程。

其他地方阿拉伯教育的特點是知識專制，不鼓勵個人思考、壓制好奇心和創造力。學生被剝奪了發展推理能力、掌握社會語言技能、形成自己的觀點，以及學習與不同觀點和生活方式共存的機會。

要扭轉這些趨勢，並消除排他性的宗教以及狹隘的民族主義對教育霸權所造成的嚴重損害，或許需要幾代人的共同努力才能完成。與此同時，阿拉伯世界很可能繼續陷入無法包容和宗派主義的泥淖，無法為民主做好充分準備。

十五、教育的矛盾

布爾吉巴遺留下來的影響很大程度取決於教育，他讓突尼西亞走上了與其他阿拉伯國家截然不同的道路，並幫助突尼西亞人為特殊的民主經驗做好準備。

但是良好的教育並不等同於許多突尼西亞人的工作機會。由於整體不景氣的經濟情況，以及從本．薩拉的社會主義實驗開始的政策失敗，最後導致大規模的失業問題，為布爾吉巴的統治蒙上了一層陰影，特別是在他的統治末期。

一九八〇年代中期的經濟危機使突尼西亞陷入癱瘓，並讓班阿里登上總統寶座，當時的情況是農業歉收、本就有限的石油收入下降、貨幣貶值、債務增加和公部門膨脹。當時，公部門在就業市場上的占比高達百分之三十五，相當於埃及，並只比阿爾及利亞和約旦低一點。

於是班阿里開始「改革」經濟。這位日益專制的總統認為，如果他集中精力解決經濟問題，他的人民可能會更願意接受有限的政治參與和自由。作為經濟繁榮和穩定的交換條件，他們就不會去管總統怎麼領導國家。「麵包主義（Khubzism）」成了一種委婉的說法，叫大家吃飽了就少說點話。但到了最後，一般的突尼西亞人失去了自由，可是經濟狀況也沒有改善；既沒有政治參與，也沒有經濟繁榮。

雖然經濟指標確實是一直正向成長，但卻也掩蓋了嚴重的收入不平等和區域差距。世界銀行和貨幣基金組織使用了這些基本上充滿誤導的統計做推論，班阿里像黑手黨那樣到處私有化的作為也被忽視。結構調整和經濟指令執行不力，再加上利益被權貴瓜分，最終傷害了普通突尼西亞老百姓的生計。

與他的經濟改革一樣，班阿里在教育方面的政策也產生了一些表面上的正面成果。到了一九九〇年代中期，男孩和女孩的小學入學率已經達到百分之百。識字率在一九八四年上升到百分之四十八，到二〇〇四年達到百分之七十四。但正向指標還是掩蓋了國內一些嚴重的基礎設施和組織問題。

班阿里沒有像布爾吉巴那樣懷抱著偉大的願景上臺，也不具有讓布爾吉巴這位突尼西亞第一任總統實現他心目中改革的魅力或政治膽識。班阿里是來自突尼西亞的軍警機構，他在軍隊中一路晉升到將軍，後來又成為國家安全負責人和內政部長。他對經濟所知甚少，而且毫無意外地，對教育所知更少。

透過試圖幫忙點出就業困難的民粹主義舉措，班阿里增加了就學機會。這樣做有兩個好處，一是可以為當局爭取時間，因為潛在的求職者會留在學校更長的時間，二是可以透過更高的入學率來取悅國際組織。但從長遠來看，班阿里領導之下快速擴張的教育降低了品質和標準，使失業問題更加嚴重，更多的大學畢業生，有些人抱著自己受過良好教育的幻想，開始求職並期待能受僱。

一九九一年，班阿里規定所有突尼西亞人在十六歲之前都必須去上學。小學畢業時本來每個人都要參加，再決定能否進入中學的考試也被取消了。

伴隨著學生入學人數的突然激增，中學取消了技職類和學術性比較低的課程，導致學生之間的能力差異更大、師生比也更高。結果就是物質和人力的教育基礎設施承受越來越大的壓力，中小學和大學的教育品質都在下降。

在梅薩迪時代，只有不到百分之四十的小學生可以上中學，也只有一部分學業成績最好的人，有機會在中學畢業時參加會考；而且並不是每個人都能通過考試獲得文憑。但隨著班阿里的民粹主義改革，學生們可以暢通無阻地進入中學學習，那些原本應該要進入現在已經失去功能的技職教育的學生，也跑去參加中學畢業會考，並依法獲得進入大學的資格。而且當初有許多學生未能通過中學畢業會考，還因此降低了合格標準。

由於公立學校取消了技職教育，技術培訓完全脫離了教育部掌控，改由一九九三年成立的「全國職業培訓和就業委員會（Conseil National de la Formation Professionnelle et de l'Emploi）」負責，該委員會會就職業培訓的問題向政府提出建議。學生仍然可以依據自己的年齡，選擇在技術學院學習兩年或三年的課程，只是這些學院現在不算在主流教育體系之內。為了提供更進階的職業培訓，還設立了更高階的技職機構，並鼓勵技職機構與私部門的公司建立夥伴關係，使學生能夠接受專業的訓練。

但是當學生可以在普通中學念完書就去讀大學，當然不願意接受非學術性的技職教育。在一九九一年實行改革之前，大約百分之五十的小學畢業生會在中學繼續修習技職課程，或進入技職教育導向的中學。但截至一九九八年，只有百分之十二的學生另外選擇了技職學校之路。越來越多的學生只有在普通中學真的念不下去又沒有其他選擇的情況下，才會進入技職學校就讀。

結果就是隨著時間過去，具備就業市場所需技能的畢業生越來越少，而更多的畢業生雖然有了大學文憑，卻並不一定有達到良好教育的標準，於是失業，或說根本無法就業。

高等教育的普及化本身並不是一件壞事。在布爾吉巴時期，中學和大學教育在某種程度上是精英化的。但移除技職培訓這一條升學選擇，以及促成這項改變的速度和方式，產生了三個相當負面的影響：就業困難、素質標準下降，以及文化上的轉變，社會上開始認為如果沒有大學文憑就一無是處。到最後，民粹主義讓教育沒辦法達成教育最基本的目的。

學生人滿為患和教師短缺的問題很自然地出現了。小學的班級人數增加到三十多人，中學低年級的班級人數超過四十人。儘管與其他發展中國家相比，突尼西亞教師的教學負荷量低於平均值，工資也比較高，但教學品質還是受到了影響。

為了解決這個情況，班阿里一九八九年至一九九四年期間的教育部長穆罕默德·查菲推出了新的教師培訓計劃。新設立的高等教育機構「高等師範學院（Instituts Supérieurs de Formation des Maîtres）」提供為期兩年的進修課程。教師必須接受幾個月強制的教學法培訓，並通過大學等級的國家考試才允許在中學任教。一旦當上教師，每年還必須接受三十個學習時數的在職培訓。

但查菲同時也是實施義務教育以及消滅中學技職教育的幕後推手。他的改革反映了他的意識形態傾向，以及他身為左派人士、人權運動人士的背景。查菲曾是一九六〇年代巴黎「突尼西亞學生聯盟」的學生領袖。一九六八年，當布爾吉巴鎮壓查菲共同創辦的左派團體「觀點派」時，查菲被捕入獄。當班阿里在一九八九年任命他為教育部長時，查菲是「突尼西亞人權捍衛聯盟（Ligue Tunisienne pour la Défense des Droits de l'Homme）」的主席，他在一九七六年與人共同創辦了這個人權組織。這位教育部長相信受教機會的民主化，相信教育是一項人權。他還打算消除伊斯蘭教對課程規劃的影響。

在穆罕默德．姆札利一九七〇年代和一九八〇年代初推動的阿拉伯化企圖之下，伊斯蘭主義思想滲入了主流書籍當中。據一九八〇年代還在教育部工作的前文化部長哈邁德．卡立德（Ahmed Khaled）說，伊斯蘭主義言論主導了哲學教科書的內容。穆斯林兄弟會的領導人哈桑．班納和賽義德．庫特布的教誨都被納入其中，但賈邁勒丁．阿富汗尼和穆罕默德．阿布都的伊斯蘭改革運動思想被排除在外。西方哲學只受到一些臨時又粗淺的關注。

其中有些對突尼西亞政府形式產生質疑的自相矛盾，已悄然出現在課程設計當中。哈邁德．卡立德向我講述了中學四年級的伊斯蘭教育課程，如何將共和的文官治理制度描述為沒有忠實可言的暴政，並提倡哈里發國的概念；這就否定了三年級公民教育課本向學生講授關於公民國家和公民權的基本原則。

隨著布爾吉巴勢力的逐漸減弱，後面歷屆政府對當局與出版商、發行商之間的勾結行為視而不見。教師和學術界領袖對「伊斯蘭回歸運動」的支持，使該運動對課程內容產生了影響。在班阿里執政的頭幾年，也就是在他與伊斯蘭教徒短暫的蜜月期，這種放任的態度普遍存在。

查菲上任後迅速地清除了課程中的伊斯蘭主義和極端主義思想。他聘請了受人尊敬的學者審查教科書和課程的內容，特別是有關宗教言論的內容。查菲隨後進行的改革，刪除了意識形態內容，並重新引入更具包容性和寬容性的伊斯蘭教。宗教教育於是與公民教育脫鉤。

關於伊斯蘭教的課程，從「宗教教育（tarbiyya diniyya）改名為「伊斯蘭思想（tafkir islami）」。一九九〇年代後期推出的中學一年級伊斯蘭思想課程教科書中，討論了伊斯蘭教的非遜尼派教派以及其他宗教，包括祆教（Zoroastrianism）和摩尼教，並沒有把其他宗教說成腐敗的或低於伊斯蘭教的宗教。課本裡有整整一章都在講信仰自由的概念，並譴責針對放棄自己信仰之人的仇恨，痛斥以非暴力、不明顯的方式去脅迫不同信仰的人，比如拒絕提供醫療服務或就業歧視。

伊斯蘭教法當中的「意圖與目標（maqasid）」被重視，而不再強調宗教儀式的教學。學生們了解到宗教應該與時俱進，伊斯蘭思想也要時時更新；改革派和進步思想家的作品於是被重視。

學生們也要學習伊智提哈德的重要性，以及辯論和接受不同意見的重要性。課本裡面談到伊斯蘭改革的必要性，認為這是每個宗教都必須經歷的一個有機過程，並從基督教和猶太教的經驗和演變中汲取靈感。

當時也修訂了科學課程的內容，納入達爾文的進化論和大爆炸理論，這在阿拉伯其他地方的課程設計是聞所未聞的。科學課程還包括對男孩和女孩的性教育，這也是開了任何一個阿拉伯國家的先河，因為阿拉伯國家的教科書通常不允許出現性相關的內容。

教育改革確保了歷史課程當中，阿拉伯穆斯林文明的討論與西方歷史和思想之間取得平衡。細看九年級的歷史課本就會知道，課本裡面大約有一半的篇幅專門討論歐洲文藝復興、啟蒙時代和工業革命。突尼西亞的歷史被放進以馬格里布為背景的框架之中，反映了班阿里的外交政策就是加強與北非國家的關係，並在一九八九年加入「阿拉伯馬格里布聯盟」。突尼西亞在接觸伊斯蘭教之前的獨特歷史也被重新提起。

查菲堅信，學生應該接受人文與科學兼具的均衡教育、接受具有包容性的普世價值觀，並為民主社會做好準備。當其他阿拉伯國家的教育體系在灌輸不容忍、教條、儀式和意識形態伊斯蘭教教義的此時此刻，查菲確保突尼西亞依舊堅持走在一條更開明的道路上。查菲和在他之前的布爾吉巴與梅薩迪一樣，明白批判性和分析性思維是教育制度的核心原則，而且學生需要具備這種能力才會有判斷力。

穆罕默德．查菲親自推動了他的改革，並確保在一九八〇年代經歷過的任何阻礙都能完全被導回正途。而且鑒於查菲的共產主義傾向和政治動機，他的一段話非常不意外地被《世界報》一九九四年發表的一篇文章引用：「一個讀過伏爾泰的學生永遠不會成為伊斯蘭主義者。」

改革自然引起了伊斯蘭教徒的憤怒，他們首先認為任命查菲為教育部長是不合適的。查菲出身神學世家並具有非凡的學識，他知道怎麼正面對上伊斯蘭教徒並卸下他們的武裝，所以這些伊斯蘭教徒非常反對他，也對他相當不信任。他的遺孀法烏琪雅．查菲（Faouzia Charfi）告訴我，他性命受威脅的程度嚴重到他們全家都受到警方保護，是直到一九九六年她丈夫與班阿里之間的關係惡化到無法挽回的地步，警方才取消了對他的保護。

據班阿里的最後一任教育部長哈特姆．本．薩利姆（Hatem Ben Salem）說，查菲終止中學技職培訓是出於他當初的看法，認為過去這些比較沒有學術傾向因而走上技職教育的學生，很容易成為伊斯蘭主義者的招募對象。查菲當時的改革委員會成員哈馬迪．本．賈巴拉（Hamadi Ben Jaballah）也同意本．薩利姆關於伊斯蘭分子招募戰術的評論；但他堅持認為，縮減技職培訓的決定是在一九八五年就已經拍板，只是拖到一九九一年才執行。法烏琪雅．查菲也很快就幫她已故的丈夫撇清這項決策，並把所有的過錯都推到班阿里身上。

為了進一步遏止和控制宗教教育及其教學方式，查菲作為教育部長的第一項作為就是在一九八九年建立了宰圖納大學，並讓宰圖納大學成為一所完全是宗教性的男女共學機構。此舉既是為了安撫伊斯蘭主義者，也是為了限制他們的影響。整所大學分為三個學院：神學院、伊斯蘭文明學院和伊斯蘭教法學院。伊斯蘭教法學院負責培訓伊瑪目，並受到宗教事務部的管轄。哲學、社會學、歷史和宗教對話等科目成為宰圖納課程的一部分，還會教授希伯來語和拉丁語。

查菲親自監督宰圖納學校的課程設計，確保「伊斯蘭教的普世價值」被納入其中，並確保沒有極端主義意識形態的影子。然而緊張局勢在所謂哪一派伊斯蘭比較「正確」的定義問題上日益加劇，傳統派對查菲的干預表示強烈反對。為了保持嚴格的控制，當局就讓大學的學生入學率維持在低水準，一九九八至一九九九學年度，大學只有八百三十三名學生。

更廣泛地說，隨著一九九一年取消高中的技職教育，大學入學率就迅速提升。直到一九八〇年代中期，二十歲至二十五歲的突尼西亞人中，只有百分之六的人考進高等教育的機構中學習。但在班阿里執政期間，大學的入學人數增加了七倍。高等教育支出的增長速度卻沒有跟著激增的入學率一起水漲船高。二〇〇一年，高等教育占國家預算的百分之四左右，而小學和中學教育占百分之二十五。

由於區域擴張的政治壓力導致農村地區出現了許多大學，卻不太重視教學品質，雇用的都是不合格的教師和數以千計的約聘和兼職人員。

在班阿里的統治下，大學也變得高度政治化。學術自由受到干擾，大學服膺於當權者的政治目的。把學生留在校園以便操縱就業率數據，使大學變成了「就業市場門檻前的等待室」。為了淘汰反對當局的一些有勢力教員，退休年齡於是下降到了六十歲。

就學率上升和支出減少導致大學品質的下降。二〇〇二年當一項使人們更容易進入大學的改革被施行時，情況進一步惡化。在這項被稱為「百分之二十五規則」的改革中，為了讓更多的學生能夠通過中學畢業會考，並以此獲得接受高等教育的機會，政府推出了一個災難性的改變。改革的結果是，學生中學畢業會考成績的百分之二十五，取決於該生在中學最後一年舉行的三次難度較低考試的平均成績。表面上來看這項政策就是班阿里指示的，因為這樣他女兒在兩年後參加中學畢業會考就有機會通過並獲得文憑。如果沒有百分之二十五的規定，二〇一〇年參加中學畢業會考的學生中，有整整五分之一的人無法通過考試，也不可能上大學。結果幾乎所有突尼西亞人都可以上大學，無論是不是真的有那個資格。

在布爾吉巴時期門檻很高的高等教育，目的是為了培養合格的領袖人物。但是隨著這些教育改革的進行，大學錄取了一些其實並不適合的中學畢業生；這些人如果走技職體系，反而可能對自己更有利，也能對社會和經濟更有貢獻。學校也幾乎沒有相關計劃引導學生去選擇符合市場需求的領域學習。大學變成了失業工廠，變成了學位供應商，而這些學位也不再等同於它們曾經代表的成就和價值。

私立大學於一九九二年開始出現，看準大眾對高等教育的需求想要乘虛而入，但這些大學一開始並沒有獲得國家認可。然而隨著公立大學承受的壓力越來越大，並在經濟自由化的背景下，私立大學根據二〇〇〇年的一項法律被政府接納。二〇〇六年時，私立大學加起來大約只有三千五百名學生，其中三分之一還是外國人。到了二〇一二年，就學總人數雖然有增加，但也不過才兩萬一千八百八十人。

在阿拉伯世界的其他地方，到處都是趁著人口激增的財政優勢而崛起的商業性質私立大學。約旦的情況就是很明白的例子。截至二〇一二至二〇一三學年，約旦的二十八所大學中有十八所是私立大學，其中絕大多數都是營利性質的；私立大學招收的學生占約旦大學生總數的百分之二十五。要得到好教育基本上就要去讀私立、非營利的美國大學，無論是貝魯特美國大學（American University of Beirut）、開羅美國大學（American University in Cairo），或是在波灣地區的其他分校。

阿拉伯世界幾乎所有地方在進入大學高等教育之前，學生都必須上私立中學（主要是非營利性學校）才能獲得良好的教育。能夠負擔得起私立學校的父母不會考慮讓孩子上品質較差的公立學校。突尼西亞的情況則完全相反，無論社會經濟地位如何，突尼西亞家長都希望讓孩子上公立學校。在大多數情況下，私立學校是為那些真的沒辦法留在公立教育系統的學生打造的。

突尼西亞教育裡面，由布爾吉巴和馬哈茂德・梅薩迪所建立的基礎課程和教學方式，以及他們在之前知識改革影響之下所打下的基礎，都得以保留下來。穆罕默德・查菲推行的改革保留了課程設計，並確保突尼西亞繼續遠離阿拉伯教育體系中悲慘的專制主義和不寬容的基礎。從學生在課本中接觸到的內容來看，在班阿里領導下的突尼西亞教育品質依舊保持強勁、進步、現代和包容性，扭轉了一九八〇年代在阿拉伯化的企圖失敗後所出現的有害趨勢。

新編排的教科書提倡政治和人權、公民身份、民主原則以及不同民族和文化之間互相尊重等價值觀。在二〇〇九年推出的一本公民課本中，專制主義被跟暴政劃上等號。課堂上還要求學生反思極權主義的存在會如何影響他們的思想、個人和政治生活。他們還向學生講授了選民在選舉中投票的責任，以及投票權的行使為什麼會是自由的體現。

儘管在班阿里時期教育品質有所下降，但突尼西亞的教育是進步、現代、大體上世俗，而且優於平均水準的（至少按當地的標準來比較）。但當突尼西亞人聽到這個說法的時候，他們馬上就會爭辯說，他們教育的比較基準是西方而不是阿拉伯地區。

我聽過一個很有趣的說法。在我跟朋友兼同事的政治分析家尤塞夫・謝里夫（Youssef Cherif）

談話的時候，他就抱怨教育水準下降，說像他自己就不是以正確的方式去學習笛卡兒等哲學家的思想。我就跟尤塞夫解釋，一代又一代的阿拉伯畢業生，包括像我一樣從私立學校畢業的人，可是從來都沒有聽說過笛卡兒！尤瑟夫當初按照突尼西亞中學教育的要求，在二〇〇〇年代初完成學業前修了整整兩年的哲學課程。

革命以後，教育品質有往上提升。百分之二十五的規則已經被廢除，而且一直想要回復突尼西亞教育體系長期以來應該要有的門檻和學術標準。民主治理已經深入到大學，大學的校長、院長和系主任都是由教職員選舉產生的。

政府在二〇一五年成立了「全國社會對話委員會（Conseil National du Dialogue Social）」，目的是為突尼西亞的學校體系創立一個新的願景。該委員會的代表來自教育部、突尼西亞總工會和總部設立在突尼斯的「阿拉伯人權研究院（Arab Institute for Human Rights）」。委員會負責對現行的教育制度進行系統評估，並提出可以廣泛實施的改革方案。委員會的優先要務包括專注解決學生高輟學率問題、調整教育預算分配到以前往往被忽視的農村地區，並對有暴力、犯罪或自殺風險的學生給予特別關注。二〇一五年七月，前總理哈比卜・埃西德宣布將開始進行一點五億第納爾（約合七千五百萬美元）的教育機構維護行動。

過去幾十年來，由於成功地控制人口增長，學生人數不斷減少，於是促進了學術標準的重新確立。雖然名目上的教師人數保持不變，但自二〇〇〇年以來，入學學生人數已經下降了三分之一。從一九九九至二〇〇〇學年到二〇一一至二〇一二學年，光是小學入學人數就從一百四十萬三千七百二十九人下降到一百〇一萬四千八百三十六人。但學生數的下降也與一直在上升的輟學率有關，根據報導，二〇一三年有超過十萬名學生提早離開學校。突尼西亞青年會因為對正規經濟當中缺乏機會而感到失望，並被吸引到黑市中。因為在黑市裡面學歷沒有什麼價值。

因為經濟困難而起的茉莉花革命之所以能成功，就是因為教育在革命前和革命後都發揮了關鍵作用。突尼西亞的公立教育體系培養了一代又一代批判性思考的人，他們沒有被剝奪批評、質疑、辯論和反對統治思想、教條、意識形態和法律的能力。教育是造成並促使突尼西亞人能站起來反對壓迫者和鞏固革命成果的最強大因素。教育確保了往民主和建立共識靠攏的傾向，這對布爾吉巴和班阿里來說既是一個矛盾，也是一個機會，尤其是對那些在布爾吉巴時期受過教育的人來說更是如此，因為他們在革命後的突尼西亞就變成了領袖人物。

查菲的改革在引入人權、全球公民和寬容的價值觀，並對限制了一九八〇年代出現的伊斯蘭主義浪潮具有決定性的意義。他在公民教育方面的改革為大眾提供了有助於激發革命的知識。那些奮起反抗班阿里的青年，就是在班阿里領導之下的學校裡，被教育要反對專制主義並維護民主價值。

美國知名作家詹姆斯・A・鮑德溫（James A. Baldwin）曾提出：「教育的矛盾正是如此。當一個人開始變得有意識時，他會開始審視讓他受教育的這個社會。」阿拉伯世界教育的本意是不希望人民意識覺醒，雖然最終的結果不如想像中成功——突尼西亞就是個例外。

結語：一個阿拉伯世界的異類

CONCLUSION

將阿拉伯世界視為一個整體、一群高度同質的群體，從而認為有所謂的「阿拉伯之春」是一種謬論。這些國家在歷史上、地理上、文化上和政治上都存在著差異。它們之間的確有相似之處，包括語言、宗教和近代史，但令人遺憾的是，關於它們如何演變為不民主、宗教壓迫、一元化和壓抑自由也具有相似之處。

突尼西亞這個國家既屬於阿拉伯世界，也不屬於阿拉伯世界。突尼西亞激起了支持民主的阿拉伯青年要求改革的呼聲，並反抗他們各自國家貪腐的專制主義。但是除了突尼西亞之外，讓這些起義得以發生的特殊環境條件，並沒有讓起義之後的效果延續下去，甚至有些情況下還導致所有救贖的機會被殘酷地粉碎。

許多人在絕望之中想要找到希望，於是把突尼西亞當成其他地方可能成功的榜樣。但突尼西亞不可能是阿拉伯世界其他國家所謂的榜樣。

讓突尼西亞改變的條件是很不一樣的。突尼西亞所擁有的那些因素是經過幾代人的努力才累積下來的。這沒辦法被輕鬆複製。這些突尼西亞特有的元素，就是突尼西亞之所以走到今天這一步的原因。

突尼西亞幾乎在每一個層面的軌跡，從過去幾十年和幾個世紀以來，都與其他阿拉伯國家的軌跡明顯不同。國家的發展得益於不同文明和影響結合之下產生的獨特認同，也得益於數百年來基本上沒有太大變動的優越領土劃分。突尼西亞也沒有資源負擔、龐大的政治化軍隊、國際干預和教派衝突。

突尼西亞人有意識到他們豐富的認同，以及他們與阿拉伯穆斯林和其他民族不同的文化遺產。使鄰國的利比亞四分五裂，並阻礙其他地方發展多元化和包容性國家建設的部落主義，已經成功取代了更可行和更有意義的、從地中海這塊西方和東方交流之地所誕生的民族認同。

十九世紀受到外國影響，無論是法國人、英國人還是鄂圖曼人所推動的改革，包括了《保障公約》、廢除奴隸制和一八六一年憲法，都為持續到二十世紀的本土改革提供了基礎和動力。突尼西・海雷丁和哈邁德・伊本・阿比・迪亞夫啟發了突尼西亞青年和阿卜杜拉齊茲・塔爾比、沙林・布哈吉巴等人，他們一起讓突尼西亞走上了一條開明、大體上世俗、受西方影響的教育之路，譬如薩迪奇學院的創立，以及赫勒敦大學等教育機構的設立。

改革派在伊斯蘭教的內部主張現代化、婦女解放、科學和哲學的研究。他們宣揚伊智提哈德的實踐，並與來自開羅的阿拉伯文化復興運動的改革努力一起合作。

儘管其他地方的改革運動都停止，並且還出現了開倒車的趨勢；但突尼西亞從十九世紀就開始的改革是不斷擴張且持續不斷的。突尼西亞的改革效果不斷累積著。

知識分子改革派為民族主義運動注入了活力。沒有任何其他阿拉伯世界的建國計劃是由知識分子所帶領，也沒有任何其他計劃是一開始就打算要進行深度改革的。布爾吉巴站在當代和過去改革者的肩膀上，以一位非常關心如何使突尼西亞走上現代化之道的改革領袖之姿，出現在大眾眼前。

突尼西亞一獨立之後，就沿著與阿拉伯國家截然不同的後殖民之路前進著。除了在歷史上大部分時間都處於教派分裂和地緣政治陰謀之中的黎巴嫩稍微算個例外之外，突尼西亞因此成為令人絕望的阿拉伯世界中，唯一出現的民主國家。

突尼西亞的軌跡，以及相對於其他自認為是阿拉伯的國家，在獨立後所走上的道路，有四個可以明確、決定性又互相關聯的關鍵領域：教育、女權、宗教和公民社會。

雖然知識之光是布爾吉巴的口號，突尼西亞人也學會去學習以及和平共存，但其他地方的教育卻陷入了一潭民族狂熱、反動教條、排他性的宗教霸權以及受害與仇恨論述的汙水當中。

布爾吉巴明顯的西方傾向與其他阿拉伯領導人非常不同，他把現代教育和培養文明社會列為首要之務。他保持小規模、非政治化的軍隊，並將最大比例的國家預算分配給教育。

所有突尼西亞兒童不分男女，都在性別混合的教室裡接受教育。突尼西亞還在現代學科和教學方法的基礎上，制定了一個歷久不衰的進步、寬容的雙語課程設計。阿拉伯化本意是希望好好恢復語言和認同，但卻引發了整個地區教育惡化，於是倉促的阿拉伯化企圖也被限縮了。突尼西亞的教育家們還確保宗教教育只會占據極少的教學時數。宰圖納的邊緣化，無論好壞，至少確保了宗教不會占據教育的主流空間。雖然宗教的力量在整個阿拉伯地區占據著至高無上的地位，但對突尼西亞來說更關鍵的是教育的力量。突尼西亞的辯論文化、共識建立、尊重人權和個人自由的文化，是建立在這一個開明的教育基礎之上。

布爾吉巴以塔哈爾·哈達德的著作為基礎，在塔哈爾·班·阿舒爾和法德勒·班·阿舒爾等著名宰圖納學者的支持下，實現了女性的選舉權，並將哈達德一九三〇年影響深遠的著作《婦女在伊斯蘭法律和社會中的地位》編入法律。從突尼西亞第一次獲得獨立的時候，女性就獲得了解放，她們一直是與男性地位平等的夥伴，並在突尼西亞發展成一個現代和進步國家的路上做出了充分的貢獻。然而在更廣大的阿拉伯區域，其他地方的女性仍在努力爭取獲得法律保障的合法權利，以及她們在社會經濟和政治領域上的地位可以被認可。

突尼西亞人有信仰或不信仰的自由，受到保障人民思想自由的憲法保護。在阿拉伯世界其他地方，那些膽敢譴責伊斯蘭教的人會被監禁，甚至被判處死刑。由於宗教被置於突尼西亞的國家掌控之下，宗教並沒有從公領域被清除掉。國家對宗教和國家對宗教之間互相的「雙重包容」得以延續。突尼西亞是唯一一個真正文明、大體上也世俗的阿拉伯國家，因為宗教仍然受到國家的管轄，所以還能算是一個世俗主義的國家。

復興運動黨在二〇一六年五月的全國代表大會上，決定要放棄他們的伊斯蘭標籤並結束他們的宗教活動，將自己重新定義為穆斯林民主派的政黨，這代表著制度化的宗教與政治之間最終的傑弗遜式政教分離。復興運動黨的這一舉動，也反映了突尼西亞人對保守伊斯蘭教的排斥，並導致了他們在二〇一三年倒臺。復興運動黨需要適應新的現實，才能在民主舞臺上競爭。

他們當時的這個舉動一定是抱著一個投機的心態。然而就像復興運動黨其他的舉動和聲明一樣，即便是最不信任該黨的人也承認，無論謝赫拉希德．加努希到底是真心誠意還是只是在搞政治操縱，實際上都是無關緊要的。因為最終的結果就是，復興運動黨終究是朝著吸引突尼西亞主流選民的方向發展。

因為突尼西亞總工會得以發展的突尼西亞公民社會，在關鍵時刻拯救一切，突尼西亞全國對話四方集團就是一個典型的例子。不要低估突尼西亞總工會在組織抗議活動和提供後勤支援的角色。受到穆罕默德．阿里．哈米（Muhammad Ali al-Hammi）、塔哈爾．哈達德和法哈德．哈謝德等改革領袖的薰陶，突尼西亞的工會運動一直與國家的智識發展錯綜複雜地交織在一起。

現代教育、女性權利進展、宗教自制和活躍的公民社會相互交融，形成了一個加起來大於四的整體。每一個方面的進步都促進了其他方面的發展。其實可以追溯到突尼西亞近代史和古代史的布爾吉巴改革，幫忙解釋了為什麼突尼西亞會以這種方式發展成一個自由和民主的社會。

因此也難怪，當其他國家拚命想要控制並強行推行軍國主義或狹隘的宗教真理時，突尼西亞人卻以和平和協商的方式團結在一起：先下架專制主義，然後制定他們的憲法，並建立他們的民主。

在民主統治的新生階段，權力也多次地和平轉移，而且在阿拉伯世界也首次有伊斯蘭政黨的復興運動黨，「自願」將政權讓渡給世俗政黨。在「突尼西亞之春」期間的每一個事件、每一個參與的實體和過程，比如卡斯巴抗議、三頭馬車和突尼西亞全國對話四方集團，都再再證明了所謂突尼西亞特色的存在。

這就是突尼西亞的故事。這是一個關於包容與中庸、辯論與共識的故事。這是一個關於博學以及改革持續累積的故事。這是一個新的故事，因為在突尼西亞成為「阿拉伯之春」唯一的成功案例之前，人們對突尼西亞及突尼西亞的特點所知甚少。但這也是一個舊的故事，因為突尼西亞早在很久很久以前，就已經走在通往民主與自由的路上了。

致謝 ACKNOWLEDGMENTS

寫書不但是一件很個人的、有時還是很孤獨的過程，過程中仍需要各方好手的大力協助，無論是有形或是無形的研究、編輯和回饋等等形式，甚至是一路走來得到的精神支持。如果沒有這些力量支持著我的話，我就無法完成寫出這本書的艱鉅任務。

要不是有那些傑出的同事和朋友，我根本就寫不出《突尼西亞：阿拉伯世界的民主曙光》這本書。我真的非常感謝他們每一個人。

當初對這本書的想法還不是非常清楚的時候，因為一些人的建議我才有了靈感開始著手構思。我親愛的朋友兼同事，卡洛·貝克爾（Carol Becker）就是其中一個。我的侄子扎伊德·馬斯里和蓋斯·馬斯里真的給了我一本筆記本，讓我有紙筆可以寫下關於這本書的一些想法。他們是我的支柱，而且蓋斯常常在看完我的手稿之後給我很睿智的建議。無數的朋友對於我的努力給予了堅定的信心，並一路鼓勵著我。我希望他們能原諒我沒有把他們一一列舉出來，也希望他們能讓我特別向烏薩馬·甘儂（Ousama Ghannoum）感謝一直以來的栽培，以及梅爾和芭芭拉·費爾德柏格多年來對我的關愛與指導。

這本書從那些願意花時間、以專注的誠意閱讀後來我寫成計劃書的早期章節概要的人身上受益匪淺。李・C・波林傑對這本書的認可，以及他對於透過真實的生活經驗講出這種故事的價值堅持，帶給我的鼓舞可能比他想的還要更多。我的同事拉希德・卡里迪（Rashid Khalidi）和利拉・阿布・盧戈德（Lila Abu Lughod）在前期就提供了我寶貴的評論和建議。馬馬杜・迪烏夫（Mamadou Diouf）幫忙我整理出突尼西亞和伊斯蘭教在馬格里布和法語非洲地區的脈絡。謝謝我的朋友馬哈・卡坦（Maha Kattan）、傑斯・辛德曼（Jace Schinderman）和莉莉安・西爾佛（Lillian Silver）等人閱讀了章節概要之後，給了我許多精神上的鼓勵。

我永遠感謝我手稿草稿的最棒讀者。麗莎・安德森的認真審閱和指導，讓我更能聚焦在分析的重點，並重新確定立論點。阿瑪爾・甘多爾（Amal Ghandour）會以她獨有的直爽誠實，以及她對計劃書章節和手稿的細緻研究，挑戰我所寫出來的內容。布林克利・梅賽克給了我非常全面的回饋，以及對重要細節的寶貴理解。尤塞夫・謝里夫以他對突尼西亞過去和現在豐富的了解，幫忙我釐清我對突尼西亞的表述和詮釋。

兩組匿名審稿人給我關於計劃書和手稿的回饋意見，非常有建設性地讓我更嚴謹地進行後續作業。我也向他們表示由衷的感謝。

馬克．金頓（Mark Kingdon）是一個罕見致力於改善世界狀況的人，我也要特別提一下他慷慨的友誼、諮詢和支持。

我還要感謝大衛．伊格納茲讓我認識了傑出的蕊娜．戴維斯（Raina Davis）。蕊娜是我不可或缺的研究助手和合作夥伴。我很幸運可以得到她各方面的鼎力相助。我研究和編輯團隊的另外兩位成員席林．佛瑞斯特（Syreen Forest）和諾拉．巴克什（Nora Bakhsh）也付出了極大的心力，才會有現在這本書。就很大的程度上來說，要不是有蕊娜、席林和諾拉的付出，我根本也寫不出《突尼西亞：阿拉伯世界的民主曙光》。我也很感謝贊恩．賈達內（Zein Jardaneh）很認真地幫忙校對。

任何一個作者在寫書的時候，可以得到他所依賴的家人以及同事的支持和鼓勵也是非常重要的。就這方面來說，我非常感謝我的家人和所有同事，特別是法拉．布杜爾（Farrah Bdour）和瑞吉兒．維爾騰（Rachelle Vertenten）。

我非常幸運可以從一開始就獲得哥倫比亞大學出版社的信任，也很幸運他們願意相信我在這本書裡面所寫的故事真的值得分享。安妮．羅頓（Anne Routon）給了我堅定不移的支持以及一路以來的睿智建議。我還要感謝我了不起的編輯兼合作夥伴艾瑞克．施瓦茨（Eric Schwartz），非常感謝他高超的管理和堅定的信心。我也非常感謝我的公關馬瑞帝茲．霍華（Meredith Howard）

幫忙讓我的書能夠被目標讀者看見。我還要對珍妮佛・克魯（Jennifer Crewe）的領導以及所有哥倫比亞大學出版社的工作人員：卡洛琳・瓦澤（Caroline Wazer）、瑪麗爾・波斯（Marielle Poss）、喬丹・萬尼馬歇爾（Jordan Wannemacher）和米里亞姆・格羅斯曼（Miriam Grossman）等等，表示深深的謝意，他們都為這本書出版投入了大大小小的貢獻。我還要感謝班・寇斯塔德（Ben Kolstad）、佩姬・托普（Peggy Tropp）以及其他在「先維歐出版印刷服務（Cenveo Publisher Services）」的同仁們，感謝他們為編輯手稿所付出的辛勞，並感謝鮑伯・史瓦茲（Bob Schwarz）為本書製作了出色的索引。

最後，我還要大大地感謝在編寫本書的過程中，教育和指導我的無數突尼西亞人。我要感謝我的許多受訪者，謝謝他們願意與我坦誠交談，給了我他們寶貴的時間和見解。我還要感謝許多突尼西亞朋友，他們為我打開了一扇門，並給了我難得接觸到的一般百姓和訊息的機會；在這方面我特別要感謝阿梅爾・博沙毛伊（Amel Bouchamaoui）、薩拉・漢那其（Salah Hannachi）、齊亞德・維斯拉帝（Ziad Oueslati）、陶費克・傑拉希（Tawfik Jelassi）和卡梅爾・杰迪迪（Kamel Jedidi）。

本書出版承蒙林健忠曉陽慈善基金會贊助出版，謹此致謝。

REVOLUTION 18

突尼西亞：阿拉伯世界的民主曙光
TUNISIA: An Arab Anomaly

作　　者—薩夫萬・M・馬斯里
譯　　者—Aaron Shoo
副 主 編—謝翠鈺
責任編輯—廖宜家
美術編輯—菩薩蠻數位文化有限公司
封面設計—斐類設計工作室

董 事 長—趙政岷
出 版 者—時報文化出版企業股份有限公司
一〇八一九台北市和平西路三段二四〇號七樓
發行專線—（〇二）二三〇六六八四二
讀者服務專線—〇八〇〇二三一七〇五
（〇二）二三〇四七一〇三
讀者服務傳真—（〇二）二三〇四六八五八
郵撥—一九三四四七二四時報文化出版公司
信箱—一〇八九九　台北華江橋郵局第九九信箱
時報悅讀網—http://www.readingtimes.com.tw
法律顧問—理律法律事務所　陳長文律師、李念祖律師
印　　刷—勁達印刷有限公司
初版一刷—二〇二〇年九月十八日
定　　價—新台幣五六〇元
缺頁或破損的書，請寄回更換

時報文化出版公司成立於一九七五年，
並於一九九九年股票上櫃公開發行，於二〇〇八年脫離中時集團非屬旺中，
以「尊重智慧與創意的文化事業」為信念。

突尼西亞：阿拉伯世界的民主曙光 / 薩夫萬.M.馬斯里(Safwan M. Masri)作 ; Aaron Shoo譯. -- 初版. -- 臺北市 : 時報文化, 2020.09
面；　公分. -- (Revolution ; 18)
譯自 : Tunisia : an Arab anomaly.
ISBN 978-957-13-8360-6 (平裝)

1. 歷史 2. 民主化 3. 突尼西亞

767.4　　109012987

TUNISIA: An Arab Anomaly by Safwan M. Masri
Copyright © 2017 Columbia University Press
Chinese Complex translation copyright © 2020
by China Times Publishing Company
Published by arrangement with Columbia University Press
through Bardon-Chinese Media Agency
博達著作權代理有限公司
ALL RIGHTS RESERVED

ISBN 978-957-13-8360-6
Printed in Taiwan